FS165

zeitreise 4

Autoren dieses Bandes:
Markus Freundorfer
Christine Geyer
Michael Gierl
Thomas Link
Florian Schraud

Berater:
Gerd F. Thomae

Ernst Klett Verlag
Stuttgart · Leipzig

1. Auflage   A 1 6 5 4 3 2 I 2015 2014 2013 2012 2011

Alle Drucke dieser Auflage sind unverändert und können im Unterricht nebeneinander verwendet werden.
Die letzte Zahl bezeichnet das Jahr des Druckes.
Das Werk und seine Teile sind urheberrechtlich geschützt. Jede Nutzung in anderen als den gesetzlich zugelassenen Fällen bedarf der vorherigen schriftlichen Einwilligung des Verlages. Hinweis zu § 52 a UrhG: Weder das Werk noch seine Teile dürfen ohne eine solche Einwilligung eingescannt und in ein Netzwerk eingestellt werden. Dies gilt auch für Intranets von Schulen und sonstigen Bildungseinrichtungen.
Fotomechanische oder andere Wiedergabeverfahren nur mit Genehmigung des Verlages.

© Ernst Klett Verlag GmbH, Stuttgart 2010. Alle Rechte vorbehalten. www.klett.de

Autoren dieses Bandes: Markus Freundorfer, Schaftlach; Christine Geyer, Eggenfelden; Michael Gierl, Augsburg; Dr. Thomas Link, Würzburg; Florian Schraud, Würzburg
Berater: Gerd F. Thomae, Germaringen
mit Beiträgen von: Ludwig Bernlochner, München; Jürgen Böhm, Nöham; Werner Bux, Owingen/Überlingen; Petra Carse, Heidelberg; Sven Christoffer, Duisburg; Wilfried Dähling, Glücksburg; Andreas Dambor, Wolkramshausen; Heiner Flues, Wuppertal; Helmut Heimbach, Duisburg; Arno Höfer, Koblenz; Hans Kley, Überlingen; Klaus Leinen, Beilingen; Johann Wolfgang Robl, Aschheim; Ulrich von Sanden, Marbach; Eckhard Spatz, Heidelberg; Dr. Hans Steidle, Würzburg; Alfred Weisenfels; Schwalbach

Redaktion: Martin Fruhstorfer, Leipzig

Umschlaggestaltung und Layout: Kassler-Design, Leipzig
Kartographien: Kartographisches Büro Borleis & Weis, Leipzig
Illustrationen, Grafiken und Piktogramme: Rudolf Hungreder, Leinfelden; Kassler-Design, Leipzig; Erhard Müller (†), Leipzig; Lutz-Erich Müller, Leipzig; Sandy Schygulla, Chemnitz
Satz und Gestaltung: Krause Büro, Leipzig
Herstellung: Karena Klepel
Reproduktionen: Meyle & Müller, Medien-Management Pforzheim
Druck: Offizin Andersen Nexö, Leipzig

Printed in Germany
ISBN: 978-3-12-427040-5

Inhalt

Industrialisierung und soziale Frage — 14

1 Mit Volldampf voraus! — 16
2 Deutschland wird Industrieland — 18
3 Bayern bleibt Agrarland — 20
4 Die Industrialisierung bringt Probleme — 22
5 Methode: Statistiken auswerten — 24
6 Arbeiter kämpfen für soziale Gerechtigkeit — 26
7 Kirche, Staat und Unternehmer reagieren — 28
8 Projekt: Regionalgeschichte: Einen Betrieb vorstellen — 30
9 Die Idee der klassenlosen Gesellschaft — 32
10 Abschluss: Industrialisierung und soziale Frage — 34

Das deutsche Kaiserreich — 36

1 Reichsgründung durch „Eisen und Blut" — 38
2 Bayern und das Reich — 40
3 Bismarcks Außenpolitik — 42
4 Wer hat im Reich das Sagen? — 44
5 Kampf gegen „Reichsfeinde" — 46
6 Die Gesellschaft im Kaiserreich — 48
7 Nationalismus als neue Gefahr — 50
8 Alte Gesellschaft – modernes Leben — 52
9 Abschluss: Das deutsche Kaiserreich — 54

Imperialismus – europäische Staaten und ihre Kolonien — 56

1 Die Europäer teilen die Welt unter sich auf — 58
2 Afrika – „herrenloses Land"? — 60
3 Der Globus in der Hand der „überlegenen Rasse" — 62
4 Das Deutsche Reich wird Kolonialmacht — 64
5 Deutsch-Südwest: Traum und Tragödie — 66
6 Projekt: Kolonialwaren gestern und heute — 68
7 Kaiser Wilhelm II. und der neue Kurs — 70
8 Bündnisse und Konflikte — 72
9 „Pulverfass" Balkan — 74
10 Abschluss: Imperialismus – europäische Staaten und ihre Kolonien — 76

Der Erste Weltkrieg und die Nachkriegsordnung — 78

1. Julikrise und Kriegsausbruch — 80
2. Ist der Frieden noch zu retten? — 82
3. Europa wird zum Schlachtfeld — 84
4. Kriegswirklichkeit — 86
5. Methode: Fotografien als Geschichtsquelle betrachten — 88
6. Das Entscheidungsjahr 1917 — 90
7. Waffenstillstand und Kriegsende — 94
8. Der Vertrag von Versailles — 96
9. Die Gründung der Sowjetunion — 98
10. Abschluss: Der Erste Weltkrieg und die Nachkriegsordnung — 100

Die Weimarer Republik — 102

1. Die Novemberrevolution beendet das Kaiserreich — 104
2. Revolution in Bayern – vom Königreich zum Freistaat — 106
3. Der schwere Weg in die Republik — 108
4. Lasten und Legenden – die junge Republik unter Druck — 110
5. 1923 – Krisenjahr der Republik — 112
6. Versöhnung und Wohlstand — 114
7. Goldene Zwanziger — 116
8. Die Weltwirtschaftskrise erfasst Deutschland — 118
9. Der Untergang der demokratischen Republik — 120
10. Methode: Politische Plakate analysieren — 122
11. Wer wählte die NSDAP? — 124
12. Abschluss: Die Weimarer Republik — 126

Totalitäre Diktaturen in Europa und der Zweite Weltkrieg — 128

1. Stalinismus in der Sowjetunion — 130
2. Faschisten auf dem Vormarsch — 132
3. Grundlagen der nationalsozialistischen Ideologie — 136
4. „Machtergreifung" oder Machtübernahme? — 138
5. Auf dem Weg in den Führerstaat — 142
6. Führerkult und Propaganda — 144

7	Jugend und Schule unter dem Hakenkreuz	146
8	NS-Wirtschaftspolitik – den Krieg im Visier	150
9	Ausgegrenzt, verfolgt, ermordet	152
10	Reichspogromnacht – als die Synagogen brannten	156
11	Der Weg in den Krieg	158
12	Krieg in Europa – Eroberungen und Völkervernichtung	162
13	Holocaust – Deportation und Völkermord	164
14	Sinti und Roma – eine verfolgte Minderheit	168
15	Projekt: Orte der Erinnerung – Besuch der KZ-Gedenkstätte Dachau	170
16	Widerstand	172
17	Methode: Historische Reden untersuchen	176
18	Vom „totalen Krieg" zur Kapitulation	178
19	Flucht und Vertreibung	182
20	Leben in Trümmern	184
21	Erinnern an die Vergangenheit	186
22	Abschluss: Totalitäre Diktaturen in Europa und der Zweite Weltkrieg	190

Wiederholen – vertiefen – verknüpfen — 192

1	Frauen fordern mehr Rechte	194
2	Fortschritt in Industrie und Wissenschaft	196
3	Auf dem Weg in die Massengesellschaft	198
4	Die Großstadt	200
5	Warum scheiterte die erste deutsche Demokratie?	202
6	Frauen im nationalsozialistischen Deutschland	204
7	Freiheit und Widerstand – die Geschwister Scholl	206

Methodenglossar	208
Lösungen zum Wissensquiz	214
Verzeichnis der Namen, Sachen und Begriffe	215
Verzeichnis der Textquellen	221
Verzeichnis der Bildquellen	226

So arbeitest du mit diesem Buch

Dieses Buch hat sieben Themeneinheiten. Jede beginnt mit einer Auftaktdoppelseite:

Ein Bild und ein kurzer Text führen in das Thema ein.

Die Karte erleichtert die Orientierung in den Ländern und Kontinenten, um die es geht.

Der Zeitstrahl gibt einen Überblick über wichtige Ereignisse und Jahreszahlen.

Jede Themeneinheit ist in Kapitel eingeteilt. Jedes Kapitel steht auf einer Doppelseite, die stets gleich aufgebaut ist:

Links findest du die Verfassertexte (VT), die unsere Autorinnen und Autoren für das Buch geschrieben haben.

In der Randspalte werden wichtige Fachwörter (schwarz gedruckt) und Grundwissenbegriffe (farbig gedruckt) erklärt.

Rechts ist Platz für die Materialien: Ein Q steht für Quellen, z. B. Texte und Bilder aus früheren Zeiten, alte Gegenstände oder Bauwerke. Ein D bezeichnet Darstellungen, z. B. Berichte heutiger Forscher, Schaubilder oder Karten.

Fragen und Anregungen erschließen die Verfassertexte und Materialien.

Projektseiten geben dir und deiner Klasse Anregungen, ein Thema zu vertiefen oder zu erkunden. Tipps und Anleitungen helfen dabei, das Projekt gemeinsam umzusetzen.

Wenn du eine solche Seite aufschlägst, weißt du: Hier wird eine Methode vorgestellt, die dir beim Lernen in Geschichte hilft. So kannst du üben, Karten zu lesen, alte Texte zu verstehen oder ein Schaubild zu entziffern.

Im rot umrandeten Kasten erklären dir die methodischen Arbeitsschritte, wie du die jeweilige Methode sicher anwendest. Alle Arbeitsschritte sind am Ende des Buches in einem Glossar übersichtlich zusammengestellt.

Auf der letzten Doppelseite einer Themeneinheit werden die wesentlichen Inhalte des Kapitels kurz zusammengefasst. Zwei Listen mit den wichtigsten Personen und den Grundwissenbegriffen des Kapitels, der Zeitstrahl mit den bedeutendsten Ereignissen und eine zusammenfassende Aufgabe sorgen auf dieser Abschlussseite dafür, dass du dein Geschichtswissen behältst.

	 TIPP	 A-Z	
Kleine Symbole helfen dir, dich in den Kapiteln zurechtzufinden: Jede Themeneinheit hat ihr eigenes Bild. Du findest es auf jeder Doppelseite links oben in der Ecke.	Fragen und Anregungen zur Erschließung des Textes und der Materialien.	Hier findest du Vorschläge für Projekte, Lesetipps und Adressen von Informationsstellen.	Erklärung von wichtigen Fachwörtern. **Grundwissenbegriffe** sind farbig hervorgehoben.

Dieses Symbol verweist auf die Software „Zeitreise multimedial" sowie auf die begleitende Internet-Plattform. Einfach auf www.klett.de/online gehen und in das Online-Link-Feld die angegebene Nummer eingeben.

7

Was du von der Geschichte schon weißt – teste dein Grundwissen

Im vergangenen Schuljahr hast du eine Menge im Fach Geschichte gelernt. Was du davon unbedingt behalten solltest, nennt man Grundwissen. Wie gut dein Grundwissen aus dem vergangenen Schuljahr ist, kannst du mithilfe eines kleinen Wissensrätsels überprüfen.

Auf dieser und den nächsten Doppelseiten findest du einige Quizkärtchen. Auf ihnen stehen Fragen nach Begriffen, Namen und Daten der Geschichte. Wie viele Antworten kannst du geben?

Und so könnt ihr rätseln: Wenn du dich alleine testen willst, dann schreibe die Antworten auf die Fragen auf ein Blatt Papier. Vergiss nicht, die Nummer der Frage zu notieren. Die Antworten auf die Fragen findest du auf Seite 216. Für jede richtig beantwortete Karte gibt es einen Punkt. Karten mit einer Glühbirne sind sogar zwei Punkte wert. Zähle am Ende zusammen, wie viele Punkte du erreicht hast.

Natürlich könnt ihr auch in einer Gruppe spielen. Bereitet 57 Papierzettel vor, auf die ihr die Zahlen 1 bis 57 schreibt. Der Reihe nach zieht jeder aus der Gruppe einen Zettel und versucht, die Frage der entsprechenden Karte zu beantworten. Wer hat am Ende die meisten Punkte?

1 Ein französischer König setzte diese Art der Herrschaft in die Tat um. Er selbst schreibt darüber: „Ich wollte die oberste Leitung ganz allein in meiner Hand zusammenfassen. (…) Ich bin über alles unterrichtet, (…) weiß jederzeit über (…) meine Truppen (…) Bescheid [und gebe] meinen Ministern das Wesentliche [an]. Ich regle die Einnahmen und Ausgaben des Staates (…)." Wie nennt man diese Art der Herrschaft?

2 Die Fürsten, die ihre Herrschaft im Sinne von Frage 1 verstanden, glaubten sich und ihre Familien unmittelbar von Gott berufen, uneingeschränkt zu herrschen. Ihre Machtfülle wurde direkt auf den Willen oder die Gnade Gottes zurückgeführt. Nenne den Fachbegriff.

3 Am Hofe der Könige und Fürsten, die davon überzeugt waren, aufgrund der Gnade Gottes alleine zu herrschen, gab es bei bestimmten Anlässen feste Regeln, die streng einzuhalten waren. Dazu gehörte zum Beispiel das feierliche Ankleiden des Königs am Morgen, bei dem sich die wichtigsten Mitglieder des Hofstaates zu versammeln hatten. Wie bezeichnet man diese Regeln?

4 Nicht weit von Paris entfernt ließ ein berühmter französischer König ab 1661 die größte und prunkvollste Schlossanlage Europas erbauen. Noch heute ist dieses Schloss Anziehungspunkt für bis zu 50 000 Touristen täglich. Wie heißt der Ort?

5 Gesucht ist der Begriff für folgende Wirtschaftspolitik: Förderung der Wirtschaft im eigenen Land, Erhöhung der Exporte, Einschränkung der Importe, außer bei Rohstoffen, die dann im eigenen Land veredelt werden.

6
Wenn ein Staat eine deutliche Vormachtstellung gegenüber anderen Ländern hat, dann nennt man das …

7
Der Gesamtstaat besteht aus vielen Teilstaaten. Diese haben gegenüber der Gesamtregierung zahlreiche eigene Regierungsbefugnisse. Der Fachbegriff für diese Verteilung der Befugnisse lautet …

8
Im Deutschen Reich versammelten sich die Vertreter der Landesfürsten und der Reichsstädte, um ihre Interessen gegenüber dem Kaiser und König zu vertreten. Wie hieß diese Versammlung?
Tipp: In Berlin gibt es ein Gebäude, in dem der Bundestag zusammentritt, das auch diesen Namen trägt.

9
Im Deutschen Reich kämpften Österreich und Preußen während des 18. und 19. Jahrhunderts um die Vorherrschaft. Das Verhältnis der beiden Staaten bezeichnet man mit dem Begriff …

10
In England entwickelte sich die Herrschaftsform der „parlamentarischen Monarchie". Was versteht man darunter?

11
Nenne den englischen Fachbegriff für die Verfassung, mit der im 17. Jahrhundert England zur parlamentarischen Monarchie wurde.

12

Den Baustil, in dem im 16. und 17. Jahrhundert die katholische Kirche ihre Bauten errichtete und den die allein regierenden Herrscher für ihre prunkvollen Schlossbauten nutzten, nennt man …

13
Am Ende des 17. Jahrhunderts begann eine Epoche, in der sich die Menschen von ihrer Vernunft und von ihrem Verstand und nicht vom Aberglauben leiten lassen sollten. Die Bezeichnung dieser Epoche lautet … oder … Gib beide Fachbegriffe an.

14
Die Trennung der Staatsgewalten in drei Bereiche bezeichnet man als …

15
Gib die drei Bereiche der Staatsgewalt mit ihren lateinischen und deutschen Begriffen an.

16
Wenn die Herrschaft nicht vom König, der sich auf Gott beruft, sondern vom Volk ausgeht, so bezeichnet man diese Herrschaft des Volkes als …

17

Die englischen Kolonien auf dem nordamerikanischen Kontinent lösten sich von ihrer Kolonialmacht. Die Ablösungserklärung dieser Kolonien bezeichnet man mit dem gesuchten Begriff.

18

Die ehemals der britischen Krone untergebenen Nordamerikaner verfassten für sich ein Grundgesetz, in dem zum ersten Mal die Menschenrechte niedergeschrieben wurden. Wie nennt man dieses Grundgesetz und was versteht man unter „Menschenrechten"?

19

Am Ende des vorletzten Jahrzehnts im 18. Jahrhundert stürmte eine Menschenmenge in Paris die Gefängnisfestung „Bastille". Damit begann …

20

Definiere die Begriffe „Staatsstreich" bzw. „Putsch".

21

Deutsche Fürsten stellten sich im ersten Jahrzehnt des 19. Jahrhunderts auf die Seite Napoleons im sogenannten Rheinbund. Das war das Ende eines jahrhundertealten Reichs. Wie hieß es?

22

Die Enteignung und Verstaatlichung von Kirchenbesitz Anfang des 19. Jahrhunderts bezeichnet man als …

23

Aus dem Kurfürstentum Bayern wird nach Napoleons Willen im ersten Jahrzehnt des 19. Jahrhunderts das … Bayern.

24

In der Hauptstadt des neuen österreichischen Kaiserreichs trafen sich die Sieger über Napoleon, um Europa in ihrem Sinne zu ordnen. Gib die Fachbezeichnung dieser Versammlung an.

25

Die über Napoleon siegreichen europäischen Fürsten wollten in Europa ihre alte Ordnung wiederherstellen. Der Fachbegriff für diese Art der Ordnung ist hier gefragt.

26

Nach der Zeit Napoleons gab es kein übergreifendes deutsches Staatsgebilde mehr. Deutsche Fürsten schlossen sich stattdessen zum … zusammen.

27

In den ersten Jahrzehnten des 19. Jahrhunderts setzten sich in den deutschen Ländern die Fürsten durch. Die von vielen Bürgern ersehnten politischen Mitspracherechte fielen mager aus oder kamen gar nicht zustande. So zogen sich viele Bürger ins Familienleben zurück und überließen die Politik den Fürsten. Gesucht ist der Fachbegriff für diese Zeit.

28

Was versteht man unter „Nationalismus"?

29

Gefragt ist der Fachbegriff für eine politische Auffassung, die einen freiheitlichen Staat mit einer auf Gewaltenteilung beruhenden Verfassung fordert. Dieser Staat sollte sich so wenig wie möglich in das Leben der Bürger einmischen und die Menschenrechte garantieren.

30

Die Revolution kurz vor der Mitte des 19. Jahrhunderts in Deutschland brachte ein erstes deutsches Parlament zustande, das eine moderne Verfassung für Deutschland entwickeln sollte. Wie nennt man diese Versammlung?

32

Von diesem französischen König behauptet man, er habe gesagt: „Der Staat bin ich." Als sein Symbol wählte er die Sonne. Um welchen König handelt es sich?

31

Die verfassunggebende Versammlung für Deutschland tagte in einer Kirche einer ehemaligen freien Reichsstadt am Main. Nenne Stadt und Kirche.

33

Im 18. Jahrhundert kämpften Preußen und Österreich um die Vorherrschaft im Deutschen Reich. Zwei Herrscher taten sich dabei besonders hervor, für Österreich eine Frau, für Preußen ein Mann, den man später „den Großen" nannte. Wer waren diese beiden Personen?

34

Prunkvolle Kirchen in Bayern sind das Werk dieser Brüder – nenne ihren Familiennamen.

35

Ein anderer großer Baumeister, den wir für diese Zeit suchen, war eigentlich Artillerist. Einen Namen aber machte er sich z. B. durch den Bau der Würzburger Residenz. Wie heißt er?

36

In Eisenach geboren, in Leipzig gestorben, komponierte dieser Musiker die wohl berühmtesten musikalischen Werke des Barock. Nenne seine beiden Vornamen und seinen Nachnamen.

37
Die moderne Naturwissenschaft verdankt zwei Forschern des 17. Jahrhunderts viel. Der eine, in Italien lebend, soll gesagt haben, als man ihm die Folterinstrumente zeigte, um ihn von seiner Lehre abzubringen: „Und sie bewegt sich doch!" Der andere, ein Engländer, entdeckte u. a. eine physikalische Kraft, die z. B. von Himmelskörpern ausgeht. Wer waren die beiden?

38

Der in Preußen lebende Philosoph prägte die Devise: „Wage zu denken!" Er wollte, dass die Menschen vernünftig handeln und sich ihres Verstandes bedienen. Gib seinen Namen an.

39
Wer „erfand" die Idee der Gewaltenteilung?

40
„Zurück zur Natur!" – das war eine seiner zentralen philosophischen Forderungen. Er brachte neue Ansätze in die Erziehung und in das Bild vom Menschen und hieß …

41

Dieser Nordamerikaner gilt als einer der Väter der USA. Nach ihm wurde die Hauptstadt der USA benannt. Wer war es?

42
Dieses französische Königspaar wurde mit der Guillotine öffentlich in Paris hingerichtet. Nenne ihre Namen.

43
Aus niederem Adel Korsikas stammend, beendete er in Frankreich die Revolution, überzog Europa mit Kriegen, zerstörte die alte politische Ordnung und schuf ein erstes bürgerliches Gesetzbuch. Er starb in der Verbannung auf Sankt Helena, einer einsamen britischen Insel im Südatlantik. Wer war es?

44
Als Bayern zu Beginn des 19. Jahrhunderts Königreich wurde, war er der erste bayerische König. Gib seinen kompletten Namen als König an.

45
Der erste bayerische König hatte einen modern denkenden Minister, der Bayern auf vielen Gebieten reformierte und neu gestaltete. Sein Nachname ist gefragt.

46
Er war der „Chefminister" österreichischer Kaiser und wollte nach dem Sieg über Napoleon die alte Ordnung in Europa wiederherstellen und sie strikt verteidigen. Nenne den Namen dieses Fürsten.

47
Diesem bayerischen König verdanken die bayerische Landeshauptstadt und ganz Bayern bedeutende Bauwerke, die er im klassisch-griechischen Stil errichten ließ. Er richtete zudem nach der Säkularisierung wieder Klöster in Bayern ein. Das Schloss Neuschwanstein hat er allerdings nicht errichten lassen. Nenne den Namen dieses Königs.

48
Die Zeit, in der die Herrscher allein und im Glauben an ihre göttliche Erwählung regierten, war um …

49
In welchem Jahrhundert brachte der Kampf um die Vormacht in Deutschland etliche Kriege zwischen Österreich und Preußen mit sich?

50
Das Jahr, in dem England per Verfassung zur parlamentarischen Monarchie wurde, ist gesucht.

51
Die Kulturepoche „Barock" liegt zeitlich in den hier gesuchten Jahrhunderten. Nenne sie.

52
Weg vom Aberglauben – hin zur Vernunft! In welcher Zeit liegt diese ideengeschichtliche Epoche?

53
Gib das Gründungsjahr der USA an.

54
Der Sturm auf das Stadtgefängnis von Paris, auf die Bastille, war im Jahr …

55
Die alte Ordnung zerbrach und Bayern wurde Königreich. In welchem Jahr fand dies statt?

56
Ein Kongress sollte nach dem Sieg über Napoleon die alte Herrschaft in Europa wiederherstellen. Wann fand dieser Kongress statt?

57
Revolution im Deutschen Bund! Deutsche Bürger wollen einen gemeinsamen Staat, der auf einer Verfassung beruht, die die Menschenrechte garantiert. Ein erstes Parlament wird gewählt und soll diese Verfassung erarbeiten. Das war in den Jahren …

Die Industrialisierung in Europa um 1850

- Eisenbahnlinie (bis 1851)
- Industriegebiet um 1830
- Industriegebiet um 1850
- Städte über 100 000 Einw.
- Städte unter 100 000 Einw.
- Arbeiteraufstand (Streik)

Bergbau:
- Steinkohle
- Braunkohle
- Eisenerz
- Kupfer

Industrie:
- Metall- u. Stahlindustrie
- Textilindustrie
- Maschinenbau
- Schiffbau

1834

Der Deutsche Zollverein wird gegründet.

1835

Die Eisenbahnstrecke Nürnberg–Fürth wird eröffnet.

1847/1848

Karl Marx und Friedrich Engels verfassen das Kommunistische Manifest.

Industrialisierung und soziale Frage

„The Nineteeth Century – Iron and Coal" – „Das 19. Jahrhundert – Eisen und Kohle" (Gemälde von William Belle Scott, 1811–1890). Das Bild zeigt wichtige technische Neuerungen, die das Zeitalter der Industrialisierung bestimmten.

Im Internet surfen, mit Lasertechnik operieren, per Flugzeug um den Erdball reisen – so wie alle diese Dinge heute ganz selbstverständlich sind, waren sie vor 200 Jahren noch undenkbar. Erst durch die Industrialisierung ist unsere Welt so modern geworden, wie wir sie heute kennen. Wann aber begann diese Entwicklung, welche Kräfte haben sie vorangetrieben? Wie hat der Fortschritt das Leben der Menschen verändert? Und welche Probleme haben die Neuerungen gebracht?

1863
Die erste deutsche Arbeiterpartei wird gegründet.

1881
Die ersten elektrischen Straßenbahnen fahren in Berlin.

1883
Mit Einführung der Krankenversicherung beginnt die deutsche Sozialgesetzgebung.

1 Mit Volldampf voraus!

Q1 *Eröffnung der ersten deutschen Eisenbahnstrecke zwischen Nürnberg und Fürth, 1835 (zeitgenössisches Gemälde). Diese Lokomotive mit dem Namen „Adler" stammte noch aus Stephensons Fabrik und wurde von einem britischen Lokomotivführer gefahren. Aber bald waren auch deutsche Ingenieure in der Lage, eigene und zum Teil bessere Maschinen zu entwickeln.*

Deutscher Zollverein
1834 schlossen sich zunächst 18 Staaten des Deutschen Bundes zu einem einheitlichen Handelsgebiet ohne Zollschranken zusammen. Andere Staaten folgten nach und nach.

Die ersten Eisenbahnen
Der 6. Oktober 1829 war ein denkwürdiger Tag: Ein Wettbewerb sollte klären, welches Antriebssystem auf der neu erbauten Eisenbahnstrecke zwischen Manchester und Liverpool eingesetzt werden sollte. An einem Gleisstück bei Rainhill drängten sich tausende Zuschauer sowie Wissenschaftler und Techniker, um das Spektakel mitzuerleben. Teilnehmen durften nur dampfgetriebene Lokomotiven von weniger als sechs Tonnen Gewicht, die auf ebener Strecke 20 Tonnen Gesamtgewicht mit einer Geschwindigkeit von etwa 16 km/h fortbewegen konnten.
Nur eine einzige Lokomotive erbrachte schließlich die geforderten Leistungen: die „Rocket" der Ingenieure George und Robert Stephenson. Unter dem Jubel der Zuschauer erreichte die „Rakete" Geschwindigkeiten von bis zu 47 km/h und war die einzige Lokomotive, die ohne Pannen funktionierte.
1835 fuhr auch in Deutschland die erste Eisenbahn, und zwar zwischen Nürnberg und Fürth. Für die 6 km lange Strecke benötigte sie mit 12 PS etwa sechs Minuten.

Ein „Schub" nach vorn
6600 Kilometer an Eisenbahnstrecken wurden in den Jahren zwischen 1840 und 1849 in Deutschland gebaut. Diese Entwicklung leitete einen gewaltigen Wirtschaftsaufschwung ein: Tausende Männer fanden bei den Eisenbahngesellschaften Arbeit. Sie schütteten Bahndämme auf, gruben Tunnel, verlegten Schienen, bauten Brücken und Bahnhöfe. Auch wurden immer mehr Arbeiter in den Fabriken für Lokomotiven und Waggons eingestellt. Riesige Mengen an Werkzeugen und Maschinen waren nötig. Entsprechend stieg der Bedarf an Eisen und Stahl, wozu neue Bergwerke und Eisenhütten errichtet wurden.

Ein Weg zur Einheit?
„Anhalten, haben Sie etwas zu verzollen?", hieß es für Reisende in Deutschland alle paar Kilometer. Etwa 1800 Zollstationen gab es um 1800 dort. Vor allem diese deutsche Vielstaaterei behinderte zu Beginn des 19. Jahrhunderts eine vergleichbare wirtschaftliche Entwicklung wie in England. Zölle verteuerten den Handel, in vielen deutschen Staaten bestand die rechtliche Unfreiheit der Bauern in Grund- und Leibherrschaft, der Zunftzwang erschwerte den Wettbewerb und die Einführung neuer Produktionsweisen.
Doch wirtschaftspolitisch bewegte sich in der Zeit viel: Am 1. Januar 1834 vereinigten sich 18 deutsche Staaten unter der Führung Preußens zum Deutschen Zollverein. Damit war ein wichtiger Schritt zur wirtschaftlichen Einheit Deutschlands getan, denn der freie Handel führte zu niedrigeren Preisen, vermehrtem Warenverkehr und größeren Märkten. Außerdem wurden die Zunftzwänge und die Leibeigenschaft abgeschafft und die Gewerbefreiheit eingeführt.
Viele Deutsche versprachen sich deshalb vom Eisenbahnbau und vom Zollverein wichtige politische Impulse. Sie hofften, dass ein deutsches Eisenbahnnetz eine „Klammer" für die staatliche Einheit werden könnte. Mit den Zollschranken auch die innerdeutschen Grenzen zu überwinden, das war ihr Traum, der allerdings noch lange unerfüllt blieb.

D1 Entwicklung des Eisenbahnnetzes und des Deutschen Zollvereins. Siehe auch Zeitreise multimedial – Das lange 19. Jahrhundert: Wirtschaft – „Industrialisierung in Deutschland" und „Der Deutsche Zollverein"

Dampfmaschine
Die Erfindung der Dampfmaschine durch James Watt 1764 war ein wichtiger Schritt ins Industriezeitalter. Im Bergbau, in der Textilindustrie und in der Landwirtschaft kamen Dampfmaschinen zum Einsatz.
Die ersten Dampfeisenbahnen fuhren 1830 in England von Liverpool nach Manchester, in Deutschland 1835 von Nürnberg nach Fürth.

Zeitreise Online-Link: 427040-0001

Q2 Friedrich List über den Eisenbahnbau
a) Eisenbahnbau Leipzig–Dresden 1833:
Eisenbahnen würden Holz, Torf und Steinkohle um mehr als die Hälfte wohlfeiler herbeischaffen. Die Kohle von Zwickau käme nur ungefähr 1½–2 Groschen per Zentner höher in Leipzig als an der Grube und würde diese Stadt zu einem bedeutenden Fabrikplatz erheben. (…) Was leichter Transport vermag und was schwerer und teurer nicht vermag, darüber können wir die Sandsteine von Pirna zu Zeugen aufrufen, die zu Wasser bis Berlin, Hamburg und Altona, ja in noch größerer Menge bis Kopenhagen gegangen sind und noch gehen, während es ihnen nie möglich war, landwärts nur bis Leipzig vorzudringen.

b) Über Zollverein und Eisenbahn:
Der Zollverein und das Eisenbahnsystem sind siamesische Zwillinge; zur gleichen Zeit geboren (…) unterstützen sie sich wechselseitig, streben nach Vereinigung der deutschen Stämme zu einer großen und gebildeten, zu einer reichen, mächtigen und unantastbaren Nation. Ohne den Zollverein wäre ein deutsches Eisenbahnsystem nie zur Sprache, geschweige denn zur Ausführung gekommen (…). Das deutsche Eisenbahnsystem wirkt (…) auch als Stärkungsmittel des Nationalgeistes; denn es vernichtet die Übel der Kleinstädterei und des provinziellen Eigendünkels und Vorurteils.

von Berlin nach	Schnellpost um 1800	Eisenbahn Ende 19. Jh.
Dresden	23 Std.	3 Std.
Hamburg	36 Std.	5 Std.
Frankfurt/M.	64 Std.	9 Std.
Köln	82 Std.	10 Std.

D2 Fahrzeiten von Postkutsche und Eisenbahn im Vergleich. Das Zeitalter der Postkutschen ging allmählich zu Ende; die Kutscher arbeiteten nun als Zubringer der Bahn.

1 Beschreibe die industriellen und politischen Entwicklungen in Deutschland ab 1834 (VT, Q1, D1). Erkläre dabei die Bedeutung des Eisenbahnbaus und des Zollvereins.

2 Fasse zusammen, welche Vorstellungen Friedrich List für die wirtschaftliche Verbesserung Deutschlands entwickelte und welche Hoffnungen er daran knüpfte (Q2).

3 Erkläre anhand von D2, warum die Eisenbahn das Ende der Postkutsche einläutete.

2 Deutschland wird Industrieland

Q1 *Georg Krauss gründete 1866 eine Lokomotivfabrik in München* (Gemälde von 1882). Bereits 16 Jahre später verließ die 1000. Lokomotive das Werk.

Zeitreise multimedial – Das lange 19. Jahrhundert: Wirtschaft – „Industrialisierung in Deutschland"

industrielle Revolution
Dieser Begriff beschreibt die Anfangsphase der Industrialisierung. Der Schritt zur Industriegesellschaft brachte so viele technische, wirtschaftliche und soziale Umwälzungen mit sich, dass wir heute von einer Revolution sprechen. Die Industrialisierung begann im 18. Jahrhundert in England und hat bis heute fast alle Länder der Erde erfasst.

Unter Dampf
Seit den 1830er-Jahren hatte auch in Deutschland die industrielle Revolution begonnen: Bergwerke, Stahlwerke, Eisenhütten und Fabriken wurden errichtet. So entstanden zahlreiche Arbeitsplätze. Aus dieser Zeit stammen auch Redensarten wie „unter Dampf stehen", „Kohlemachen" oder „hart wie Stahl sein". Unter den deutschen Staaten stieg Preußen zum führenden Industriestaat auf, denn das preußische Oberschlesien, das Ruhrgebiet, das Aachener Revier und das Saargebiet entwickelten sich schnell zu Zentren des Kohlebergbaus und der Eisenindustrie.

Großstädte und Industriezentren
Zur gleichen Zeit gerieten hunderttausende Familien auf dem Land in große Not. So wanderten wegen der Abschaffung der Leibeigenschaft und des Geburtenüberschusses viele Handwerker- und Bauernfamilien vor allem aus den ostdeutschen Provinzen Posen, Schlesien oder Sachsen in die neuen Industriegebiete ab. Für ungelernte Tätigkeiten in den Fabriken stand nun ein Heer billiger Arbeitskräfte zur Verfügung.
Je größer die Städte waren, desto schneller stieg die Einwohnerzahl. Innerhalb von 50 Jahren verdoppelte sich die Bevölkerung in Städten wie Berlin, Duisburg und Essen. Wohnungen für die Arbeiter entstanden meist in der Nähe der Fabriken und Zechen, denn der Weg zum Arbeitsplatz sollte möglichst kurz sein. Es wurden schmale Reihenhäuser oder große, sogenannte Mietskasernen errichtet. Die Straßen in diesen Vierteln waren eng, die Wohnungen klein, feucht und dunkel.

Neue Industriezweige
Vergleicht man die deutsche und britische Entwicklung zwischen 1870 und 1913, dann wird deutlich, wie groß die Fortschritte waren: Die industrielle Produktion in Großbritannien verdoppelte sich, während sich die deutsche versechsfachte!
Großbritannien war vor allem in den älteren Industrien stark. In den schnell wachsenden neuen Sektoren wie der Chemie-Industrie übernahm Deutschland die Führung. 1890 erzeugte die deutsche Industrie 50 % aller weltweit hergestellten künstlichen Farben, 1900 waren es 90 %. Unternehmen wie Siemens, AEG, BASF, Bayer und Hoechst entwickelten sich zu mächtigen Konzernen. Noch bedeutender war die rasante Entwicklung in der Elektroindustrie: Werner von Siemens entwickelte den Elektrodynamo, der Amerikaner Thomas A. Edison um 1860 die ersten Glühlampen. Bald darauf waren Straßen, Wohnhäuser und Fabriken nicht nur mit Gaslicht, sondern auch mit elektrischem Licht erhellt. Die Nutzung der Elektrizität beschleunigte neue Entwicklungen, wie den elektrischen Motor, der bald die Dampfkraft in Fabriken ablöste.

„Made in Germany"
Am Ende des Jahrhunderts eroberten immer mehr deutsche Industrieprodukte die ausländischen Märkte. Britische Unternehmer und Politiker wollten verhindern, dass Deutschland zur ersten Industriemacht wurde. Mit einem Gesetz versuchten sie die heimischen Produkte und Fabrikanten zu schützen: Alle Produkte, die aus Deutschland kamen, mussten mit dem Vermerk „Made in Germany" versehen werden, um Verwechslungen mit britischen Produkten zu vermeiden.

Q2 *Spulenwickeln in der Kleinmotorenfabrik AEG (Allgemeine Elektrizitätsgesellschaft) in Berlin-Wedding* (Foto, 1906). – Wie hat sich die industrielle Produktion seitdem verändert?

Q5 *Elektrischer „Omnibus" in Berlin* (Stich, 1899). Die erste dieser neuartigen Straßenbahnen fuhr 1881 in Berlin.

Q3 *Die Fabrik als Arbeitsplatz beschreibt Alfons Thun im Jahr 1879:*
Eine der ältesten, aus den 1820er-Jahren stammende Fabrikanlage wird noch gegenwärtig in Aachen benutzt; ich bin zurückgetaumelt, als mir die staubige, stinkende, heiße Luft aus den niedrigen Räumen durch die Tür entgegenströmte. Vielfach wurden auch alte Klöster, Schlösser und sonstige Baulichkeiten zu Werkstätten eingerichtet. In den Wollspinnereien war die Staubentwicklung noch die geringste, weil das Material geölt wurde, am größten und am gefürchtetsten war sie in den Baumwollspinnereien. Man bedenke nur, dass die damaligen Wölfe, in welchen die Baumwolle durch rasche Umdrehung zerfasert und gereinigt wird, ohne Umhüllung und Abzugsventilation waren. Der Lärm war so entsetzlich, dass kein Wort vernommen wurde.

Q4 *Deutschland als Industriestaat aus der Sicht eines französischen Besuchers (1915):*
Zu Beginn des 20. Jahrhunderts lebten von 67 Millionen Deutschen kaum 17 Millionen von der Landwirtschaft. Jedes Jahr kehrten zahllose Bauern dem Lande den Rücken und strömten in die riesigen Fabriken. Die Städte wuchsen ganz im amerikanischen Tempo, und 45 davon hatten bereits zu jener Zeit mehr als 100 000 Einwohner; ganze Armeen von Arbeitern stellten sich unter das Kommando der Industriekapitäne – 15 000 bei Mannesmann, mehr als 30 000 bei Thyssen und 73 000 in den verschiedenen Werken Krupps.

Q6 *Arthur Wilke schreibt 1893 in seinem Buch „Die Elektrizität":*
Es ist noch nicht lange her, da nannte man unsere Zeit das „Jahrhundert des Dampfes". Mit Recht, denn die Dampfmaschine hat die modernen Erwerbs- und Verkehrsverhältnisse gestaltet.
Kaum ist der „Dampf" zu voller Kraft herangewachsen, da will ihn jemand verdrängen, die „Elektrizität". Nicht mehr das „Jahrhundert des Dampfes", nein das „Zeitalter der Elektrizität" ist angebrochen. Die Elektrizität hat eine sehr viel größere Unabhängigkeit. Brauchen wir Licht? Die Elektrizität spendet es. In der Elektrizität besitzen wir jede benötigte Energieform: bewegende Kraft, Licht, Wärme usw.

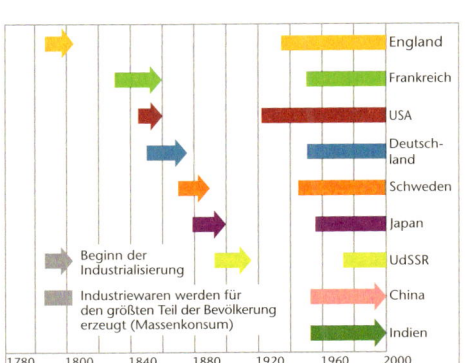

D1 *Beginn und Verlauf der Industrialisierung in verschiedenen Ländern*

Sektor
Bezeichnung für die verschiedenen Bereiche in der Wirtschaft. Heute unterscheiden wir folgende Sektoren:
1. Landwirtschaft, Forstwirtschaft, Fischerei
2. Industrie, Handwerk, Bergbau
3. Dienstleistungsgewerbe, Handel, Banken

1 Zeige anhand von VT, Q2, Q4 und Q5, wie Deutschland zum Industrieland wurde. Welche Wirtschaftsbereiche spielen dabei eine große Rolle?
2 Vergleiche die industrielle Entwicklung in Großbritannien und Deutschland. Erkläre die Unterschiede (VT, D1).
3 Rauchende Schornsteine wurden im 19. Jahrhundert als Zeichen des Fortschritts gesehen (Q1). Wie wirken sie heute auf uns?

4 Die Industrialisierung bringt Probleme

Q1 *Bergleute beim Erneuern des Stollenausbaus* (Foto, um 1890)

Rauchende Fabrikschlote
Fabriken, Stahlwerke und Bergbauzechen brachten Fortschritt und Wohlstand, aber sie hatten auch bis dahin ungeahnte Folgen für Mensch und Natur: Die Kohle, die verheizt wurde, und der Koks in den Hochöfen setzten Ruß, Rauch und giftige Abgase frei. Darunter litten vor allem die Arbeiter und ärmeren Leute, denn ihre Wohnviertel lagen meistens in direkter Nähe der Fabriken.

Dunkle Wohnungen
Die meisten Arbeiterfamilien lebten in Mietskasernen. Aber die Wohnungsnot war groß, denn die Städte waren auf den großen Zuzug von Arbeitssuchenden nicht eingerichtet. Es fehlte an allem: Oft standen für die Bewohner eines Wohnblocks nur drei oder vier stinkende Toiletten bereit. Da die Brunnen nicht ausreichten und es auch keine Wasserleitungen gab, mussten die Menschen ihr Wasser zum Trinken, Kochen, Putzen und Waschen aus den nahen Flüssen schöpfen. Müll, Unrat und Abwässer verschmutzten die Straßen und Hinterhöfe, sodass sich Ungeziefer, Ratten und Krankheiten ausbreiteten und Seuchen drohten.

Schwere Arbeit
Die Arbeit im Schacht war anstrengend und gefährlich: Die Temperatur betrug in einer Tiefe von 600 m etwa 30 °C. Oft mussten die Bergleute kriechend oder gebückt und bei hoher Luftfeuchtigkeit arbeiten. Obwohl seit 1859 eine Achtstundenschicht für Bergleute festgeschrieben war, wurde in den Zechen länger gearbeitet. Zehn bis elf Stunden reine Arbeitszeit waren die Regel. Die Anfahrtswege im Kohlenschacht, die Ausgabe der Werkzeuge und Grubenlampen, das Umziehen und Waschen nach der Arbeit wurden nicht auf die Schichtzeit angerechnet. Auch in den Fabriken arbeitete man unter schwersten Bedingungen: Hitze, Lärm und Ruß, die ständig gebückte Haltung sowie die langen Arbeitszeiten belasteten die Menschen und führten zu Gelenkschmerzen und Atemwegserkrankungen. Auch passierten nicht selten Unfälle an den Maschinen, von denen manche Arbeiter schwere Verletzungen oder sogar bleibende Schäden davontrugen.

Kinder arbeiten wie Erwachsene
Viele Fabrikbesitzer stellten gerne Kinder ein, denn auch sie konnten die Maschinen bedienen, arbeiteten genauso lange wie Erwachsene, bekamen aber einen viel geringeren Lohn. Tausende von Kindern, manche kaum älter als zehn Jahre, arbeiteten zwölf und mehr Stunden am Tag. Die Pausen waren kurz; wer zu spät kam oder fehlte, wurde bestraft oder einfach entlassen. Den Eltern blieb meistens keine andere Wahl, als ihre Kinder zur Arbeit zu schicken. Denn schließlich mussten alle Familienmitglieder mitverdienen, um die notwendigsten Lebensmittel kaufen zu können.

Schlechtes Essen
Mitte des 19. Jahrhunderts kam es zu zahlreichen Missernten. So musste eine Arbeiterfamilie bis zu 70 % des Einkommens für Nahrungsmittel ausgeben. Das Essen einfacher Arbeiterfamilien bestand vor allem aus Kartoffeln mit Bohnen, Erbsen, Sauerkraut oder Rüben sowie aus Roggenbrot mit Milch; Fleisch und Speck konnten sie sich nur selten leisten.

Q4 *Wohnküche einer Berliner Arbeiterfamilie* (Foto, 1907). – Wähle eine Person auf dem Foto aus und schildere das Alltagsleben in der Wohnung aus ihrer Sicht.

Q2 *Fabrikordnung der Augsburger Kammgarn-Spinnerei (1846):*
2. Außer an den Sonntagen und hohen Festtagen wird alle Tage gearbeitet. Jede Abwesenheit an einem Tage, sogar unter dem Vorwande der Unpässlichkeit, wenn solche nicht erwiesen werden kann, wird mit einer Geldbuße bestraft, die das Doppelte des Lohnes beträgt, der während der Zeit der Abwesenheit verdient worden wäre.
3. Die Arbeitsstunden sind im Sommer von 5 Uhr morgens bis abends 7 Uhr, im Winter von 6 Uhr morgens bis abends 8 Uhr.
4. Eine Viertelstunde (nach Arbeitsbeginn) wird der Pförtner das Tor verschließen. Diejenigen, welche später kommen, werden nicht mehr eingelassen, und die Geldstrafe der Abwesenheit, welche im §2 festgesetzt ist, wird ihnen auferlegt. (…)
9. Jeder Arbeiter ist für die ihm anvertrauten Gegenstände verantwortlich; wenn er dieselben bei Nachfrage nicht gleich vorweisen kann, werden sie auf seine Kosten durch neue ersetzt.
10. Wenn in einem Arbeitssaale ein Gegenstand beschädigt wird und der Täter nicht auszumitteln ist, so sind die Arbeiter des ganzen Saales bis zur Nachweisung des Täters haftend. (…)
12. Jede Woche wird eine allgemeine Reinigung vorgenommen, nach welcher eine Untersuchung gemacht und denjenigen, deren Maschinen nicht rein befunden werden, ein oder mehrere Taglöhne Strafe auferlegt werden wird. (…)

Q3 *In vielen Großstädten ging es Arbeiterfamilien so wie der Familie Dahlström – ein Bericht von 1843:*
Herr Dahlström hat in einer Fabrik gearbeitet. Seit fünf Jahren leidet er an chronischem Katarrh und Augenschwäche. Seine Beschwerden sind so stark, dass er nicht mehr arbeiten kann. Die feuchte Kellerwohnung wirkt sich nachteilig auf seinen Gesundheitszustand aus. (…) Sein zehnjähriger Sohn geht zur Schule oder passt auf seinen zweijährigen Bruder auf. Frau Dahlström sucht in der Stadt nach Knochen, die sie sammelt und dann verkauft. (…) Den anderen kleinen Kindern dient ein Strohsack als Bett. Auf den Tisch kommt morgens ein wenig trockenes Brot, mittags gewöhnlich nichts. Abends Brot und Hering oder Mehlsuppe.

D1 *Ein Bergarbeiter verdiente 1867 im Monat etwa 16 Taler (1 Taler = 30 Silbergroschen = 360 Pfennig). Kosten für eine 4-köpfige Familie pro Tag:*

Miete	3 S	9 Pf
5 Pfd. Brot	4 S	10 Pf
6 Pfd. Kartoffeln	3 S	4 Pf
½ Pfd. Fleisch	4 S	3 Pf
⅙ Pfd. Butter	2 S	
⅒ Salz		1 Pf
Kaffee		9 Pf
Milch/Zucker		5 Pf
Öl/Seife	1 S	5 Pf

Licht, Heizung, Kleidung, Schulgeld, Steuern sind nicht eingerechnet.

1 Schildere mit eigenen Worten die Gefahren, denen Menschen während ihrer täglichen Arbeit ausgesetzt waren (VT, Q1).
2 Beschreibe die Lebensumstände einer Arbeiterfamilie (VT, Q3).
3 Rechne aus, wie weit der Lohn eines Bergarbeiters reichte (D1).
4 Erläutere die Arbeitsbedingungen in einer Fabrik im 19. Jahrhundert und stelle die Folgen für die Arbeiter zusammen (Q2).

5 Methode
Statistiken auswerten

Realeinkommen
Gibt an, wie viel man für seinen Lohn kaufen kann. Wenn z. B. ein Arbeiter 4 % mehr Lohn erhält, die Lebenshaltungskosten aber um 3 % steigen, beträgt die Lohnsteigerung real nur 1 %. Lohnentwicklungen lassen sich also nur sinnvoll beurteilen, wenn man die Kaufkraft der Löhne berücksichtigt. Um vergleichen zu können, wird die Kaufkraft in einem bestimmten Jahr als Basis mit 100 Punkten angesetzt („Index").

Statistiken als historische Quelle
In der zweiten Hälfte des 19. Jahrhunderts begann man damit, Zahlen über verschiedenste wirtschaftliche und gesellschaftliche Bereiche zu sammeln, etwa über Produktionsergebnisse, Ein- und Ausfuhren, Preise und Löhne, Familiengrößen und anderes mehr. Solche Zahlenreihen nennen wir Statistiken. Sie sind für uns wichtige Geschichtsquellen.

Industrialisierung in Statistiken
Die industrielle Revolution und die nachfolgenden technischen und wirtschaftlichen Entwicklungen veränderten das Leben vieler Menschen erheblich. Es gibt zahlreiche Zeugnisse dafür, dass die betroffenen Handwerker, Landarbeiter, Bergleute und Fabrikarbeiter diesen Wandel sehr deutlich wahrgenommen haben. Da einzelne Berichte aber immer nur einen kleinen Ausschnitt der Wirklichkeit wiedergeben, ist es äußerst problematisch, aus ihnen auch größere Zusammenhänge und Entwicklungen abzuleiten. Dazu benötigt man statistisches Material.

Vorsicht Falle!
Wer aus den Zahlenangaben die gewünschten Informationen erhalten will, muss die Tabellen und Schaubilder (Diagramme) allerdings richtig „lesen" und kritisch hinterfragen. Dies gilt sowohl für die Zahlen selbst als auch für die Darstellungsform. Gerade Daten zu sozialen oder wirtschaftlichen Fragen werden häufig mit dem Ziel zusammengestellt, einen ganz bestimmten Eindruck zu erwecken. Um statistische Angaben richtig auszuwerten und eine mögliche „Manipulation" zu durchschauen, solltest du die Hinweise und Arbeitsschritte auf dieser Doppelseite beachten.

D 1 Stärken und Schwächen unterschiedlicher Darstellungsformen

	+	−
Zahlentabellen	Bieten die größte Genauigkeit, da sie exakte Zahlenangaben liefern.	Sind nicht so übersichtlich und einprägsam wie Schaubilder.
Säulendiagramme	Eignen sich besonders zum Vergleich von Mengenangaben zu einem ganz bestimmten Zeitpunkt.	Die Wahl der Maßeinheiten beeinflusst, wie die Zahlen und Größenunterschiede wirken.
Kurvendiagramme	Verschaffen einen raschen Überblick; Entwicklungen lassen sich gut und schnell ablesen.	Der Maßstab kann über die wirkliche Größe der Änderungen täuschen.
Kreisdiagramme („Tortendiagramme")	Eignen sich besonders gut, um Prozentwerte darzustellen.	Je mehr Angaben Kreisdiagramme enthalten, desto unübersichtlicher werden sie.

Jahr	in Mark (Geldwert von 1913)	Index (1913 = 100)
1810	618	58
1820	698	64
1830	565	53
1840	618	57
1850	696	64
1860	639	60
1870	706	65
1880	634	58
1890	793	73
1900	945	87
1910	999	92
1913	1083	100

D 2 Jährliche Realeinkommen von Handwerksgesellen und Industriearbeitern in Deutschland, 1810–1913

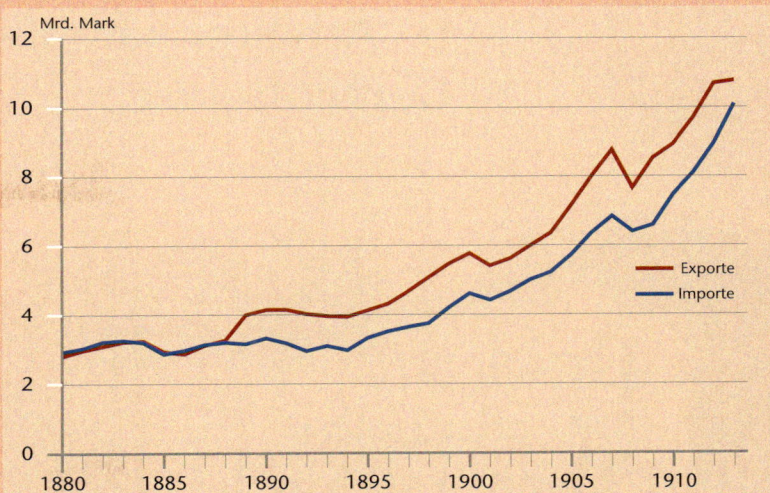

D 4 Der Außenhandel Deutschlands von 1880 bis 1913 in den jeweils aktuellen Preisen

Jahr	Land- und Forstwirtschaft, Fischerei	Industrie und Handwerk	Dienstleistung	Beschäftigte insgesamt in Millionen
1800	62	21	17	10,5
1825	59	22	19	12,6
1850	55	24	21	15,8
1875	49	30	21	18,6
1900	38	37	25	25,5

D 3 Beschäftigte in den drei Wirtschaftsbereichen, 1800–1900 (in Prozent)

1 Vergleiche die Entwicklungen in den drei Wirtschaftsbereichen miteinander (D3). Worauf sind die Veränderungen zurückzuführen? Erstelle zu den Jahren 1800 und 1900 zwei Kreisdiagramme.

2 Wie haben sich die Einkommen von Arbeitern zwischen 1810 und 1913 verändert (D2, Lexikon)? Veranschauliche die Entwicklung der Realeinkommen durch ein Säulendiagramm und ein Kurvendiagramm. Wo ist die Entwicklung besser abzulesen?

3 Welchen Eindruck vermittelt die Statistik zum deutschen Außenhandel (D4)? Inwiefern verändert sich der gewonnene Eindruck, wenn man die Abstände zwischen den Jahreszahlen verdoppelt bzw. halbiert?

Methodische Arbeitsschritte

1. Thema erfassen:
   – Um welchen Sachverhalt geht es? (Meistens steht es in der Überschrift oder in der Legende.)
   – Welchen Zeitraum umfassen die Zahlenangaben?
2. Inhalt und Darstellungsform beschreiben:
   – Wie wird das statistische Material dargestellt: als Tabelle oder Grafik, in absoluten Zahlen oder in Prozentangaben?
   – Sind die Zahlen übersichtlich zusammengestellt und vollständig (Maßstab, Datenmenge)?
3. Statistik auswerten:
   – Was sagen die angegebenen Daten genau aus?
   – Lassen sich Entwicklungen ablesen?
   – Gibt es Zusammenhänge mit anderen Informationen oder Materialien?
   – Inwiefern hat die Statistik neue Erkenntnisse hervorgebracht?
4. Statistik kritisch betrachten:
   – Beruhen die Zahlen auf Schätzungen oder auf genauen Zählungen?
   – Gibt es Zweifel am Wahrheitsgehalt der Aussagen?

6 Arbeiter kämpfen für soziale Gerechtigkeit

Q1 Der 1. Mai wurde 1889 zum „Kampftag der Arbeit" erklärt und 1890 erstmals mit Massendemonstrationen begangen (Holzschnitt von 1896).

soziale Frage
Sammelbegriff für die sozialen Probleme, die mit der Industrialisierung entstanden: Kinderarbeit, lange Arbeitszeiten, schlechte Wohnverhältnisse sowie Verelendung der Arbeiterschicht

Gewerkschaften
sind freiwillige Zusammenschlüsse der Arbeitnehmer. Sie vertreten gegenüber den Arbeitgebern die Interessen ihrer Mitglieder. 1914 gab es in Deutschland ca. 3 Millionen Gewerkschaftler.

Die soziale Frage brennt
Die meisten Fabrikbesitzer kümmerten sich wenig um das Los ihrer Arbeiter, gab es doch genügend Menschen vor den Fabriktoren, die Arbeit suchten. So konnten die Unternehmer die Löhne, die ohnehin kaum zum Leben reichten, noch weiter senken. Wer krank oder alt wurde, die Arbeitszeiten nicht durchhielt, gegen Vorarbeiter aufbegehrte oder durch den Einsatz neuer Maschinen überflüssig wurde, wurde entlassen.

Aufstände und Streiks
Das Elend und die Not der Arbeiterfamilien entluden sich an manchen Orten in gewalttätigen Aktionen. In Schlesien erhoben sich 1844 über 3000 Weber. Mit ihren Webstühlen waren sie der maschinellen Konkurrenz hoffnungslos unterlegen, und die Unternehmer kauften ihre Stoffe zu Hungerlöhnen auf. In einem Akt der Verzweiflung trieben die Weber die Fabrikanten aus deren Villen und Betrieben. Solche Aufstände blieben in Deutschland aber die Ausnahme. Vielmehr setzten die Arbeiter gewaltlose Streiks ein, um höhere Löhne und bessere Arbeitsbedingungen zu erkämpfen.

Arbeiter organisieren sich
Allmählich erkannten die Arbeiter, dass sie gleiche Interessen hatten und alle zu einer Klasse gehörten: Tagsüber schufteten sie unter ähnlichen Bedingungen in den Fabriken und Bergwerken, nachts hausten sie in den gleichen elenden Wohnungen. Immer mehr Arbeiter schlossen sich in Vereinen zusammen, in denen sie Erfahrungen austauschten, Aktionen vorbereiteten und Notkassen einrichteten. Die Arbeitervereine wurden so einflussreich, dass Behörden 1869 das Streikverbot aufheben und Gewerkschaften zulassen mussten.
1863 kamen Arbeitervertreter aus den einzelnen deutschen Staaten in Leipzig zusammen und gründeten dort den „Allgemeinen Deutschen Arbeiterverein" (ADAV). Zum Präsidenten wählten sie den Journalisten Ferdinand Lassalle, der unter anderem für das allgemeine Wahlrecht kämpfte – allerdings nur für Männer. Sechs Jahre später riefen August Bebel und Wilhelm Liebknecht in Eisenach die „Sozialdemokratische Arbeiterpartei" ins Leben, die sich 1875 mit dem ADAV vereinigte. Seit 1890 heißt diese Partei „Sozialdemokratische Partei Deutschlands" oder kurz: SPD.

Verdächtige Sozialdemokratie
Viele Politiker und Unternehmer misstrauten den Sozialdemokraten zutiefst. 1878 setzte Reichskanzler Otto von Bismarck das „Gesetz gegen die gemeingefährlichen Bestrebungen der Sozialdemokratie" durch. Den Sozialdemokraten war nun jede öffentliche Arbeit verwehrt, Versammlungen und Zeitungen wurden verboten, ihre Anhänger überwacht. Diese Maßnahmen sollten die SPD schwächen, doch das Gegenteil war der Fall: Viele Arbeiter hielten nun noch stärker zur Sozialdemokratie. 1890 musste das „Sozialistengesetz" schließlich wieder aufgehoben werden.

Q6 „Der Beginn des Streiks" (kolorierter Holzstich nach einem Gemälde von Robert Koehler, 1893)

Zeitreise multimedial – Das lange 19. Jahrhundert: Wirtschaft – „Arbeiterlieder"

Q2 *Auszug aus Heinrich Heines Gedicht „Die schlesischen Weber":*
Im düstern Auge keine Träne,
Sie sitzen am Webstuhl und fletschen die Zähne:
Deutschland, wir weben dein Leichentuch,
5 Wir weben hinein den dreifachen Fluch –
Wir weben, wir weben! (…)
Ein Fluch dem König, dem König der Reichen,
Den unser Elend nicht konnte erweichen,
Der den letzten Groschen von uns erpresst
10 Und uns wie Hunde erschießen lässt –
Wir weben, wir weben! (…)

Q3 *Zur Gründung des „Allgemeinen Deutschen Arbeitervereins" 1863 schrieb der Dichter Georg Herwegh:*
Mann der Arbeit, aufgewacht!
Und erkenne deine Macht!
Alle Räder stehen still,
wenn dein starker Arm es will.

Q4 *Aus einer Bekanntmachung der Direktion des Märkisch-Westfälischen Bergwerks-Vereins (1878):*
An unsere Arbeiter.
Wir erklären hiermit, dass wir fortan jedem sofort kündigen werden, der sich an sozialdemokratischen (…) Bestrebungen beteiligt, sei es durch Besuch ihrer Versammlungen, oder von Lokalen, wo solche Blätter ausliegen, oder durch Halten und Verbreiten solcher Blätter, Geldunterstützung, oder andere Handlungen ähnlicher Art. Fleiß, Ordnung, Nüchternheit und Sparsamkeit sind die einzigen Mittel, um zu einer gesicherten Existenz zu gelangen und seine Lage zu verbessern.

Q5 *August Bebel (SPD) in einer Rede über die Aufgaben der Gewerkschaften (1900):*
Der einzelne Arbeiter ist dem Unternehmer gegenüber machtlos. Jeder Versuch, auf eigene Faust seine Lage zu verbessern, endet in der Regel mit einer Niederlage. (…)
5 Die einzige Möglichkeit, seine Arbeit und damit seine Lebensbedingungen auf einige Dauer zu verbessern, ist die Vereinigung mit seinesgleichen. Deshalb ist der Beitritt zu einer Gewerkschaft eine Lebensnotwendig-
10 keit für jeden Arbeiter. Die Gewerkschaft erstrebt: Erhöhung des Lohnes nach Maßgabe der Verhältnisse des Arbeitsmarktes, Verkürzung der Arbeitszeit, Herbeiführung menschenwürdiger Zustände im Betrieb,
15 Rechtsschutz, Arbeitslosenunterstützung. (…) Ferner stärkt sie das Solidaritätsgefühl, ohne das kein großes Ziel erreicht werden kann.

1 Ziehe aus Q2 Rückschlüsse auf den Ausgang des Weberaufstandes.

2 Schildere die Situation auf dem Gemälde Q6. Wie werden die Arbeiter und der Unternehmer vom Maler dargestellt? Verfasse einen Zeitungsbericht: „Streik in der Fabrik".

3 Erläutere mithilfe von Q1 und Q3 den sozialdemokratischen Leitspruch „Einigkeit macht stark".

4 Wie reagieren die Regierung und die Unternehmer auf die politischen Aktivitäten der Arbeiter (VT, Q4)? Wie erklärst du diese Maßnahmen?

7 Kirche, Staat und Unternehmer reagieren

Sozialgesetzgebung
Sozialgesetze regelten zunächst die Kranken-, Unfall-, Invaliditäts- und Altersversicherung, im 20. Jahrhundert auch Arbeitslosen- und Pflegeversicherung.

Aus christlicher Nächstenliebe
Angesichts der extremen Verelendung vieler Arbeiterfamilien erhoben die beiden christlichen Kirchen weit reichende Forderungen: Die tägliche Arbeitszeit sollte verkürzt, der Arbeitslohn gerechter bemessen und die Kinderarbeit verboten werden. Auch setzten sich die Kirchen dafür ein, dass christliche Gewerkschaften gebildet wurden. Um Arbeiterfamilien unmittelbar helfen zu können, gründeten sie eigene Organisationen: 1848 die evangelische Innere Mission und 1897 die katholische Caritas.

Auch einige Geistliche wurden aktiv. So gründete der katholische Kaplan Adolph Kolping den Katholischen Gesellenverein. In den Kolpinghäusern fanden jüngere und alleinstehende Handwerksgesellen ein Zuhause. In der evangelischen Kirche setzte sich vor allem der Pastor Johann Wichern für die Behebung sozialer Probleme ein: Wichern baute das „Rauhe Haus" auf, das verwaiste und verwahrloste Kinder aufnahm. Hier wohnten sie in Gruppen zusammen, wurden betreut und machten in Lehrbetrieben eine Ausbildung zu Handwerkern.

Initiativen von Unternehmern
Auch manche Unternehmer sahen ein, dass es nicht ihr einziges Ziel sein konnte, ihren Gewinn zu vergrößern. Einige hatten auch erkannt, dass ein Betrieb ein besseres Ergebnis erwirtschaftet, wenn auch die Menschen, die darin arbeiten, zufrieden sind. So führte der Essener Großunternehmer Alfred Krupp eine Betriebskranken-, Pensions- und Sterbekasse ein und ließ Krankenhäuser und Siedlungen für Arbeiter errichten – von 1861 bis 1874 insgesamt 3200 Wohnungen. Dafür erwartete er allerdings Betriebstreue, politisches Wohlverhalten und verbot die Mitgliedschaft in der SPD.

Etwas weiter ging Werner von Siemens, der seine Arbeiter am Unternehmensgewinn beteiligte und für eine Alters- und Pensionskasse sorgte. Nahm ein Arbeiter jedoch an einem Streik teil, dann verlor er die Vergünstigungen.

Ernst Abbe, der Besitzer der Zeiss-Werke in Jena, beschritt einen partnerschaftlichen Weg. Er wandelte die Optischen Werke in die gemeinnützige Carl-Zeiss-Stiftung um, die er als leitender Angestellter führte. Die Belegschaft war am Gewinn und am Unternehmenskapital beteiligt. Solche sozialen Maßnahmen blieben jedoch die Ausnahme.

Sozialgesetzgebung
Auch der Staat musste sich der sozialen Frage widmen, wollte er nicht in Kauf nehmen, dass die Arbeiterschaft sich vom Staat weg der Sozialdemokratie zuwandte. Deswegen setzte Reichskanzler Otto von Bismarck durch, dass 1883 die Kranken-, 1884 die Unfall- und 1889 die Invaliditäts- und Altersversicherung in Kraft trat. Arbeiter, Unternehmer und der Staat zahlten in die Kassen ein, aus denen die entsprechenden Unterstützungen geleistet wurden.

Obwohl diese Gesetzgebung in Europa damals einzigartig war, blieb die Wirkung begrenzt. Die tatsächlich ausgezahlten Beträge waren sehr niedrig, denn die durchschnittliche Altersrente betrug 1912 nur knapp 20 % des Lohns. Die Arbeiter mussten außerdem einen hohen Anteil der Leistungen selbst finanzieren und waren gegen Arbeitslosigkeit nicht abgesichert. Insgesamt blieben die Versuche des Staates, der Kirchen und der Unternehmer, die soziale Frage zu lösen, nur Ansätze und konnten die Mehrheit der Arbeiter nicht davon abbringen, eine grundlegende Veränderung der politischen und wirtschaftlichen Ordnung zu fordern.

Q1 „Kapitalistische Wohltaten" (Karikatur von A. Staehle aus „Der wahre Jacob", 1905). Die Unterschrift lautet: „Der Kapitalist: So! Der läuft mir nicht mehr davon!"

Versicherungsart	Beiträge	Leistungen
Krankenversicherung 1883 für gewerbliche Arbeiter und (freiwillig ab 1882) Angehörige	2–3 % des Lohns: ⅔ vom Versicherten, ⅓ vom Arbeitgeber	ärztliche Behandlung und Medizin, Krankenhauskosten; nach zweitägiger Wartezeit Krankengeld (50 % des Durchschnittslohns, max. 2 Mark/Tag)
Unfallversicherung 1884 für gewerbliche Arbeiter	als Haftpflicht vom Arbeitgeber zu zahlen	Heilungskosten; bei Erwerbsunfähigkeit ⅔ des Einkommens, ⅕ für Witwen
Invaliden- und Altersversicherung 1889 für Gewerbe- und Landarbeiter (ab 1911 auch für Familienangehörige)	1 % (ab 1900 1,5–3 %) des Lohns, je zur Hälfte von Arbeitnehmern und Arbeitgebern	Invalidenrente bei Erwerbsunfähigkeit (1911): 1,1 Mio. Rentenbezieher von durchschnittlich 187 Mark/Jahr; Altersrente ab 70. Lebensjahr und nach 30 Beitragsjahren (ab 1900: 24 Beitragsjahre)

D 1 *Sozialversicherung im deutschen Kaiserreich*

Q 2 *Der Unternehmer Werner von Siemens begründete die Einrichtung einer Rentenkasse für „seine" Arbeiter im Jahr 1872:*
Es ist (…) von höchster Wichtigkeit, einen festen Arbeiterstamm zu schaffen, und zwar umso mehr, je weiter die Arbeitsteilung und die Maschinenarbeit entwickelt wird. Dies
5 soll nun wesentlich durch unsere Pensionskasse bewirkt werden. (…) Steht bei ihnen erst unwandelbar fest, dass denen, die bei uns bleiben, die Sorge für ihr Alter und ihre Familie genommen ist, so werden sie
10 dadurch fest an das Geschäft geknüpft, sie werden den Umsturztheorien der Sozialisten abhold, werden sich Streiks widersetzen und haben eigenes Interesse am Gedeihen des Geschäfts.

Q 4 *In der „kaiserlichen Botschaft" von 1881 hieß es zur deutschen Sozialgesetzgebung:*
Aber auch diejenigen, welche durch Alter oder Invalidität erwerbsunfähig werden, haben der Gesamtheit gegenüber einen begründeten Anspruch auf ein höheres Maß
5 an Fürsorge, als ihnen bisher hat zuteil werden können. Für diese Fürsorge die rechten Mittel und Wege zu finden, ist eine schwierige, aber auch eine der höchsten Aufgaben jedes Gemeinwesens, welches auf den sitt-
10 lichen Fundamenten des christlichen Volkslebens steht.
„Es ist nicht leicht, unter Bismarck Kaiser zu sein", soll Kaiser Wilhelm I. bei dieser Botschaft gesagt haben.

Q 3 *Plakat zur deutschen Sozialversicherung (1913)*

1 Nenne Gründe für die sozialen Maßnahmen der Kirchen, der Unternehmer und des Staates (VT, Q2, Q4) und bewerte sie.
2 Betrachte das Plakat Q3. Welchen Eindruck soll es erwecken?
3 Untersuche die Karikatur Q1 und arbeite heraus, welche Meinung der Zeichner zu den Maßnahmen der Unternehmer vertritt.

8 Projekt
Regionalgeschichte: Einen Betrieb vorstellen

Q 1 *Titelblatt eines Katalogs der Firma Koenig & Bauer aus dem Jahr 1896. Das Bild zeigt die beiden Firmengründer, verschiedene Druckmaschinen, einen Arbeiter und die „Klosterfabrik". Der Engel symbolisiert den Ruhm des Erfinders Friedrich Koenig.*

Ein Würzburger Traditionsunternehmen
Die Firma Koenig & Bauer in Würzburg besteht bald 200 Jahre. Um 1800 hatte ihr Gründer Friedrich Koenig an einer neuen Erfindung gearbeitet: einer Druckschnellpresse. Vom Einlegen des unbedruckten Bogens bis zur Herausnahme des bedruckten Bogens sollte eine Maschine alle Arbeitsschritte vollziehen. Von wirtschaftlichen und technischen Hindernissen auf dem Kontinent enttäuscht, ging Koenig nach London. Dort traf er auf Andreas Bauer, der ihm dabei half, die Schnellpresse noch zu verbessern. 1812 stellten sie dem Herausgeber der „Times", Mr. Walters, endlich eine Druckmaschine vor, die 800 Bogen in einer Stunde druckte. Begeistert bestellte Walters gleich zwei Doppelmaschinen.

Die Fabrik in einem alten Kloster …
Da Walters es verbot, die Erfindung zu verbreiten, gingen Koenig und Bauer 1817 zurück nach Deutschland. In Würzburg, im ehemaligen Kloster zu Oberzell, richteten sie ihre Fabrik ein. Die Anfänge waren schwer, weil die Arbeiter ungelernt und undiszipliniert waren. Außerdem gestaltete sich der Transport der Maschinen quer durch Europa sehr kompliziert. Bis zur Julirevolution 1830 wurden 29 Maschinen nach Frankreich geliefert, dann brachen die Märkte zusammen. Die Zahl der Beschäftigten sank von 120 auf 14.

… wächst zu einem großen Betrieb
Dennoch brachten die nächsten Jahrzehnte der Firma einen steten Aufstieg, denn Zeitungen wurden immer beliebter und mussten in wachsenden Auflagen gedruckt werden. 1838 verließen zwölf Maschinen das Werk in Oberzell. Ab 1875 stellte die Firma moderne Rotationsmaschinen her, die Wilhelm Koenig, ein Sohn des Firmengründers, entschieden verbesserte. Im Jahre 1895 verließ die 5000. Schnellpresse die Fabrik. 1900 begann man das neue Jahrhundert mit einem Rekord: Eine moderne Betriebsanlage wurde eingerichtet, mit einer Fertigungshalle von 225 Metern Länge – damals die größte in Deutschland. Auch 100 Jahre später ist „Koebau" immer noch ein führender Betrieb in der Branche. Ihrem Standort Würzburg ist die Firma bis heute treu geblieben.

Betriebsführer gesucht

Stell dir vor, du arbeitest in der Abteilung Öffentlichkeitsarbeit bei der Firma Koenig & Bauer AG und musst immer wieder Schulklassen deinen Betrieb vorstellen. Gehe dabei folgendermaßen vor:

1. Auf der Doppelseite findest du einige Informationen zur Entstehungsgeschichte der Firma Koenig & Bauer. Lies sowohl den Verfassertext als auch die Quellen und fasse den Inhalt der einzelnen Texte stichpunktartig zusammen.

2. Arbeite nun mit den gesammelten Informationen deine Betriebsführung aus. Formuliere dabei wie folgt:
„Ich begrüße euch recht herzlich hier bei der Firma Koenig & Bauer AG. Wie ihr wohl wisst, wurde unsere Firma bereits vor über 200 Jahren von Friedrich Koenig …"

3. Trage deine Betriebsführung der Klasse vor und vergleiche deinen Vortrag mit denen deiner Klassenkameraden.

Hast du Lust bekommen, zu einem Betrieb in deiner näheren Umgebung eine Betriebsführung zu erstellen? Dann kannst du nach den unten stehenden Schritten vorgehen.

Q 2 *Schwierige Startbedingungen. Über das Jahr 1822 schreibt Friedrich Koenig:*
Während der letzten drei Wochen trat wieder manch unangenehmer Aufenthalt ein: zuerst mehrere Feiertage, ich weiß nicht welchen Heiligen gewidmet; dann die ewige Anbetung – sie geht von Ort zu Ort und dauert zwei Tage; nach ihrer Beendigung versammelten sich die Zeller in der Schenke und schlossen mit einer Schlägerei, wobei unsere Arbeiter, und namentlich der geschickteste Feiler, so abgeprügelt wurden, dass dieser acht Tage lang zur Arbeit unfähig.

Q 3 *Sozialer Aufbruch bei Bauer & Koenig (Auszug aus der Festschrift zum 175-jährigen Bestehen der Firma):*
Schon 1855 (…) hatten Fanny Koenig und Andreas Bauer eine Fabrikkrankenkasse gegründet. (…) Unter der Regie von Friedrich Koenig jr. entstand 1865 eine Fabrikssparkasse und 1868 (…) eine Fabrik-Fortbildungsschule zur Ausbildung des technischen Fachkräftenachwuchses. (…) Für die Arbeiter waren bereits 1866 in Zell Häuser errichtet worden. Charakteristisch für die soziale Aufbruchstimmung in Oberzell in der damaligen Zeit ist die Koenig'sche und Bechold'sche Stiftung von 1870, die der junge Friedrich Koenig zusammen mit dem alten Monteur Josef Bechtold ins Leben rief, um den Kindern aus armen Familien eine Schulausbildung zu ermöglichen. Eine Witwen- und Waisenkasse, eine Arbeiterbibliothek und viele Einrichtungen mehr folgten später.

Q 4 *Lehrlingsausbildung bei Koenig & Bauer; 1868 wurde eine eigene Fabrik-Fortbildungsschule gegründet.*

Methodische Arbeitsschritte

1. Sammle zu deinem Betrieb im Internet, aus Broschüren und wenn möglich vor Ort viele Informationen, Fotos und Bilder.
2. Bringe deine gesammelten Informationen und dein Bildmaterial in eine zeitliche Reihenfolge.
3. Formuliere nun anhand des Informationsmaterials deine eigene Betriebsführung aus und trage sie mit Fotos, Zeichnungen und Bildern deiner Klasse vor.

9 Die Idee der klassenlosen Gesellschaft

Q1 *Friedrich Engels (1820–1895; rechts) und Karl Marx (1818–1883) mit seiner Familie in London*

Gesellschaft ohne Klassen
„Der Arbeiter ist zu einer Ware geworden, und es ist ein Glück für ihn, wenn er sich an den Mann bringen kann." So beschrieb der Philosoph und Wirtschaftswissenschaftler Karl Marx die Situation der Arbeiter während der Industrialisierung. Marx suchte gemeinsam mit seinem Freund Friedrich Engels nach Antworten auf die soziale Frage. Dabei entwickelten beide die Idee einer klassenlosen Gesellschaft: Alle Menschen sollten frei und unabhängig leben. Unterschiede zwischen Arm und Reich, zwischen Herrschern und Beherrschten sollte es nicht mehr geben. Das klang verlockend. Doch wie sollte es dazu kommen?

Arm und Reich
Marx und Engels sahen die Ursachen der sozialen Frage darin, dass sich die Produktionsmittel (Fabriken, Maschinen und Werkzeuge) in Privatbesitz befanden, also den Unternehmern gehörten. Die von Marx und Engels als Proletarier bezeichneten Arbeiter hätten dagegen nichts als ihre Arbeitskraft, die sie den Unternehmern, den Kapitalisten, verkaufen konnten. Der Lohn, den sie dafür erhielten, sei viel weniger Wert als die von ihnen erbrachte Arbeitsleistung. Dadurch würden sich die Kapitalisten an der Arbeitskraft der Proletarier bereichern.

Kampf der Klassen
Um die Unterschiede zwischen Arm und Reich zu überwinden, sahen Marx und Engels nur eine Lösung: Die Arbeiter mussten sich zusammenschließen, den Kapitalisten die Produktionsmittel gewaltsam entreißen und diese zum Eigentum aller machen. Diesen Kampf zwischen Proletariat und Kapitalisten bezeichneten Marx und Engels als Klassenkampf. In ihren Augen war die gesamte Geschichte der Menschheit eine Abfolge von solchen Klassenkämpfen.

Proletarische Revolution
Ein Ende der Klassenkämpfe sei nach Marx und Engels nur durch eine proletarische Revolution möglich. In dieser Revolution würden die Ausgebeuteten den Sozialismus und damit die Diktatur des Proletariats errichten, in der Kapital und Produktionsmittel nicht mehr Privateigentum wären. Darauf würde die klassenlose Gesellschaft folgen, die Marx und Engels Kommunismus nannten.

Mehr als ein Traum?
Von Marx' und Engels' Ideen ging eine große Wirkung aus. Vielen Arbeitern machten sie Hoffnungen auf eine gerechtere Gesellschaft. Im 20. Jahrhundert ergriffen in vielen Staaten kommunistische Regierungen die Herrschaft. Sie beriefen sich zwar auf Marx und Engels, verwirklichten aber nicht deren Idee einer Gesellschaft ohne Klassen.
Stattdessen entstanden von starrer Parteidiktatur geprägte Unrechtsregime, die ihre Bürger überwachten und deren Freiheit einschränkten. Kritik an den Herrschenden oder am starren Wirtschaftssystem, das nur einen bescheidenen Lebensstandard ermöglichte, war nicht gestattet. Immer mehr Menschen begehrten gegen diese Unrechtssysteme auf und stürzten die Regierungen Anfang der 1990er-Jahre. Bis heute werden noch China, Nordkorea und Kuba von Vertretern kommunistischer Einheitsparteien regiert.

Klasse
Bezeichnung von Gruppen der Bevölkerung, für die gleiche wirtschaftliche und soziale Gegebenheiten gelten

Bourgeoisie
(franz. = „Bürgertum") Marx und Engels bezeichnen damit die Klasse der reichen Kapitalisten und Fabrikbesitzer aus der Oberschicht.

Q2 *Über die Machtergreifung des Proletariats heißt es im „Manifest der Kommunistischen Partei" 1848:*

Der erste Schritt der Arbeiterrevolution [ist] die Erhebung des Proletariats zur herrschenden Klasse, die Erkämpfung der Demokratie (…). Das Proletariat wird seine politische
5 Herrschaft dazu benutzen, alle Produktionsinstrumente in die Hände des Staats, [den nun das Proletariat beherrscht], zu zentralisieren (…). Es kann dies natürlich zunächst nur geschehen vermittelst [gewaltsamer]
10 Eingriffe in das Eigentumsrecht und in die bürgerlichen Produktionsverhältnisse (…). Für die fortgeschrittensten Länder werden die folgenden [Maßnahmen] ziemlich allgemein in Anwendung kommen können:
15 1. Enteignung des Grundeigentums (…)
    2. Starker Anstieg der Besteuerung höherer Einkommen.
    3. Abschaffung des Erbrechts.
    4. Einziehung des Eigentums aller Flücht-
20   linge und Gegner (…)
    8. Gleicher Arbeitszwang für alle (…)
    10. Öffentliche und unentgeltliche Erziehung aller Kinder (…)

Wenn das Proletariat (…) die alten Produk-
25 tionsverhältnisse aufhebt, so hebt es (…) die Klassen überhaupt (…) auf. An die Stelle der alten bürgerlichen Gesellschaft mit ihren Klassen (…) tritt eine Vereinigung, worin die freie Entwicklung eines jeden die Bedin-
30 gung für die freie Entwicklung aller ist.

Q3 *Marx-Engels-Denkmal; Karl Marx (sitzend) und Friedrich Engels, Denkmal in Ost-Berlin (früher DDR)*

Proletariat, Proletarier (von lat. proles = Nachkomme) Bezeichnung für die Menschen, deren einziges „Eigentum" ihre Arbeitskraft und ihre Kinder waren. Marx sah im Proletariat den Bevölkerungsteil, der dem Kommunismus zum Sieg verhelfen werde.

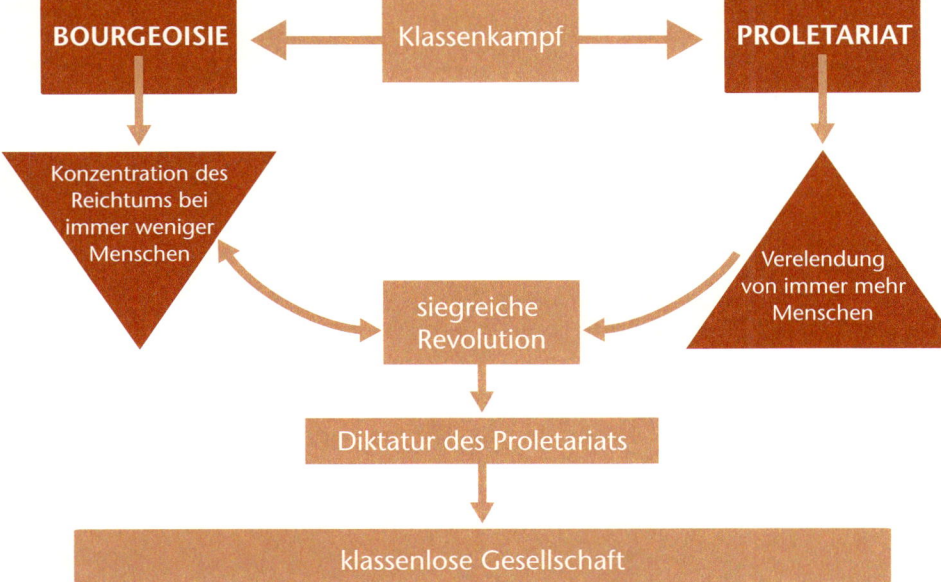

D1 *Klassenlose Gesellschaft:* So stellten sich Marx und Engels den Ablauf des letzten Klassenkampfes vor.

1 Überlege, wer von den Ideen Marx' begeistert war und wer die Vorstellungen ablehnte (VT, D1).
2 Erläutere das Schaubild D1 mithilfe des VT und Q2.
3 Ergibt sich deiner Meinung nach durch die in Q2 genannten Maßnahmen eine gerechtere Gesellschaft?

10 Abschluss
Industrialisierung und soziale Frage

James Watt
britischer Erfinder der Dampfmaschine
(1736–1819)

George und Robert Stephenson
britische Ingenieure (Vater und Sohn), Konstrukteure der ersten Dampflokomotiven
(1781–1848 und 1803–1859)

Ferdinand Lassalle
deutscher Arbeiterführer
(1825–1864)

Alfred Krupp
deutscher Industrieller
(1812–1887)

Werner von Siemens
deutscher Erfinder und Industrieller
(1816–1901)

Ernst Abbe
deutscher Physiker und Sozialreformer
(1840–1895)

Karl Marx
deutscher Philosoph
(1818–1883)

Friedrich Engels
deutscher Philosoph
(1820–1895)

Die industrielle Revolution
Mitte des 18. Jahrhunderts brach in England eine neue Zeit an: Mit der Erfindung der Dampfmaschine begann das Industriezeitalter. In Deutschland setzte es zeitverzögert zwischen 1830 und 1850 ein. Die Dampfmaschine pumpte Grubenwasser aus den Bergwerken und trieb neuartige Maschinen in Garnwerken, Webereien und anderen Fabriken an. Zudem revolutionierte sie das Verkehrswesen, denn Eisenbahnen mit dampfgetriebenen Lokomotiven wurden bald zur Konkurrenz für Kutschen und Fuhrwerke.

Der Eisenbahnbau trieb die Industrialisierung weiter voran, ab 1835 auch in Deutschland. Immer mehr Stahl- und Eisenwerke wurden errichtet und Schienenstrecken gebaut. Hunderttausende fanden in der Industrie einen Arbeitsplatz. Hinzu kam die Gründung des Deutschen Zollvereins, wodurch die Wirtschaft einen weiteren Aufschwung erlebte. Schließlich überholte die deutsche Industrie sogar die englische, da Unternehmen wie Bayer oder Siemens sich auf die zukunftsträchtige Chemie- und Elektroindustrie konzentrierten.

Arbeiterklasse und Unternehmer
Gewinner der neuen Zeit waren vor allem die Unternehmer. Sie investierten in Eisenwerke, besaßen Textilfabriken, legten Bergwerke an und verdienten am Eisenbahnbau. Wer die Chancen erkannte, Kapital besaß und es geschickt einsetzte, konnte große Gewinne erzielen.

Mit der Maschinenarbeit hielten viele Handwerker und Kleinunternehmer bald nicht mehr mit. Zusammen mit Millionen anderer Arbeitsuchender vom Land mussten sie ihren Lebensunterhalt nun in den Fabriken verdienen.

Die soziale Frage
Durch die zuziehenden Menschen und den Ausbau der Fabriken wuchsen die Industriestädte im 19. Jahrhundert ständig an. Auch entstanden riesige Industrielandschaften wie beispielsweise das Ruhrgebiet. Hier lebten die meisten Menschen in ärmlichen Wohnvierteln. Ihre Arbeit war hart, oft gefährlich, und der Arbeitstag war lang. Viele Arbeiterfamilien lebten in Armut und bitterem Elend.

Neu gegründete Arbeiterparteien und Gewerkschaften kämpften deshalb für höhere Löhne, bessere Arbeitsbedingungen und kürzere Arbeitszeiten. Auch die Kirchen, Unternehmer und die Regierung ergriffen Maßnahmen, um die Lage der Arbeiterfamilien zu verbessern. Schließlich wurden die Sozialgesetze erlassen, welche die Arbeiter bei Krankheit, Invalidität und im Alter vor Verelendung schützen sollten.

■ **1834** 18 deutsche Staaten gründen den Deutschen Zollverein.

■ **ab 1835** Die Verbreitung der Eisenbahn fördert die Industrialisierung Deutschlands.

■ **1846** Adolph Kolping gründet katholische Gesellenvereine und -häuser.

■ **1847/48** Karl Marx und Friedrich Engels verfassen das Kommunistische Manifest.

■ **1849** Heinrich Wichern gründet die Innere Mission.

Einen Zeitungsbericht schreiben

Stell dir vor, du arbeitest in der Redaktion einer Tageszeitung und bekommst von deinem Chef den Auftrag, einen Bericht über das Thema „Industrialisierung und soziale Frage" zu schreiben. Gehe dabei nach folgenden Schritten vor:

1. Erkundige dich zuerst nach den Textsortenmerkmalen, die ein Bericht aufweisen muss.
2. Im Geschichtsunterricht hast du in den letzten Stunden einiges über das Zeitalter der Industrialisierung und die soziale Frage erfahren. Stelle die wichtigsten Ereignisse noch einmal kurz zusammen und liste sie in deinem Heft auf.
3. Schreibe einen Bericht, der sich in folgende Absätze gliedert:
   industrielle Revolution und ihre Voraussetzungen – technische Erfindungen – negative Folgen der Industrialisierung – Lösungsversuche der sozialen Frage
4. Überlege dir zu deinem Bericht eine passende Überschrift.
5. Gestalte nun deinen Bericht am PC und füge ihm noch passende Fotos oder Bilder hinzu.
6. Vergleiche mit deinen Klassenkameraden die verschiedenen Berichte.

Erkläre diese Grundwissenbegriffe:
Dampfmaschine (S. 17)

Eisenbahn (S. 17)

industrielle Revolution (S. 18)

soziale Frage (S. 26)

Sozialgesetzgebung (S. 28)

Auch diese Begriffe sind wichtig:
Deutscher Zollverein (S. 16)

Sektor (S. 19)

Realeinkommen (S. 24)

Gewerkschaften (S. 26)

Klasse (S. 32)

Bourgeoisie (S. 32)

Proletariat (S. 33)

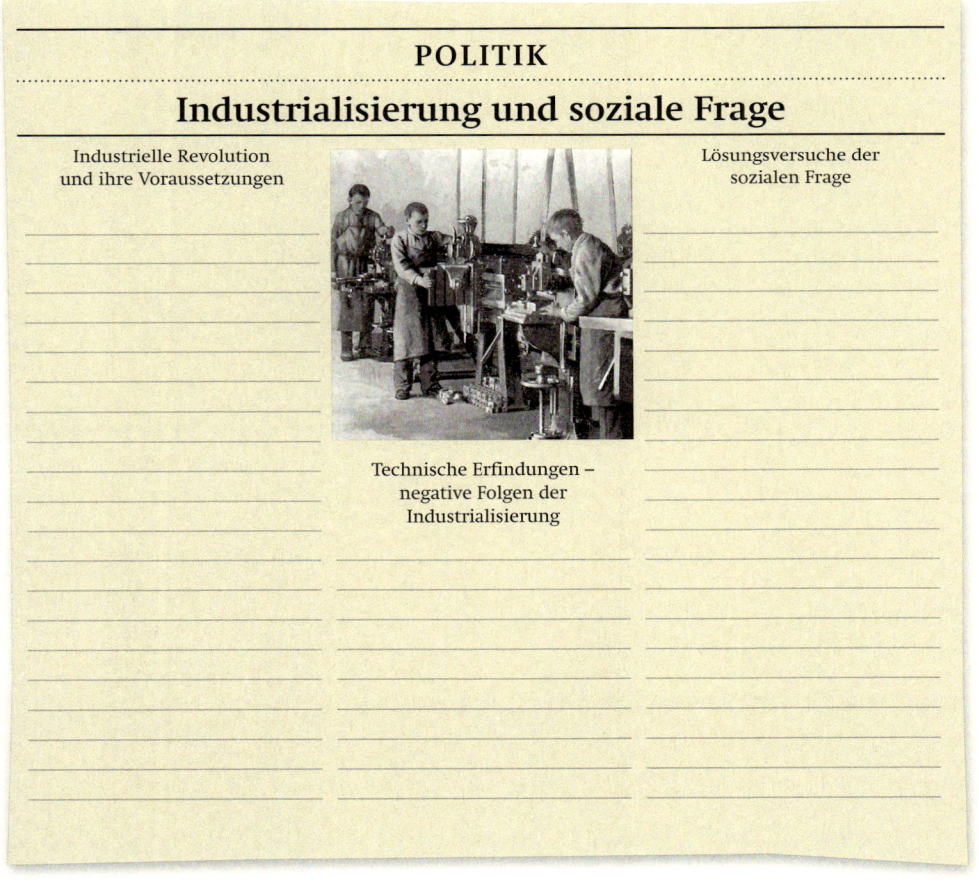

■ **1863**
Ferdinand Lassalle gründet den Allgemeinen Deutschen Arbeiterverein.

■ **1869**
Wilhelm Liebknecht und August Bebel gründen die Sozialdemokratische Arbeiterpartei Deutschlands.

■ **1875**
Die Parteien schließen sich zur Sozialistischen Arbeiterpartei zusammen.

■ **1883–1889**
Im Deutschen Reich wird die gesetzliche Sozialversicherung eingeführt.

1866/1870

Der preußische König Wilhelm I. führt Kriege gegen Österreich und Frankreich.

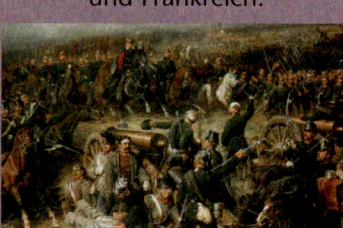

1871

Das Deutsche Reich wird gegründet; Wilhelm I. wird zum Deutschen Kaiser ausgerufen.

1871–1890

Der preußische Ministerpräsident Otto von Bismarck ist deutscher Reichskanzler.

Das deutsche Kaiserreich

Patriotische Darstellungen wie dieses Militärehrenblatt zum Andenken an den Deutsch-Französischen Krieg von 1870/71 hingen noch vor hundert Jahren millionenfach in deutschen Wohnzimmern. Sie zeigen uns Deutschland aus der Sicht der Fürsten. Über allen standen die drei preußischen Könige aus dem Hause Hohenzollern, die als Wilhelm I. (Mitte, 1871–1888), Friedrich III. (rechts, 1888) und Wilhelm II. (links, 1888–1918) gleichzeitig Deutsche Kaiser waren. Eine große Verehrung brachte man auch Fürst Otto von Bismarck und Generalfeldmarschall Graf Helmuth von Moltke entgegen, dem einen, weil er Deutschland politisch geeint hatte, dem anderen, weil er die preußische Armee in drei Kriegen zum Sieg geführt hatte.

Die Bürger, deren Leistungen als Ingenieure, Facharbeiter, Handwerker und Unternehmer im modernen Industriestaat erst die politische und militärische Macht der Fürsten möglich gemacht haben, sind nicht zu erkennen – es sei denn als brave Untertanen und Soldaten der preußisch-deutschen Armee im Schlachtengetümmel.

1878
Der Reichstag beschließt das „Sozialistengesetz".

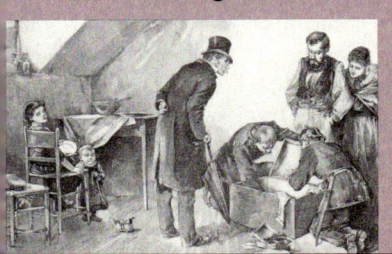

Ende des 19. Jh.
Der Militarismus prägt die gesamte deutsche Gesellschaft.

um 1900
Die Errungenschaften der Technik beginnen das Bild der Großstädte zu verändern.

1 Reichsgründung durch „Eisen und Blut"

Q1 *Königgrätz in Böhmen* (Ausschnitt aus dem Gemälde von Christian Sell, einem Augenzeugen). Nach dem Sieg über Österreich am 3. Juli 1866 reitet der preußische König Wilhelm I. mit dem Kronprinzen an seiner Seite über das Schlachtfeld; dahinter Bismarck, links Generalstabschef von Moltke.

Zeitreise Online-Link:
427040-0002

Annexion
gewaltsame, nach dem Völkerrecht unrechtmäßige Einverleibung eines fremden Staatsgebietes

Der Norddeutsche Bund
Nach dem Scheitern der Revolution von 1848/49 führte ein anderer Weg zur Gründung des „Deutschen Reiches". 1862 berief Preußens König Wilhelm I. den Grafen Otto von Bismarck zum Ministerpräsidenten. Um Deutschland zu einen und unter preußische Führung zu bringen, nahm er auch den Krieg in Kauf. Deshalb ließ er das preußische Heer zur modernsten und schlagkräftigsten Armee in Europa aufrüsten.
1864 wollte Dänemark die Herzogtümer Schleswig und Holstein trennen und Schleswig mit seinem Staatsgebiet vereinen. Darüber kam es zum Krieg mit dem Deutschen Bund. Die Preußen und Österreicher siegten über die Dänen und verwalteten danach die Herzogtümer gemeinsam. Daraus entstanden Meinungsverschiedenheiten, die Bismarck geschickt zu einem Krieg gegen Österreich nutzte. Bei Königgrätz in Böhmen siegte 1866 das überlegene preußische Heer. Preußen annektierte daraufhin Gebiete in Norddeutschland, löste den Deutschen Bund auf und gründete den „Norddeutschen Bund". Alle Staaten nördlich des Mains mussten ihm beitreten. In einem Staatenbund ohne Österreich übernahm nun Preußen die Führung.

Der Deutsch-Französische Krieg
Der französische Kaiser Napoleon III. war beim Krieg von 1866 neutral geblieben. Als Gegenleistung verlangte er nun linksrheinische Gebiete für Frankreich. Aber Bismarck lehnte ab. Das machte ihn in den Augen vieler Deutscher zum Verfechter nationaler Interessen. Gleichzeitig nutzte Bismarck die Gelegenheit, mit den süddeutschen Staaten „Schutz- und Trutzbündnisse" abzuschließen. Diese fühlten sich nämlich von Frankreich bedroht.
Als 1870 ein Verwandter des preußischen Königs den spanischen Thron besteigen sollte, fühlte sich nun Frankreich bedroht. Der französische Botschafter konnte schließlich vom Preußenkönig einen Verzicht erreichen. In dieser Situation veränderte aber Bismarck ein Telegramm des preußischen Königs derart, dass Napoleon III. Preußen den Krieg erklärte. Doch seine Armeen wurden von den preußischen und süddeutschen Truppen geschlagen. Frankreich musste eine hohe Kriegsentschädigung zahlen und Elsass-Lothringen abtreten.

Die Kaiserproklamation in Versailles
Am 18. Januar 1871 riefen die deutschen Fürsten in Versailles den König von Preußen, Wilhelm I., zum Deutschen Kaiser aus. In ganz Deutschland wurde die Einigung begeistert gefeiert. Die meisten vergaßen im Siegestaumel, dass diese Reichsgründung nicht „von unten" durch das Volk, sondern „von oben", also durch die Fürsten, zustande gekommen war. Der Wunsch nach einem Nationalstaat hatte sich damit erfüllt. Die Forderungen der Bürger nach mehr Freiheit und Mitbestimmung blieben dagegen weitgehend auf der Strecke.
Für viele Franzosen war es demütigend, dass das Deutsche Reich ausgerechnet in Versailles ausgerufen wurde. Auch die erzwungene Abtretung von Elsass-Lothringen sahen viele als Raub an, der nach „Revanche" verlangte. Auf beiden Seiten verfestigte sich das Bild vom „Erbfeind".

Q5 König Wilhelm I. von Preußen wurde am 18. Januar 1871 im Spiegelsaal des Schlosses von Versailles zum deutschen Kaiser ausgerufen. Das Gemälde von Anton von Werner hat Kaiser Wilhelm I. 1885 zu Bismarcks 70. Geburtstag in Auftrag gegeben. Daher steht Bismarck in weißer Uniform in der Bildmitte, neben ihm im Vordergrund der preußische Generalstabschef Moltke.

Q2 Bismarck setzte 1862 eine Heeresreform gegen das preußische Abgeordnetenhaus durch. Vor den Abgeordneten erklärte er:
Nicht auf Preußens Liberalismus sieht Deutschland, sondern auf seine Macht. (…) Preußen muss seine Kraft zusammenfassen und zusammenhalten auf den günstigen
5 Augenblick, der schon einige Male verpasst ist; Preußens Grenzen nach den Wiener Verträgen sind zu einem gesunden Staatsleben nicht günstig; nicht durch Reden und Majoritätsbeschlüsse werden die großen Fragen
10 der Zeit entschieden – das ist der große Fehler von 1848 und 1849 gewesen –, sondern durch Eisen und Blut.

Q3 Der preußische Kronprinz Friedrich Wilhelm nahm am Krieg von 1870/71 als Oberbefehlshaber einer Armee teil. Am 31. Dezember 1870 schrieb er in sein Kriegstagebuch:
Wohl sind wir unbestritten das erste Kulturvolk der Welt, aber zur Stunde will es scheinen, als seien wir weder geliebt noch geachtet, sondern lediglich gefürchtet. Man
5 hält uns für jeder Schlechtigkeit fähig, und das Misstrauen gegen uns steigert sich mehr und mehr. Das ist nicht nur die Folge dieses Krieges allein – so weit hat uns die von Bismarck erfundene und seit Jahren in
10 Szene gesetzte Theorie von Blut und Eisen gebracht! Was nützt uns alle Macht, aller kriegerischer Ruhm und Glanz, wenn Hass und Misstrauen uns überall begegnen, wenn man jeden Schritt uns argwöhnisch
15 missgönnt, den wir in unserer Entwicklung vorwärts tun?

Q4 Zum hundertsten Jahrestag der Reichsgründung äußerte Bundespräsident Gustav Heinemann 1971 in einer Rede:
Als das Deutsche Reich vor 100 Jahren in Versailles ausgerufen wurde, war keiner von den 1848ern zugegen (…). Um den Kaiser
5 standen in Versailles allein die Fürsten, die Generäle, die Hofbeamten, aber keine Volksvertreter (…).
Für unsere französischen Nachbarn war es eine tiefe Demütigung, dass unser Nationalstaat in ihrem Lande ausgerufen wurde.
10 Diese Demütigung konnte Frankreich nicht vergessen. Was 1871 erreicht wurde, war eine äußere Einheit ohne volle innere Freiheit der Bürger. Die Staatsgewalt ging nicht vom Volke aus, sie lag bei den Fürsten.

Zeitreise multimedial – Das lange 19. Jahrhundert: Gesellschaft – „Der preußische Verfassungskonflikt" und „Historienbilder"

1. Mit welchen Mitteln wollte Bismarck die Einheit erreichen (VT, Q2)?
2. Die Reichsgründung von 1871 erfolgte von „oben". Erkläre, wie das gemeint ist (VT, Q3).
3. Formuliert in Gruppenarbeit Schlagzeilen für zwei verschiedene Zeitungsartikel zur Kaiserproklamation von 1871: einen aus deutscher, den anderen aus französischer Sicht.
4. Beschreibe die Krone am oberen Bildrahmen des Gemäldes zur Kaiserproklamation. An welche Krone erinnert sie (Q5)?

39

2 Bayern und das Reich

1 Der „Märchenkönig" Ludwig II. von Bayern (1845–1886) träumte vom vergangenen Glanz mittelalterlicher Herrscher ebenso wie vom Absolutismus des französischen Sonnenkönigs Ludwig XIV. Letztlich musste er sich aber der wenig romantischen Realität seiner Zeit fügen (Gemälde von Ferdinand von Piloty, 1865).

Deutsches Reich
Das Deutsche Reich entstand nach dem Deutsch-Französischen Krieg 1870/71. Es war der erste deutsche Nationalstaat und hatte die Form eines Bundesstaates, in dem die Fürsten und freien Städte zusammengeschlossen waren.

Ein Bundesstaat unter preußischer Führung

Der Verfassung nach war das neue Deutsche Reich ein Bund von 25 Einzelstaaten. Diese Bundesstaaten behielten einige Hoheitsrechte, so das Recht auf eine Verfassung und die Hoheit über die Polizei und das Schulwesen. Durch den Bundesrat, in den die Länder ihre Vertreter schickten, konnten sie die Gesetzgebung und Verwaltung des Reichs beeinflussen. Auch finanziell war das Reich von den Ländern abhängig.
Doch trotz der bundesstaatlichen Ordnung nahm Preußen eine Vorrangstellung ein. Nach den Annexionen von 1866 war Preußen so groß geworden, dass gegen Preußen im Bundesrat nichts entschieden werden konnte. Nicht ohne Grund war der König von Preußen gleichzeitig deutscher Kaiser.

Beitritt mit Hindernissen

Der bayerische König Ludwig II., der mit erst 18 Jahren im Jahre 1864 den Thron bestiegen hatte, träumte von der früheren Herrlichkeit absoluter Monarchen. Umso schwerer fiel es ihm, dem Beitritt Bayerns zu „Preußen-Deutschland" zuzustimmen. Denn dies bedeutete das Ende des selbstständigen bayerischen Königreichs.
Auch die meisten Bayern stellten sich noch im Sommer 1870 gegen einen einheitlichen deutschen Staat. Viele fürchteten, sie müssten „preußisch und lutherisch" werden. Nach dem Sieg über Frankreich wendete sich aber die Stimmung, und die bayerische Regierung nahm Beitrittsverhandlungen mit Bismarck auf. Ludwig II. unternahm noch einen letzten, aber vergeblichen Versuch, etwas von Bayerns Glanz zu retten: Das Kaisertum sollte zwischen Bayern und Preußen wechseln und München und Berlin gleichberechtigte Hauptstädte werden. Doch schließlich erklärte sich Ludwig II. bereit, dem König von Preußen die Kaiserkrone anzubieten. Zum einen hatten ihm seine Minister dazu geraten, zum anderen hatte Bismarck ihm hohe Geldsummen gezahlt, die Ludwig für seine geplanten Schlossbauten gut gebrauchen konnte.
Alles in allem zahlte es sich für Bismarck nun aus, dass er im Jahre 1866 das militärisch geschlagene Bayern geschont hatte.

Eine Sonderrolle für Bayern

Mit 102 gegen 48 Stimmen willigte der bayerische Landtag in den Beitritt ein. Wie alle Bundesstaaten behielt Bayern einige wichtige Hoheitsrechte, dazu noch manche Sonderrechte: Das bayerische Heer blieb in Friedenszeiten der bayerischen Regierung unterstellt. Eisenbahn- und Postwesen wurden von Bayern verwaltet. Schließlich hatte Bayern auch eigene Gesandte, die es im Ausland vertraten.
Der politische und wirtschaftliche Aufschwung des Deutschen Reiches führte dazu, dass Bayern sehr rasch in den neuen Nationalstaat hineinwuchs. Freilich blieben manche Vorbehalte gegen die „Berliner und Saupreißn", vor allem bei der katholisch und konservativ eingestellten Bevölkerung in Altbayern, bestehen.

Q2 *Seine Einstellung zu einem Beitritt Bayerns zum Deutschen Reich teilt Ludwig II. seinem Bruder Otto in einem Brief vom 25. November 1870 mit:*

Ich erlebe mittlerweile recht viel Trauriges! Selbst der bayerische, monarchische Bray [Ministerpräsident] beschwor mich mit Prankh [Kriegsminister] und Lutz [Justizminister], so bald als möglich jenem König die Kaiserkrone anzubieten, da sonst die anderen Fürsten oder gar der Reichstag [des Norddeutschen Bundes] es tun würde. Könnte Bayern allein, frei vom Bunde stehend, dann wäre es gleichgültig, da dies aber geradezu eine politische Unmöglichkeit wäre, da Volk und Armee sich dagegen stemmen würden und die Krone mithin allen Halt im Lande verlöre, so ist es, so schauderhaft und entsetzlich es immer bleibt, ein Akt von politischer Klugheit, ja Notwendigkeit im Interesse der Krone und des Landes, wenn Bayern dieses Anerbieten stellt.

Q3 *Über die Kaiserfrage äußert sich Otto von Bismarck, der preußische Ministerpräsident und spätere Kanzler des Deutschen Reichs, gegenüber dem bayerischen König Ludwig II. in einem Brief vom 27. November 1870:*

Bezüglich der deutschen Kaiserfrage ist nach meinem ehrfurchtsvollen Ermessen vor allem wichtig, dass deren Anregung [dass nämlich der preußische König deutscher Kaiser werde] von keiner anderen Seite wie von Eurer Majestät und namentlich nicht von der Volksvertretung zuerst ausgehe.
Die Stellung [des Kaisers] würde gefälscht werden, wenn sie ihren Ursprung nicht der freien und wohl erwogenen Initiative der dem Bunde [des Deutschen Reichs] beitretenden Fürsten verdankte. Ich habe mir erlaubt, dem Grafen Holnstein den Entwurf einer etwa an meinen allergnädigsten König [von Preußen] (…) zu übergeben. Demselben liegt der Gedanken zugrunde, welcher in der Tat die deutschen Stämme erfüllt: Der deutsche Kaiser ist ihr Landsmann, der König von Preußen ihr Nachbar; nur der deutsche Titel bekundet, dass die damit verbundenen Rechte aus freier Übertragung der deutschen Fürsten und Stämme hervorgeht.

Q4 *Im „Kaiserbrief" vom 30. November 1870 fordert König Ludwig II. die deutschen Fürsten auf, dem König von Preußen die Kaiserwürde anzubieten:*

Die von Preußens Heldenkönige siegreich geführten deutschen Stämme, in Sprache und Sitte, Wissenschaft und Kunst seit Jahrhunderten vereint, feiern nunmehr auch eine Waffenbrüderschaft, welche von der Machtstellung eines geeinigten Deutschlands glänzendes Zeugnis gibt.
(…) Nach dem Beitritte Süddeutschlands zum deutschen Verfassungsbündnisse werden die Seiner Majestät dem Könige von Preußen übertragenen Präsidialrechte über alle deutschen Staaten sich erstrecken. (…) In Würdigung der Wichtigkeit dieser Sache wende ich Mich an Euere etc. [d. h. die Fürsten] mit dem Vorschlage, in Gemeinschaft mit Mir bei Seiner Majestät dem Könige von Preußen in Anregung zu bringen, dass die Ausübung der Bundespräsidialrechte mit Führung des Titels eines Deutschen Kaisers verbunden werde. Es ist Mir ein erhebender Gedanke, dass Ich Mich durch Meine Stellung in Deutschland und durch die Geschichte Meines Landes berufen fühlen kann, zur Krönung des deutschen Einigungswerkes den ersten Schritt zu tun (…).

Deutschlands Zukunft.

1 Weshalb spricht man vom neuen Deutschen Reich und seiner Verfassung als „Preußen-Deutschland" (VT)?
2 Beschreibe die Stellung Bayerns als Bundesstaat des Deutschen Reichs (VT). Diskutiert in der Klasse die Vor- und Nachteile eines Beitritts zum Reich.
3 Warum war es für Bismarck wichtig, dass der bayerische König die Kaiserwürde für den preußischen König vorschlug (Q3)?
4 Lies Q2 und fasse die Gründe zusammen, aus denen Ludwig II. dem König von Preußen die Kaiserkrone anbot. Stelle seine persönliche Haltung heraus.

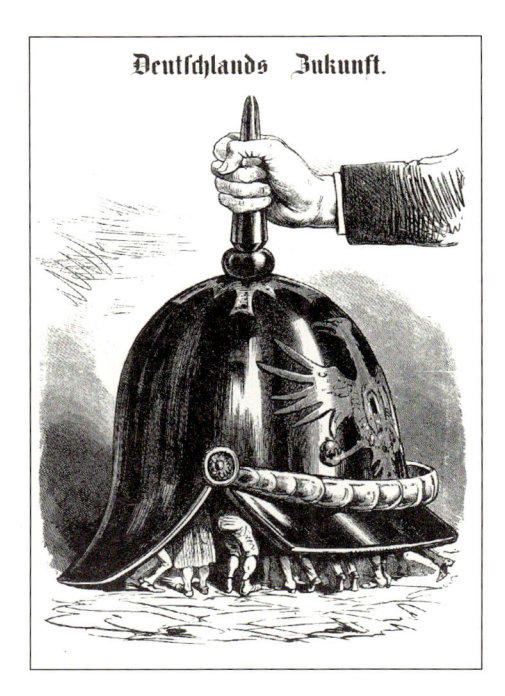

Q5 *„Deutschlands Zukunft – Kommt es unter einen Hut? Ich glaube, es kommt eher unter eine Pickelhaube!" (Karikatur aus der satirischen Zeitung „Kladderadatsch" von 1864). „Pickelhaube" war die volkstümliche Bezeichnung für den preußischen Helm, aber auch ein Symbol für den preußischen Militarismus.*

3 Bismarcks Außenpolitik

1 *Otto von Bismarck, geboren 1815 auf einem Landgut in Schönhausen an der Elbe (im heutigen Mecklenburg-Vorpommern), gestorben 1898 in Friedrichsruh bei Hamburg. Von 1871 bis 1890 war er preußischer Ministerpräsident und deutscher Reichskanzler.*

Eine neue Großmacht in Europa

Nach dem Sieg über Napoleon 1814/15 hatten sich die Siegermächte auf dem Wiener Kongress auf eine Politik des Gleichgewichts verständigt. Die fünf Großmächte Frankreich, Großbritannien, Preußen, Österreich und Russland galten als politisch und militärisch so stark, dass sie sich gegenseitig nicht angreifen konnten.

Nach der deutschen Reichsgründung von 1871 sahen einige Nachbarstaaten besorgt auf die neue Großmacht in der Mitte Europas. Würde das Deutsche Reich den Frieden stören und versuchen, sein Gebiet gewaltsam zu vergrößern? Um den neu gewonnenen Nationalstaat nicht zu gefährden, setzte Bismarck alles daran, diese Befürchtungen zu zerstreuen. Das Reich sei „gesättigt", so versicherte er.

Bismarcks außenpolitische Leitlinie war es, den Frieden zu wahren und das europäische Gleichgewicht wiederherzustellen. Sein Albtraum hingegen bestand in einem gegnerischen Bündnis, welches das Deutsche Reich einkreiste. Dies versuchte Bismarck mit einem verzweigten Bündnissystem zu verhindern.

Freunde oder Feinde?

Ab dem Jahr 1878 verschlechterte sich das deutsch-russische Verhältnis. Der russische Kaiser warf dem Deutschen Reich vor, ihn in Gebietsverhandlungen über den Balkan nicht unterstützt zu haben. Wegen dieser Spannungen wandte sich Bismarck nun stärker Österreich-Ungarn zu. Gemeinsam schlossen sie 1879 den „Zweibund". Dieser garantierte, dass sich die Partner beistehen würden, sollte Russland einen von ihnen angreifen.

Russland fürchtete nun, isoliert zu werden, und war zur Verständigung bereit. 1881 schlossen die drei Kaiser von Deutschland, Österreich und Russland einen Geheimvertrag. Darin versicherten sie, neutral zu bleiben, wenn einer von ihnen mit einer anderen Großmacht in den Krieg eintreten sollte. Mit diesem „Drei-Kaiser-Bündnis" war es Bismarck gelungen, die Rivalität zwischen Österreich-Ungarn und Russland auf dem Balkan zu kontrollieren. Zudem hatte er ein russisch-französisches Bündnis verhindert.

1882 schlossen das Deutsche Reich und Österreich einen weiteren Vertrag, den Dreibund mit Italien. Im Kriegsfall würde Italien die beiden anderen Mächte unterstützen, bei einem österreichisch-russischen Krieg neutral bleiben. Umgekehrt sicherten die Zweibundmächte Italien Schutz gegen Frankreich zu. Dies war wichtig für Italien, denn es versuchte, in Nordafrika Gebiete zu erwerben, und stand dort französischen Ansprüchen gegenüber.

„Spiel mit fünf Kugeln"

1883 befand sich das Deutsche Reich im Zentrum von zwei Bündnissystemen: Der Zweibund kontrollierte Russland, der Dreibund Frankreich, das Drei-Kaiser-Bündnis Großbritannien und Österreich.

Die außenpolitische Lage bereitete Bismarck nun, wie er selbst sagte, vorerst keine schlaflosen Nächte mehr. Dennoch gab es eine Schwachstelle in Bismarcks Bündnissystem: Es gab keine vertraglichen Bindungen zu den westeuropäischen Großmächten: Die Seemacht Großbritannien hatte es nicht nötig, sich vertraglich zu binden, und das Verhältnis zum „Erbfeind" Frankreich blieb seit 1871 vergiftet.

Q2 *„Der Jongleur auf der Weltkugel"* (zeitgenössische englische Karikatur). Die Länder unter Bismarcks Füßen sind als „Preußen", „Britannien" und „Frankreich" bezeichnet.

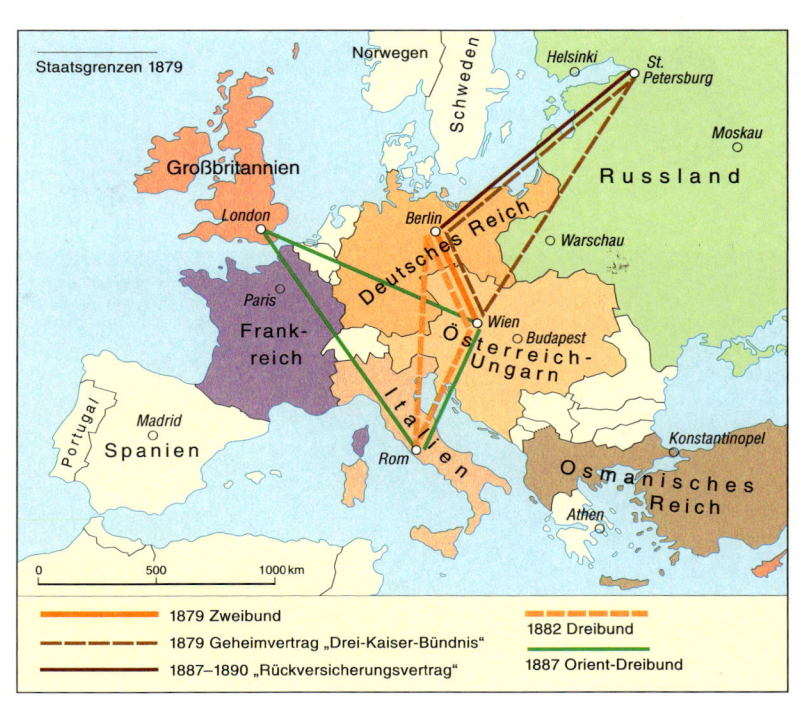

D1 *Bündnisse zwischen den europäischen Großmächten*

Legende:
- 1879 Zweibund
- 1879 Geheimvertrag „Drei-Kaiser-Bündnis"
- 1887–1890 „Rückversicherungsvertrag"
- 1882 Dreibund
- 1887 Orient-Dreibund

Q3 *„Die Weichen stellen"* (englische Karikatur von 1878). Die beiden Züge tragen die Namen „Russia" und „Britannia"; auf dem Schalthebel steht „Diplomacy" (Diplomatie).

Q4 Über ein weiteres Bündnis sollte Wilhelm I. 1887 mit dem russischen Kaiser verhandeln. Dafür verfasste Bismarck folgende Denkschrift (Auszüge):

Der Kampf geht heute (…) zwischen der Revolution und der Monarchie. Die Revolution hat Frankreich erobert, England berührt; sie ist stark in Italien und Spanien.
5 Nur noch die drei Kaiserreiche [Deutsches Reich, Österreich und Russland] vermögen ihr Widerstand zu leisten. (…)
In der Zeit, in der wir leben (…), fordert das Interesse der großen Monarchien den Krieg
10 zu vermeiden, weil heute die Nationen stets geneigt sind, ihre Regierungen für etwa erlittene militärische Rückschläge verantwortlich zu machen (…). Sogar in Deutschland (…) würden die Aussichten der demokra-
15 tischen oder sozialistischen Partei durch unsere Niederlage beträchtlich gewinnen (…). Unter diesen Umständen würden die französischen Anarchisten [radikale Revolutionäre] (…) mit den deutschen Sozialisten
20 zusammengehen (…). Im Ganzen würde der etwaige nächste Krieg viel weniger den Charakter eines Krieges von Regierungen gegen Regierungen als den eines Krieges der roten Fahne gegen die Elemente der
25 Ordnung und der Erhaltung haben.

1 Fertige eine Tabelle an, in der du die verschiedenen Bündnisse, die Bündnispartner und die Bestimmungen der Verträge übersichtlich zusammenstellst (VT, D1).

2 Erläutere die Ziele, die Bismarck mit seiner Außenpolitik verfolgte. Wurden diese auch erreicht (VT)?

3 Welche Befürchtungen spricht Bismarck in der Q4 aus?

4 Betrachte die Karikaturen Q2 und Q3 genau. Welche Grundzüge der Bismarck'schen Außenpolitik spiegeln sie wider? Vergleiche auch, wie die beiden Zeichner Bismarck darstellen.

4 Wer hat im Reich das Sagen?

Q1 *„Die Hebung des Mittelstandes – warum gilt ein Reicher bei den preußischen Wahlen mehr als hundert Unbemittelte? Aus schwer wiegenden Gründen"* (Karikatur aus den „Lustigen Blättern", 1893)

Eine monarchische Regierung
Staatsrechtlich war das Deutsche Reich ein Bund aus 25 Einzelstaaten. Darin hatte Preußen mit zwei Dritteln der Staatsfläche und mehr als die Hälfte der Bevölkerung ein starkes Übergewicht. Zudem war der König von Preußen gleichzeitig Deutscher Kaiser. Er ernannte den preußischen Ministerpräsidenten, der wiederum gleichzeitig deutscher Reichskanzler und Vorsitzender des Bundesrates war.

Das wichtige Amt des Reichskanzlers hatte in den Jahren 1871 bis 1890 Otto von Bismarck inne. Kein Parlamentsbeschluss konnte ihn stürzen. Allein der König konnte ihn entlassen. Der Adlige Bismarck dachte nur geringschätzig über die Abgeordneten des Reichstags, die ja vom Volk gewählt waren. Das Parlament bezeichnete er als „Schwatzbude", Parteien, die seine Politik ablehnten, als „Reichsfeinde".

Die Vertretung des Volkes
Der Reichstag war das Parlament des Deutschen Reichs. In ihm saßen die Volksvertreter, die in allgemeiner, gleicher, direkter und geheimer Wahl von Männern über 25 Jahren gewählt wurden. Dies war demokratisch und modern, besonders im Vergleich mit dem „Dreiklassenwahlrecht", das für den preußischen Landtag galt: Dort wählten 4,7% aller Wahlberechtigten aus der Klasse der Bestverdienenden genauso viele Abgeordnete wie die beiden unteren Klassen zusammen.

Der deutsche Reichstag hatte die Aufgabe, den Haushalt zu verwalten, also die Gelder, die die Regierung ausgeben wollte. Der Reichstag hatte auch das Recht, Gesetze zu beschließen und zu ändern. Hier musste jedoch auch der Bundesrat mitwirken, die Vertretung der Bundesstaaten des Reiches.

Politische Parteien
Die Politik der Volksvertreter musste organisiert werden. Dazu entstanden die politischen Parteien. Sie gab es im Paulskirchenparlament von 1848 noch nicht. Hier kannte man nur die Bezeichnungen „Links", „Mitte" und „Rechts" nach den Sitzplätzen der Abgeordneten. Um 1860 entstanden die ersten Parteien.

Die Sozialdemokraten wurden als „Linke" bezeichnet. Sie kämpften für die Rechte der Arbeiter, waren meist Gegner der Monarchie und wollten einen sozialeren Staat und eine gerechtere Gesellschaft. „Rechts" standen die Konservativen. Sie traten für den bestehenden Staat, den Kaiser und die evangelischen Landeskirchen ein. In der Mitte vertrat zum einen das Zentrum vor allem die Interessen der katholischen Kirche. Zum anderen gab es die Liberalen, die mehr Bürgerrechte forderten und Industrie und Handel und den Schiffsbau fördern wollten.

Bismarck verstand es, die Parteien oft gegeneinander auszuspielen, um sich für seine Gesetzesentwürfe Mehrheiten zu verschaffen.

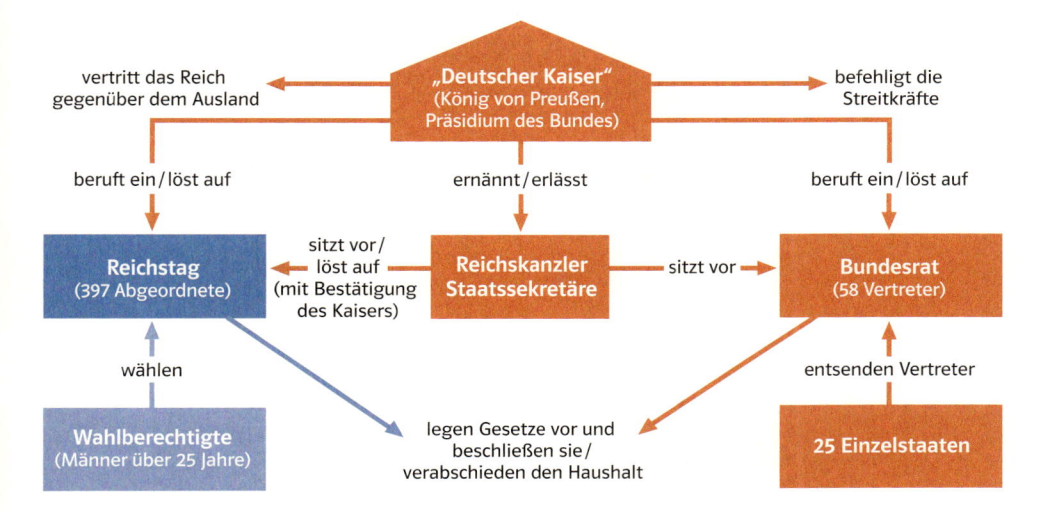

D1 *Die Verfassung des Deutschen Reiches von 1871* (Schaubild). – Welche Aufgaben haben die einzelnen Gewalten? Wie gelangen die Abgeordneten in ihre Ämter, wie der Reichskanzler und die Regierung? Beschreibe die Stellung des Reichskanzlers gegenüber dem Kaiser und dem Reichstag.

Q2 *August Bebel, Abgeordneter der Sozialdemokratischen Arbeiterpartei, schrieb in einer Wahlkampfbroschüre zu den Reichstagswahlen von 1874:*

Das durch „Blut und Eisen" mühsam zusammengeschweißte „Reich" ist kein Boden für bürgerliche Freiheit, geschweige denn für soziale Gleichheit. (…) Wir glauben nicht, dass das allgemeine Wahlrecht ein Heilmittel oder eine Wünschelrute ist, durch die das arbeitende Volk das Glück sich herbeiführen kann. Wir glauben auch nicht, dass es ihm unter den heutigen Verhältnissen gelingen wird, die Machtverhältnisse umzugestalten. Und dennoch muss das arbeitende Volk das angeführte Mittel als das einzige benutzen, welches ihm augenblicklich gegeben ist, um seine Stimme zu erheben, für seine vorenthaltenen Rechte einzutreten.

Q3 *Der Historiker Heinrich von Sybel war als liberaler Abgeordneter im preußischen Abgeordnetenhaus 1862–1864 ein heftiger Gegner Bismarcks. Im Norddeutschen Landtag gehörte er seit 1867 zu den Nationalliberalen, die Bismarcks Politik unterstützten. 1871 schrieb er:*

Auch wenn eine Volksvertretung (…) nicht die Kraft besitzt, Minister ein- und abzusetzen, so ist schon ihr Dasein und ihre Debatte, ihre Kritik des Staatshaushalts und ihre Befugnis, misslungene Gesetzentwürfe zu vernichten, eine höchst bedeutende Schranke gegen jeden willkürlichen Absolutismus der Regierung. Diese Regierung aber in fester Hand und den Wogen der populären Agitation entzogen zu wissen, erscheint uns (…) als unschätzbarer Segen. Deutschland wird auch nach seinen letzten großen Siegen eine höchst gefährdete Stellung in Europa haben zwischen dem rachdurstigen Frankreich, dem ehrgeizigen Russland, dem schwankenden Österreich. Was wir in dieser Lage vor allem bedürfen, ist Stetigkeit und Sicherheit der Regierung.

Q5 *Bismarck als Raubtierbändiger im Reichstag* (ungarische Karikatur, 1879)

1 Beschreibe die Machtverhältnisse im Deutschen Reich unter Bismarck (VT, D1).
2 Lies den Text unter der Karikatur Q1. Was ist hier mit „schwer wiegenden Gründen" gemeint?
3 Q2 und Q3 enthalten gegensätzliche Positionen zur Verfassung von 1871. Gib sie in eigenen Worten wieder.
4 Wie stellt die Karikatur Q5 das Verhältnis der Regierung Bismarck zum Parlament dar?

5 Kampf gegen „Reichsfeinde"

Q 1 Die Ausweisung aus Preußen 1885/86 (Ausschnitt aus einem Gemälde von Wojciech Kossak, 1909)

Deutsch-national

Das Kaiserreich war ein autoritärer Staat, der sich auf die Monarchie, den Adel, das Militär und die Beamtenschaft stützte. Dazu passte, wie der militärische Sieg über Frankreich von 1870/71 gefeiert wurde. Überall wurden vaterländische Vereine gegründet und Kriegerdenkmäler gebaut. Wer aber den neuen Staat in Frage stellte oder politisch anders dachte, galt als Gefahr für die bestehende Ordnung. Der Obrigkeit war daran gelegen, dass die Bürgerinnen und Bürger im Reich deutsch-national dachten. Dadurch wurden bestimmte Gruppen und Personen bewusst ins Abseits der Gesellschaft gedrängt – teils weil sie politische Forderungen stellten, teils weil sie oder ihre Kultur als minderwertig betrachtet wurden.

So galten die Elsässer an der Westgrenze des Reiches ebenso wenig als richtige Deutsche wie die Polen an der Ostgrenze. Besonders die Polen hatten zu leiden: Sie durften in der Schule und vor Gericht nur noch Deutsch sprechen. Als sich dagegen Widerstand in der polnischen Landbevölkerung regte, antwortete Bismarck mit harten Maßnahmen. 1885 ließ er sogar über 30 000 Menschen aus den von Preußen annektierten Teilen Westpolens ausweisen.

Verdächtige Sozialdemokraten …

Tiefstes Misstrauen hegte Bismarck gegenüber den international ausgerichteten Sozialdemokraten, denn deren Programm sah eine grundlegende Umgestaltung von Staat und Gesellschaft vor. Als 1878 zwei Mordanschläge auf den Kaiser verübt wurden, nahm Bismarck dies zum Vorwand, die Sozialdemokraten zu beschuldigen und gegen sie vorzugehen. Noch im selben Jahr wurde das sogenannte Sozialistengesetz verabschiedet: Den Sozialdemokraten war nun jede öffentliche Arbeit verwehrt, Versammlungen und Zeitungen wurden verboten, Parteimitglieder wurden verfolgt, verhaftet und des Landes verwiesen. Alle diese Maßnahmen sollten die Sozialdemokratie schwächen, doch viele Arbeiter hielten nun noch stärker zur Sozialdemokratie. Um die Arbeiter an den neuen Staat zu binden, versuchte Bismarck ihre Lebensbedingungen zu verbessern. Im Jahre 1883 führte er die Krankenversicherung ein, 1884 eine Unfallversicherung und schließlich 1889 eine Invaliden- und Altersversicherung.

… und Katholiken

1871 stellte die katholische Kirche in Rom fest, dass der Papst für sie in Glaubensfragen „unfehlbar" ist. Bismarck fürchtete nun, dass sich die deutschen Katholiken eher ihrer geistlichen Führung verpflichtet fühlten als der weltlichen Obrigkeit. Er sah im übernationalen Machtanspruch der Kirche eine Gefahr für den Bestand des Deutschen Reiches. Nachdem politisch engagierte Katholiken mit dem „Zentrum" eine eigene Partei gegründet hatten, reagierte Bismarck im sogenannten Kulturkampf: Mit mehreren Gesetzen versuchte er, den Einfluss der katholischen Kirche einzudämmen. So durften Priester etwa nicht mehr über politische Themen predigen. Kirche und Gläubige widersetzten sich jedoch konsequent dieser Politik, sodass Bismarck bald einen Ausgleich mit der Kirche anstrebte. Der sogenannte „Kulturkampf" wurde beendet.

D 1 *Gesetze gegen die katholische Kirche:*
1871 Der „Kanzelparagraph" verbietet Geistlichen, staatliche Angelegenheiten in der Predigt zu behandeln.
1872 Im Schulaufsichtsgesetz wird in Preußen die geistliche Schulinspektion aufgehoben, und öffentliche wie private Schulen werden unter staatliche Aufsicht gestellt.
1872 Verbot des Jesuitenordens
1874 Nur noch die staatliche Beurkundung von Taufe, Trauung oder Todesfall ist rechtsgültig (Standesamt).
1875 Im „Brotkorbgesetz" werden der katholischen Kirche die staatlichen Geldzuwendungen gesperrt.
1875 In Preußen verbietet das Klostergesetz alle Orden (Ausnahme: Krankenpflege).

Q 2 *Ein Arbeiter berichtet nach der Reichstagswahl 1890 in einem Brief an den im Ausland lebenden Sozialdemokraten Eduard Bernstein:*
In einigen Wahllokalen lagen die konservativen Stimmzettel im Lokal auf dem Tisch und niemand durfte sich einen Stimmzettel von draußen mitbringen [die Stimmzettel wurden von den Parteien selber gestellt]; man musste ihn im Lokal vom Tisch nehmen und dann dem Wahlvorsteher übergeben. An anderen Orten wurden Wählern unsere Stimmzettel aus der Hand genommen, zerrissen und ihnen andere mit den Worten gegeben: „Das ist der richtige für Kaiser und Reich." In einigen Dörfern haben Arbeiter sozialdemokratisch gewählt, bei der Auszählung fand sich aber kein sozialdemokratischer Stimmzettel vor – wahre Hexerei, nicht?

Q 4 *Wandschmuck aus einer Arbeiterwohnung, Ende 19. Jahrhundert. In der Mitte ist August Bebel zu sehen, der Parteiführer der Sozialdemokraten.*

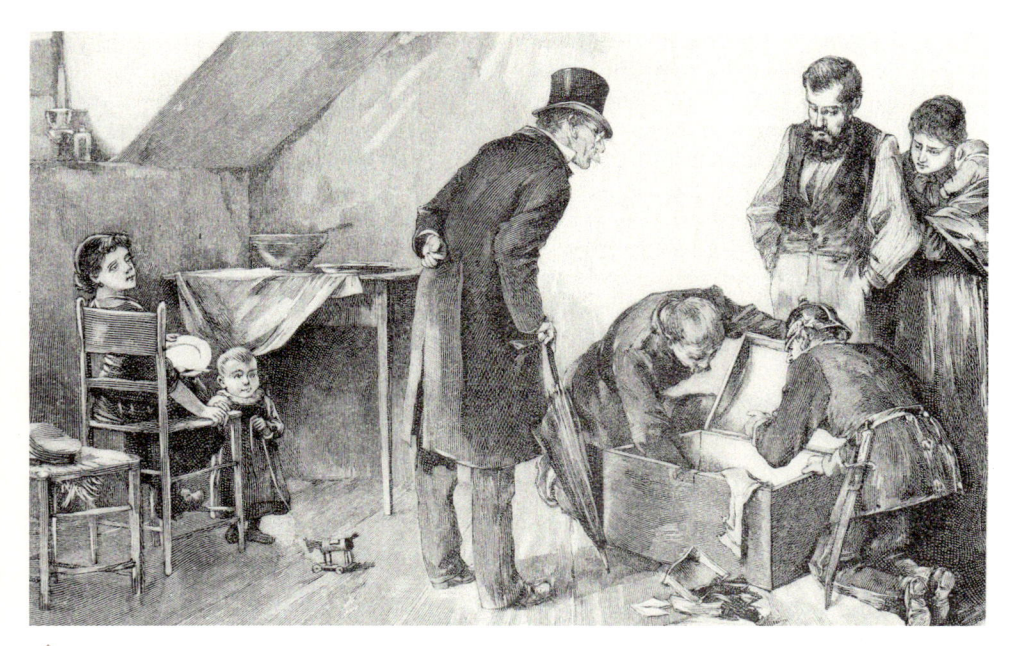

Q 3 *Durchsuchung bei einem politisch Verdächtigen* (Ausschnitt aus einem Holzstich von 1895)

1. Weshalb wurden deutsch-nationale Aktivitäten im neuen Reich gefördert und wer hatte darunter zu leiden (VT)?
2. Beschreibe Bismarcks Politik gegenüber den Sozialdemokraten (VT, Q2, Q3).
3. Woran sollte der Wandschmuck aus der Arbeiterwohnung das sozialdemokratische Parteimitglied erinnern und warum musste dies für die politisch Mächtigen bedrohlich erscheinen (Q4)?
4. Wie versuchte Bismarck den übernationalen Anspruch der katholischen Kirche zu bekämpfen (VT, D1)?

6 Die Gesellschaft im Kaiserreich

Q 1 *Abschiedsrede des Ausbilders: „… und dann müsst ihr bedenken, als Zivilisten seid ihr hergekommen, und als Menschen geht ihr hier fort"* (aus der satirischen Zeitschrift „Simplicissimus", 1910)

soziale Schicht
Mit dem Begriff bezeichnet man die Einteilung der Gesellschaft nach gemeinsamen Merkmalen wie Beruf, Einkommen, Bildung usw. Oft wird eine sehr grobe Einteilung in Ober-, Mittel- und Unterschicht vorgenommen.
Im Kaiserreich gehörten sehr viel mehr Menschen zur Unterschicht als heute.

Das Militär – die Schule der Nation
„Haben Sie gedient?" Diese Frage bekam so mancher junge Mann um 1900 gestellt, wenn er Arbeit suchte. Wer „des Kaisers Rock", also die Soldatenuniform getragen hatte, galt etwas in der Gesellschaft. Denn der Soldat lernte nicht nur den Umgang mit der Waffe, sondern auch Ordnung und Pflichterfüllung, vor allem aber Gehorsam gegenüber den Vorgesetzten. Auch in der Schule herrschte der „Kasernenhofton". Die Schülerinnen und Schüler hatten zu lernen und zu gehorchen. Alles geschah zackig und nach festen Regeln, mit wenig Lob und häufigen Strafen. Das Militärische fand man auch beim Spiel wieder, vor allem bei den Jungen. Kaum ein Junge, der nicht sonntags im Matrosenanzug, kaum ein Mädchen, das nicht im blauen oder weißen Matrosenkleid herumlief. Das Militär war eine Klammer zwischen den Gesellschaftsschichten und bot – vor allem in der neuen Waffengattung der Marine – gute Aufstiegsmöglichkeiten. Die Kavallerie blieb dagegen dem Adel vorbehalten.

„Die da oben … die da unten"
Für Adlige war das Kaiserreich eine sehr gute Zeit. Sie genossen das höchste Ansehen und wurden bei wichtigen Beamten- und Offiziersstellen bevorzugt. Es gab aber auch viele erfolgreiche Fabrikanten, Großkaufleute und Bankiers, die in Industrie und Handel weit mehr Geld verdienten als die Adligen auf ihren Landgütern. Beide Gruppen konnten sich einen besonderen Lebensstil mit Kutschern, Gärtnern, Köchinnen und vielen weiteren Hausangestellten leisten.

Die Mittelschicht bestand aus Bauern, Kaufleuten und Handwerkern, mittleren Beamten und Angestellten in Industriebetrieben. Diese Familien verfügten meist über ein ausreichendes Einkommen, oft aber nur durch eisernes Sparen. Sie waren meist bestrebt, ihren Söhnen durch eine bessere Ausbildung einen sozialen Aufstieg zu ermöglichen und ihre Töchter „nach oben" zu verheiraten.

Einfache Menschen mussten dagegen für sehr wenig Geld arbeiten. Arbeiter hatten es schwer, ihre Familie zu ernähren. Ihnen war es fast unmöglich, ihren Kindern eine gute Ausbildung zu bieten. Die Arbeiterfamilien lebten in ihren Vierteln oft in erbärmlichen Verhältnissen. Die Töchter aus den Arbeiterfamilien oder vom Land arbeiteten häufig als Dienstpersonal. Als „Mädchen für alles" mussten sie die Wohnung sauber halten, waschen, bügeln und auf die Kinder aufpassen. Ihr Arbeitstag dauerte bis zu 16 Stunden und sie hatten oft nur zwei Sonntagnachmittage im Monat frei.

Die jüdische Minderheit
Für den wirtschaftlichen Aufschwung sorgten auch jüdische Mitbürger, die ihr wachsendes Vermögen oft bereitwillig dem Gemeinwohl zur Verfügung stellten. Manche soziale Einrichtung wie z. B. ein öffentliches Schwimmbad ging auf ihre Stiftung zurück. Seit der Reichsgründung waren Juden in ganz Deutschland den anderen Staatsbürgern rechtlich gleichgestellt. Doch weiterhin gab es in der Bevölkerung Vorurteile und Neid, weil viele jüdische Deutsche im Handel, in der aufstrebenden Industrie und in den Bildungsberufen erfolgreich waren.

Q2 *Ein Berliner Dienstmädchen berichtet bei einer Befragung um 1900:*
Aufbleiben musste man im Sommer sehr oft, wenn die Herrschaften im Garten saßen bis spät in die Nacht, dann musste man noch Gläser, Flaschen, Decken und sonst was in
5 die Wohnung tragen. (…) Auch bis nach Mitternacht hat man oft warten müssen, wenn die Herrschaften anderweit eingeladen waren; da musste man sehr aufpassen, wenn der Wagen hielt, damit die hohen
10 Herrschaften nicht schließen oder klingeln mussten.

Q3 *Wie die Kinder erzogen wurden –*
a) … in „gutem Hause" – der Schriftsteller Stefan Zweig erinnert sich:
Um die jungen Mädchen (die „höheren Töchter") zu schützen, ließ man sie nicht einen Augenblick allein. Sie bekamen eine Gouvernante, die dafür zu sorgen hatte,
5 dass sie, Gott bewahre, nicht einen Schritt unbehütet vor die Haustür traten, sie wurden zur Schule, zur Tanzstunde, zur Musikstunde gebracht und ebenso abgeholt. Jedes Buch, das sie lasen, wurde kontrolliert,
10 und vor allem wurden die jungen Mädchen unablässig beschäftigt, um sie von möglichen gefährlichen Gedanken abzulenken.

b) … bei „einfachen Leuten" – in der Bielefelder „Volkswacht" war 1906 zu lesen:
Solange die Eltern und besonders die Mutter in 10- bis 11-stündiger Brotfron stehen, bleibt ihnen keine Zeit, sich liebevoll mit ihren Kindern zu beschäftigen. Die Kinder-
5 erziehung wird mehr „nebenbei" betrieben, wenn Körper und Geist bereits durch die Berufsarbeit erschlafft und übermüdet sind. Von dem Hasten und Jagen nach Erwerb und Verdienst werden die Nerven
10 stumpf und abgespannt. Dass unter solchen Verhältnissen der Stock oder die Rute die Hauptrolle in der Erziehung spielen, ist sehr leicht begreiflich.

Q5 *Schilder als Spiegel der gesellschaftlichen Ordnung:* Das obere Schild weist den Weg zur Hintertreppe. Diese führte meist direkt zur Küche, dem Arbeitsplatz und häufig auch Wohnraum des Dienstpersonals.

Q4 *Im Salon einer wohlhabenden Familie* (Gemälde, 1902). Der Junge trägt einen Matrosenanzug, der die beliebteste Kindermode war.

1 Welche Bedeutung hatte das Militär im Deutschen Kaiserreich (VT, Q1)?
2 Wie unterschied sich das Leben der einzelnen Bevölkerungsschichten (VT, Q2, Q5)?
3 Vergleiche die unterschiedliche Erziehung in Q3. Wodurch ist sie bedingt? Wie wirkt sie sich auf die Zukunftschancen der Kinder aus?

7 Nationalismus als neue Gefahr

1 *Der „deutsche Michel" zeigt auf der Postkarte von 1913 auf zwei Denkmäler: das Völkerschlachtdenkmal bei Leipzig für die Schlacht von 1813 und das Niederwalddenkmal bei Bingen für den Deutsch-Französischen Krieg von 1870/71. Der „deutsche Michel" ist die gutmütige und etwas verträumte Symbolfigur der Deutschen.*

A–Z

Patriotismus bezeichnet Vaterlandsliebe und den Willen, sich für die staatliche Gemeinschaft oder das eigene Volk einzusetzen.

Nationalismus Übersteigerter Stolz auf die Leistungen und Werte des eigenen Volkes; andere Völker werden dabei oft gering geschätzt.

Stolz auf die Einheit

Die Siege von 1870/71 erfüllten die meisten Deutschen mit Genugtuung, denn viele hatten ein schlechtes Bild von den Franzosen. Diese antifranzösischen Gefühle stammten noch aus den Zeiten, als Ludwig XIV. und Napoleon Kriege gegen ihren östlichen Nachbarn geführt hatten und das Elsass an Frankreich verloren gegangen war. Viele Deutsche begeisterten sich nun an den Siegen der preußischen und süddeutschen Armeen. Selbst Liberale, die Bismarck bisher als Unterdrücker der Freiheitsrechte gesehen hatten, wurden zu Bewunderern der Armee.

Symbole nationaler Stärke

Die Gefallenen der Einigungskriege galten als Helden, die für des „Vaterlandes Ehre und Freiheit" gefallen waren. Auf Friedhöfen und Plätzen setzte man ihnen Denkmäler mit Schwertern, Kanonen und Siegesadlern. Überall gründeten sich vaterländische Vereine, die das Andenken an die großen Siege pflegten. Im Geschichtsunterricht wurden Bismarck und Kaiser Wilhelm I. zu Heldengestalten verklärt.

Vom Patriotismus zum Nationalismus

Bismarck unterstützte diese Entwicklung, weil sie das neu geschaffene Reich auch im Inneren festigte. Wenn die Mehrheit der Bürgerinnen und Bürger glaubte, „das Reich" bringe Sicherheit, dann fiel es nicht so sehr ins Gewicht, wenn die Freiheit des Einzelnen zurückblieb. Eine Wende trat in den 1890er-Jahren ein, als Wilhelm II., der Enkel Wilhelms I., eine Politik der Stärke betrieb. Die Patrioten von einst hatten noch einen deutschen Nationalstaat angestrebt, der gleichberechtigt neben den Staaten der anderen Nationen stehen sollte. Jetzt bekamen Reden zu nationalen Gedenktagen einen anderen Klang. Sie gipfelten in dem Anspruch, Deutschland müsse Weltmacht werden.

Nationalistische Tendenzen gab es damals in vielen europäischen Staaten, wenn auch nicht so ausgeprägt wie in Deutschland. In Frankreich förderte die Niederlage gegen Deutschland den Nationalismus. So forderten radikale Franzosen schon seit den 1880er-Jahren offen den Krieg gegen Deutschland, um Elsass-Lothringen zurückzugewinnen.

Q 2 *„Die Wacht am Rhein", patriotisches Lied von Max Schneckenburger, 1840:*

1. Es braust ein Ruf wie Donnerhall,
   wie Schwertgeklirr und Wogenprall:
   „Zum Rhein, zum Rhein, zum deutschen Rhein!
5. Wer will des Stromes Hüter sein?"
   Lieb Vaterland, magst ruhig sein, (…)
   fest steht und treu die Wacht am Rhein!

2. Durch Hunderttausend zuckt es schnell,
   und aller Augen blicken hell;
10. der deutsche Jüngling, fromm und stark,
   beschirmt die heilge Landesmark!
   Lieb Vaterland, magst ruhig sein, (…)
   fest steht und treu die Wacht am Rhein!

5. „Solang ein Tropfen Blut noch glüht,
15. noch eine Faust den Degen zieht
   und noch ein Arm die Büchse spannt,
   betritt kein Feind hier deinen Strand!"
   Lieb Vaterland, magst ruhig sein, (…)
   fest steht und treu die Wacht am Rhein!

20. 6. Der Schwur erschallt, die Woge rinnt,
   die Fahnen flattern hoch im Wind:
   „Am Rhein, am Rhein, am deutschen Rhein,
   wir alle wollen Hüter sein!"
25. Lieb Vaterland, magst ruhig sein, (…)
   fest steht und treu die Wacht am Rhein!

Q 3 *„Der Kaiser steht wieder am Deutschen Eck in Koblenz",* hieß es in der Rheinischen Zeitung vom 3. September 1993. Das Standbild war im Zweiten Weltkrieg zerstört worden. Ein Koblenzer Bürger hatte es der Stadt als Nachguss geschenkt (Foto, 1993).

Q 4 *Sedanfeier in Berlin 1895.* Das Foto wurde 1895 bei der Feier zum 25. Jahrestag der Schlacht bei Sedan aufgenommen. Mit solchen Feiern, Paraden und patriotischen Reden erinnerte man alljährlich an den entscheidenden Sieg im Deutsch-Französischen Krieg. Die deutschen Armeen hatten das französische Hauptheer am 2. September 1870 bei der Stadt Sedan eingeschlossen und zur Kapitulation gezwungen.

Q 5 *„Was für ein Friede!"* Baronin von Spitzemberg, die Ehefrau des württembergischen Gesandten in Berlin, schrieb am 3. März 1871 in ihr Tagebuch:

Und was für ein Friede für uns Deutsche! Herrlicher und glorreicher, als wir je einen geschlossen! Vereint zu einem Reiche, dem größten, mächtigsten, gefürchtetsten in
5 Europa, groß durch seine physische Macht nicht allein, größer noch durch seine Bildung und den Geist, der das Volk durchdringt! Jedes deutsche Herz hatte das erhofft, keines geahnt, dass seine Träume sich
10 in dieser Weise so bald und so herrlich erfüllen würden. Glücklich sind wir, dass wir nicht nur den Stern deutscher Größe und Herrlichkeit aufgehen sahen, sondern dass wir noch jung genug sind, um uns unter
15 seinen Strahlen zu wärmen, um die, so Gott will, recht reichen und segensvollen Früchte zu genießen, die aus dieser unter Blut und Tränen gesäten Saat hervorgehen.
Möge Gott den Geist meines Volkes also
20 lenken, dass seine Entwicklung eine friedliche und zivilisatorische bleibe, sein Reich ein Reich des Lichts, der Freiheit, der wahren christlichen Gesinnung sei!

1 Erkläre den Unterschied zwischen Patriotismus und Nationalismus (VT, Lexikon).

2 1840 drohte ein französischer Minister mit Krieg; daraufhin schrieb Max Schneckenburger sein Lied von der „Wacht am Rhein" (Q2). Klingt das Lied eher patriotisch oder nationalistisch? Begründe deine Meinung.

3 Untersuche das Bild auf der Postkarte Q1. Welche Haltung der Deutschen gegenüber Frankreich kommt darauf zum Ausdruck?

4 In Deutschland hat man seit 1871 den Jahrestag der Schlacht von Sedan gefeiert. Wie mag das auf die Franzosen gewirkt haben (Q4)?

8 Alte Gesellschaft – modernes Leben

Q1 Fernsprechvermittlung um 1900 in Berlin (Foto). Neben New York und London hatte Berlin damals das modernste Telefonnetz der Welt.

Industrieland
Staat, in dem die Industrie den bedeutendsten Zweig der Wirtschaft darstellt. Die Bedeutung der Landwirtschaft geht demgegenüber zurück.

Die alte Gesellschaft
Häufig wird das deutsche Kaiserreich auch als Bismarck-Staat bezeichnet. Adlige besetzten nicht nur fast alle Schlüsselstellungen in Staat, Verwaltung und Militär, der Adel gab auch für die Menschen aus den bürgerlichen Schichten das Vorbild ab, nach dem diese ihren Lebensstil und die gesellschaftlichen Umgangsformen ausrichteten.

Die neue Wirtschaft
Dennoch waren die Vorrechte des Adels schon nicht mehr zeitgemäß. Um 1900 war Deutschland bereits zu einem der erfolgreichsten Industrieländer Europas aufgestiegen. Die Fabriken, Banken und Handelsgesellschaften des Bürgertums prägten fortan die Wirtschaft.
Auch politisch gewannen Unternehmer an Macht. Im Reichstag setzten sie zusammen mit den adligen Grundbesitzern ihre Interessen durch. Eine billige Einfuhr von Getreide oder Stahl wurde durch Schutzzölle verhindert. Dadurch stiegen beispielsweise die Brotpreise, was besonders die ärmeren Bevölkerungsschichten traf. Dieser Teil der Bevölkerung konnte sich dagegen politisch nicht wehren, da er im Reichstag zu wenig Einfluss hatte.

Fortschritt in der Technik ...
Wer Berlin 1871 und dann wieder 1910 besucht hätte, der wäre sicherlich aus dem Staunen nicht herausgekommen. Da gab es elektrische Straßenbahnen, Busse und Autos, die ohne Pferde scheinbar von alleine fuhren. Man begeisterte sich an Maschinen mit Elektromotoren, am elektrischen Licht der Glühbirnen und an Telefonen, was wiederum einen wahren Boom an neuen Erfindungen zur Folge hatte.
Elektromotoren lösten die Dampfmaschine überall dort ab, wo kleine Maschinen angetrieben werden mussten. Große Elektrounternehmen wie Siemens arbeiteten bald in mehreren Ländern, sogar in den USA, und beschäftigten 1914 bereits mehr als 65 000 Menschen. Immer mehr Produkte „made in Germany" wurden in alle Welt exportiert und genossen oft einen guten Ruf. Gleichzeitig entstanden an vielen Universitäten, aber auch in Unternehmen moderne Labore, in denen Forscher nun ganz gezielt an weiteren Verbesserungen und Neuerungen arbeiteten.

... und in der Wissenschaft
Besonders in der Medizin gab es rasante Fortschritte. Viele Krankheiten wie Diphtherie, Lepra und die Pest wurden erforscht und oft geeignete Medikamente gefunden. Robert Koch entdeckte 1882 den Tuberkelbazillus und ein Jahr später den Erreger der Cholera. 1895 entdeckte der Physiker Wilhelm Conrad Röntgen die später nach ihm benannte elektromagnetische Strahlung, die die Diagnose vieler Erkrankungen möglich machte.
Wilhelm Conrad Röntgen erhielt 1901 den ersten Nobelpreis für Physik, Robert Koch vier Jahre später den für Physiologie oder Medizin.

Q2 *Größere Warenhäuser waren um 1900 eine Neuheit in den Großstädten. In einem Zeitungsartikel von 1903 wird allerdings vor ihnen gewarnt:*

Noch gefährlicher gestaltet sich dieses „Umherbummeln" in den Warenhäusern für die heranwachsende Jugend. Sie ge-
5 wöhnen sich schon frühzeitig an dieses gewissermaßen so spielend vor sich gehende Einkaufen und werden wohl in neunzig von hundert Fällen es vorziehen, ihre Einkäufe hier zu machen als in mittleren Geschäften, in denen es so ehrbar und demnach
10 „langweilig" vor sich hergeht. Die Jugend, bei vernachlässigter Erziehung ohnehin zu Ausschreitungen leicht geneigt, wird hier systematisch zur „Oberflächlichkeit" herangebildet. Tand und wertloser Flitter werden
15 ihr auch für die Zukunft mehr imponieren als solide Ware, wenn dieser Tand nur in gefälligem glänzenden Gewande dargeboten wird.

Q5 *Werbeplakat der Deutschen Luftschifffahrtsaktiengesellschaft um 1900.* Im Jahr 1900 fand der erste Flug eines „Zeppelin" statt. So wurden Luftschiffe genannt, die der Graf Zeppelin entworfen hatte und in eigenen Werkstätten bauen ließ. Luftschiffe flogen bald nach New York und Rio de Janeiro. Das größte Luftschiff war 245 Meter lang und erreichte eine Geschwindigkeit von 125 km/h.

Q3 *Der Potsdamer Platz in Berlin auf einem Foto von 1914.* Hier konnten bereits technische Neuerungen bestaunt werden, die es in vielen Teilen Deutschlands so noch nicht gab: Straßenbahnen, Telefonleitungen und elektrische Straßenlaternen.

Q4 *Ein Franzose beschreibt 1915 den Wandel Deutschlands zum Industriestaat:*
Zu Beginn des 20. Jahrhunderts lebten von 67 Millionen Deutschen kaum 17 Millionen von der Landwirtschaft. Jedes Jahr kehrten zahllose Bauern dem Lande den Rücken
5 und strömten in die riesigen Fabriken. Die Städte wuchsen im amerikanischen Tempo, 45 davon hatten bereits mehr als 100 000 Einwohner, ganze Armeen von Arbeitern stellten sich unter das Kommando
10 der Industriekapitäne – 15 000 bei Mannesmann, mehr als 30 000 bei Thyssen, 73 000 in den Werken Krupps.

1 Deutschland war um 1900 modern und alt zugleich. Erkläre das anhand des VT und Q3.
2 Worin besteht der rasante Wandel Deutschlands aus französischer Sicht (Q4)?
3 Liste auf, welche schädlichen Einflüsse der Verfasser von Q2 fürchtet. Was würdest du ihm entgegnen?
4 Beschreibe, inwiefern die technischen und wirtschaftlichen Neuerungen um 1900 das Leben der Menschen veränderten.

9 Abschluss
Das deutsche Kaiserreich

Otto von Bismarck
preußischer Ministerpräsident und deutscher Reichskanzler (1815–1898)

Wilhelm I.
Deutscher Kaiser und König von Preußen (1797–1888)

Ludwig II.
König von Bayern (1845–1886)

Eine Reichsgründung „von oben"

Durch Kriege war das neue Deutsche Reich entstanden, nicht durch eine Revolution. Der preußische Ministerpräsident Otto von Bismarck erreichte es geschickt, unter Ausschluss Österreichs zunächst den Norddeutschen Bund zu gründen. Nach dem Sieg über Frankreich 1871 wurde dann im Spiegelsaal von Versailles von den deutschen Fürsten der König von Preußen Wilhelm I. zum Deutschen Kaiser ausgerufen. Auch der bayerische König Ludwig II. hatte sich nach einigem Zögern dem siegreichen Preußen angeschlossen. So wurde der Traum vieler Deutscher von einem Nationalstaat wahr, der die willkürlichen Grenzen zwischen den deutschen Kleinstaaten überwand.

Von Preußen ging die Macht im neuen Staate aus: Die preußische Hauptstadt Berlin wurde gleichzeitig deutsche Hauptstadt, der preußische Ministerpräsident gleichzeitig deutscher Reichskanzler. Er war nur dem preußischen König verantwortlich und leitete in seinem Auftrag die Reichsregierung.

Demokratisch modern war immerhin der neu geschaffene deutsche Reichstag, der über Gesetze entscheiden konnte. Mit ihm entstand das deutsche Parteiensystem.

Die Sicherung des neuen Reiches

Das neu entstandene Deutsche Reich war auf einen Schlag eine Großmacht im Herzen Europas, auf die viele Europäer misstrauisch schauten. Bismarck entwickelte deshalb ein Bündnissystem, das Deutschland mit seinen Nachbarn im Süden und Osten verband. Die Einverleibung von Elsass-Lothringen in das Deutsche Reich verhinderte aber eine Aussöhnung mit Frankreich. Auch Großbritannien ließ sich nicht in ein Bündnis einbinden.

Nicht nur nach außen, sondern auch nach innen suchte Bismarck das neue Reich zu sichern. Deshalb bekämpfte er die Deutschen, die seine Autorität nicht anerkannten, wie die Katholiken, die auf den Papst in Rom hörten. Auch die Sozialdemokraten sah Bismarck als Reichsfeinde an, wenn sie gegen die Ungerechtigkeiten der Obrigkeit kämpften und sich international verbündeten.

Die deutsche Gesellschaft im Wandel

Wer im Deutschen Reich anerkannt sein wollte, musste obrigkeitstreu und deutschnational gesinnt sein. Das Militär wurde Vorbild für alle.

Der Gegensatz zwischen Arm und Reich war gewaltig. Adelige und Reiche waren angesehen. Ihr Leben unterschied sich deutlich von dem ärmerer Leute, die oft ein für heutige Verhältnisse sehr hartes Leben führen mussten.

Aber während des wirtschaftlichen Aufschwungs gab es auch Aufsteiger wie manche Juden, die als nunmehr gleichberechtigte Staatsbürger häufig erfolgreich waren und deshalb Neidgefühle hervorriefen.

Um mögliche Revolutionen zuvorzukommen, entwickelte Bismarck ein vorbildliches soziales Sicherungssystem für die Arbeitnehmer. Auch Unternehmer waren oft großzügig und schufen soziale Einrichtungen.

Es blieben aber gesellschaftliche Widersprüche, die von dem neuen deutschen Nationalismus übertüncht werden sollten. In seiner Übersteigerung sollte er gefährlich werden.

■ **1866/1870**
Der preußische König Wilhelm I. führt Kriege gegen Österreich und Frankreich.

■ **1871–1890**
Der preußische Ministerpräsident Otto von Bismarck ist deutscher Reichskanzler.

■ **1871**
Das Deutsche Reich wird gegründet; Wilhelm I. wird zum Deutschen Kaiser ausgerufen.

Ein Denkmal verstehen

Die Zeit des deutschen Kaiserreichs war auch die Zeit der Denkmäler, von denen viele auch heute noch erhalten sind. An den nationalen Fest- und Feiertagen versammelten sich hier die vaterländischen Vereine und erinnerten an die Reichsgründung von 1871 und die „ruhmreiche" deutsche Geschichte.

Q 1 *Bismarck-Denkmal im alten Elbpark in Hamburg,* errichtet 1901–1906 von dem Architekten Johann Emil Schaudt und dem Bildhauer Hugo Lederer

Wie wirkt hier der erste Reichskanzler auf den Betrachter? Weshalb errichtete man Bismarck überhaupt so viele Denkmäler und benannte nach ihm Straßen, Plätze und Aussichtstürme?

Q 2 *Kriegerdenkmal für die Gefallenen des Deutsch-Französischen Krieges von 1870/71* von Anton Kaindl in Grünwald bei München

Solche, aber auch bescheidenere Kriegerdenkmäler finden sich in vielen Städten und Gemeinden. Warum waren sie wichtig für die Kriegsteilnehmer von 1870/71 und ihre Angehörigen? Suche in deiner Umgebung vergleichbare Denkmäler.

Q 3 *Blick auf das Denkmal Wilhelms I.,* den die Zeitgenossen auch den „Großen" genannt haben, am „Deutschen Eck", dem Zusammenfluss von Rhein und Mosell, errichtet 1897 von dem Architekten Bruno Schmitz und dem Bildhauer Emil Hundrieser. Das Standbild wurde Ende des Zweiten Weltkriegs beschädigt und später eingeschmolzen. Die heutige Kopie wurde 1993 aufgestellt (siehe S. 51).

Wie wird der Kaiser dargestellt? Welche Rolle spielte Frankreich bei der Wahl des Standortes? Vergleiche das Denkmal mit dem Gemälde, das die Ausrufung des Deutschen Reiches im Spiegelsaal von Versailles zeigt (siehe S. 39).

A-Z

Erkläre diesen Grundwissenbegriff:
Deutsches Reich (S. 40)

Auch diese Begriffe sind wichtig:
Annexion (S. 38)

soziale Schicht (S. 48)

Patriotismus (S. 50)

Nationalismus (S. 50)

Industrieland (S. 52)

■ **1878**
Der Reichstag beschließt das „Sozialistengesetz".

■ **um 1900**
Die Errungenschaften der Technik beginnen das Bild der Großstädte zu verändern.

■ **Ende des 19. Jahrhunderts**
Der Militarismus prägt die deutsche Gesellschaft.

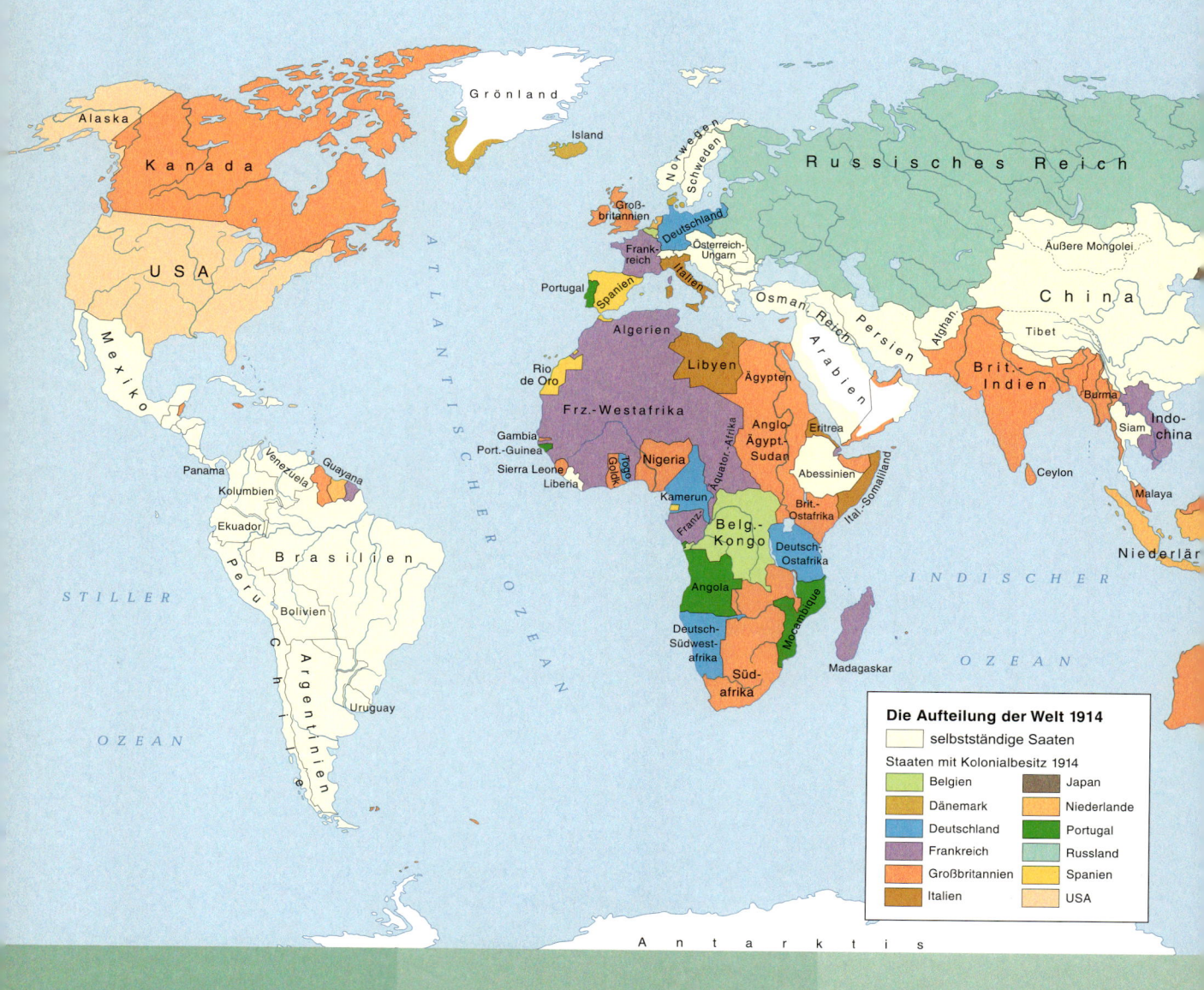

Die Aufteilung der Welt 1914

- selbstständige Saaten

Staaten mit Kolonialbesitz 1914
- Belgien
- Dänemark
- Deutschland
- Frankreich
- Großbritannien
- Italien
- Japan
- Niederlande
- Portugal
- Russland
- Spanien
- USA

ab 1880
„Wettlauf" der europäischen Staaten um Kolonien in Afrika und im Pazifik

1890
„Deutsch-Ostafrika", die erste Kolonie des Deutschen Reichs, wird gegründet.

ab 1900
Verschärfung der deutschen Flottenpolitik

Imperialismus – europäische Staaten und ihre Kolonien

„Einen Platz an der Sonne" forderte der deutsche Außenminister Bernhard von Bülow 1897 für das Deutsche Reich. Zu dieser Zeit war der Wettlauf der europäischen Großmächte um Kolonialbesitz bereits voll im Gang. Getrieben vom Streben nach Macht, von übersteigertem Nationalismus und vom Gefühl rassischer Überlegenheit hatten die Industriestaaten nahezu ganz Afrika und Südostasien unter sich aufgeteilt. Die einheimischen Völker wurden rücksichtslos unterworfen. Die dabei entfachte Rivalität zwischen den Großmächten mündete schließlich in die Katastrophe des Ersten Weltkrieges.

Die Stahlindustrie förderte die Kolonialpolitik mit der Lieferung von Schienen für den Bau einer Eisenbahn in der deutschen Kolonie Togo (Foto, 1905).

1904
Aufstand der Herero in Deutsch-Südwestafrika

1911
Marokkokrisen und veränderte Bündnisse

1912/13
Pulverfass Balkan

1 Die Europäer teilen die Welt unter sich auf

1 *Bau des Suezkanals* (zeitgenössische Darstellung). Der Suezkanal wurde 1859–1869 gebaut. Er verbindet das Mittelmeer mit dem Roten Meer und verkürzte damit erheblich den Seeweg nach Ostasien.

Imperialismus
(von lat. imperium = Herrschaft, Reich)
Dieser Begriff bezeichnet ganz allgemein die Herrschaft eines Reiches über die Bevölkerung eines fremden Landes. Ein Imperium ist deshalb größer als ein Nationalstaat. Meistens wird der Begriff für die Jahre 1880 bis 1914 verwendet, in der die europäischen Großmächte weite Gebiete in Afrika und Südostasien in ihren Besitz brachten.

Wettlauf um Kolonien

Spaniens und Portugals Kolonien in Amerika waren Anfang des 19. Jahrhunderts unabhängig geworden. Aber Mitte des Jahrhunderts war eine Reihe weiterer europäischer Staaten wie Frankreich und Großbritannien durch den Überseehandel und die Industrialisierung wohlhabend und mächtig geworden. Sie strebten nun nach noch mehr Reichtum und politischem Gewicht. Die britische Königin Victoria (1819–1901) ließ sich 1876 sogar zur Kaiserin von Indien krönen. Viele Politiker und Unternehmer in fast allen europäischen Staaten forderten daher, sich Gebiete in Afrika und Asien anzueignen. Im letzten Drittel des 19. Jahrhunderts kam es auf diesen beiden Erdteilen zu einem regelrechten Wettlauf der europäischen Großmächte um die noch nicht vereinnahmten Gebiete. Zu den alten Kolonialmächten stießen nun noch neue Nationalstaaten wie das Deutsche Reich und Italien.

Wirtschaftliche Interessen

Beim Erwerb von Kolonien standen zunächst wirtschaftliche Interessen im Vordergrund, denn viele Industrielle und Kaufleute wollten vor allem Rohstoffe wie Baumwolle und Kautschuk billig für die eigene Industrie einführen. Davon versprachen sich sowohl die Fabrikanten als auch die Plantagenbesitzer in den Kolonien hohe Gewinne. Auch hofften die Unternehmer, in den Kolonien neue Absatzmärkte für ihre fertigen Produkte zu finden. Doch diese Hoffnungen erfüllten sich kaum. Der Handel mit den Kolonien blieb relativ gering – die meisten Geschäfte wurden doch unter den „entwickelteren", also den europäischen Staaten gemacht. Auch war es sehr kostspielig, die Kolonien zu verwalten und militärisch zu schützen sowie Straßen und Eisenbahnstrecken auszubauen. Insgesamt steckten die europäischen Mächte weit mehr Geld in ihre Kolonialgebiete hinein, als sie an Einnahmen daraus gewannen. Immerhin wurde die heimische Wirtschaft durch die Aufträge für Übersee stark angekurbelt. Auch floss viel Geld in den Aufbau der Handelsflotten.

Politische Ziele

Sowohl die Regierungen als auch die Bevölkerung in den europäischen Staaten glaubten, es sei eine Frage des Ansehens und der Macht in der Welt, möglichst viele Kolonien zu besitzen. Denn nur mächtige und reiche Nationen könnten im „Kampf ums Dasein" überleben. Dabei bewegten sich die Kolonialmächte oft am Rande eines Krieges, weil sie sich nicht immer über die Grenzen ihrer überseeischen Gebiete einigen konnten.
Russland war neben Österreich-Ungarn der einzige größere europäische Staat geblieben, der keine Gebiete in Afrika oder im Pazifik erwarb. Aber Russland dehnte sich über Sibirien und Mittelasien weiter in Richtung China und den Iran aus und gehörte deshalb auch zu den Kolonialmächten.
Auch die USA und Japan reihten sich schließlich in den Kreis der Kolonialmächte ein. Während die USA vorwiegend den eigenen Kontinent erschloss, breitete sich Japan im asiatischen Raum aus und eroberte Korea und Taiwan. Um 1900 waren große Teile der Welt in riesige Kolonialreiche aufgeteilt. Diese Zeit nennen wir heute das Zeitalter des Imperialismus.

Q 2 *Aus einer Rede des französischen Politikers Eugène Etienne (1889):*
Heute also muss Frankreich darum besorgt sein, sich seinen eigenen Markt zu bewahren, nämlich denjenigen, den es auf seinem eigenen Territorium, in seinen Kolonien besitzt (…). Wegen der sich immer schneller vollziehenden maschinellen Produktion muss man bemüht sein, den Konsum zu erweitern. Es ist deshalb nötig, dass Frankreich sich nach außen begibt. Frankreich muss nach Afrika und nach Indien gehen. In Indochina haben wir uns für alle Zeit niedergelassen, (…), was auch immer man einwenden möge. (…); wir müssen von dort aus nach China vorstoßen.

Q 3 *Der deutsche Historiker Heinrich von Treitschke beschreibt 1890 die Bedeutung von Kolonien für große Mächte aus seiner Sicht:*
Alle großen Völker der Geschichte haben, wenn sie stark geworden waren, den Drang gefühlt, Barbarenländern den Stempel ihres Wesens aufzudrücken. Und heute sehen wir die Völker Europas drauf und dran, weit über den Erdkreis eine Massenaristokratie der weißen Rasse zu schaffen. Wer bei diesem gewaltigen Wettkampf nicht mitwirkt, wird später einmal eine klägliche Rolle spielen. Es ist daher eine Lebensfrage für eine große Nation heute, kolonialen Drang zu zeigen. Das erste Volk der Geschichte, das die Majestät des Welthandels erkannt hatte, die Phöniker, sind auch große Kolonisatoren gewesen. Dann folgte die Kolonisation der Griechen im östlichen und westlichen Becken des Mittelmeers, dann die Römer, im Mittelalter die Deutschen, Spanier und Portugiesen, schließlich Holland und England. (…) Ganz ohne Zweifel ist eine große koloniale Entwicklung ein Glück für ein Volk.

Q 4 *Aus einer Rede des britischen Kolonialministers Joseph Chamberlain (1903):*
Unsere nationale Existenz beruht auf unserer industriellen Leistungsfähigkeit und Produktion. Wir sind nicht etwa ein wesentlich Ackerbau betreibendes Land, dies kann niemals die Hauptquelle unseres Wohlstandes sein. Wir sind ein großes industrielles Land. Daraus folgt eins: dass der Handel innerhalb unseres Weltreiches für unser Gedeihen in der Gegenwart unbedingt notwendig ist. Geht dieser Handel nieder oder hört er nur auf, im Verhältnis zu unserer Bevölkerung zuzunehmen, dann sinken wir zu einer Nation fünfter Klasse herab.

Zeitreise Online-Link: 427040-0003

Zeitreise multimedial – Das lange 19. Jahrhundert: Konflikte – „Imperialismus und Erster Weltkrieg"

D 1 *Statistiken zur wirtschaftlichen Entwicklung europäischer Staaten:*
a) Roheisenproduktion in Millionen Tonnen

	1830	1850	1860	1870	1880	1890	1910
Großbritannien	0,7	2,3	3,9	6,0	7,8	8,3	10,2
Deutschland	–	0,2	0,5	1,4	2,7	4,7	14,8
Frankreich	0,3	0,4	0,9	1,2	1,7	2,0	4,0
Russland	–	–	–	–	0,5	0,9	3,0

b) Der Handel des Deutschen Reiches als Beispiel für Warenexport 1913
- 14,2 % Großbritannien
- 75 % übriges Europa
- 15,5 % Nord- und Südamerika
- 5,5 % Asien
- 2,2 % Afrika
- 1 % Australien

c) Auslandsinvestitionen in Millionen Pfund

Jahr	Großbritannien	Frankreich	Deutsches Reich
1880	1189	595	245
1890	1935	780	983
1900	2397	1053	–
1914	4004	1766	1223

1. Beschreibe anhand des VT und der Karte auf S. 56, wie die Europäer die Welt unter sich verteilten.
2. Erläutere die Motive für den Erwerb von Kolonien und deren Erfolg (VT).
3. Werte die Statistiken zur wirtschaftlichen Entwicklung europäischer Staaten aus. Am besten kannst du die angegebenen Zahlen mit einem Säulendiagramm veranschaulichen (D1).
4. Lies Q2, Q3 und Q5 und gib die Argumente darin mit eigenen Worten wieder.

2 Afrika – „herrenloses Land"?

Das „alte Afrika"
Auf dem afrikanischen Kontinent lebten verschiedene Völker. Einige führten ein Leben als Jäger und Sammler, andere lebten als Bauern und Handwerker in Dörfern, und manche zogen als Hirten umher. Die Menschen lebten in Großfamilien zusammen, die allen Angehörigen Schutz boten. Alle Völker hatten ihre eigenen Lieder und Traditionen, ihre eigene Sprache und Religion. Politisch gab es in Afrika einige kleine bis mittelgroße Staaten, in denen Könige, Fürsten oder Priester herrschten.

Reisen in Afrikas Mitte
Lange Zeit waren nur wenige und relativ kleine Gebiete in der Hand der Europäer: 1806 hatten die Briten die Spitze Südafrikas von den Niederländern übernommen. Die Franzosen besetzten 1830 das nördliche Algerien. Im heutigen Angola und Moçambique lebten etwa 3000 Portugiesen. An der Westküste gab es mehrere Handelsniederlassungen, von denen aus europäische Kaufleute regen Handel mit den Völkern aus dem Landesinneren führten. Dazu gehörte auch der schwunghafte Sklavenhandel, der unter Mithilfe arabischer Sklavenhändler und der einheimischen Schwarzafrikaner erfolgte. Das Klima, gefürchtete Krankheiten wie Gelbfieber und Malaria, aber auch die Angst vor afrikanischen Kriegern hielten die europäischen Kaufleute und Siedler davon ab, weiter in den Kontinent vorzudringen. Doch 1856 durchquerte der britische Forscher und Missionar David Livingstone als erster Europäer den afrikanischen Kontinent. Zu Tode erschöpft und an Malaria erkrankt, erreichte er am 25. Mai die Ostküste Afrikas. Als Livingstone von einer zweiten Expedition nicht zurückkehrte, machte sich der amerikanische Reporter Henry Morton Stanley auf die Suche und fand Livingstone schließlich am Tanganjikasee.

Beute der europäischen Mächte
Bevor aus Europa Soldaten, Beamte und Siedler in das Land kamen, waren es oft Handelsgesellschaften, die mit den einheimischen afrikanischen Herrschern Verträge abschlossen. Großbritannien besetzte zum „Schutz seiner Interessen" Ägypten militärisch und blieb schließlich länger als 70 Jahre dort. Frankreich und Großbritannien gerieten bei der Aufteilung Afrikas in lang andauernden Streit. Die Streitigkeiten wurden noch komplizierter, als auch das Deutsche Reich Gebiete in Südwestafrika, Togo, Kamerun und Ostafrika beanspruchte. Um einen militärischen Konflikt zu vermeiden, lud der deutsche Reichskanzler Bismarck 1884 zu einer Konferenz in Berlin ein. Hier legten die Vertreter der europäischen Staaten fest, wie der afrikanische Kontinent aufgeteilt werden sollte. Die wichtigste Bestimmung lautete, dass alle Mächte mit Besitz von Küstenländern ihre Grenzen zum Hinterland beliebig erweitern durften.
Am Konferenztisch wurden auf noch ungenauen Karten die neuen Grenzlinien in Afrika gezogen. Dass sie damit in vielen Landesteilen traditionelle Stammesgebiete und Königreiche der afrikanischen Völker zerteilten oder Handelsstraßen zerschnitten, war den europäischen Politikern gleichgültig. Sie betrachteten ein Land als „herrenlos", solange es von keiner anderen Kolonialmacht besetzt war.

Q 1 *Die Berliner Kongo-Konferenz von 1884/85* (Holzstich nach einer Zeichnung von 1884). Der deutsche Reichskanzler von Bismarck steht rechts im Hintergrund. An der Wand links hängt eine Karte von Afrika. Da man keinem Land das Gebiet am Kongo zusprechen wollte, einigte man sich darauf, ein 2,5 Millionen Quadratkilometer großes Gebiet dem König von Belgien zu überlassen.

Q2 *Hendrik Witbooi, Häuptling der Nama in Südwestafrika, sprach 1892 zu anderen Häuptlingen:*

Dieses Afrika ist das Land der roten Kapitäne (Häuptlinge); wir sind von derselben Farbe und Lebensart, haben gemeinschaftliche Gesetze, die für uns und unsere Leute
5 genügen. Wir sind nicht hart gegeneinander, sondern ordnen Dinge in Frieden und Brüderschaft. (…) Die weißen Menschen aber handeln ganz anders. Ihre Gesetze sind unpassend für uns rote Menschen und
10 undurchführbar. Diese unbarmherzigen Gesetze bedrücken den Menschen von allen Seiten; sie kennen kein Gefühl oder Rücksicht darauf, ob ein Mensch reich ist oder arm.
15 Ich bin sehr ungehalten über euch (…), die ihr deutschen Schutz angenommen habt und dadurch den weißen Menschen Rechte und Einfluss in unserem Land gebt. (…) Die Deutschen lassen sich (…) nieder,
20 ohne erst um Erlaubnis zu bitten, drängen den Menschen, denen die Gebiete gehören, ihre Gesetze auf, verbieten das freie Herumstreifen auf den Wegen, verbieten ihnen freie Verfügung über ihr eigenes
25 Wasser und über die Weide; sie verbieten den Landeseingeborenen die Jagd auf ihr eigenes Wild, verbieten den Menschen, mit Gewehr auf irgendeinem Platz zu erscheinen, geben den Menschen bestimmte Uhr-
30 zeiten und Tage als Termine an und halten die Menschen außerhalb der Wohnplätze an.

Q3 *Über den Imperialismus urteilt der nigerianische Historiker Jacob Ajayi 1977:*
Gestützt auf ihre technologische Überlegenheit, errichteten die Europäer ihre Herrschaft über den ganzen Kontinent.
5 Sie zerstörten, unterdrückten oder schufen Staaten nach Belieben. (…) Die Gebiete, in die Afrika aufgeteilt wurde, waren ein völliger Neubeginn. (…)
Die Grenzen der früheren Reiche unter-
10 lagen häufigen und raschen Veränderungen. Im Hin und Her der Geschichte war nichts von Dauer. Aber die Aufteilung der Europäer zielte darauf ab, die unablässige Veränderung zu unterbinden, indem sie die Entwicklung in völlig ungewohnte Bahnen
15 zu lenken versuchte.

Q4 *Der neue „Rhodes-Koloss"* (Karikatur aus der britischen Zeitschrift „Punch" von 1892). 1892 war die Telegrafenleitung von Kapstadt nach Kairo fertig gestellt worden. Die Figur stellt den britischen Kaufmann und Pionier Cecil Rhodes in der Haltung des Kolosses von Rhodos dar. Rhodes setzte sich stark für den Erwerb von Kolonien ein.

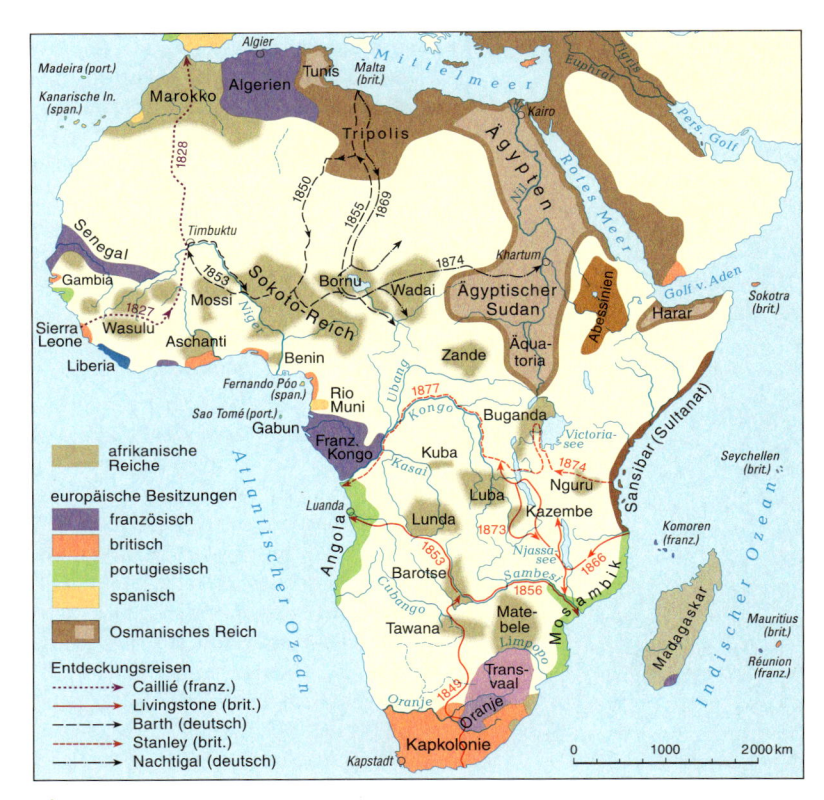

D1 *Afrika vor 1880*

1 Beschreibe, wie die Menschen in Afrika ursprünglich lebten (VT, D1).
2 Wie verfuhren die Europäer bei der Aufteilung des afrikanischen Kontinents (VT, Q1, Q3)?
3 Liste anhand von Q2 und Q4 auf, welche Folgen die europäische Kolonisierung hatte.
4 Wie beurteilt der nigerianische Historiker heute den Imperialismus (Q3)?

3 Der Globus in der Hand der „überlegenen Rasse"

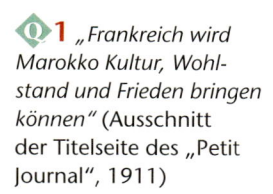

Q 1 „Frankreich wird Marokko Kultur, Wohlstand und Frieden bringen können" (Ausschnitt der Titelseite des „Petit Journal", 1911)

Rassismus
ist eine Unterscheidung der Menschen nach biologischen oder kulturellen Merkmalen, z. B. der Hautfarbe, von denen willkürlich und unwissenschaftlich auf bestimmte Eigenschaften geschlossen und der Wert der Menschen bestimmt wird.

Rassismus der Weißen

Der englische Dichter Rudyard Kipling schrieb 1895 das Gedicht „Die Bürde des weißen Mannes". Darin forderte er seine Landsleute auf, in die Welt zu ziehen, um den „eingefangenen Völkerschaften, die halb Kinder sind und halb Teufel", zu essen zu geben und dort herrschende Seuchen zu bekämpfen. Wie viele seiner Zeitgenossen war er überzeugt, dass die „weiße Rasse" allen anderen Menschen überlegen sei. Viele Europäer glaubten daher, die „unterentwickelten" Völker in Afrika und Asien zu deren eigenem Besten zivilisieren zu müssen.

Der Begriff der „Rasse" stammt aus der Tierzucht und wurde für politische Zwecke so vieldeutig verwendet, dass sich jeder darunter vorstellen konnte, was er wollte. Man behauptete, alle Menschen seien mit unveränderlichen Rasseeigenschaften ausgestattet und nur die Europäer seien zu technischen Höchstleistungen und zur Organisation von Herrschaft über andere Völker befähigt. Die Europäer meinten, sie hätten die Verpflichtung, der Welt die Segnungen des Industriezeitalters zu bringen und die bei den „niederen Rassen brachliegenden" Arbeitskräfte für die Weltwirtschaft zu aktivieren. Deshalb hielten sie es für richtig, dass diese zu niedrigsten Löhnen und ohne Schutz von Gewerkschaften arbeiteten.

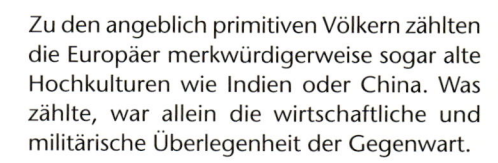

Zu den angeblich primitiven Völkern zählten die Europäer merkwürdigerweise sogar alte Hochkulturen wie Indien oder China. Was zählte, war allein die wirtschaftliche und militärische Überlegenheit der Gegenwart.

Weiße Missionare

Seit den Anfängen der christlichen Religion sahen sich ihre Anhänger dazu verpflichtet, das Evangelium „bis an alle Enden der Erde" zu verbreiten. Im Zeitalter des Imperialismus kamen die christlichen Missionare im Gefolge der Kolonialherren und verbanden die christliche Mission mit der Verbreitung der angeblich überlegenen europäischen Kultur. Krankenhäuser, Schulen und Waisenhäuser wurden eingerichtet, um das Leben der Menschen in den Kolonien zu verbessern und gleichzeitig die Annahme des christlichen Glaubens zu erleichtern. Dabei hatten die Missionare selten Verständnis für die traditionellen Bräuche, Sitten und Feste der Einheimischen.

Die Folgen des Rassismus

Auf die gewachsenen Handelsstrukturen und die traditionelle Landwirtschaft der einheimischen Völker nahmen die weißen „Herren" keine Rücksicht. Sie waren nur daran interessiert, möglichst hohe Gewinne zu erzielen. Handelsgesellschaften und Kaufleute ließen große Plantagen anlegen, auf denen sie Kaffee, Tee, Kakao und Baumwolle anbauten. Auch Bergwerke wurden erschlossen, um wertvolle Rohstoffe wie Gold, Kupfer und Diamanten zu gewinnen. Sowohl auf den Plantagen und in den Bergwerken als auch im Straßen- und Eisenbahnbau ließen die Besitzer tausende Afrikaner für sich arbeiten.

Wer als Engländer in Europa nur zur Unterschicht zählte, konnte sich in den Kolonien als „Herr" fühlen: Die europäischen Familien in den Kolonialgebieten wohnten in der Regel in eigenen Stadtteilen mit breiten Straßen und hellen, großen Villen. Hier waren die Einheimischen nur als Hauspersonal, Gärtner oder Pförtner geduldet.

Q 2 *Der spätere Kolonialpolitiker Cecil Rhodes sagte 1877 als junger Student:*

Ich behaupte, dass wir die erste Rasse der Welt sind und dass es für die Menschheit umso besser ist, je größere Teile der Welt wir bewohnen. (…) Darüber hinaus bedeu-
5 tet es einfach das Ende aller Kriege, wenn der größere Teil der Welt in unserer Herrschaft aufgeht. Da (Gott) sich die Englisch sprechende Rasse offensichtlich zu seinem auserwählten Werkzeug geformt hat, (…)
10 muss es auch seinem Wunsch entsprechen, dass ich alles in meiner Macht Stehende tue, um jener Rasse so viel Spielraum und Macht wie möglich zu verschaffen. Wenn es einen Gott gibt, denke ich, so will er daher
15 eines gern von mir getan haben: nämlich so viel von der Karte Afrikas britisch-rot zu malen wie möglich und anderswo zu tun, was ich kann, um die Einheit der Englisch sprechenden Rasse zu fördern und ihren
20 Einflussbereich auszudehnen.

Q 4 *Wie die Europäer mit den einheimischen Menschen in den afrikanischen Gebieten umgingen, zeigt diese Postkarte von 1906 aus der Kolonie Deutsch-Ostafrika. Der handschriftliche Zusatz lautet: „Die schönsten Grüße aus dem schwarzen Erdteil."*

Q 3 *Ein afrikanischer Lehrer und seine Frau (Foto, um 1900). Die europäische Kultur wurde auch mit Zwang eingeführt. Selbst private Bereiche wie Heirat und Familienleben waren davon betroffen.*

Q 5 *Georges Clemenceau, der spätere französische Ministerpräsident, erwidert in einer Debatte einem anderen Kolonialpolitiker (1885):*

Überlegene Rassen! Minderwertige Rassen! Das ist leicht gesagt! Ich für meinen Teil bin da vorsichtig, seit ich erlebt habe, wie
5 deutsche Gelehrte wissenschaftlich nachgewiesen haben, dass Frankreich den Krieg gegen Deutschland verlieren musste, weil die Franzosen den Deutschen gegenüber eine minderwertige Rasse seien. Die Hindus – eine minderwertige Rasse (…)? Die
10 Chinesen? (…) Nein!
Nein, es gibt kein Recht für sogenannte überlegene Nationen gegenüber unterlegenen Nationen. Wir sollten nicht die Gewalt mit der heuchlerischen Bezeichnung
15 Kultur verhüllen. Sprechen wir nicht von Recht oder Pflicht. Die Eroberung, die Sie propagieren, ist nichts anderes als der Missbrauch der Macht, die die Wissenschaft unserer Kultur gegenüber zurückgebliebenen
20 Kulturen gibt. Sie dient dazu, sich der Menschen zu bemächtigen, sie zu foltern oder alles aus ihnen herauszuholen zum Profit des angeblichen Kulturbringers.

1 Erkläre den Begriff „Rassismus" mit eigenen Worten (VT, Lexikon). Finde auch Beispiele aus heutiger Zeit.

2 Fasse zusammen, wie die Europäer die Völker in Afrika sahen. Welches Recht leiteten sie daraus ab (VT, Q1, Q2, Q5)?

3 Lies Q2 und Q4 und gib die Meinungen der Verfasser mit eigenen Worten wieder. Welche von Clemenceaus Argumenten findest du besonders überzeugend?

4 Wie arbeiteten die christlichen Missionare aus Europa in den Kolonien (VT)?

4 Das Deutsche Reich wird Kolonialmacht

1 Titelbild eines deutschen Schulbuchs von 1891

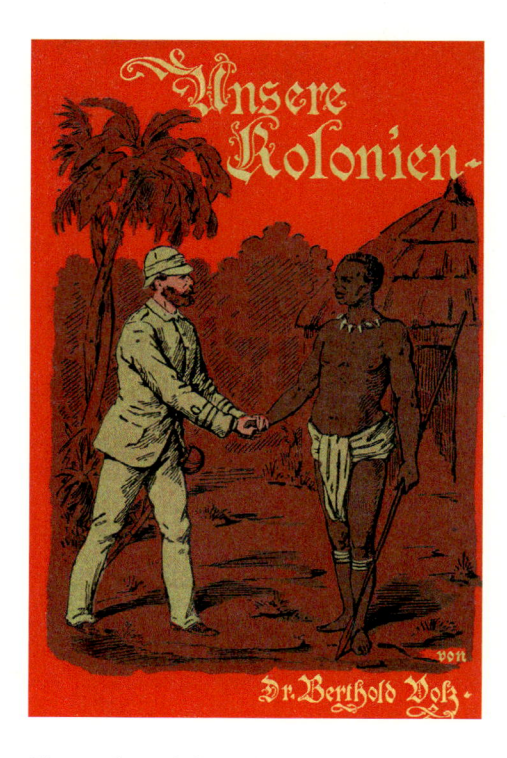

Bismarck und die Kolonien

Die Staaten des Deutschen Reiches hatten in ihrer Geschichte so gut wie keine Kolonialtradition. Lange hatte der Reichskanzler Bismarck es abgelehnt, Kolonien zu erwerben. Aus seiner Sicht waren Kolonien schon deswegen nicht erstrebenswert, weil ihre Verwaltung hohe Kosten verursachte. Aber auch aus außenpolitischen Gründen war er gegen deutsche Kolonien. Denn Bismarck glaubte, dass sich die Spannungen mit den Nachbarstaaten nur verschärfen würden, wenn sich auch das Deutsche Reich an dem Wettlauf um überseeische Besitzungen beteiligte. Um die anderen europäischen Mächte, vor allem Frankreich, von Deutschland abzulenken, förderte Bismarck sogar deren koloniale Bestrebungen.

Weltmacht Deutschland?

Doch 1884 musste Bismarck auch deutschen Bestrebungen nachgeben. Denn einflussreiche Großindustrielle forderten immer nachdrücklicher den Erwerb von Kolonien. Zudem meinten viele Politiker, dass man durch eine erfolgreiche Kolonialpolitik leicht von den sozialen Problemen im eigenen Land ablenken könne.
Diesen Forderungen gab Bismarck letztlich nach. Im Auftrag der Regierung zogen ab 1884 deutsche Kaufleute, Forscher und Offiziere nach Afrika und in die Südsee, um hier sogenannte „Schutzgebiete" zu erwerben. Dazu zählten Kamerun, Togo, Deutsch-Ostafrika, Deutsch-Südwestafrika und kleinere Inselgruppen im Pazifik wie die Marshall-Inseln. Dennoch blieb Bismarck stets ein zurückhaltender Kolonialpolitiker, was viele Zeitgenossen und führende Politiker enttäuschte. Dies führte nach 1888 auch zu Meinungsverschiedenheiten zwischen ihm und dem neuen Kaiser Wilhelm II., der davon träumte, Deutschland in den Kreis der Kolonial- und Weltmächte einzureihen.

„Im Dienste Seiner Majestät"

Einer der deutschen Afrikareisenden war Carl Peters aus Neuhaus an der Elbe. Er hatte 1884 die „Gesellschaft für deutsche Kolonisation" gegründet. In deren Auftrag unternahm Peters mit sechs Dienern und 40 Trägern im November 1884 eine Expedition in das östliche Afrika. In fieberhafter Eile durchquerte die Gruppe das Land mehrerer ostafrikanischer Stämme, um von den Stammesfürsten deren Gebiete als deutschen Besitz zu erwerben. Es war ein Wettlauf mit der Zeit, denn auch britische und französische Expeditionen waren mit diesem Ziel unterwegs. Es gelang Carl Peters, innerhalb von fünf Wochen Verträge mit zwölf Stammesfürsten abzuschließen und ein riesiges Gebiet zu erwerben, das die Regierung in Berlin 1890 als „Schutzgebiet Deutsch-Ostafrika" übernahm.
Allerdings war Peters ein rücksichtsloser Kolonialherr, der vor grausamen Mitteln nicht zurückschreckte, um die Einheimischen gefügig zu machen. So kam es in Deutschland zu Kritik gegenüber seinen Maßnahmen.

Q2 Carl Peters beschreibt, wie er mit den Sultanen die Verträge abschloss:
Ich selbst hatte mir, um den Sultanen ebenbürtig zu erscheinen, eine Reihe Fahnen mitgenommen, die ich aufziehen ließ (…).
Wir tranken dann einen Trunk guten Grogs und brachten seine Hoheit von vornherein in die vergnüglichste Stimmung (…). Alsdann wurden Ehrengeschenke ausgetauscht (…).
Peters schreibt außerdem, wie er vorging, wenn ein Sultan sich weigerte, einen Vertrag mit ihm abzuschließen:
Ich wandte mich nun in die benachbarten Dörfer (…), um noch vor Einbruch der Nacht den Leuten eine Lektion zu erteilen. Ich befahl alles, was für uns von Wert war, schnell herauszuräumen, und ließ dann nacheinander sechs von diesen Dörfern in Brand stecken.

Q3 Zur Kolonialpolitik sagte der SPD-Abgeordnete Wilhelm Liebknecht 1885 im Reichstag:
Was wird mit der sogenannten Kolonialpolitik denn eigentlich bezweckt? Wenn wir auf den Grund gehen, so wird als der Zweck hingestellt: die Überproduktion und die Überbevölkerung zu (bekämpfen). (…) Deutschland ist noch lange nicht übervölkert, bei vernünftiger sozialer Organisation, bei zweckmäßiger Organisation der Industriearbeit und bei wissenschaftlichem Betriebe des Ackerbaues könnte Deutschland eine weit größere Bevölkerung ernähren, als dies heutzutage der Fall ist (…).
Und gerade so ist es mit der Überproduktion. Da klagen unsere Fabrikanten, dass ihre Produkte keinen Absatz finden. Ja, meine Herren, warum haben sie keinen Absatz? Weil das Volk nicht kaufen kann – abermals eine Folge unserer mangelhaften sozialen Verhältnisse – und wenn die Sozialreform (…) an der richtigen Stelle ansetzen will, dann muss sie dafür sorgen, dass (…) der Nationalreichtum (…) seine richtige Verteilung findet. (…)
Und wird etwa durch die Kolonialpolitik etwas nach dieser Richtung erreicht? Nein, meine Herren, sie exportieren einfach die soziale Frage. Sie zaubern vor die Augen des Volks eine Art Fata Morgana auf dem Sande und auf den Sümpfen Afrikas.

Q6 Carl Peters (sitzend mit weißer Jacke) mit seinen Begleitern in Ostafrika

Q4 Das Lied „Bibel und Flinte" (etwa 1890) wurde auf der Melodie von „Es klappert die Mühle am rauschenden Bach" gesungen:
Was treiben wir Deutschen in Afrika?
Hört, hört!
Die Sklaverei wird von uns allda zerstört.
Und wenn so ein Kaffer von uns nichts will,
den machen wir flugs auf ewig still.
Piff paff, piff paff, hurra!
O glückliches Afrika.

Wir pred'gen den Heiden das Christentum.
Wie brav!
Und wer's nicht will glauben, den bringen wir um.
Piff paff!
O selig die „Wilden", die also man lehrt die christliche Liebe mit Feuer und Schwert.
Piff paff, piff paff, hurra!
O glückliches Afrika.

Wir haben gar schneidige Missionär.
Juchhei!
Den Branntwein, den Krupp und das Mausergewehr, die drei.
So tragen Kultur wir nach Afrika;
Geladen! Gebt Feuer! Halleluja!
Piff paff, piff paff, hurra!
O glückliches Afrika!

Q5 Der deutsche Reichstagsabgeordnete Dr. Arendt in Deutsch-Ostafrika (Foto, 1906)

1 Stelle gegenüber, wie Bismarck und die Befürworter deutscher Kolonialmacht über den Erwerb von deutschen „Schutzgebieten" dachten (VT).
2 Wie ging die deutsche Regierung vor, um Kolonien in Afrika zu erwerben (VT, Q2, Q3)?
3 Vergleiche Q1 und Q4. Was soll das Bild auf dem Schulbuch vermitteln, was drückt das Lied aus?
4 Fasse die Argumente von Liebknecht zusammen (Q3). Was kritisiert er vor allem?

5 Deutsch-Südwest: Traum und Tragödie

Deutsch-Südwestafrika

Wer in das heutige Namibia reist, staunt, wie stark das Land von der kurzen deutschen Vergangenheit geprägt ist. Dazu gehören vor allem Häuser, die so auch in Deutschland zu finden sein könnten. In Namibia leben noch immer Nachfahren der deutschen Einwanderer als kleine Minderheit.

Das Land sollte am Ende des 19. Jahrhunderts eine echte deutsche Siedlungskolonie werden. Die Berliner Regierung dachte, dass die vielen Deutschen, die damals nach den USA auswanderten, sich lieber in einer deutschen Kolonie niederlassen sollten, als vom Ausland aus zur wirtschaftlichen Konkurrenz zu werden.

So erwarb 1883 der Bremer Kaufmann Adolf Lüderitz an der Südwestküste Afrikas Ländereien, welche die deutsche Regierung später zur Kolonie Deutsch-Südwestafrika erklärte. Das weithin wüstenhafte Land eignete sich aber kaum, um viele Siedler aufzunehmen. Wer kam, musste riesige Landflächen in Besitz nehmen, um als Farmer erfolgreich sein zu können.

Der Konflikt mit den Herero

Die deutschen Siedler kamen in kein unbewohntes Land. Hier, am Rand einer großen Wüste, lebten die Herero, die als Nomaden mit ihren Viehherden von Weideplatz zu Weideplatz zogen. Als eine Rinderpest unter ihren Tieren ausbrach, waren die Herero gezwungen, ihr überlebendes Vieh zu einem Spottpreis an die weißen Siedler zu verkaufen.

1903 wurde den Herero von den deutschen Behörden ein Gebiet zugewiesen, wo sie künftig leben sollten. Doch dieses Reservat bestand aus unfruchtbarem Land, das Weideland der Herero hatten die Deutschen für sich behalten. Der Zorn der Herero wurde weiter angestachelt, als die Behörden eine Eisenbahnlinie von der Küste zu den Minen im Landesinneren bauen ließen. Dadurch wurden die Herero von den lebensnotwendigen Wasserlöchern abgeschnitten.

Ihre Not und ihr Zorn brachte die Herero dazu, sich gegen die Kolonialherren zu wehren. In der Nacht zum 12. Januar 1904 gingen sie gegen die Deutschen vor und vertrieben sie aus ihren Häusern und von ihrem Land. Der Angriff kam so unerwartet, dass die Herero in kurzer Zeit das Zentrum des Landes besetzen konnten. Insgesamt wurden ungefähr 100 Siedler getötet.

Das Ende des Hereroaufstands

Die Deutschen wehrten sich wie alle europäischen Kolonialherren der damaligen Zeit: Gegen die Gewehre und Kanonen der deutschen Truppen waren die Herero chancenlos. Ihr Abzug vom „Waterberg" in die wasserlose Omaheke-Wüste war verhängnisvoll: Es gab dort keine Überlebenschance. Nur etwa 15 000 Herero überlebten den Aufstand. Ihre Nachfahren sind im heutigen Namibia selbst nur eine kleine Minderheit.

Im damaligen Deutschland gab es durchaus Stimmen, die ein zu hartes militärisches Vorgehen gegen die Herero kritisierten. Aber man hielt es andererseits doch für richtig, die Ansprüche der Siedler gegenüber den einheimischen Völkern notfalls auch gewaltsam zu verteidigen.

Q 1 *Mit ihren Maschinengewehren waren die deutschen Soldaten den einfacher bewaffneten Herero überlegen (Foto, 1904).*

Q4 Herero, die vor deutschen Truppen geflüchtet waren, nach ihrer Rückkehr aus der Omaheke-Wüste (Foto, 1907)

Q2 *Ein deutscher Farmer schrieb nach einem Überfall der Herero:*

Für solch unbarmherziges Rauben, Morden und Schänden kann es nur eine Strafe geben: (…). Von den überlebenden Mördern müssen für jeden erschlagenen Weißen
5 mindestens fünf Stück aufgehängt werden (…). Für die Überlebenden: Frondienst, bis diese sich (…) bewusst sind, der Weiße, und ganz speziell der Deutsche, ist Herr und nicht gesonnen, seine Herrschaft ab-
10 zutreten.

Q3 *Der Häuptling der Herero schrieb an den deutschen Gouverneur:*

Der Anfang des Krieges ist nicht jetzt in diesem Jahr durch mich begonnen worden, sondern er ist begonnen worden von den Weißen. Du weißt, wie viele Herero
5 durch die weißen Leute, besonders durch Händler, mit Gewehren und in Gefängnissen getötet worden sind (…). Die Händler raubten meine Leute aus. Für ein oder zwei Pfund Sterling Schulden nahmen sie mei-
10 nen Leuten zwei oder drei Rinder gewaltsam weg (…).
Leutnant N. fing an, meine Leute im Gefängnis zu töten. Es starben zehn und es hieß, sie seien an Krankheit gestorben, aber
15 sie starben durch die Aufseher (…). Jetzt muss ich die Weißen töten (…).

D1 *Deutsch-Südwestafrika und der Aufstand der Herero, 1904/05.* Nach dem Aufstand bestimmte der deutsche Kaiser, dass die Herero ihr gesamtes Land verloren. Der Gouverneur der Kolonie, Lothar von Trotha, ließ die gefangenen Herero Zwangsarbeit beim Eisenbahnbau leisten. Alle Überlebenden wurden in speziellen Lagern untergebracht, die sie nicht eigenmächtig verlassen durften. Außerdem wurden die Männer und Frauen als Arbeitskräfte auf Werften, beim Straßenbau und anderen öffentlichen Arbeiten eingesetzt.

1 Warum wurde die Kolonie „Deutsch-Südwest" gegründet und wie erfolgreich war diese Gründung (VT)?
2 Nenne den Grund des Aufstands der Herero gegen die Deutschen (VT, Q3).
3 Wie erklärst du die Haltung vieler Deutschen gegenüber den Herero (VT, Q2)?
4 Beschreibe die Folgen des Hereroaufstands (VT, Q1, Q4, D1)?
5 Informiere dich im Internet über den 100. Jahrestag des Aufstandes im Jahr 2004. Beschreibe, welche Themen bei dem Gedenken im Vordergrund standen. Geeignete Internetseiten findest du im Online-Link S. 59.

6 Projekt
Kolonialwaren gestern und heute

Waren aus den Kolonien

Kaffee oder Kakao zum Frühstück, eine Tasse Tee am Nachmittag – das war Ende des 19. Jahrhunderts etwas ganz Neues, kamen diese Waren doch aus den weit entfernten Kolonien. Handelsgesellschaften führten diese Produkte nach Europa ein, wo sie in sogenannten Kolonialwarenläden zu erschwinglichen Preisen verkauft wurden. Diese neuartigen Waren veränderten die Ess- und Trinkgewohnheiten der Menschen in Europa sehr stark und prägten einen neuen Lebensstil.

Damals wie heute geht dieser Genuss allerdings auf Kosten der Kolonien bzw. der heutigen Länder in der Dritten Welt. Denn nach wie vor kontrollieren große Handelsgesellschaften den Weltmarkt für Kaffee, Tee und Kakao und zwingen die Erzeuger, ihre Produkte zu niedrigsten Erlösen weiterzuverkaufen. Aber es gibt auch Beispiele für „fairen Handel" zwischen alternativen Handelsorganisationen und Kleinbauern in der Dritten Welt. Diese fair gehandelten Produkte findet ihr in Eine-Welt-Läden.

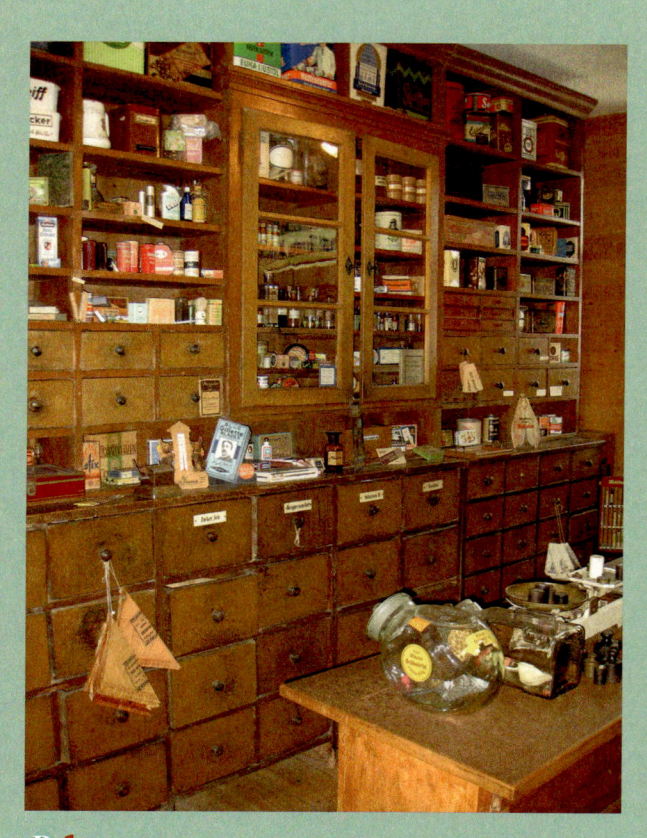

D 1 Ein Kolonialwarenladen um 1900 (Rekonstruktion)

Q 1 Werbeplakate um 1900

Vom Kolonialwarenladen zum Eine-Welt-Laden

1. Sucht in Läden und Supermärkten nach ehemaligen „Kolonialwaren" und achtet in Zeitschriften und im Fernsehen auf Werbung für Kaffee, Tee, Kakao und Schokolade. Erinnert noch etwas an die koloniale Vergangenheit dieser Produkte? Bringt Beispiele dafür mit in die Klasse.
2. Informiert euch im Erdkundeunterricht, in Eine-Welt-Läden oder im Internet über die Situation der Kleinbauern in den Entwicklungsländern (www.weltlaeden.de oder www.gepa.de). Bringt auch Produkte und Informationsmaterial aus einem solchen Laden mit.
3. Gestaltet in eurem Klassenzimmer eine Ausstellung zum Thema „Kolonialwaren heute".

Dritte Welt
Die Bezeichnung knüpft an die Blockbildung nach dem Zweiten Weltkrieg an. Die westlichen Industriestaaten sahen sich als die „Erste Welt", die Staaten des sozialistischen Ostblocks als die „Zweite Welt". Die anderen z. T. sehr unterschiedlichen Länder wurden zur „Dritten Welt" gezählt.

Q **2** *Produkt aus dem Eine-Welt-Laden*

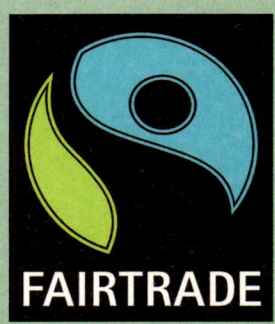

Q **3** *Dieses Logo steht für „fairen" Handel.*

D **2** *Eine gute Idee:* Auf einem Schulfest könnt ihr selbst einen Verkaufsstand mit fair gehandelten Produkten einrichten. Am besten arbeitet ihr dafür mit einem Weltladen zusammen. Ihr könnt euren Besuchern auch Kaffee, Tee und Kakao aus dem fairen Handel zum Probieren anbieten. Über den Erlös und freiwillige Spenden freut sich sicherlich eine der vielen Hilfsorganisationen für die „Dritte Welt".

7 Kaiser Wilhelm II. und der neue Kurs

Q 1 Kaiser Wilhelm II. in Admiralsuniform (Ausschnitt aus einer Ansichtskarte um 1900). Mit solchen Darstellungen wurde in der deutschen Bevölkerung für die Flottenaufrüstung geworben.

Deutschlands erster Medienstar
„Donnerwetter" war einer der Lieblingsausdrücke Kaiser Wilhelms II., der 1888 den deutschen Thron bestiegen hatte. Er begeisterte sich für jede technische Neuerung und wollte auf diesem Gebiet unbedingt modern sein. Andererseits dachte er recht altmodisch, wenn es um seine Stellung als Monarch ging. Er sah sich – über die Parteigrenzen und das Parlament hinweg – als direkter Ansprechpartner für das Volk. So interessierte er sich ehrlich für die Lebensbedingungen der Arbeiterschaft. Obwohl er die Sozialdemokratie ablehnte, hob er Bismarcks Sozialistengesetze auf. Persönlich war er unberechenbar und sagte in forschem Ton manchmal Dinge, von denen er später sagen musste, sie seien nicht so gemeint gewesen.
Der Kaiser konnte überall in Deutschland plötzlich auftreten, wenn es um irgendeine Einweihung ging. Da nutzte er das moderne Medium des Films, um bekannt zu werden. Bei seinen Auftritten hatte schönes, sogenanntes „Kaiserwetter" zu herrschen: „Majestät brauchen Sonne!"

Das Reich als Weltmacht
Der drängende und aufbrausende junge Kaiser war das genaue Gegenteil des alten und bedächtigen Reichskanzlers Bismarck. Der Kaiser wollte selbst bestimmen und entließ schon 1890 den Kanzler.
Wilhelm II. wollte das Deutsche Reich „herrlichen Zeiten" entgegenführen und Deutschland in der Welt einen „Platz an der Sonne" erkämpfen. Sein großes Vorbild war Großbritannien, mit dessen Herrscherhaus er über Königin Victoria, seine Großmutter, persönlich verwandt war. Deshalb strebte er mit dem „neuen Kurs" an, so viele neue Kolonien wie möglich für Deutschland zu gewinnen. Wilhelm II. nahm dabei in Kauf, dass er durch seine Weltmachtpolitik mit anderen Mächten in Streit geriet.

„Unsere Zukunft liegt auf dem Wasser"
Das jedenfalls behauptete Kaiser Wilhelm II. Eine große Kriegsflotte sollte dem Deutschen Reich eine führende Stellung in der Welt sichern. Die deutsche Regierung beschloss daher, die Flotte auf insgesamt 36 Linienschiffe, 22 große und 38 kleine Kreuzer auszubauen.
Der Kaiser konnte sich bei seinen Plänen auf seinen Flottenadmiral von Tirpitz verlassen, der den „Deutschen Flottenverein" ins Leben rief. Auch im Volk kam der neue Kurs gut an: Fast jeder deutscher Junge hatte einen Matrosenanzug als Sonntagskleidung. Und schließlich bot die Flotte als neue Waffengattung auch gute Aufstiegschancen beim Militär: Im Unterschied zu den alten Waffengattungen waren hier die führenden Stellen nicht mehr dem Adel vorbehalten.
Im Ausland aber wurde die deutsche Politik misstrauisch beobachtet. Vor allem die britische Regierung sah ihre Vormachtstellung auf See gefährdet. Ab 1904 begannen deshalb auch die Briten, ihre Flotte mit mehr und größeren Kriegsschiffen aufzurüsten. Die Briten waren über die deutsche Flottenpolitik genau informiert. Sie hielten Kontakt zu August Bebel, dem Vorsitzenden der deutschen Sozialdemokraten, der die deutsche Aufrüstung scharf kritisierte und vor der heraufziehenden Kriegsgefahr warnte.

2 *Kaiser Wilhelm II. in Paradeuniform* (Heliogravüre nach einem verlorenen Gemälde von Max Koner, Öl auf Leinwand, 1891)

3 *Die Sozialdemokraten zur geplanten Verstärkung der deutschen Flotte (1900):*
Die Arbeiterklasse hat kein Interesse, Rüstungen zu unterstützen, welche die Gefahren zu Reibungen zwischen den Kulturstaaten vermehren (...). Insbesondere ist es wieder die Arbeiterklasse, auf deren Schultern die Last der neuen ins Riesenhafte sich steigernden Ausgaben hauptsächlich abgewälzt wird, wohingegen die herrschenden Klassen durch die ungeheuren Profite aus diesen Rüstungen ihren Reichtum ins Ungemessene steigern und neue einflussreiche Posten und Versorgungsstellen für ihre Angehörigen gewinnen.

4 *Der deutsche Botschafter nach einem Treffen mit den britischen Ministern Grey (Außenminister) und Lloyd George (Schatzkanzler), Sommer 1908:*
Beide Minister waren der Ansicht, dass die Situation zwischen England und Deutschland sich um die Flottenfrage drehe. Die Auslagen für die englische Flotte würden infolge des deutschen Flottenprogramms und des beschleunigten Flottenbaues dermaßen in die Höhe gehen und das Gefühl von der deutschen Gefahr würde damit dermaßen an Intensität zunehmen, dass die Beziehungen zwischen den Ländern sich nicht bessern könnten, solange sie sich in der Flottenkonkurrenz gegenseitig in die Höhe schraubten. Jeder Engländer würde seinen letzten Pfennig daransetzen, um sich die Überlegenheit zur See zu wahren, von welcher nicht nur die Weltstellung Englands, sondern auch seine Existenz als unabhängiger Staat abhänge. Die ruinösen Ausgaben, zu denen die Flottenkonkurrenz triebe, könnten vertrauensvolle Beziehungen zwischen beiden Nationen nicht aufkommen lassen. Wer auch nur einigermaßen England kenne, wisse, dass hier nicht die Absicht bestehe, Deutschland mit der englischen Flotte zu bedrohen oder gar Deutschland anzugreifen. Eine Landung sei schon in Anbetracht der englischen Armeeverhältnisse gänzlich ausgeschlossen. (...) Für England dagegen sei eine mächtige deutsche Flotte mit einer noch mächtigeren Armee im Hintergrund eine reale Gefahr.

	1889 bis 1900	1900 bis 1910	1910 bis 1913
Großbritannien	38	36	20
Deutschland	12	25	13
Frankreich	15	11	11
Russland	15	6	4

1 *Der Bau schwerer Kriegsschiffe*

5 *„Wie sollen wir uns da die Hand geben?"* (deutsche Karikatur von 1912, in der satirischen Zeitschrift „Simplicissimus"). Die Figur links stellt den „deutschen Michel", die Figur rechts einen typischen Briten dar.

1 Beschreibe die Persönlichkeit Wilhelms II. Mit welchen Mitteln versucht er, Eindruck im Volk zu erwecken (VT, Q1, Q2)?
2 Was bedeutete der neue Kurs Kaiser Wilhelms II. und warum kam es zum Konflikt mit Kanzler Bismarck (VT, D1)?
3 Wie kamen der neue Kurs und die Flottenrüstung im deutschen Volk an (VT)?
4 Welche Kritik gab es an der Flottenrüstung (Q3 bis Q5)?

8 Bündnisse und Konflikte

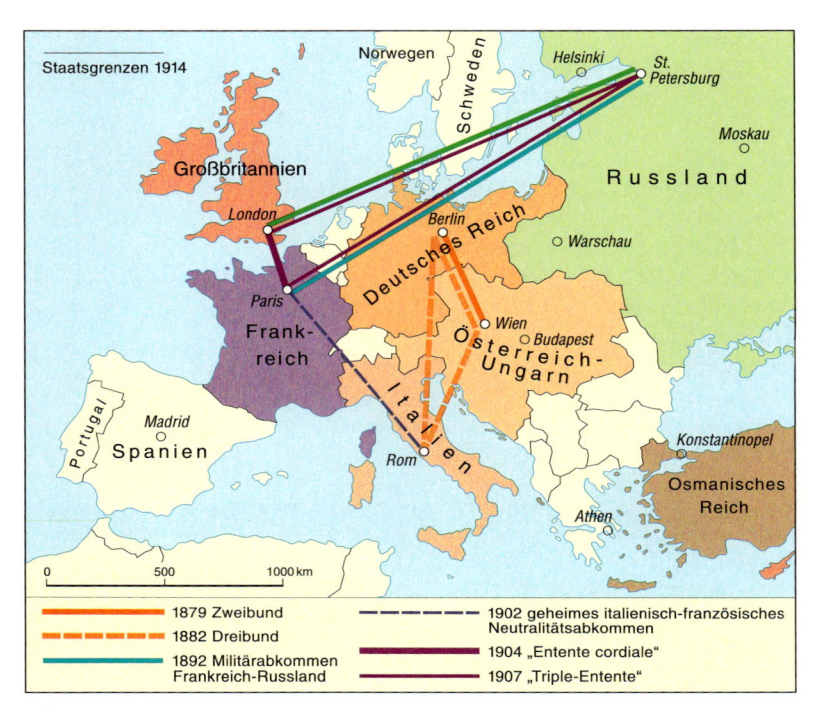

1 *Die Veränderung der Bündnissysteme* nach der Einigung in Kolonialfragen zwischen Großbritannien, Frankreich und Russland

Legende zur Karte:
- 1879 Zweibund
- 1882 Dreibund
- 1892 Militärabkommen Frankreich-Russland
- 1902 geheimes italienisch-französisches Neutralitätsabkommen
- 1904 „Entente cordiale"
- 1907 „Triple-Entente"

Entente cordiale
Im Jahr 1898 spitzte sich die Lage in den afrikanischen Kolonialgebieten gefährlich zu: Am oberen Nil bei Faschoda im heutigen Sudan standen sich französische und britische Truppen gegenüber. Beide Staaten erhoben Anspruch auf diese Region, und es drohte zu einem Krieg zu kommen. Doch schließlich erkannten beide, dass es besser sei, sich über die Kolonialpolitik zu verständigen. Deshalb schlossen sie 1904 eine Allianz, welche sie „Entente cordiale" (herzliches Übereinkommen) nannten.

Deutsch-britischer Gegensatz
Das Deutsche Reich konnte nicht mehr auf den britisch-französischen Gegensatz bauen. Mit der aggressiven deutschen Flottenrüstung und der zunehmenden wirtschaftlichen Konkurrenz zwischen Deutschen und Briten rückte eine Allianz der beiden Großmächte in weite Ferne. Hinzu kam die deutsche Einmischung in britische Interessen wie in Südafrika und Arabien. Die Großspurigkeit des Deutschen Kaisers förderte zudem etwas, was sonst undenkbar gewesen war: Franzosen und Briten wurden Freunde.

Die Marokkokrisen
Die Bewährungsprobe bestand die „Entente cordiale" während der sogenannten Marokkokrisen. Als Ausgleich für sein Entgegenkommen gegenüber Großbritannien erklärte Frankreich das unabhängige Marokko zum französischen „Protektorat". Kaiser Wilhelm II. wollte dies nicht hinnehmen, weil er Marokko für Deutschland sichern wollte. Eine internationale Konferenz bestätigte aber lediglich die Unabhängigkeit Marokkos. Im Jahre 1911 besetzten französische Truppen während eines Aufstands die marokkanische Hauptstadt Fes. Kaiser Wilhelm II. schickte daraufhin sein Kanonenboot „Panther" in die marokkanische Stadt Agadir. Er musste jedoch klein beigeben, da er keinen Krieg riskieren wollte: Das Deutsche Reich fand außer Österreich-Ungarn keinen Bündnispartner mehr, der seine Ansprüche unterstützte.

Russland
Wilhelm II. versäumte es, den „Rückversicherungsvertrag" mit Russland von 1887 zu verlängern. Er sah die Bismarck'schen Sicherheitsbündnisse eher als Hemmnis seiner Weltpolitik.
Großbritannien und Russland einigten sich aber im Jahre 1907 über Fragen der Kolonialpolitik in Asien, nachdem sie lange um Macht und Einfluss in Persien und Afghanistan gestritten hatten. Russland trat dem englisch-französischen Bündnis zu einem Dreierbündnis, der Triple-Entente, bei. Das Bündnissystem hatte sich damit seit dem Abtreten Bismarcks 1890 grundlegend gewandelt: Die Triple-Entente stand dem Dreibund aus Deutschem Reich, Österreich-Ungarn und Italien gegenüber. Nicht Frankreich war nun isoliert, sondern Deutschland mit seinen schwachen Bündnispartnern.

A-Z

Protektorat
Ein Land, das zwar offiziell unabhängig ist, aber einen anderen Staat als Schutzherrn anerkennt.

Q3 „Das schreckliche Kind" (Karikatur aus der englischen Satirezeitschrift „Punch", 1890) mit der Unterschrift „Mach so nicht weiter, sonst wirst du uns alle umkippen". Auf dem Boot erkennt man neben Kaiser Wilhelm II. die gekrönten Monarchen von Großbritannien, Österreich und Russland sowie von hinten mit der Jakobinermütze für Frankreich die Figur der Marianne.

Q1 *Im Jahr 1892 schlossen Frankreich und Russland ein Militärabkommen. Darin wurde Folgendes festgeschrieben:*

1. Falls Frankreich von Deutschland oder von Italien mit Deutschlands Unterstützung angegriffen wird, wird Russland alle seine verfügbaren Kräfte für einen Angriff
5 auf Deutschland einsetzen. Falls Russland von Deutschland oder von Österreich mit Unterstützung Deutschlands angegriffen wird, wird Frankreich alle seine verfügbaren Kräfte zum Kampf gegen Deutschland ein-
10 setzen.
2. Falls der Dreibund oder eine der an ihm beteiligten Mächte etwa mobil machen sollten, werden auch Frankreich und Russland auf die erste Kunde von diesem Ereignis so-
15 fort gemeinsam ihre gesamten Streitkräfte mobil machen und so nahe wie möglich an die Grenze werfen.
3. Die gegen Deutschland verfügbaren Streitkräfte werden auf französischer Seite
20 1 300 000 Mann, auf russischer Seite 700 000 bis 800 000 Mann betragen. Diese Streitkräfte werden mit Nachdruck (…) derart vorgehen, dass Deutschland zugleich sowohl nach Osten wie nach Westen hin zu
25 kämpfen hat.

Q2 *In England erschien 1897 folgender Zeitungsartikel:*
Auf die Länge beginnen auch in England die Leute einzusehen, dass es in Europa zwei große unversöhnliche, entgegengesetzte Mächte gibt (…). England, mit seiner
5 langen Geschichte erfolgreicher Aggression und der wunderbaren Überzeugung, dass es beim Verfolgen seiner eigenen Interessen Licht unter den im Dunkeln wohnenden Völkern verbreite, und Deutschland (…)
10 mit geringerer Willenskraft, aber vielleicht lebhafterer Intelligenz, wetteifern in jedem Winkel des Erdballs. (…)
Überall, wo die Flagge der Bibel und der Handel der Flagge gefolgt ist, liegt ein deut-
15 scher Handlungsreisender mit dem englischen Hausierer im Streit. Gibt es irgendwo eine Mine auszubeuten, eine Eisenbahn zu bauen, einen Eingeborenen von der Brotfrucht zum Büchsenfleisch, von der
20 Enthaltsamkeit zum Schnapshandel zu bekehren – ein Deutscher und ein Engländer streiten um den ersten Platz. Eine Million geringfügiger Streitigkeiten schließen sich zum größten Kriegsgrund zusammen, wel-
25 chen die Welt je gesehen hat.

1 Welcher Gegensatz bestand zwischen Großbritannien und Frankreich und wie wurde er überwunden (VT)?

2 Beschreibe, was eine Allianz zwischen Deutschland und Großbritannien verhinderte (VT, Q3)?

3 Erläutere die Veränderung der Bündnissysteme in Europa während der Regierung Kaiser Wilhelms II. (D1).

4 Erkläre, wie sich Russlands Verhältnis zu Großbritannien und Frankreich entwickelte (VT, Q1).

9 „Pulverfass" Balkan

1 Balkan Troubles – die fünf Großmächte auf einem Dampfkessel (Karikatur aus der englischen Satirezeitschrift „Punch", 1908)

Der „kranke Mann am Bosporus"
Das Osmanische Reich, einst ein bedeutender und kulturell hoch entwickelter Staat, wurde Ende des 19. Jahrhunderts von den Europäern nur noch als „kranker Mann am Bosporus" bezeichnet. Denn politisch wie wirtschaftlich lag das Osmanische Reich mittlerweile weit hinter den europäischen Staaten zurück. Zudem lebten viele verschiedene Völker in den Grenzen des Reichs, wodurch es politisch recht instabil war.

Slawischer Nationalismus
Die Balkanvölker gehörten seit langem zum Osmanischen Reich, das von einem Sultan beherrscht wurde. Vor allem die slawischen Völker auf dem Balkan versuchten, sich von der türkischen Herrschaft loszulösen. Sie lebten zum Teil verstreut über Staatsgrenzen hinweg und strebten danach, Nationalstaaten zu bilden. So wollte beispielsweise Serbien alle Serben in einem „großserbischen Reich" vereinen. Dazu sollten auch die Serben gehören, die auf dem Gebiet des österreichisch-ungarischen Kaiserreichs lebten. Russland als größte slawische Nation verstand sich als Beschützer aller Slawen, also auch der Serben.

Kriege auf dem Balkan
1908 rebellierte eine Gruppe von türkischen Offizieren gegen die Herrschaft des Sultans, da sie befürchteten, das Reich würde zerfallen. Österreich-Ungarn nutzte die Gelegenheit, um Bosnien und Herzegowina endgültig zu annektieren, über das es seit 1878 lediglich eine Schutzherrschaft ausgeübt hatte. Der Balkan entwickelte sich nun zu einem gefährlichen Krisenherd. Vor allem der Staat Serbien betrachtete Österreich als seinen Feind und drohte, militärisch gegen die Annexion vorzugehen. Auch Russland fühlte sich durch das österreichische Vorgehen in seinen Interessen angegriffen. Doch die deutsche Regierung, die mit Österreich-Ungarn verbündet war, warnte Russland davor, Serbien gegen Österreich zu unterstützen.

Auf dem Balkan selbst brachen in den folgenden Jahren mehrere Kriege einiger Staaten untereinander sowie gegen das Osmanische Reich aus. Nur mit Mühe gelang es den europäischen Großmächten, diese Kämpfe zu beenden. Das Osmanische Reich wurde bis 1912 fast völlig aus Europa verdrängt. Auf dem Balkan entstanden mehr oder weniger willkürliche Staatsgrenzen, die selten die schwierigen Nationalitätenverhältnisse widerspiegelten. In der Folge kam es zu Bevölkerungsaustausch und Vertreibungen, der hässlichen Kehrseite des Nationalismus.

Rüstungswettlauf
Die europäischen Großmächte, die seit dem Beginn des Imperialismus viel Geld für die militärische Rüstung ausgegeben hatten, begannen jetzt mit einem gewaltigen Wettrüsten. Dabei nahmen sie keinerlei Rücksicht auf die Kosten für die Bevölkerung. Besonders das Deutsche Reich fühlte sich zunehmend eingekreist. Umso mehr rüstete die deutsche Regierung auf: Im Jahre 1913 hatte Deutschland sein Heer auf über 661 000 Soldaten erhöht. Dazu kamen hunderttausende Reservisten, die bereits ausgebildet waren. Mit diesem Millionenheer war Deutschland die stärkste Landmacht in Europa.

Q2 *Österreichs Haltung gegenüber Serbien formulierte der österreichische Generalstabschef am 20. Januar 1913:*

Die Entwicklung eines selbstständigen großserbischen Staates ist eine (sehr große) Gefahr für die Monarchie [Österreich-Ungarn]; sie liegt darin, dass (…) die Slawen
5 der Monarchie (…) ihren Hort in diesem neuen, von Russland unterstützten Staatswesen suchen, dass vor allem die Serben der Monarchie die Angliederung an dasselbe anstreben werden. (…) Eingekeilt
10 zwischen Russland, dann einem mächtig gewordenen Serbien und Montenegro und einem auf die Dauer kaum verlässlichen Italien wird die Monarchie zur politischen Ohnmacht und damit zum sicheren Nie-
15 dergang verurteilt sein. (…) Die Monarchie muss durch eine militärische Kraftäußerung ihr Prestige, besser gesagt ihre politische Geltung, wiederherstellen.

Q3 *Die serbische Zeitung „Piemont" schrieb am 8. Oktober 1913, dem Jahrestag der Annexion Bosniens und Herzegowinas:*

Den Schmerz, der an diesem Tage dem serbischen Volke zugefügt wurde, wird das serbische Volk noch durch Jahrzehnte fühlen. (…) Das Volk legt das Gelübde ab, Rache zu
5 üben, um durch einen heroischen Schritt zur Freiheit zu gelangen. Serbische Soldaten (…) legen heute das Gelübde ab, dass sie gegen die „zweite Türkei" ebenso vorgehen werden, wie sie (…) gegen die Bal-
10 kan-Türkei vorgegangen sind. (…) Der Tag der Rache naht. Eine Türkei verschwand. Der gute serbische Gott wird geben, dass auch die „zweite Türkei" verschwindet.

Q4 *Der Staatssekretär des Deutschen Auswärtigen Amts, Jagow, nach einem Gespräch mit dem Chef des Generalstabs, General Moltke, Ende Mai/Anfang Juni 1914:*

Die Aussichten in die Zukunft bedrückten ihn (Moltke) schwer. In 2–3 Jahren würde Russland seine Rüstungen beendet haben. Die militärische Übermacht unserer Feinde
5 wäre dann so groß, dass er nicht wüsste, wie wir ihrer Herr werden könnten. Jetzt wären wir ihnen noch einigermaßen gewachsen. Es bleibe seiner Ansicht nach nichts übrig, als einen Präventivkrieg zu
10 führen, um den Gegner zu schlagen, solange wir den Kampf noch einigermaßen bestehen könnten. Der Generalstabschef stellte mir demgemäß anheim, unsere Politik auf die baldige Herbeiführung eines
15 Krieges einzustellen.

	1905	1910	1913
Frankreich	991	1177	1327
Russland	1069	435	2050
Großbritannien	1263	1367	1491
Deutschland	1064	1377	2111
Österreich-Ungarn	460	660	720

D1 *Rüstungsausgaben (in Millionen Mark)*

Frankreich	25,60 Mark
Russland	8,60 Mark
Großbritannien	32,91 Mark
Deutschland	21,80 Mark
Österreich-Ungarn	9,15 Mark

D2 *Ausgaben der einzelnen Großmächte für Verteidigungslasten pro Kopf der Bevölkerung (1912)*

D3 *Der Balkan 1908 bis 1913*

Legende:
- 1878 von Österreich-Ungarn besetzt, 1908 annektiert
- 1878 bis 1908 von Österreich-Ungarn besetzt
- Grenze des Osmanischen Reiches bis 1912
- Gebietsgewinne im Balkankrieg 1912/1913 gegen das Osmanische Reich

1. Erläutere, aus welchen Gründen der Balkan ein „Pulverfass" für Europa war (VT, Q1).
2. Prüfe, was Österreich mit der Annexion von Bosnien und Herzegowina erreichen wollte (Q2). Welche Folgen hatte dieser Schritt (Q3)?
3. Vergleiche die Militärausgaben der europäischen Großmächte, auch im Hinblick auf die Lasten pro Kopf der Bevölkerung. Bei welchem Staat steigen sie am stärksten (VT, D1, D2)?

Otto von Bismarck
preußischer Ministerpräsident und deutscher Reichskanzler (1815–1898)

Wilhelm I.
Deutscher Kaiser und König von Preußen (1797–1888)

Victoria
Königin von Großbritannien und Irland und Kaiserin von Indien (1819–1901)

Wilhelm II.
Deutscher Kaiser und König von Preußen (1859–1941)

10 Abschluss
Imperialismus – europäische Staaten und ihre Kolonien

Die Aufteilung der Welt durch die Europäer

Nach der Unabhängigkeit der spanischen und portugiesischen Kolonien in Amerika sollten nun vor allem Frankreich und Großbritannien im Zeitalter der Industrialisierung die restliche Welt unter sich aufteilen. Es waren wirtschaftliche Interessen und die Vorstellung vom politischen Prestige, die zu einem Wettlauf um die letzten „weißen Flecken" auf der Welt führten.

In Afrika wagten sich europäische Kaufleute von den Küsten aus immer tiefer ins Landesinnere vor. Bei der Aufteilung des Kontinents wurde auf bestehende Stammesgrenzen keine Rücksicht genommen. Es ging nur darum, eine Einigung zwischen den konkurrierenden europäischen Staaten zu erzielen.

Die Europäer sahen sich als Angehörige der überlegenen „weißen Rasse", die den Eingeborenen die Errungenschaften der Kultur bringen konnte. Die christliche Missionierung wurde nun mit dieser Vorstellung verbunden. Es schien auch nicht verwerflich zu sein, die unterlegenen Völker wirtschaftlich auszubeuten.

Die Deutschen und ihre Kolonien

Der Gründer des Deutschen Reiches, Otto von Bismarck, hatte lange gezögert, am Wettlauf um Kolonien teilzunehmen und dadurch den jungen Staat zu gefährden. Schließlich musste er jedoch nachgeben. Auch deutsche Kaufleute sahen in Übersee Chancen, ihren Reichtum zu vermehren, und so entstanden die sogenannten deutschen Schutzgebiete, unter anderem Kamerun, Togo, Deutsch-Ostafrika und die Siedlungskolonie Deutsch-Südwestafrika. Nach dem Vorbild der anderen Kolonialmächte schlossen auch die Deutschen mit den einheimischen Stammesfürsten Verträge oder übten auf sie Druck aus, bis sie nachgaben. In Deutsch-Südwestafrika führte dies zur Tragödie des Volkes der Herero. Als Nomaden kamen sie in Konflikt mit den deutschen Siedlern. Ihr Aufstand gegen die deutschen Kolonisten wurde unbarmherzig niedergeschlagen.

Wilhelm II. und das Weltmachtdenken

Der selbstbewusste deutsche Kaiser Wilhelm II. wollte modern sein und in Konkurrenz zu den anderen europäischen Großmächten deutsche Weltpolitik betreiben. Bedenkenlos unterstützte er einen Ausbau der deutschen Flotte. Besonders Großbritannien musste nun um seine Weltgeltung auf See fürchten. Der „neue Kurs" war verhängnisvoll: Das Deutsche Reich isolierte sich politisch mehr und mehr, als die Großmächte Großbritannien, Frankreich und Russland ihre kolonialen Gegensätze überwanden und Bündnispartner wurden. Dies zeigte sich bereits während der sogenannten Marokkokrisen.

Kritisch musste es werden, als während der Balkankriege Deutschlands schwächerer Bündnispartner Österreich-Ungarn mit Russland in Konflikt geriet, das sich als Schutzmacht der slawischen Nationalstaaten verstand. In ganz Europa kam es zu einem gefährlichen allgemeinen Wettrüsten.

■ **ab 1880**
„Wettlauf" der europäischen Staaten um Kolonien in Afrika und im Pazifik

■ **1890**
„Deutsch-Ostafrika", die erste Kolonie des Deutschen Reiches, wird gegründet.

■ **ab 1900**
Verschärfung der deutschen Flottenpolitik

„Wettlauf" um die Kolonien

Es war ein verhängnisvoller Weg, den die europäischen Großmächte Ende des 19. Jahrhunderts einschlugen und der letztlich in einer Katastrophe endete. Entscheidende Stationen dieser Jahre kannst du hier noch einmal nachvollziehen.

Beginne bei Start. An insgesamt acht Weggabelungen stößt du auf eine Frage mit zwei Antwortmöglichkeiten. Folge dem Pfeil, der an der richtigen Lösung steht, weiter zur nächsten Station. An der Strecke findest du mehrere Buchstaben, die du notieren solltest. Wenn du die Buchstaben am Ende noch in die richtige Reihenfolge bringst, erfährst du, wer sich immer wieder gegen die Kolonialpolitik und das Wettrüsten der europäischen Mächte ausgesprochen hat.

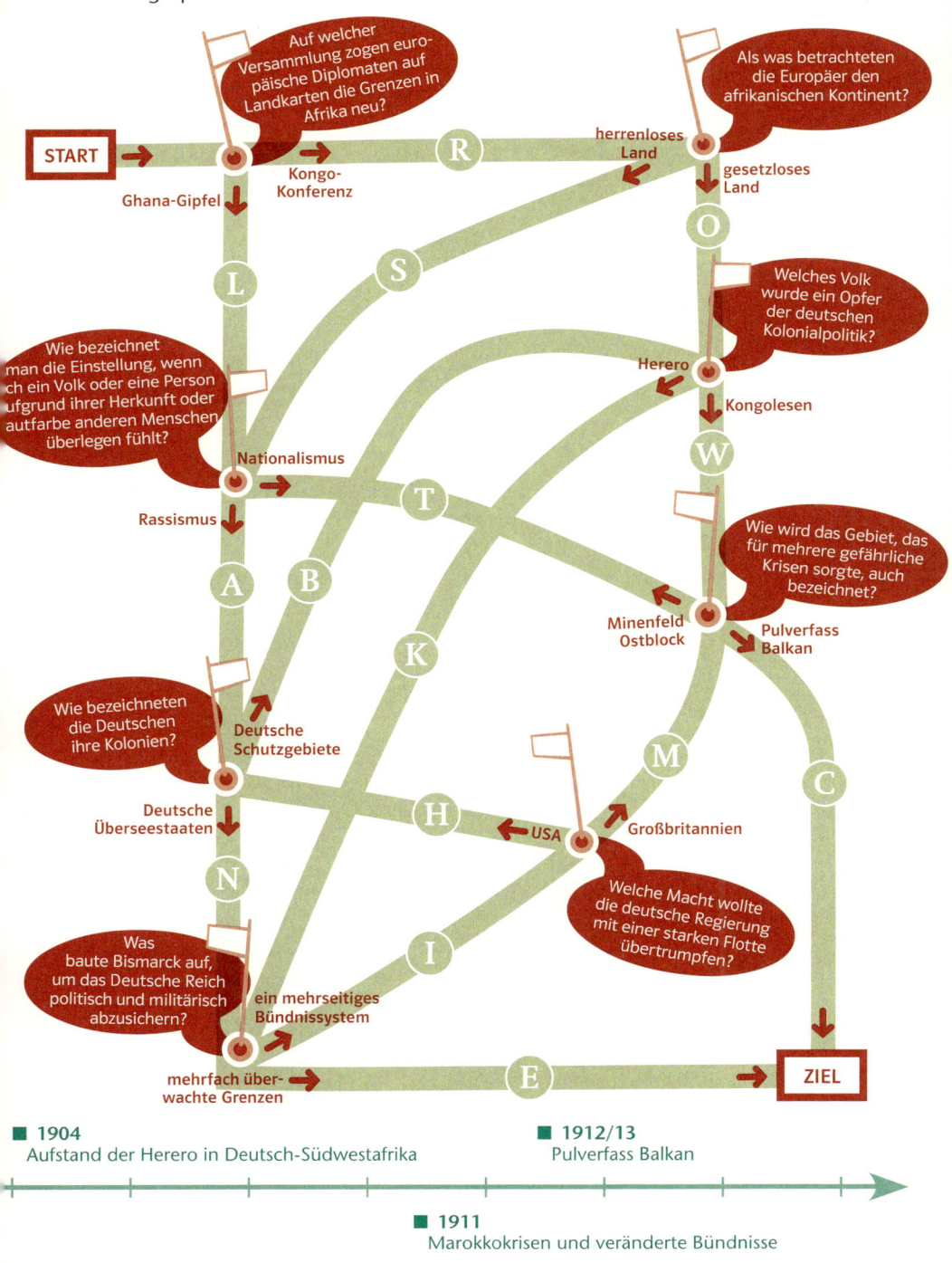

Erkläre diese Grundwissenbegriffe:
Imperialismus (S. 58)

Rassismus (S. 62)

Auch diese Begriffe sind wichtig:
Dritte Welt (S. 69)

Protektorat (S. 72)

Stationen im Spiel:
- START
- Ghana-Gipfel / Kongo-Konferenz
- Auf welcher Versammlung zogen europäische Diplomaten auf Landkarten die Grenzen in Afrika neu?
- herrenloses Land / gesetzloses Land
- Als was betrachteten die Europäer den afrikanischen Kontinent?
- Welches Volk wurde ein Opfer der deutschen Kolonialpolitik? — Herero / Kongolesen
- Nationalismus / Rassismus — Wie bezeichnet man die Einstellung, wenn sich ein Volk oder eine Person aufgrund ihrer Herkunft oder Hautfarbe anderen Menschen überlegen fühlt?
- Deutsche Schutzgebiete / Deutsche Überseestaaten — Wie bezeichneten die Deutschen ihre Kolonien?
- Minenfeld Ostblock / Pulverfass Balkan — Wie wird das Gebiet, das für mehrere gefährliche Krisen sorgte, auch bezeichnet?
- USA / Großbritannien — Welche Macht wollte die deutsche Regierung mit einer starken Flotte übertrumpfen?
- ein mehrseitiges Bündnissystem / mehrfach überwachte Grenzen — Was baute Bismarck auf, um das Deutsche Reich politisch und militärisch abzusichern?
- ZIEL

Buchstaben an der Strecke: R, S, L, O, A, B, T, K, W, M, H, I, N, C, E

Zeitleiste:
- 1904 — Aufstand der Herero in Deutsch-Südwestafrika
- 1911 — Marokkokrisen und veränderte Bündnisse
- 1912/13 — Pulverfass Balkan

77

Legende

- Staaten der Entente und Verbündete
- zu Beginn des Krieges neutrale Staaten, später zur Entente (mit Zeitangabe des Kriegseintritts)
- Mittelmächte
- Verbündete der Mittelmächte
- neutrale Staaten

— Staatsgrenzen zu Beginn des Krieges
— 8.1916 Hauptfrontverlauf mit Zeitangabe (Monat/Jahr)
→ Landung amerikanischer Truppen 1917
····· Frontverlauf am Kriegsende

1914
Das Attentat von Sarajewo am 28. Juni löst den Ersten Weltkrieg aus.

1917
Kriegseintritt der USA

1917
Oktoberrevolution in Russland

Der Erste Weltkrieg und die Nachkriegsordnung

„Flandern", Ölgemälde von Otto Dix, 1934–1936

Der Erste Weltkrieg stellt im Kriegswesen einen Epochenwechsel dar. Zum ersten Mal in der Geschichte der Menschheit standen sich technisch hochgerüstete Massenheere gegenüber, die erbittert gegeneinander kämpften. So starben beispielsweise alleine in den Schlachten um das französische Verdun 700 000 Soldaten.

Oft wird der Erste Weltkrieg als die „Urkatastrophe des 20. Jahrhunderts" bezeichnet, die nicht nur das alte Europa zerstörte, sondern auch den weiteren Verlauf der Geschichte des 20. Jahrhunderts beeinflusste.

1918
Im November wird ein Waffenstillstandsvertrag unterzeichnet und der Krieg beendet.

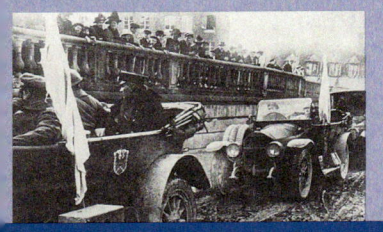

1919
Unterzeichnung des Versailler Vertrages am 28. Juni 1919

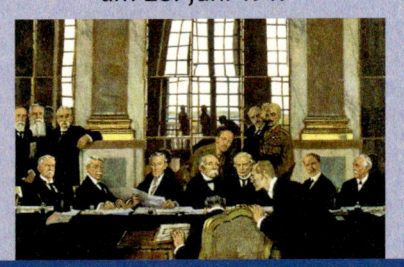

1922
Die Sowjetunion wird durch Lenin gegründet.

1 Julikrise und Kriegsausbruch

Q1 Kurz nach dem Attentat: Der serbische Student Gavrilo Princip wird überwältigt und festgenommen (Foto, 1914).

Mobilmachung
Damit wird die Kriegsbereitschaft der Streitkräfte (Heer, Flotte, Luftwaffe) hergestellt. So müssen z. B. Transportmittel bereitgestellt und Reservisten einberufen werden. Eine Mobilmachung gilt auch als Form der Kriegsdrohung.

Das Attentat von Sarajewo
Am 28. Juni 1914 besuchte der österreichische Thronfolger Franz Ferdinand zusammen mit seiner Frau Sarajewo, die Hauptstadt von Bosnien-Herzegowina. Anders als die katholischen Kroaten und die muslimischen Bosnier hatte sich die Mehrheit der hier lebenden Serben (ca. 40 % der Bevölkerung) nicht mit der Herrschaft der Habsburger abgefunden und wünschte die Vereinigung mit dem Königreich Serbien. Dieses schürte im eigenen Interesse die Unzufriedenheit der Serben in Bosnien. Der serbische Geheimbund „Schwarze Hand" wollte den Besuch des österreichischen Thronfolgers dazu nutzen, ihn umzubringen, und schickte deshalb mehrere gut ausgebildete Attentäter nach Sarajewo. Einem von ihnen, dem serbischen Studenten Gavrilo Princip, gelang es, Franz Ferdinand und seine Frau Sophie zu erschießen.

Krieg statt Diplomatie
Das Streben der Serben nach einem eigenen Staat war für Österreich-Ungarn seit langem eine Gefahr. Daher sah die Regierung in Wien in dem Attentat einen geeigneten Anlass, um mit Serbien „abzurechnen". Das Deutsche Reich war bereit, diese Politik zu unterstützen. Die Regierung in Berlin ging davon aus, dass Russland einem Krieg Österreichs gegen Serbien tatenlos zusehen würde. So sicherte die deutsche Regierung Österreich-Ungarn am 6. Juli ihre bedingungslose Unterstützung zu. Damit erteilte sie dem österreichischen Bündnispartner eine Art „Blankovollmacht" für jedes weitere Vorgehen.

In dem Fall, dass Russland Serbien militärisch unterstützte, war ein Krieg kaum vermeidbar. Denn alle europäischen Großmächte waren durch ihre Bündnisse feste Verpflichtungen eingegangen. Über dieses Risiko waren sich die Politiker in Berlin von Anfang an im Klaren. Großbritannien schlug mehrfach vor, alle Staaten, die an diesem Konflikt beteiligt waren, sollten eine Verhandlungslösung suchen. Doch aus Sicht der Regierungen in Berlin und Wien wäre ein Kompromiss eine Niederlage gewesen.

Beginn des „Weltbrandes"
Ende Juli stellte die österreichische Regierung Serbien ein Ultimatum: Unter anderem sollten österreichische Beamte an den Untersuchungen des Attentats vom 28. Juni mitwirken. Die serbische Regierung war bereit, Wien entgegenzukommen, lehnte aber eine Einmischung in ihre inneren Angelegenheiten ab. Daraufhin erklärte Österreich Serbien den Krieg. Entgegen der deutschen Hoffnung begann die russische Regierung mit der Mobilmachung, um die Serben zu unterstützen. Daraufhin erklärte die deutsche Regierung Russland und dessen Verbündeten Frankreich den Krieg.

Gleich zu Kriegsbeginn überfielen deutsche Truppen das neutrale Belgien. Die deutsche militärische Führung wollte Frankreich von Norden her schnell besiegen, um sich dann gegen Russland zu wenden. Für Großbritannien war der Überfall auf Belgien der Anlass, an der Seite Frankreichs und Russlands in den Krieg einzutreten. Damit waren innerhalb kurzer Zeit alle europäischen Großmächte in einen Krieg verwickelt, der sich bald zu einem „Weltbrand" ausweitete.

Q2 *Zwei Historiker über die Schuld am Ausbruch des Ersten Weltkriegs:*
a) Fritz Fischer (1967)
Bei der angespannten Weltlage des Jahres 1914, nicht zuletzt als Folge der deutschen Weltpolitik (…), musste jeder lokale Krieg in Europa, an dem eine Großmacht unmittelbar beteiligt war, die Gefahr eines allgemeinen Krieges unvermeidbar nahe heranrücken. Da Deutschland den österreichisch-serbischen Krieg gewollt und gedeckt hat und, im Vertrauen auf die deutsche militärische Überlegenheit, es im Juli 1914 bewusst auf einen Konflikt mit Russland und Frankreich ankommen ließ, trägt die deutsche Reichsführung den entscheidenden Teil der historischen Verantwortung für den Ausbruch des allgemeinen Krieges.

b) Karl Dietrich Erdmann (1985):
Gewiss, keine der europäischen Regierungen hat den allgemeinen Krieg gewollt. Aber fragen wir einmal umgekehrt: Haben sie den Frieden gewollt? Jede hätte den Krieg verhindern können, wenn sie bereit gewesen wäre, den Preis für den Frieden zu zahlen: Österreich, wenn es darauf verzichtet hätte, den seine Existenz als Vielvölkerstaat bedrohenden großserbischen Nationalismus zu zerbrechen; Deutschland, wenn es Österreich hierbei nicht angetrieben, sondern zurückgehalten hätte (…); Russland, wenn es darauf verzichtet hätte, den serbisch-österreichischen Konflikt durch seine Mobilmachung zu einem europäischen Konflikt zu erweitern (…); Frankreich, wenn es dem russischen Bundesgenossen nicht die Gewissheit gegeben hätte, unter allen Umständen mit französischer Hilfe rechnen zu können (…); England, wenn es nicht seinen Entente-Partnern (Bündnispartnern) die Gewissheit gegeben hätte, dass es im Kriegsfall auf deren Seite stehen werde.

Q3 *Am 1. August 1914 in Berlin:* Kriegsbegeisterte Jugendliche ziehen durch die Stadt (Foto).

Zeitreise Online-Link: 427040-0004

Zeitreise multimedial – Das lange 19. Jahrhundert: Konflikte – „Darum auf! Zu den Waffen!"

28. Juni	Attentat in Sarajewo
5. Juli	Die deutsche Reichsführung versichert gegenüber Österreich ihre volle Rückendeckung und Bündnistreue.
23. Juli	österreichisches Ultimatum an Serbien, unter anderem mit der Forderung nach Untersuchung der Schuld unter Beteiligung österreichischer Beauftragter
25. Juli	russisches Hilfsversprechen für Serbien, serbische Mobilmachung
28. Juli	Kriegserklärung Österreich-Ungarns an Serbien
30. Juli	russische Mobilmachung
31. Juli	deutsches Ultimatum an Frankreich (Frankreich sollte in einem russisch-deutschen Krieg neutral bleiben); deutsches Ultimatum an Russland (Einstellung der Mobilmachung)
1. August	15 Uhr französische Mobilmachung 17 Uhr deutsche Mobilmachung 19 Uhr Kriegserklärung Deutschlands an Russland
3. August	Kriegserklärung Deutschlands an Frankreich
4. August	deutscher Einmarsch in Belgien Kriegserklärung Großbritanniens an Deutschland

D1 *Die Kriegsmaschine kommt in Gang – die Ereignisse im Sommer 1914*

1 Fasse zusammen, wie es zum Kriegsausbruch kam (VT, D1).
2 Beschreibe anhand von Q3 die Stimmung in der Bevölkerung.
3 Welche Gründe für den Kriegsausbruch führen die beiden Historiker in Q2 an?
4 Urteile selbst: Was waren die Ursachen und was war der Anlass für den Ersten Weltkrieg?

2 Ist der Frieden noch zu retten?

Q1 *Bertha von Suttner (1843–1914) schrieb 1889 das Buch „Die Waffen nieder!". Sie erhielt 1905 den Friedensnobelpreis und war Vizepräsidentin des Internationalen Friedensbüros in der Schweiz.*

Eine Friedensbewegung entsteht

Viele Menschen waren im 19. Jahrhundert zu der Überzeugung gekommen, dass Krieg kein Mittel sei, um politische Probleme zu lösen. Schon der amerikanische Bürgerkrieg von 1861–1864 hatte deutlich gemacht, dass ein Krieg im Industriezeitalter furchtbare Verluste und großes Leid mit sich bringt. In Europa und den USA gründeten sich Friedensgesellschaften, in denen Männer und Frauen darüber diskutierten, wie sich Kriege verhindern und Konflikte friedlich lösen ließen.

1862 veröffentlichte der Schweizer Henri Dunant ein Buch über seine schrecklichen Erlebnisse auf einem Schlachtfeld. 1889 erschien der Roman „Die Waffen nieder!" der Österreicherin Bertha von Suttner. Dieses Buch wurde in fast alle europäischen Sprachen übersetzt und machte die Friedensidee weit bekannt und populär. Bertha von Suttner nahm an zahlreichen Friedenskonferenzen teil und setzte sich in der ganzen Welt dafür ein, Kriege durch internationale Vereinbarungen zu ächten.

Sprengstoff für den Frieden?

Der schwedische Chemiker Alfred Nobel schlug dagegen einen anderen Weg ein. Er wollte „einen Stoff oder eine Maschine schaffen können von so fürchterlicher, massenhaft verheerender Wirkung, dass dadurch Kriege überhaupt unmöglich würden (…). An dem Tag, da zwei Armeekorps sich gegenseitig in einer Sekunde werden vernichten können, werden wohl alle zivilisierten Nationen zurückschaudern und ihre Truppen verabschieden" – das jedenfalls glaubte er.

1867 erfand Nobel das Dynamit. Doch als er sah, was seine Erfindung in den folgenden Jahren anrichtete, änderte sich sein Denken radikal. Mit seinem Vermögen, das er mit dem Dynamit verdient hatte, stiftete er einen besonderen Preis. Bis heute wird der Friedensnobelpreis jedes Jahr an Menschen oder Organisationen verliehen, die sich um den Frieden in der Welt verdient gemacht haben.

Proteste gegen den Krieg

1899 und 1907 kamen in Den Haag die Vertreter zahlreicher Staaten zu einer Friedenskonferenz zusammen. Doch sie schafften es nicht, sich auf Schritte zu einer allgemeinen Abrüstung zu verständigen. 1912 trafen sich dann in der Schweiz zahlreiche Vertreter der europäischen Arbeiterparteien, um über die Kriegsgefahr in Europa zu diskutieren. Sie waren sich darin einig, dass in einem künftigen Krieg in den Massenheeren des Industriezeitalters vor allem die Arbeiterschaft die größten Opfer bringen würde.

Als nach dem Attentat von Sarajewo ein europaweiter Krieg drohte, demonstrierten Hunderttausende Arbeiterinnen und Arbeiter sowie andere Friedensanhänger vor allem in Deutschland und Frankreich gegen die Kriegspolitik ihrer Regierungen. Doch auch dieser Einsatz der europäischen Friedensbewegung konnte den Krieg nicht verhindern.

A-Z

Pazifismus
(von lat. pax = Frieden) bezeichnet eine Grundhaltung, die militärische Gewalt zur Lösung von Konflikten grundsätzlich ablehnt.

Q 2 *Der russische Zar Nikolaus II. schlug eine Abrüstungskonferenz vor. In seinem Aufruf vom 24. August 1898 heißt es:*

Die Aufrechterhaltung des allgemeinen Friedens und eine mögliche Herabsetzung der übermäßigen Rüstungen, die auf allen Nationen lasten, stellen sich in der gegen-
5 wärtigen Lage der ganzen Welt als ein Ideal dar, auf das die Bemühungen aller Regierungen gerichtet sein müssen (…).
Hunderte von Millionen werden aufgewendet, um furchtbare Zerstörungsmaschinen
10 zu beschaffen, die heute als das letzte Wort der Wissenschaft betrachtet werden und schon morgen dazu verteufelt sind, jeden Wert zu verlieren infolge irgendeiner neuen Entdeckung auf diesem Gebiet (…). Diesen
15 unaufhörlichen Rüstungen ein Ziel zu setzen und die Mittel zu suchen, dem Unheil vorzubeugen, das die ganze Welt bedroht, das ist die höchste Pflicht, die sich heutzutage allen Staaten aufzwingt.

Q 3 *Aus einer Reichstagsrede von August Bebel (SPD), 1911:*

Eines Tages kann die eine Seite sagen: Das kann nicht so weitergehen. Sie kann auch sagen: Halt, wenn wir länger warten, dann geht es uns schlecht, dann sind wir der
5 Schwächere statt der Stärkere. Dann kommt die Katastrophe. Dann werden in Europa sechzehn bis achtzehn Millionen Männer, die Blüten der verschiedenen Nationen, ausgerüstet mit den besten Mordwaffen,
10 gegeneinander ins Feld rücken. (…) Hinter diesem Krieg steht der Massenbankrott, steht das Massenelend, steht die Massenarbeitslosigkeit, die große Hungersnot.

Q 4 *Der protestantische Pfarrer Otto Umfrid schrieb 1913:*

Wenn es der Kriegspartei in Deutschland gelingen sollte, uns wirklich in den fürchterlichsten Zukunftskrieg hineinzuhetzen, wenn dann die Blüte der deutschen männ-
5 lichen Jugend auf dem Schlachtfeld zerrissen daliegen wird, dann wird das deutsche Volk vielleicht eine Antwort finden auf die Frage, ob derjenige sein Vaterland mehr geliebt habe, der seine ganze Kraft daran-
10 setzte, ihm diese Schrecken zu ersparen, oder derjenige, der Blut säte und dafür Blut erntete.

Q 5 *Sanitäter mit einer Rotkreuz-Armbinde (Foto aus dem Ersten Weltkrieg). Der Schweizer Henri Dunant gründete das Rote Kreuz 1864. Die Organisation kümmert sich seitdem unter anderem um Verwundete im Krieg und um das Schicksal von Vermissten.*

Die Friedenssonne aber wird und muss über die Nebel der Vorurteile siegen trotz
15 Flotten- und Wehrverein.

Q 6 *Bürgerliche Pazifisten, zu denen auch der Physiker Albert Einstein gehörte, veröffentlichten im Oktober 1914 diesen Aufruf:*

Der heute tobende Kampf wird kaum einen Sieger, sondern wahrscheinlich nur Besiegte zurücklassen. Darum scheint es nicht nur gut, sondern auch bitter nötig, dass ge-
5 bildete Männer aller Staaten ihren Einfluss dahin aufbieten, dass (…) die Bedingungen des Friedens nicht die Quelle künftiger Kriege werden, dass vielmehr die Tatsache, dass durch diesen Krieg alle europäischen
10 Verhältnisse in einen gleichsam labilen (…) Zustand geraten sind, dazu benutzt werde, um aus Europa eine organische Einheit zu schaffen.

1 Fasse die Gründe vieler Menschen im 19. Jahrhundert zusammen, sich für den Frieden einzusetzen (VT).
2 Russland war im Jahr 1898 Deutschland und Österreich militärisch unterlegen. Prüfe vor diesem Hintergrund, warum Zar Nikolaus für eine Abrüstung argumentierte (Q2).
3 Liste die Gefahren und mögliche Folgen eines Krieges auf, die die Verfasser von Q3, Q4 und Q6 sahen.
4 Überlege, warum die Friedensbewegung den Krieg nicht verhindern konnte.

3 Europa wird zum Schlachtfeld

Q1 Deutsche Soldaten fahren in einem Güterwagen an die Westfront (Foto, 1914).

Verdun
Die Schlacht um Verdun war die blutigste Schlacht des Ersten Weltkriegs – Hunderttausende französischer und deutscher Soldaten wurden getötet, verwundet, gefangen genommen oder vermisst gemeldet.

Alliierte
Durch Verträge miteinander verbündete Kriegsmächte. Im Ersten Weltkrieg bezeichnet dieser Begriff die gegen das Deutsche Reich verbündeten Staaten (Russland, Frankreich, Großbritannien, später die USA und weitere Bündnisstaaten).

Kriegsbeginn
Als im August 1914 die Züge mit Millionen von Soldaten an die Fronten rollten, herrschte in der deutschen Bevölkerung überwiegend Begeisterung.
Die deutsche Kriegsführung ging nach dem im Jahre 1905 entworfenen Schlieffen-Plan vor. Dieser sah vor, die Zweifrontenbedrohung durch Frankreich und Russland mit einem schnellen Sieg im Westen und anschließender Konzentration auf den Osten abzuwenden. Zwar gelang es der deutschen Armee, im Westen schnell über das neutrale Belgien bis zur Marne kurz vor Paris vorzustoßen, aber bald darauf stockte der Vormarsch. Denn zum einen konnte die französische Armee Mitte September den Vorstoß stoppen, zum anderen griffen russische Armeen Deutschland von Osten unerwartet früh an, sodass die deutschen Truppen zeitgleich gegen Belgier, Briten, Franzosen und Russen kämpfen mussten.

Der Stellungskrieg
Um nicht alle eroberten Gebiete in Frankreich wieder zu verlieren, ordnete die deutsche Heeresleitung die Befestigung der deutschen Stellungen an. Die deutsche Infanterie „grub sich ein", ebenso der Gegner. In mit Stacheldraht versehenen, metertiefen Schützengräben begann ein Stellungskrieg, der vier Jahre dauern sollte. Bis 1917 bewegte sich die Front als Ganzes kaum. So brachten verlustreiche Kämpfe beiden Seiten nur geringe Gebietsgewinne, die meist genauso schnell wieder verloren gingen, wie sie erworben worden waren. Auch die Taktik, den Feind in Materialschlachten „abzunutzen", brachte keinem der Gegner einen Vorteil. Bei den größten dieser Schlachten um Verdun starben fast 700 000, am Fluss Somme 1,2 Millionen Soldaten.

Erster Weltkrieg
Zwar lagen die Hauptkriegsschauplätze im Westen in Frankreich und im Osten in Russland. Doch das Netz der Fronten spannte sich fast über den gesamten Globus, denn auch in den Kolonien kämpften die europäischen Mächte gegeneinander. Am 29. Oktober 1914 trat das Osmanische Reich auf der Seite der Mittelmächte in den Krieg ein. Damit bildeten sich neue Frontlinien, und zwar im Kaukasus, in Ägypten, an den Meerengen zum Schwarzen Meer und im heutigen Irak. Ein weiterer Kriegsschauplatz entwickelte sich, als Italien im Mai 1915 aus dem Dreibund ausschied und Österreich-Ungarn den Krieg erklärte. Den Süden Europas durchzog nun die sogenannte Alpenfront.

Seeblockade und U-Bootkrieg
Eine strategisch besonders wichtige Rolle spielten jedoch die Weltmeere. Mit Beginn des Krieges blockierte die britische Kriegsflotte die Zugänge von der Nordsee in den Atlantik. Damit war das Deutsche Reich von kriegswichtigen Nachschüben aus Übersee abgeschnitten. Da die deutschen Kriegsschiffe die Blockade nicht durchbrechen konnten, griffen die deutschen Militärstrategen zu anderen Mitteln. Neu entwickelte U-Boote wurden gegen britische Schiffe eingesetzt, um die Handelsverbindungen nach Amerika und in die Kolonien zu unterbrechen. Es entwickelte sich ein regelrechter Handelskrieg, der auch eine große Zahl von zivilen Opfern forderte.

Q 2 *Der deutsche Reichskanzler Bethmann Hollweg skizzierte am 9. September 1914 in dem geheimen „Septemberprogramm" die deutschen Kriegsziele:*

Das allgemeine Ziel des Krieges: Sicherung des Deutschen Reiches nach West und Ost auf erdenkliche Zeit. Zu diesem Zweck muss Frankreich so geschwächt werden,
5 dass es als Großmacht nicht neu erstehen kann, Russland von der deutschen Grenze nach Möglichkeit abgedrängt und seine Herrschaft über die nichtrussischen Vasallenvölker gebrochen werden. Die Ziele des
10 Krieges im Einzelnen:
1. Frankreich. Von den militärischen Stellen zu beurteilen, ob die Abtretung von Belfort, des Westabhangs der Vogesen, die Schleifung der Festungen und die Abtretung des
15 Küstenstrichs von Dünkirchen bis Boulogne zu fordern ist. In jedem Falle abzutreten, weil für die Erzgewinnung unserer Industrie nötig, das Erzbecken von Briey. Ferner eine in Raten zahlbare Kriegsentschädi-
20 gung; sie muss so hoch sein, dass Frankreich nicht imstande ist, in den nächsten 18 bis 20 Jahren erhebliche Mittel für Rüstung aufzuwenden. Des Weiteren: ein Handelsvertrag, der Frankreich in wirtschaftli-
25 che Abhängigkeit von Deutschland bringt, es zu unserem Exportland macht und es ermöglicht, den englischen Handel in Frankreich auszuschalten. (…)
2. Belgien. (…) Jedenfalls muss ganz Bel-
30 gien, wenn es auch als Staat äußerlich bestehen bleibt, zu einem Vasallenstaat herabsinken.

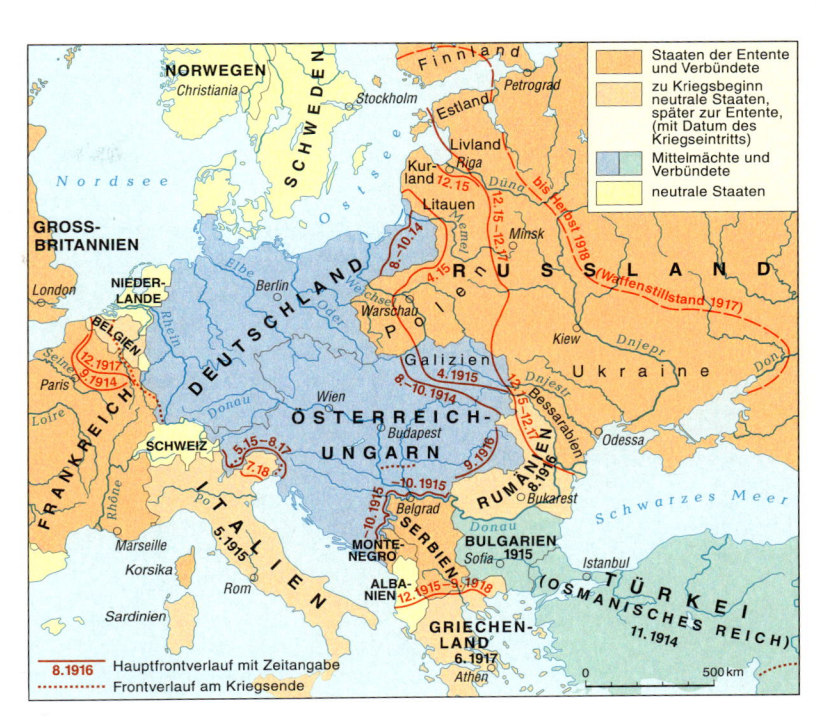

D 1 *Frontenverlauf des Ersten Weltkriegs*

Q 3 *Der französische Botschafter beschrieb am 12. September 1914 in St. Petersburg die russischen Ziele:*

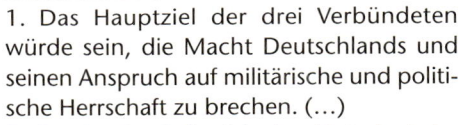

1. Das Hauptziel der drei Verbündeten würde sein, die Macht Deutschlands und seinen Anspruch auf militärische und politische Herrschaft zu brechen. (…)
5 3. Russland würde sich den Unterlauf des Njemen und den östlichen Teil Galiziens aneignen. Es würde dem Königreich Polen das östliche Posen, Schlesien (…) und den westlichen Teil Galiziens angliedern.
10 4. Frankreich würde Elsass-Lothringen wiedernehmen, wobei es ihm freisteht, einen Teil Rheinpreußens und der Pfalz hinzuzufügen. Belgien würde (…) einen bedeutenden Gebietszuwachs erhalten. (…)
15 12. England, Frankreich und Japan würden sich die deutschen Kolonien teilen.
13. Deutschland und Österreich würden eine Kriegskontribution zahlen.

Q 4 *Deutsche Soldaten in einem eroberten französischen Schützengraben,* im Hintergrund Fort Douaumont (Foto, Juni 1916)

Zeitreise multimedial – Das lange 19. Jahrhundert: Konflikte – „Eine neue Form des Krieges"

1 Beschreibe die Erwartungen, mit denen die Soldaten auf dem Foto von Q1 in den Krieg ziehen.

2 Aus welchen Gründen hat die deutsche Regierung versucht, ihre Kriegsziele geheim zu halten (Q2)?

3 Vergleiche die Kriegsziele der Deutschen und der Alliierten (Q2, Q3). Erläutere die möglichen Folgen dieser Ziele.

4 Kriegswirklichkeit

Ein Krieg neuer Art

Gerade in dem Gedanken, den Gegner auszubluten, ihn zu vernichten, zeigte sich eine neue Dimension des Krieges. Zum ersten Mal in der Geschichte standen sich Massenheere gegenüber. Durch das Bevölkerungswachstum der vergangenen Jahrzehnte und die allgemeine Wehrpflicht hatten alle Seiten ein riesiges Potenzial an Soldaten, das von der Militärführung rücksichtslos als „Kanonenfutter" eingesetzt wurde.

Alltag an der Front

Der unbedingte Siegeswille führte dazu, dass alle Mittel eingesetzt wurden, die in irgendeiner Weise Erfolg versprachen. So änderte sich die traditionelle Kriegsführung radikal. Soldaten, die im Sommer 1914 noch mit bunten Uniformen und Pickelhauben an die Front gereist waren, standen bald in Feldgrau und mit Stahlhelm in den schlamm- und wassergefüllten Schützengräben, erlebten Hunger, Schmutz, Krankheiten, Verwundungen und den Tod ihrer Kameraden.

Auf den französischen Schlachtfeldern setzten deutsche Soldaten zum ersten Mal Giftgas ein. Man entwickelte Gasmasken, Flammenwerfer und Ferngeschütze mit bis zu 120 Kilometer Reichweite. Maschinengewehre mit einer Reichweite von 4000 Metern und einem Ausstoß von 300 Schuss pro Minute machten jeden Angriff auf gegnerische Stellungen zum selbstmörderischen Unternehmen.

Feldtelefone und Funkgeräte ermöglichten Nachrichtenübermittlungen über weite Strecken. Die bisher von den traditionell eingestellten Militärführungen noch eher belächelten „Tanks" (die ersten Panzer), Flugzeuge und U-Boote entwickelten sich im Laufe des Krieges zu wirkungsvollen Waffen.

Jede dieser Erfindungen auf dem Gebiet der Technik kostete zahllosen Soldaten das Leben. Allein durch Giftgas starben 90 000 Menschen, 1,3 Millionen Soldaten wurden vergiftet: Sie erblindeten oder trugen lebenslange körperliche Schäden davon. Die Materialschlachten, bei denen jeden Tag Tausende ihr Leben ließen, wie auch das monatelange Ausharren in Schützengräben in ständiger Gefahr traumatisierten die Überlebenden.

Alltag in der Heimat

Aber nicht nur an der Front setzte man alle verfügbaren Kräfte ein, sondern auch an der „Heimatfront". Die gesamte Bevölkerung wurde in den Krieg einbezogen. So musste jeder, egal ob Kind, Frau, Invalider, Kriegsgefangener oder Zwangsarbeiter, in der Kriegsindustrie, in der Landwirtschaft oder der Krankenpflege mitarbeiten und so die Arbeiten der abwesenden Männer erledigen. Denn nur so konnte die Versorgung der deutschen Soldaten an der Front sichergestellt werden.

Doch nicht nur in Deutschland, das von der britischen Seeblockade stark betroffen war, sondern in fast allen Ländern Europas litt die Bevölkerung: Es mangelte überall wegen der Einschränkungen des Krieges an Nahrungsmitteln, Kleidungsstücken und Gebrauchsgegenständen.

Q1 *Deutsche Infanteristen an der Westfront* stürmen aus ihrem Schützengraben (Foto, März 1918).

Q2 *Ein Soldat an der Front schreibt an seine Familie:*

Ich schicke euch einen Brief, den ein Urlauber erst in Deutschland aufgibt, denn wir dürfen nicht schreiben, wie es uns geht, es wird alles gelesen. Ich bin nun 19 Tage hier
5 (…). In dieser Stellung ist noch keine feste Mauer und kein bombenfester Unterstand. Da heißt es jetzt zwei Stunden Posten stehen, dann zwei Stunden arbeiten, so geht's Tag und Nacht. Hat man dann einmal ein
10 paar Stunden zum Schlafen, dann kann man eine Stunde nicht schlafen wegen der Ratten, die alles zusammenbeißen und gruppenweise über das Gesicht springen. Und dieser Dreck, von oben bis unten voll
15 Lehm (…).
Jetzt die Hauptsache, das Essen. In der Stellung wird abends Kaffee (warmes Wasser) gefasst und gleich für den anderen Morgen. Es ist vielleicht so viel wie bei euch eine
20 Tasse, dann kannst du hungern die ganze Nacht, von Schlafen keine Rede und früh zwischen neun und zehn Uhr gibt's schon das Mittagessen. Eine Dörrgemüsesuppe, ein Stück Fleisch und wieder Kaffee, dann
25 ist Schluss.

Q3 *Aufruf an alle Schülerinnen und Schüler in Deutschland:*

Herrliche Taten verrichten unsere Soldaten an der Westfront in Kämpfen (…). Doch die Entscheidung wird zum großen Teil in der Heimat fallen. (…) Jetzt gilt es: Wer die Ent-
5 behrungen, die aus der Unterdrückung des Seehandels erwachsen, am längsten ertragen kann, der ist Sieger! Die kommenden Monate sollen die Entscheidung bringen. Und dabei mitzuwirken, sind wir alle beru-
10 fen. (…)
Sammelt die Knochen aus euren Haushaltungen! Denn aus Knochen lässt sich ein gutes Speisefett herstellen. Sammelt die Obstkerne! (…) Denn daraus wird Spei-
15 seöl gewonnen. Sammelt die Brennnesselstängel! Denn sie werden zu Gespinststoffen verarbeitet und dienen unseren Feldgrauen zur Kleidung! (…) Sammelt das Menschenhaar! Denn daraus werden we-
20 gen des Ledermangels Treibriemen für die Munitionsfabriken hergestellt. (…) Sammelt Weißblech (Konservendosen usw.) für die Munitionsfabriken, damit nicht die Orgelpfeifen unserer Kirchen der Glut der
25 Schmelzflammen zum Opfer fallen müssen. Sammelt Alt-Gummi; Alt-Papier und alle Metalle (…)! Sucht nach in Boden und Keller, auch bei Freunden und Bekannten, wo ein Stück Metall nutzlos daliegt.

Q4 *Im April 1916 erhielten Anna Böhmer und ihre Tochter Nachricht, dass ihr Mann bzw. Vater Gottfried Böhmer gefallen war:*

Ihr Schreiben vom 3. März (…) hat mich erreicht, und ich bin in der Lage, Ihnen persönlich über den Tod unseres lieben Böhmer Auskunft zu geben. (…) Hätte er
5 mir gefolgt, wäre er zur kritischen Stunde in Urlaub gewesen, aber er wollte erst am 7. April fahren, um die Ostern mit Ihnen zu verleben. (…) Sein Tod war schmerzlos, da er durch eine Granate voll getroffen, hoch
10 in die Luft flog und tot zurückkam. Wer so stirbt, stirbt als Held und es ist sicher Gottes Schickung gewesen, so sterben zu müssen. Ich selbst habe ihn (…) zurückgebracht auf meinem Schlitten, und am 25.3. Abend
15 7 Uhr ist er mit 7 Kameraden von mir eigens ins kühle Grab gesenkt worden. (…) Nun liebe Frau Böhmer trösten Sie sich über den herben Schlag, der Teilnahme der ganzen Kompanie seien Sie versichert. Gott
20 hat es so gewollt, und unser lieber Böhmer ruht sanft, denn wer den Tod im heiligen Kampfe fand, ruht auch in fremder Erde im Vaterland!
(…) Bleiben Sie stark für die fernere Zukunft.

Q5 *Aufruf zur Arbeit in der Rüstungsindustrie (Plakat). Frauen mussten immer mehr Tätigkeiten in Rüstungsbetrieben und anderen „Männer-Berufen" übernehmen. Der Anteil der weiblichen Arbeiter in der Industrie stieg bis 1918 von 22% auf 35%.*

1 Schreibe einen Bericht über das Leben der Soldaten an der Front (VT, Q1, Q2).
2 Beschreibe, wie sich der Krieg auf die Lebensumstände in der Heimat auswirkte (VT, Q3, Q4).

5 Methode
Fotografien als Geschichtsquelle betrachten

Q1 *Soldaten schützen sich mit Gasmasken gegen das Giftgas. Diese Waffe war eine deutsche Erfindung.*

Geschichte objektiv?
Mit der Erfindung der Fotografie Mitte des 19. Jahrhunderts konnten erstmals historische Ereignisse in dem Moment festgehalten werden, in dem sie geschahen. Außerdem gibt es seit dieser Zeit auch Aufnahmen aus dem täglichen Leben der Menschen. Fotografien sind deshalb wertvolle Geschichtsquellen für uns. Aber wir müssen Fotos auch immer kritisch befragen, denn der Fotograf hält nur einen Ausschnitt der Wirklichkeit fest. Manchmal werden Fotos auch gezielt eingesetzt, um den Betrachter zu beeinflussen. Das kann so weit gehen, dass Fotografien nachträglich retuschiert, d. h. mit Absicht gefälscht werden.

Der Erste Weltkrieg auf Fotos
Aus der Zeit des Ersten Weltkriegs sind zahlreiche Fotos erhalten geblieben. Sie zeigen sowohl die Geschehnisse an der Front als auch das Leben in den Städten zu Hause. Doch diese Fotografien müssen wir besonders kritisch betrachten, denn gerade in Kriegszeiten werden Fotos oft dazu benutzt, um ein ganz bestimmtes Bild zu vermitteln und über die schrecklichen Seiten des Krieges hinwegzutäuschen.

Q 2 Arbeiterinnen beim Reinigen von Maschinengewehren, 1916. Das preußische Kriegsministerium erklärte in einem Schreiben vom 5. Februar 1917: „Die Industrie muss damit rechnen, dass ihr immer mehr Männer entzogen werden. Die Nutzbarmachung der weiblichen Arbeitskräfte gewinnt daher immer größere Bedeutung."

Q 3 Todesnachricht von der Front

Q 4 Nach der Schlacht, verwundete Soldaten werden im Feldlazarett versorgt.

1. Ordne die Fotografien auf dieser Seite zeitlich in den Kriegsverlauf ein. In welchem Zusammenhang sind sie entstanden?
2. Betrachte die Fotos anhand der methodischen Arbeitsschritte. Welche Fotos sind eher sachlich-informierend, welche sollen eine emotionale Wirkung erzielen?
3. Suche dir ein weiteres Foto aus den vorangegangenen oder den nächsten Kapiteln aus und analysiere es.
4. Frage in deiner Familie nach, ob ihr Fotos aus der Zeit des Ersten Weltkriegs besitzt, und bringe sie mit in die Klasse.

Methodische Arbeitsschritte

1. Betrachte das Foto genau und beschreibe die Einzelheiten.
2. Fasse zusammen, welche konkrete Situation der Fotograf auf dem Bild festgehalten hat.
3. Überlege, zu welchem Zweck das Foto aufgenommen wurde. Ist es ein Pressefoto oder eine private Aufnahme?
4. Beschreibe die Wirkung des Fotos. Welche Einzelheiten hat der Fotograf besonders hervorgehoben; welche Stimmung herrscht auf dem Bild?
5. Betrachte das Foto kritisch. Trifft der Fotograf eine bestimmte Aussage? Will er sachlich informieren oder eine bestimmte Wirkung beim Betrachter erzielen?

6 Das Entscheidungsjahr 1917

Q1 *„Der Sturm auf das Winterpalais des Zaren", den Sitz der Provisorischen Regierung am 25. Oktober 1917* (Ölgemälde von E. I. Deshalyt). In Wirklichkeit gab es keinen Sturm. Die Bolschewiki betraten durch einen unbewachten Nebeneingang das Palais. Die Provisorische Regierung ergab sich kampflos.

A-Z

Oktoberrevolution
Im Oktober 1917 stürzten die Bolschewiki unter der Führung Lenins in Petersburg die russische Regierung und übernahmen damit die Macht in Russland. Die Revolution sprang auf andere Länder in Europa und besonders auf Deutschland über.

Lenin und die russische Revolution
Das wohl bedeutendste Ereignis in der Geschichte des Sozialismus war die russische Oktoberrevolution von 1917 und die Gründung Sowjetrusslands, des ersten kommunistischen Staates der Welt. Treibende Kraft war der Anführer der radikalsozialistischen Partei der Bolschewiki, Wladimir Iljitsch Uljanow, genannt Lenin.

Russland – ein rückständiges Land
Wie war es dazu gekommen? Russland zählte um 1900 zwar zu den europäischen Großmächten, war aber die rückständigste von allen. Wirtschaftlich war es noch ein Agrarland. Die Industrialisierung machte zwar Fortschritte, erreichte aber längst nicht den Stand der anderen Mächte. Rückständig war auch das politische System. Der Zar regierte im Stil eines absolutistischen Alleinherrschers.
Die Unzufriedenheit war groß im Land: bei Bauern wegen ungerechter Landverteilung zu Gunsten der Großgrundbesitzer, bei Bürgern und Arbeitern wegen fehlender politischer Mitbestimmung. Das förderte die Entstehung politischer Parteien: Das liberale Bürgertum sammelte sich in der Kadettenpartei, während das Bauerntum von der Partei der Sozialrevolutionäre vertreten wurde. Die Sozialdemokratie galt als Vertretung der Arbeiterschaft.
Ein Führer dieser Partei war der 1870 geborene Rechtsanwalt Lenin. Schon 1897 war er aufgrund seiner politischen Tätigkeiten verhaftet und nach Sibirien verbannt worden und lebte ab dem Jahr 1900 im Exil in verschiedenen Ländern Mitteleuropas. Von dort aus wollte er seine Partei zu einem Bündnis radikaler Berufsrevolutionäre machen. Damit waren aber nicht alle Parteimitglieder einverstanden. Deshalb kam es 1903 zur Spaltung der Partei in die radikalen Bolschewiki unter Lenins Leitung und die gemäßigten Menschewiki.

Vom Sturz des Zaren ...
Das Versagen der Zarenregierung im Ersten Weltkrieg brachte die Wende in Russland. Eine Serie von Niederlagen an der Front und große Hungersnot in der Heimat führten im Februar 1917 zu schweren Unruhen von Arbeitern und Soldaten in Petersburg. Erstmals verweigerten dagegen eingesetzte Truppen den Gehorsam. Unfähig, Ordnung zu schaffen, dankte der Zar ab. Eine Provisorische Regierung aus adeligen und bürgerlichen Duma-Abgeordneten übernahm die Herrschaft. Die eigentliche Macht aber lag bei den Räten (Sowjets), die überall im Lande von Arbeitern, Soldaten und Bauern gewählt wurden. In den Sowjets hatten anfangs Sozialrevolutionäre und Menschewiki die Mehrheit. Sie duldeten die Provisorische Regierung, weil sie Russland für den Übergang zum Sozialismus noch nicht für reif hielten.

... zur Oktoberrevolution
Dies sah Lenin ganz anders. Er war im April mit der Eisenbahn über Finnland nach Petersburg zurückgekehrt – mit Unterstützung des deutschen Generalstabs, der hoffte, Russland damit im Ersten Weltkrieg deutlich schwächen zu können.

Lenin forderte sofort die Sowjets auf, die Macht zu ergreifen, den Krieg zu beenden und den Sozialismus – wenn nötig mit Gewalt – in Russland einzuführen. Aber noch beherrschten die Gegner Lenins die Sowjets. Das änderte sich, als auch die Provisorische Regierung die Lage an der Front und im Land nicht in den Griff bekam. Jetzt fanden die Bolschewiki mit ihren Forderungen nach Frieden und Brot Anklang beim Volk und wurden verstärkt in die Sowjets gewählt. Im Oktober 1917 hatten sie die beiden wichtigsten Sowjets, in Petersburg und Moskau, unter Kontrolle. Das nutzte Lenin zum Umsturz. Am 25. Oktober ließ er die Provisorische Regierung verhaften und übernahm selber an der Spitze einer bolschewistischen Regierung die Macht.

Der Friede von Brest-Litowsk
Im Dezember 1917 schloss Lenin mit dem Deutschen Reich einen Waffenstillstand, am 3. März 1918 den Friedensvertrag von Brest-Litowsk. Damit schied Russland aus dem Krieg aus und musste auf seine baltischen Provinzen verzichten und die Unabhängigkeit Finnlands sowie der Ukraine anerkennen. Eine Entlastung für die deutsche Kriegsführung war aber nicht gegeben, da zur Sicherung der eroberten Gebiete und der langen Grenze zu Russland etwa eine Million Soldaten gebunden war, die für die Westfront genauso wenig zur Verfügung standen wie vorher.

Auf wessen Seite stehen die USA?
Als der Krieg in Europa begann, verkündete der amerikanische Präsident Wilson: „Wir müssen unparteiisch sein in Gedanken und in der Tat." Die Sympathien der meisten Amerikaner waren aber eindeutig aufseiten der Alliierten: Zum einen galt Frankreich seit dem Unabhängigkeitskrieg von 1776 als Freund der USA. Zum anderen fühlten sich die Amerikaner mit Großbritannien durch Sprache und Kultur verbunden. Außerdem verstärkte eine geschickte Propaganda der Alliierten antideutsche Gefühle bei den Amerikanern, indem sie Gräuelmärchen über die deutschen Soldaten verbreitete. Die Vorstellung, der deutsche Militarismus könnte ganz Europa beherrschen, beunruhigte die Amerikaner sehr.

Aber auch aus einem anderen Grund war es für die USA schwierig, strikt neutral zu bleiben: Seit 1914 befand sich das Land in einer Wirtschaftskrise. Warenlieferungen an die Alliierten steigerten die Gewinne der Unternehmen und senkten die Arbeitslosenzahlen. Außerdem stellten die USA Frankreich und Großbritannien über zwei Milliarden Dollar als Kredite zur Verfügung. Bei einem deutschen Sieg wäre dieses Geld wohl verloren gewesen.

Kriegseintritt der USA
Angesichts der zunehmend ausweglosen Lage an allen Fronten verschärfte die Oberste Heeresleitung im Februar 1917 den Krieg zur See. Deutsche U-Boote sollten nun ohne Vorwarnung Handels- und Passagierschiffe versenken. Als in dem folgendem „uneingeschränkten U-Boot-Krieg" auch amerikanische Schiffe versenkt wurden, erklärte Präsident Wilson den Deutschen im April 1917 den Krieg. In nur eineinhalb Jahren brachten die USA über 30 Milliarden Dollar und 4,5 Millionen Soldaten für den Krieg in Europa auf. Dieser Einsatz von Armee und gewaltige Waffenlieferungen an Frankreich und Großbritannien waren schließlich mit entscheidend für die deutsche Niederlage.

A-Z

Sowjets (= Räte)
Von Arbeitern, Soldaten und Bauern gewählte politische Interessensvertretungen. In einer Räterepublik üben Räte ohne Gewaltenteilung alle Macht aus.

Bolschewiki/ Menschewiki
(von russ. bolsche = mehr und mensche = weniger)
Die Namen entstanden auf dem Spaltungsparteitag der Sozialdemokratischen Partei Russlands 1903. Die Mehrheit der Abgeordneten (Bolschewiki) entschied sich für den revolutionären Kurs Lenins. Eine knappe Minderheit (Menschewiki) wollte eine demokratische Massenpartei.

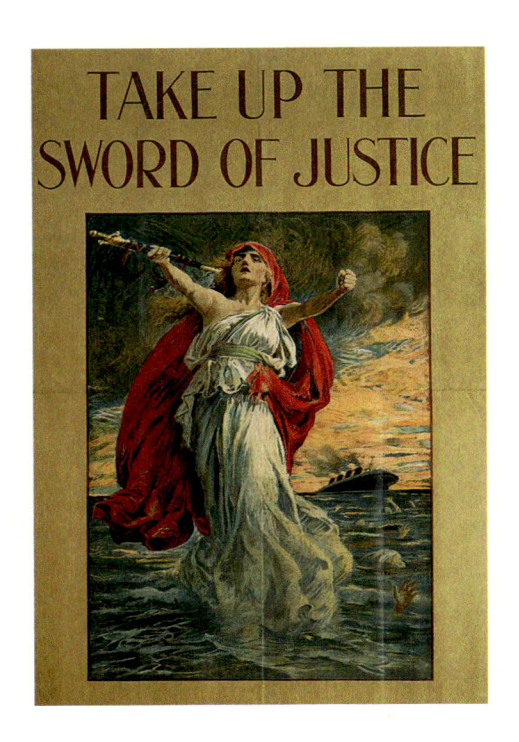

2 Ergreift das Schwert der Gerechtigkeit (amerikanisches Propagandaplakat zum Eingreifen in den Weltkrieg). Im Hintergrund die nach einem U-Boot-Angriff sinkende „Lusitania". 128 US-Bürger verloren 1915 dabei ihr Leben.

Q3 *In einer Erklärung der Provisorischen Regierung von 1917 heißt es:*
Bei seiner Tätigkeit wird sich das Kabinett von folgenden Prinzipien leiten lassen:
1. Vollständige und sofortige Amnestie aller politischen und religiösen Vergehen einschließlich terroristischer Angriffe, militärischer Revolten, Verbrechen in der Landwirtschaft usw.
2. Freiheit der Rede-, der Presse-, Vereins-, Versammlungs- und Streikfreiheit und Ausdehnung der politischen Freiheit auf Personen, die im Militärdienst stehen, soweit es die militärische Technik zulässt.
3. Abschaffung aller benachteiligenden Unterschiede infolge der Zugehörigkeit zu bestimmten Ständen, Religionsgemeinschaften und Nationalitäten.
4. Sofortige Vorbereitung zur Einberufung einer Konstituierenden [verfassunggebenden] Versammlung auf der Grundlage des allgemeinen, gleichen, geheimen und direkten Wahlrechts, welche die Verwaltungs- und Verfassungsform des Landes bestimmen soll.
5. Ersetzung der Polizei durch eine Volksmiliz mit gewählter Leitung, die den Organen der lokalen Selbstverwaltung untersteht.
6. Wahlen zu den Organen der lokalen Selbstverwaltung auf der Grundlage allgemeiner, direkter, gleicher und geheimer Wahlen.
7. Die militärischen Einheiten, die an der revolutionären Bewegung teilgenommen haben, nicht zu entwaffnen und aus Petrograd zu entfernen.
8. Unter Aufrechterhaltung strenger militärischer Disziplin an der Front und im Militärdienst Befreiung der Soldaten von allen Beschränkungen allgemeiner Rechte, deren sich die anderen Bürger erfreuen.
Die Provisorische Regierung erachtet es als ihre Pflicht, zu betonen, dass sie nicht beabsichtigt, militärische Umstände zu einer Hinausschiebung der oben angedeuteten Reformen und anderen Maßnahmen auszunützen.

Q7 *Rede Lenins vor dem Sowjetkongress am 26. Oktober 1917:*
Was bedeutet diese Revolution? Zunächst bedeutet sie, dass wir eine Sowjetregierung haben werden ohne die geringste Beteiligung der Bourgeoisie. Die unterdrückten Massen werden selbst eine Regierung bilden. Der alte Staatsapparat wird zerschlagen

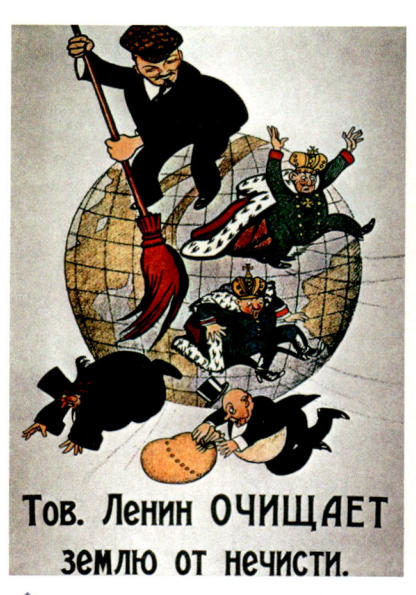

Q4 *Genosse Lenin säubert die Welt von Unrat* (Plakat eines unbekannten Künstlers).

Q5 *Lenin verkündet das Werden des sozialistischen Russland* (Plakat von G. Kluzis, 1930). Lenin wurde zur Kultfigur des Sowjetkommunismus.

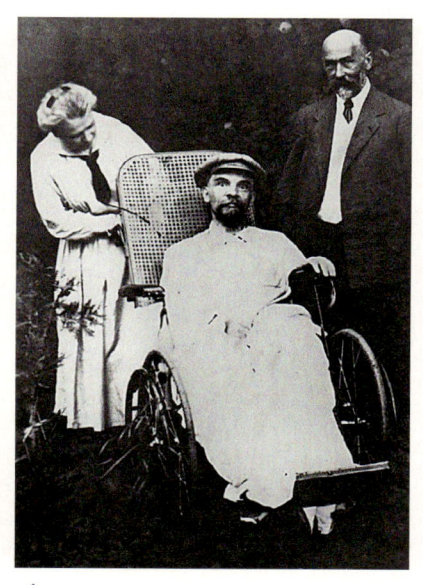

Q6 *Lenin erlitt 1922/23 mehrere Schlaganfälle, die ihn an den Rollstuhl fesselten* (Foto mit seiner Schwester und einem Arzt). Er starb am 24. Januar 1924.

werden und an seiner Stelle wird ein neuer, von Sowjetorganisationen geschaffener Regierungsapparat erstehen. Heute beginnt ein neues Blatt in der Geschichte Russlands, und die gegenwärtige Dritte Russische Revolution wird schließlich zum Sieg des Sozialismus führen. Eine unserer unmittelbarsten Aufgaben ist es, sofort den Krieg zu beenden. Aber um den Krieg, der mit dem jetzigen kapitalistischen System eng verknüpft ist, zu beenden, wird es notwendig sein, den Kapitalismus selbst zu stürzen. (…) Wir besitzen die Macht der Massenorganisation, die über alles gesiegt hat und das Proletariat zu der Weltrevolution führen wird. Wir müssen nun daran gehen, in Russland einen proletarischen, sozialistischen Staat aufzubauen. Hoch lebe die weltumspannende sozialistische Revolution!

Q 8 *Stimmen zum Kriegseintritt der USA*
a) Präsident Wilson am 2. April 1917:
Der gegenwärtige deutsche U-Boot-Krieg gegen den Handelsverkehr ist ein Krieg gegen die Menschheit. (…) Unser Ziel ist es, die Grundsätze des Friedens und der Gerechtigkeit gegen selbstsüchtige Gewalt zu verteidigen. (…) Es ist eine fürchterliche Sache, dieses große friedfertige Volk in den Krieg zu führen. (…) Aber das Recht ist kostbarer als der Friede und wir werden für die Dinge kämpfen, die unseren Herzen immer am nächsten waren – für die Demokratie (…), für die Rechte und Freiheiten kleinerer Nationen, für eine weltumspannende Herrschaft des Rechts durch einen Bund freier Völker, der Frieden und Sicherheit für alle bringen und schließlich die Welt selbst befreien wird.

b) Senator Norris im Senat 1917:
Nach meiner Meinung hätten wir von Anfang an die strikteste Neutralität wahren sollen. Wenn wir das getan hätten, stünden wir jetzt nicht am Rande eines Krieges. (…) Der Krieg bringt Reichtümer für die [Munitionsfabrikanten und die] Spekulanten der Wall Street. (…) Sie wollen Geld verdienen durch den Krieg und die Vorbereitung des Krieges. (…) Wir gehen in den Krieg auf Befehl des Goldes. (…)
Die Folgen können sein, dass Millionen unserer Brüder ihr Blut vergießen müssen, Millionen von Frauen weinen, Millionen Kinder frieren und Millionen Säuglinge verhungern müssen – und alles nur, weil wir das Recht amerikanischer Bürger wahren wollen, Waffen an Krieg führende Staaten zu liefern.

Q 9 *Ein U-Boot-Kreuzer im Gefecht.* Dieses kriegsverherrlichende Gemälde fertigte Willy Stöwer an, der Marinemaler Kaiser Wilhelms II.

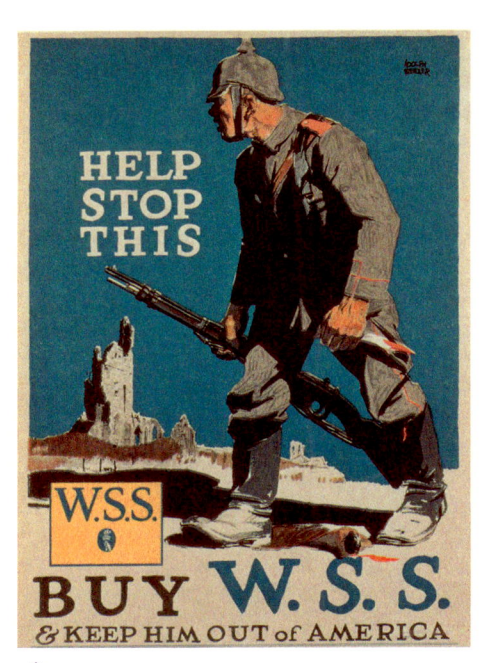

Q 10 *Hilf, dies aufzuhalten. Kaufe Kriegssammelmarken und halte ihn von Amerika fern,* (Propagandaplakat der US-amerikanischen Regierung von 1917)

1 *Welche Ziele verfolgten Lenin und die Bolschewiki in Russland seit dem Frühjahr 1917 (VT, Q7)?*

2 *Beschreibe die Darstellung Lenins auf den Bildern Q4 und Q5. Welche Wirkung sollen sie auf den Betrachter haben? Vergleiche sie auch mit der Darstellung Lenins auf dem Foto (Q6). Überlege, warum das Foto bis zum Ende der Sowjetunion geheim gehalten wurde.*

3 *Versuche, den Stimmungsumschwung in den USA zu erklären (VT, Q10). Warum brachte der Kriegseintritt der USA die entscheidende Wende?*

4 *In der Rede vor dem amerikanischen Kongress am 2. April 1917 begründete Präsident Wilson den Kriegseintritt der USA. Untersuche, mit welchen Argumenten er die Beteiligung am Krieg begründet (Q8).*

7 Waffenstillstand und Kriegsende

Q 1 Die deutsche Waffenstillstandskommission mit weißen Fahnen an den Autos fährt durch den französischen Ort Compiègne zu den Verhandlungen (Foto, 1918).

Völkerbund
Der Völkerbund ist eine internationale Organisation, die 1920 auf Anregung des US-Präsidenten Wilson gegründet wurde und bis 1946 bestand. Der Völkerbund sollte die Zusammenarbeit unter den Nationen fördern und den Frieden gewährleisten. An dieser Aufgabe scheiterte der Völkerbund letztlich. Er wurde nach der Gründung der UN aufgelöst.

Revolution und Waffenstillstand
Erstmals seit vier Jahren geriet der Krieg wieder in Bewegung. Aber jetzt machte sich bemerkbar, dass die USA gewaltige Massen an Kriegsmaterial nach Europa gebracht hatten und dass die deutsche Armee erschöpft war. Auch die Verbündeten des Deutschen Reichs standen kurz vor dem Zusammenbruch. Der Krieg war praktisch verloren. Im September 1918 verlangte die Oberste Heeresleitung unter Hindenburg und Ludendorff von der deutschen Regierung, einen Waffenstillstand herbeizuführen. Die deutsche Marineführung aber erteilte Anfang November der deutschen Hochseeflotte den Befehl, gegen die britische Flotte auszulaufen. Lieber heldenhaft untergehen, als die Flotte an den Feind auszuliefern, war die Devise. Doch die Matrosen verweigerten den Gehorsam. In Kiel kam es zum bewaffneten Aufstand, der sich zu einer Revolution in ganz Deutschland ausbreitete. Am 9. November musste Kaiser Wilhelm II. unfreiwillig abdanken. Abgesandte der neu gebildeten Regierung unterzeichneten zwei Tage später, am 11. November um 17.00 Uhr, in der Hoffnung auf die „Vierzehn Punkte" des amerikanischen Präsidenten Wilson, mit den Siegermächten einen Waffenstillstand, der den Ersten Weltkrieg beendete. Am 3. November schloss Österreich-Ungarn seinerseits einen Waffenstillstand.

Leid und Schicksal in Zahlen?
Der Krieg brachte unermessliches Leid über die Menschen in ganz Europa, über das Opferstatistiken nur wenig aussagen können. Allein zwei Millionen deutsche Soldaten starben während der vier Kriegsjahre, viele von ihnen hinterließen Frau und Kinder. Die meisten Ehefrauen erhielten als Kriegerwitwen vom Staat nur eine geringe Rente und waren deshalb gezwungen, sich eine Arbeit zu suchen. Die meisten Männer, die aus dem Krieg zurückkehrten, litten ihr Leben lang an den gesundheitlichen und seelischen Schäden. In der Bevölkerung wurden für die Blinden, Gehörlosen, Arm- und Beinamputierten Geld gesammelt, um sie in sogenannten Kriegsversehrtenschulen wieder auf einen Einsatz in der Arbeitswelt vorzubereiten.

Allein in den vier Kriegsjahren starben etwa 750 000 Menschen an Unterernährung, Mangelerscheinungen und Schwäche; besonders Säuglinge und alte Menschen waren davon betroffen. Als sich 1918 auch noch eine Grippewelle ausbreitete, fielen ihr die geschwächten Menschen zu Millionen zum Opfer.

Veränderungen für Frauen
Das Leben der Frauen wurde durch den Krieg besonders verändert. Während des Krieges mussten sie in der Familie, im Geschäft, in Behörden oder Fabriken die Männer ersetzen. Allerdings ergaben sich für die Frauen auch Chancen: Sie bewiesen, dass sie in der Lage waren, Aufgaben zu übernehmen, die vorher den Männern vorbehalten waren. So waren manche Frauen nach dem Krieg nicht mehr bereit, einfach an den Herd zurückzukehren. Durch ihre Berufstätigkeit gewannen Frauen nicht nur ein Selbstbewusstsein, sondern auch eine gewisse finanzielle Unabhängigkeit.

Länder	während des Krieges insgesamt mobilisierte Streitkräfte	gefallen und gestorben	Verwundete	Gefangene und Vermisste	Gesamtausfälle der mobil. Streitkräfte in %
Alliierte und verbündete Staaten					
Russland	12 000 000	1 700 000	4 950 000	2 500 000	76,3
Frankreich*	8 410 000	1 357 800	4 266 000	537 000	73,3
Großbritannien*	8 904 467	908 371	2 090 212	191 652	35,8
Italien	5 615 000	650 000	947 000	600 000	39,1
USA	4 355 000	126 000	234 300	4 500	8,2
Japan	800 000	300	907	3	0,2
Rumänien	750 000	335 706	120 000	80 000	71,4
Serbien	707 343	45 000	133 148	152 958	46,8
Belgien	267 000	13 716	44 686	34 659	34,9
Griechenland	230 000	5 000	21 000	1 000	11,7
Portugal	100 000	7 222	13 751	12 318	33,3
Montenegro	50 000	3 000	10 000	7 000	40,0
Gesamt	42 188 810	5 152 115	12 831 004	4 121 090	52,3
Mittelmächte					
Deutschland	11 000 000	1 773 700	4 216 058	1 152 800	64,9
Österreich-Ungarn	7 800 000	1 200 000	3 620 000	2 200 000	90,0
Türkei	2 850 000	325 000	400 000	250 000	34,2
Bulgarien	1 200 000	87 500	152 390	27 026	22,2
Gesamt	22 850 000	3 386 200	8 388 448	3 629 829	67,4
Gesamtbilanz	65 038 810	8 538 315	21 219 452	7 750 919	57,6

*einschließlich Kolonialtruppen

D1 Der Erste Weltkrieg in Zahlen

Q2 Berliner zerlegen ein totes Pferd (Foto, 1918).

1 Liste die Folgen auf, die der Krieg für die Menschen im Deutschen Reich hatte (VT, D1, Q2).
2 Betrachte D1. Was können uns solche Statistiken mitteilen, was aber nicht?

9 Die Gründung der Sowjetunion

Q 1 *Lenin (1870–1924) in einer offiziellen Aufnahme um 1920*

Kommunismus
(von lat. communis = gemeinschaftlich)
a) Zustand einer klassenlosen Gesellschaft nach Abschaffung des Privateigentums und des bürgerlichen Staates;
b) politische Bewegung, die diesen Gesellschaftszustand durch eine revolutionäre Politik gegen den Kapitalismus durchsetzen will.

Sozialismus
(von lat. socialis = gesellschaftlich) Gesellschaftsordnung, in der Kapital und Produktionsmittel (Grund und Boden, Maschinen, Fabriken) Gemeineigentum (meist staatlich) sind. Gewinne sollen zum Nutzen aller verwendet werden. Der Sozialismus wurde auch als Durchgangsphase zum Kommunismus verstanden.

Von einer neuen Ordnung …
Nach dem Sturz der russischen Regierung im Oktober 1917 war noch völlig offen, ob sich das neue Regime würde halten können. Gemeinsam mit den Sowjets, den Interessenvertretern der Arbeiter, Bauern und Soldaten, war es das Ziel der neuen Machthaber, eine völlig neue Gesellschaft zu errichten, die Diktatur des Proletariats, in der es keine Unterdrückung und Ausbeutung mehr geben sollte. Arbeiter, Bauern und Soldaten sollten in dieser neuen Gesellschaft unter Führung der bolschewistischen Partei das Land regieren.

Als Erstes ordnete Lenin die entschädigungslose Enteignung des privaten Landbesitzes an. Das Land der Großgrundbesitzer erhielten die Bauern zur Bewirtschaftung. Andere Gesetze überführten Banken, Handel und Industrie in Staatseigentum. Die Gleichberechtigung von Frauen und Männern wurde gesetzlich festgeschrieben und eine allgemeine Schulpflicht für alle Kinder eingeführt.

… zu Terror und Bürgerkrieg
Wer nun hoffte, dass in Russland demokratische Verhältnisse einzogen, wurde enttäuscht. Von Anfang an setzte Lenin auf eine entschlossene Gewaltherrschaft: Zeitungen wurden verboten und anders Denkende, sogenannte „Klassenfeinde", von der neu gegründeten Geheimpolizei „Tscheka" verfolgt und verhaftet; Terror und Gewalt regierten.

Doch die Macht war für Lenin noch nicht gesichert. Zum einen bedrohten weiterhin zarentreue Truppen überall im Land Lenins Herrschaft. Zum anderen erhielten die Bolschewiki bei den Wahlen im November 1917 nur ein Viertel der Stimmen. Das Parlament war dementsprechend nicht bereit, die bolschewistische Regierung uneingeschränkt anzuerkennen. Daraufhin löste Lenin das Parlament mit Waffengewalt auf. Es kam zum Bürgerkrieg. Viele Gegner der neuen Macht, darunter auch gemäßigte Sozialisten, schlossen sich in Freiwilligenverbänden zusammen, die von ehemaligen Generälen geführt und vom Ausland unterstützt wurden.

Die Kämpfe zwischen diesen „Weißgardisten" und der bolschewistischen Roten Armee wurden mit gnadenloser Härte und Grausamkeit geführt. Den „Weißen" gelang es zunächst, große Teile Russlands zu besetzen. Mithilfe radikaler Maßnahmen versuchte Lenin den Krieg dennoch zu gewinnen: Die Bauern mussten alle Erträge abgeben, Geschäfte und Handwerksbetriebe wurden verstaatlicht, privater Handel verboten.

Die Folgen aber waren katastrophal: Die Industrie kam zum Stillstand, die Bauern produzierten nur noch für den Eigenbedarf, das Geld verlor seinen Wert. Die Menschen hungerten und froren; etwa 11 Millionen kamen während des Bürgerkriegs ums Leben, über fünf Millionen davon waren verhungert.

Nach drei Jahren siegten schließlich die Bolschewiki, die sich jetzt Kommunisten nannten. 1922 wurde die Sowjetunion gegründet, der erste sozialistische Staat in der Geschichte.

Q 2 *Über die neuen Machthaber schrieb der Dichter Maxim Gorki, seit 1905 Anhänger der Bolschewiki, 1918:*
Lenin, Trotzki und Genossen sind schon von Fäulnisgiften der Macht infiziert; dafür zeugt ihr schändliches Verhalten gegen die Freiheit des Wortes und der Person und gegen [die] Rechte, für deren Sieg die Demokratie kämpfte. Blinde Fanatiker (…) rennen den Weg dahin, der angeblich zur „sozialen Revolution", in der Tat aber zur Anarchie, zum Untergang des Proletariats und der Revolution führt (…). Das Menschenleben wird ebenso niedrig eingeschätzt wie vorher. Die Gewohnheiten des alten Regimes verschwinden nicht. Die neue Obrigkeit ist ebenso grob wie die alte.

Q 3 *Der Terror wütet*
a) *Aus einer Verordnung des bolschewistischen Volkskommissars Petrowskij 1918:*
Schluss mit der Weichlichkeit und den sentimentalen Rücksichten! Alle (…) bekannten Sozialrevolutionäre [Gegner Lenins] sind unverzüglich zu verhaften. Es muss eine beträchtliche Anzahl von Geiseln aus den Kreisen der Bourgeoisie [der Fabrikbesitzer] und der Offiziere festgenommen werden. Beim geringsten Widerstand (…) ist unter allen Umständen Massenerschießung anzuwenden. (…)
Das Hinterland unserer Armee muss endgültig von den Weißgardisten (…) gesäubert werden. Keine Schwankungen, keine Unentschlossenheit in der Anwendung des Massenterrors.

b) *Der General der Weißgardisten Rosanow ordnet im Mai 1919 in Sibirien Folgendes an:*
Ich befehle (…), die Bolschewiki und Banditen in den Gefängnissen als Geiseln zu betrachten. Berichtet mir über jeden Tatbestand [bolschewistischer Anschläge] und erschießt für jedes (…) begangene Verbrechen drei bis zwanzig Ortsgeiseln.

Q 4 *Hungernde Familie in Südrussland* (Foto aus der Wolgaregion, 1921/22). Über 5 Millionen Menschen verhungerten während des Bürgerkriegs.

1 Stelle dar, mit welchen Mitteln Lenin seine Herrschaft zu sichern versuchte. Auf welche Widerstände und Kritik stießen die Bolschewiki (VT, Q3)?
2 Beschreibe, wie es zum Bürgerkrieg kam, sowie dessen Verlauf und Auswirkungen für die Bevölkerung.

Gavrilo Princip
bosnisch-serbischer Nationalist
(1894–1918)

Franz Ferdinand
Erzherzog zu Österreich
(1863–1914)

Bertha von Suttner
österreichische Schriftstellerin und Pazifistin
(1843–1914)

Woodrow Wilson
Präsident der USA
(1856–1924)

Lenin,
eigentlich Wladimir Iljitsch Uljanow
russischer Revolutionär und Politiker
(1870–1924)

10 Abschluss
Der Erste Weltkrieg und die Nachkriegsordnung

Europäisches Wettrüsten
Bismarck hatte zur Sicherung des neu gegründeten Deutschen Reichs Bündnisse mit Italien, Österreich-Ungarn und Russland geschlossen. Nachdem sich Österreich und Russland aber immer mehr verfeindeten, verständigte sich Frankreich mit Russland. Zu diesem Bündnissystem kam auch Großbritannien hinzu, das sich von Deutschlands Flottenaufrüstung herausgefordert fühlte. Unruhen und Kriege auf dem Balkan führten zu gefährlichen Krisen zwischen den zwei Bündnissystemen. Daraufhin begannen die europäischen Großmächte, ihre Heere und Flotten aufzurüsten.

Mobilmachung
Im Juni 1914 wurde der österreichische Thronfolger Franz Ferdinand in Sarajewo von einem serbischen Attentäter ermordet. Daraufhin stellte sich Deutschland bedingungslos auf die Seite seines Partners Österreich-Ungarn und ging bewusst das Risiko eines Krieges ein. Es gibt sogar die Meinung, Deutschland habe den Krieg gewollt. Im August erklärte Deutschland Frankreich und Russland den Krieg. Die Mittelmächte (Deutschland, Italien und Österreich-Ungarn) kämpften gegen die mit Russland verbündete Entente (Frankreich und Großbritannien).

Vier Jahre Krieg
Der deutsche Vormarsch durch Belgien nach Frankreich wurde vor Paris gestoppt. Nach mehreren verlustreichen Kämpfen erstarrten die Fronten in Schützengräben zum „Stellungskrieg". In grausamen und häufig ergebnislosen „Materialschlachten" verloren hunderttausende junge Männer ihr Leben. Andere erlitten durch neuartige Waffen wie Granaten und Giftgas unheilbare Verletzungen.
In den deutschen Städten, wie auch in fast allen anderen europäischen Ländern, herrschte währenddessen Hunger und Elend: Zwischen 1914 und 1918 verhungerten ca. 800 000 Menschen. Viele Kinder und ältere Menschen, aber auch heimkehrende Soldaten waren so geschwächt, dass sie an der weltweiten Grippewelle des Winters 1918/19 starben.

Das Ende
Um die britische Blockade zu durchbrechen, begannen die Deutschen 1917 einen uneingeschränkten U-Boot-Krieg. Dies veranlasste die USA, in den europäischen Krieg einzutreten. Gegenüber dem gewaltigen Kriegsmaterial der USA und aufgrund der erschöpften Truppen an der Front hatte Deutschland kaum noch eine Chance, den Krieg zu gewinnen. Trotzdem hielten die militärische Führung und der Kaiser bis zuletzt die Illusion eines möglichen Sieges aufrecht. Erst als alle Fronten zerbrachen, baten sie im September 1918 um einen Waffenstillstand.
Der Erste Weltkrieg kostete weltweit über acht Millionen Menschen das Leben und Unzähligen die körperliche und seelische Gesundheit. Alle Krieg führenden Länder trugen schwer an den wirtschaftlichen Nöten und politischen Schwierigkeiten, die aus dem Krieg folgten.

■ **1912/13**
Kriege in den Ländern auf dem Balkan

■ **1914**
Das Attentat von Sarajewo am 28. Juni löst den Ersten Weltkrieg aus.

■ **1917**
Kriegseintritt der USA

■ **1917**
Oktoberrevolution in Russland

Einen Brief an die Heimatfront schreiben

Stell dir vor, du wärst ein amerikanischer, französischer oder deutscher Soldat im Ersten Weltkrieg. Beschreibe in einem Brief an die Familie deine Erwartungen an die Zukunft nach der Verkündigung des Waffenstillstands.

> *Ihr Lieben daheim!*
> *Der Krieg ist zu Ende! Seid gestern wird nicht mehr geschossen!*
> *Ihr könnt euch gar nicht vorstellen …*

Erkläre diese Grundwissenbegriffe:
Erster Weltkrieg (S. 84)

Alliierte (S. 84)

Verdun (S. 84)

Oktoberrevolution (S. 90)

Versailler Vertrag (S. 96)

Sowjetunion (S. 98)

Auch diese Begriffe sind wichtig:
Mobilmachung (S. 80)

Pazifismus (S. 82)

Sowjets (S. 91)

Bolschewiki/ Menschewiki (S. 91)

Völkerbund (S. 94)

Kommunismus (S. 98)

Sozialismus (S. 98)

Q1 *Soldaten im Schützengraben beim Werfen von Handgranaten (gestellte Propagandafotografie von 1915)*

■ **1918** Im November wird ein Waffenstillstandsvertrag unterzeichnet und der Krieg beendet.

■ **1919** Unterzeichnung des Versailler Vertrages am 28. Juni 1919

■ **1922** Gründung der Sowjetunion

Deutsches Reich ab 1919

- ------- Staatsgrenze
- .... Ländergrenze innerhalb des Deutschen Reiches
- Besatzungszone entsprechend dem Versailler Vertrag
- Saargebiet, 1920–1935 vom Völkerbund verwaltet

Krisenherde 1923
- französische Besetzung des Ruhrgebietes 1923, und andere Besetzungen
- Putsch, Aufstand, Kämpfe

1918
Nach der Novemberrevolution wird in Deutschland die Republik ausgerufen.

1919
Bayern wird eine parlamentarische Demokratie.

1919
Die Weimarer Koalition wählt Friedrich Ebert zum ersten Reichspräsidenten.

1919
Der Versailler Friedensvertrag bedroht die junge Demokratie.

Die Weimarer Republik

11. November 1918: In Paris und London läuten die Siegesglocken. Der Erste Weltkrieg ist zu Ende, aber der Friede hat keineswegs begonnen. Vielmehr bricht in Europa eine Zeit der Spannungen und Konflikte an. Revolutionen und Bürgerkriege, Wirtschaftskrisen und die Suche nach Ordnung und Orientierung prägen das Gesicht des Kontinents. Heute wissen wir, dass die Nachkriegszeit zugleich eine Vorkriegszeit war. Bis 1939 zerfiel Europa in zwei Lager: Während manche Demokratien in Mittel- und Nordeuropa Bestand hatten, beschritten Deutschland und das übrige Europa den Weg in die Diktatur. Was trieb diese Staaten zur „Flucht in die Unfreiheit"? Und war der Niedergang der Demokratie zwangsläufig oder gab es bis zuletzt nicht auch die Chance des Erfolges?

Wahlen zum Reichstag am 31. Juli 1932: Der damalige Reichskanzler der Weimarer Republik Franz von Papen verlässt ein Wahllokal. Die Bandbreite der politischen Parteien reichte von den rechtsextremen Nationalsozialisten bis zu den linksradikalen Kommunisten.

1923
nzösische Truppen besetzen das rgebiet. In Deutschland erreicht die Inflation ihren Höhepunkt.

1929
Dramatische Kurseinbrüche an der New Yorker Börse lösen eine Weltwirtschaftskrise aus. 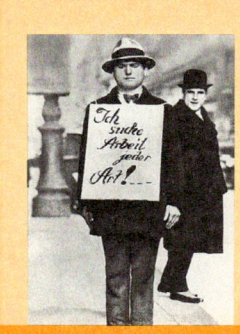

1933
In Deutschland beendet die Diktatur der Nationalsozialisten die Weimarer Republik.

1 Die Novemberrevolution beendet das Kaiserreich

Q1 Mitglieder des Arbeiter- und Soldatenrates besetzen am 9. November 1918 in Berlin eine Militärkaserne (Foto).

Zeitreise Online-Link:
427040-0005

Räte
Von Arbeitern und Soldaten gewählte Interessenvertretungen. Ihr Vorbild waren die erstmals 1905 in Russland von Arbeitern, Soldaten und Bauern gewählten „Sowjets". Diese verstanden sich nicht nur als gesetzgebende, sondern auch als ausführende Organe. Somit gab es keine Gewaltenteilung.

Von der Rebellion zur Revolution
„Lieber heldenhaft untergehen, als die Flotte an den Feind ausliefern" – das war die Haltung, auf die sich das Oberkommando der deutschen Kriegsflotte im Oktober 1918 versteift hatte. Das Ende der Kämpfe war bereits abzusehen. Dennoch wollten fanatische Offiziere die Flotte im Oktober 1918 zu einem letzten Gefecht gegen die überlegenen Briten in die Schlacht schicken. Doch die Schiffsbesatzungen wollten sich nicht sinnlos opfern lassen. Sie widersetzten sich dem Befehl, und es kam zur Rebellion. Den aufgebrachten Matrosen schlossen sich schnell Werftarbeiter und Soldaten, die aus dem Krieg zurückkehrten, an. Sie bildeten einen Soldatenrat und verhafteten die verhassten Offiziere. In den nächsten Tagen besetzten sie die Rathäuser der Küstenstädte. Deren Kontrolle übernahmen gewählte Vertreter aus den eigenen Reihen: die Arbeiter- und Soldatenräte. Der Aufstand weitete sich in den darauf folgenden Tagen zur Revolution aus. In fast allen Städten Deutschlands übernahmen Räte die Macht.

Das Ende der Monarchie
Am 9. November 1918 erreichte die Revolution Berlin. Streikende Arbeiter forderten die sofortige Beendigung des Krieges und die Abdankung des Kaisers. Nun überschlugen sich die Ereignisse: Unter dem Druck der Massen verkündete der Reichskanzler der kaiserlichen Regierung, Max von Baden, eigenmächtig den Rücktritt des Monarchen. Er ernannte den Vorsitzenden der SPD, Friedrich Ebert, zum neuen Reichskanzler. Fast zeitgleich riefen Philipp Scheidemann (SPD) und Karl Liebknecht (Spartakusbund) am Nachmittag des 9. November die Republik aus – allerdings mit unterschiedlichen Zielen.

Die Aufgaben der neuen Regierung
Ebert bildete eine provisorische Regierung. Ihr gehörten je drei Politiker der SPD und der USPD an. Die Übergangsregierung stand vor großen Problemen, z. B. wie man die zurückkehrenden Soldaten wieder in den Arbeitsprozess eingliedern konnte. Was war gegen Arbeitslosigkeit und Hungersnot zu tun? Aufgrund der Notlage waren insbesondere die SPD-Mitglieder im Rat der Volksbeauftragten dazu bereit, mit den führenden Kräften des alten Kaiserreichs – der Obersten Heeresleitung, den Beamten und den Unternehmern – zusammenzuarbeiten. Selbst offene Gegner der Republik blieben dadurch im Amt.

Parlament oder Räte?
Wie aber sollte die künftige Republik aussehen? Die SPD unter ihrem Vorsitzenden Ebert strebte eine parlamentarische Demokratie an. Eine gewählte Nationalversammlung sollte eine Verfassung ausarbeiten. Der linke Flügel der USPD und der kommunistische Spartakusbund dagegen wollten eine Räterepublik nach russischem Vorbild: Die Wirtschaft sollte verstaatlicht und die Macht in die Hände von Arbeiter- und Soldatenräten gelegt werden. Die Entscheidung fiel im Dezember auf einem Kongress der Arbeiter- und Soldatenräte in Berlin. Die große Mehrheit stimmte dort für die Wahl zur Nationalversammlung und somit für die parlamentarische Demokratie.

Q2 *Zweimal Ausrufung der Republik am 9. November 1918 in Berlin*

a) Philipp Scheidemann gegen 14 Uhr vom Balkon des Reichstagsgebäudes:

Arbeiter und Soldaten! Das deutsche Volk hat auf der ganzen Linie gesiegt. Das alte Morsche ist zusammengebrochen. (…) Die Hohenzollern haben abgedankt! Es lebe
5 die deutsche Republik! Der Abgeordnete Ebert ist zum Reichskanzler ausgerufen worden. (…) Jetzt besteht unsere Aufgabe darin, diesen glänzenden Sieg (…) nicht beschmutzen zu lassen, und deshalb bitte
10 ich Sie, sorgen Sie dafür, dass keine Störung der Sicherheit eintrete. (…) Ruhe, Ordnung und Sicherheit ist das, was wir jetzt brauchen.

b) Karl Liebknecht gegen 16 Uhr vor dem Berliner Schloss:

Der Tag der Revolution ist gekommen. Wir haben den Frieden erzwungen. (…) Parteigenossen, ich proklamiere die freie sozialistische Republik Deutschland. (…) Die
5 Herrschaft des Kapitalismus, der Europa in ein Leichenfeld verwandelt hat, ist gebrochen. (…) Wenn auch das Alte niedergerissen ist, dürfen wir doch nicht glauben, dass unsere Aufgabe getan ist. Wir müssen alle
10 Kräfte anspannen, um eine Regierung der Arbeiter und Soldaten aufzubauen und eine neue staatliche Ordnung des Proletariats zu schaffen, eine Ordnung des Friedens, des Glücks und der Freiheit unserer deutschen
15 Brüder und unserer Brüder in der ganzen Welt.

Q3 *Auszüge aus der Weimarer Verfassung:*

Art. 1: Das Deutsche Reich ist eine Republik. Die Staatsgewalt geht vom Volke aus. (…)

Art. 25: Der Reichspräsident kann den
5 Reichstag auflösen, jedoch nur einmal aus dem gleichen Anlass. (…)

Art. 48: Der Reichspräsident kann, wenn im Deutschen Reiche die öffentliche Sicherheit und Ordnung erheblich gestört oder
10 gefährdet wird, die zur Wiederherstellung der öffentlichen Sicherheit und Ordnung nötigen Maßnahmen treffen, erforderlichenfalls mithilfe der bewaffneten Macht einschreiten. Zu diesem Zwecke darf er
15 vorübergehend die (…) Grundrechte ganz oder zum Teil außer Kraft setzen.

Art. 54: Der Reichskanzler und die Reichsminister bedürfen zu ihrer Amtsführung des Vertrauens des Reichstags. Jeder von
20 ihnen muss zurücktreten, wenn ihm der Reichstag durch ausdrücklichen Beschluss sein Vertrauen entzieht.

Art. 109: Alle Deutschen sind vor dem Gesetze gleich. Männer und Frauen haben
25 grundsätzlich dieselben staatsbürgerlichen Rechte und Pflichten.

Q4 *Extraausgabe des „Vorwärts" vom 9. November 1918. Der „Vorwärts" war die offizielle Parteizeitung der SPD. Am 9. November wurden insgesamt sechs Extraausgaben gedruckt.*

1 Welche Ereignisse führten im November/Dezember 1918 zum Untergang des Kaiserreichs (VT, Q4)?
2 Untersuche, welche Ziele Philipp Scheidemann (SPD) und Karl Liebknecht (Spartakusbund) verfolgten (VT, Q2).
3 Stelle den Unterschied einer parlamentarischen Demokratie zu einer Räterepublik heraus.

2 Revolution in Bayern – vom Königreich zum Freistaat

1 Friedenskundgebungen auf der Theresienwiese (Foto, 7. November 1918)

2 Der Journalist Kurt Eisner (1867–1919) war der erste bayerische Ministerpräsident.

Die Revolution beendet die Monarchie

Die Situation in Bayern war im November 1918 wie in allen Teilen Deutschlands: Der lang andauernde Krieg, die Entbehrungen und die Angst vor einem neuen Hungerwinter machten die Menschen kriegsmüde und offen für revolutionäre Veränderungen. Viele Menschen sahen im bayerischen König Ludwig III. ein Werkzeug des Kaisers und machten Preußen für die Fortdauer des Krieges verantwortlich.

Die Nachricht vom Kieler Matrosenaufstand rief auf den Straßen Münchens Begeisterung hervor. Der Journalist Kurt Eisner von der USPD erfasste die Stimmung der Bevölkerung. Auf einer gemeinsamen Kundgebung mit der SPD am 7. November auf der Theresienwiese gelang es ihm, die Massen hinter sich zu bringen. Die Forderungen nach sozialen Verbesserungen, dem Rücktritt des Kaisers und einem sofortigen Waffenstillstand fanden großen Anklang bei den über 60 000 Menschen. Unter seiner Führung zogen Demonstranten gemeinsam mit Soldaten zu den Kasernen und besetzten alle wichtigen öffentlichen Gebäude. Rasch wurde ein Arbeiter- und Soldatenrat gebildet. Gegen Mitternacht rief Eisner im Landtag den „Freien Volksstaat Bayern" aus.

Kommunisten übernehmen die Macht

In ganz Bayern entstanden Arbeiter-, Soldaten- und Bauernräte. Sie kümmerten sich darum, dass die öffentliche Ordnung aufrechterhalten blieb. Am 12. Januar 1919 fanden die ersten Wahlen zum bayerischen Landtag statt. Dabei erlitt die USPD eine herbe Niederlage mit nur 2,5 % Stimmenanteil. Bei der ersten Sitzung des neuen Landtags am 21. Februar hatte der bisherige Ministerpräsident Eisner deshalb vor, seinen Rücktritt zu erklären. Doch auf dem Weg zum Landtagsgebäude wurde er von einem national eingestellten jungen Adeligen erschossen. Auf der Straße und im Landtag brach ein Aufruhr los, wobei ein Abgeordneter von den „Roten" erschossen und zwei verletzt wurden.

Am 7. April 1919 rief der aus der Rätebewegung hervorgegangene „Zentralrat der Bayerischen Republik" die „Räterepublik Bayern" aus. Jetzt gaben vor allem Kommunisten den Ton an. Am 13. April errichteten sie eine Herrschaft nach russischem Vorbild.

Bayern wird Demokratie

Inzwischen hatte am 17. März der Landtag eine Regierung gebildet und Johannes Hoffmann (SPD) zum neuen Ministerpräsidenten gewählt. Um sich in Sicherheit zu bringen, war die Regierung nach Bamberg geflohen, wo sie an einer neuen Verfassung arbeitete. Außerdem ergriff die Regierung Maßnahmen, um München von den Kommunisten zu befreien. Unterstützt wurde sie von zahlreichen entlassenen Soldaten, die sich den Freikorps anschlossen. Zusammen mit den Reichswehrtruppen schlugen sie die Räteherrschaft Anfang Mai mit äußerster Härte nieder. An die 750 Menschen wurden dabei getötet, darunter auch viele Unbeteiligte.

Mit der neuen Verfassung wurde Bayern im August 1919 eine parlamentarische Demokratie, der Begriff „Freistaat Bayern" wurde von den Revolutionären übernommen und wird bis heute verwendet.

3 *Der Schriftsteller Oskar Maria Graf beschreibt eindringlich die Ereignisse der Revolution in München:*

Vor der Bavaria waren dichte Massen und wuchsen von Minute zu Minute. Von den Hängen und Treppen des Denkmals herab redeten Männer. (…) Wir fanden endlich Eisner, der weither von einem Seitenhang herunter schrie. (…) Und brausend riefen alle: „Hoch Eisner! Hoch die Weltrevolution!" (…) In den Versammlungen redeten sie große Töne, dann zog man wieder mit Fahnen und Geschrei durch die Straßen. (…) „Nieder!" und „Hoch!" schrie man und wusste kaum warum. Die Reichen lebten noch genauso herrlich und in Freuden, sie hatten sich mit Hamsterwaren eingedeckt, kein Mensch krümmte ihnen ein Haar. (…) Auf dem Land kümmerte sich kein Mensch um die Revolution.
(…) Eines Morgens (…) lief wie ein Lauffeuer in alle Winkel und Ecken der aufgepeitschten Stadt: „Kurt Eisner ermordet! (…) Schießerei und Panik im Landtag!" Man schrieb den 21. Februar. Der Landtag sollte heute eröffnet werden. (…) Plötzlich fuhr (…) ein vollbesetztes Lastauto mit dichten Fahnen und Maschinengewehren vorüber, und laut schrie es herunter: „Rache für Eisner!" (…) Das war anders, ganz anders als am 7. November (…) „Geiselmord am Luitpoldgymnasium!", gellte förmlich von Ohr zu Ohr. Die Arbeiter hatten jene Verhafteten und zwei gefangene Regierungssoldaten erschossen. „Sontheimer tot! Egelhofer erschossen! Landauer ermordet!" war gleichsam die Antwort darauf und jetzt fing bei den Soldaten eine wahre Treibjagd auf verdächtige Zivilisten an (…) Überall zogen lange Reihen verhafteter, zerschundener, blutig geschlagener Arbeiter mit hochgehaltenen Armen. (…) Da schoss es schon nicht mehr (…) Das elegante Volk tummelte sich hier in den Hofgartencafes. (…) Die Räterepublik war zu Ende. Die Revolution war besiegt. Das Standgericht arbeitete emsig (…).

5 *Aufruf der Revolutionsregierung, der am 8. November 1918 in den Zeitungen erschien (Auszug):*

Die jetzige Umwälzung war notwendig, um im letzten Augenblick durch die Selbstregierung des Volkes die Entwicklung der Zustände ohne allzu schwere Erschütterung zu ermöglichen, bevor die feindlichen Heere die Grenzen überfluten oder nach dem Waffenstillstand die demobilisierten deutschen Truppen das Chaos herbeiführen. (…)
Die Bauern verbürgen sich für die Versorgung der Städte mit Lebensmitteln. Der alte Gegensatz zwischen Land und Stadt wird verschwinden. Der Austausch der Lebensmittel wird rationell organisiert werden.

4 *Erste Seite der Verfassung des Freistaats Bayern von 1919*

6 *Reichswehrtruppen haben einige Anhänger der Rätebewegung gefangen genommen. Viele wurden ohne Verfahren exekutiert, andere für mehrere Jahre in Festungshaft gehalten (Foto, 1919).*

1. Welche Rolle spielte Kurt Eisner bei der Revolution in Bayern?
2. Oskar Maria Graf berichtet als Zeitzeuge von der bayerischen Revolution in München. Versuche, die geschilderten Erlebnisse den Phasen der Revolution zuzuordnen:
   (1) November 1918: Die Revolution erreicht Bayern
   (2) Februar – April 1919: Radikalisierung der Revolution nach der Ermordung Eisners
   (3) Mai 1919: Konterrevolutionäre wüten in München (Q3)
3. Bewerte das Vorgehen der Freikorps und Reichswehrtruppen (VT).

3 Der schwere Weg in die Republik

1 Die Politiker Rosa Luxemburg (1871–1919) und Karl Liebknecht (1871–1919) waren Mitbegründer des Spartakusbundes.

Weimarer Republik
war ein parlamentarisch demokratischer und föderativer Rechts- und Verfassungsstaat, der auf der Weimarer Reichsverfassung basierte. Als Nachfolgestaat des Kaiserreiches bestand die Weimarer Republik formell bis zur Machtübernahme durch Adolf Hitler.

Weimarer Nationalversammlung
Sie arbeitete vom 6. Februar bis zum 31. Juli 1919 in Weimar die Verfassung der neuen Republik aus (daher der Name „Weimarer Republik"). Ihre Mitglieder waren in den ersten demokratischen Wahlen vom Volk gewählt worden.

Freikorps gegen die „rote Gefahr"
Der Weg zur ersten deutschen parlamentarischen Demokratie war geebnet. Es gab aber politische Kräfte, die dies unter allen Umständen zu verhindern versuchten – allen voran der Spartakusbund. Seine Mitglieder waren nicht bereit, die Vorstellung von der Räterepublik kampflos aufzugeben. Am 1. Januar gründeten die Spartakisten zusammen mit anderen linksradikalen Gruppierungen die Kommunistische Partei Deutschlands. Um die Revolution voranzutreiben, organisierte die KPD am 5. Januar in Berlin einen bewaffneten Aufstand. Die Regierung rief Einheiten der Reichswehr und Freiwilligenverbände zu Hilfe. Diese Freikorps bestanden meist aus entlassenen Berufssoldaten. Sie lehnten zwar die Demokratie ab, ihr Hass auf die „Roten" war aber noch größer. Innerhalb einer Woche wurde die Revolte mit großer Härte niedergeworfen. Dabei wurden auch die bekannten KPD-Führer Rosa Luxemburg und Karl Liebknecht von Freikorpssoldaten ermordet. Wo immer in den Jahren 1919 und 1920 kommunistische Aufstände drohten, setzte die Regierung unbedenklich die Freikorps ein.

Wahl zur Nationalversammlung
Bei den ersten freien, gleichen und geheimen Wahlen auf deutschem Boden entschied sich die große Mehrheit für demokratische Parteien. Erstmals durften auch Frauen als gleichberechtigte Bürgerinnen an den Wahlen teilnehmen. Die SPD wurde zwar stärkste Partei, erreichte aber nur 39 % der Stimmen. Viele Arbeiter hatten der Arbeiterpartei das Bündnis mit den Militärs und das brutale Vorgehen gegen die Spartakisten nicht verziehen. Weil man weitere Unruhen in Berlin befürchtete, trat die Nationalversammlung am 6. Februar in Weimar zusammen. Die SPD bildete mit der katholischen Zentrumspartei und der bürgerlich-demokratischen DDP die Regierung. Diese sogenannte Weimarer Koalition wählte Friedrich Ebert zum ersten Reichspräsidenten. Ebert wiederum ernannte den SPD-Politiker Philipp Scheidemann zum Reichskanzler.

Die Weimarer Verfassung
Am 11. August 1919 trat die von der Nationalversammlung ausgearbeitete neue Verfassung in Kraft. Sie sicherte allen Deutschen die Menschenrechte als Grundrechte zu. Auch besaßen nun alle Frauen das Wahlrecht. Gewählt wurde künftig nach dem Verhältniswahlrecht: Alle Parteien schickten genau im Verhältnis ihres erreichten Stimmenanteils Abgeordnete in den Reichstag. Das Volk sollte aber auch durch Volksbegehren und Volksentscheide direkt über Gesetze abstimmen können.

Der Reichspräsident als „Ersatzkaiser"?
Staatsoberhaupt war der Reichspräsident, der alle sieben Jahre direkt vom Volk gewählt wurde. Die Verfassung sprach ihm eine große Machtfülle zu. In Krisenzeiten konnte er Notverordnungen erlassen und so ohne den Reichstag regieren. Die Stellung des Reichskanzlers dagegen war schwach, denn er musste zurücktreten, wenn die Mehrheit im Reichstag ihm das Vertrauen entzog.
Die außerordentliche Machtfülle des Präsidenten sollte die Anhänger der Monarchie mit der Republik versöhnen und ein Gegengewicht zum Parlament bilden.

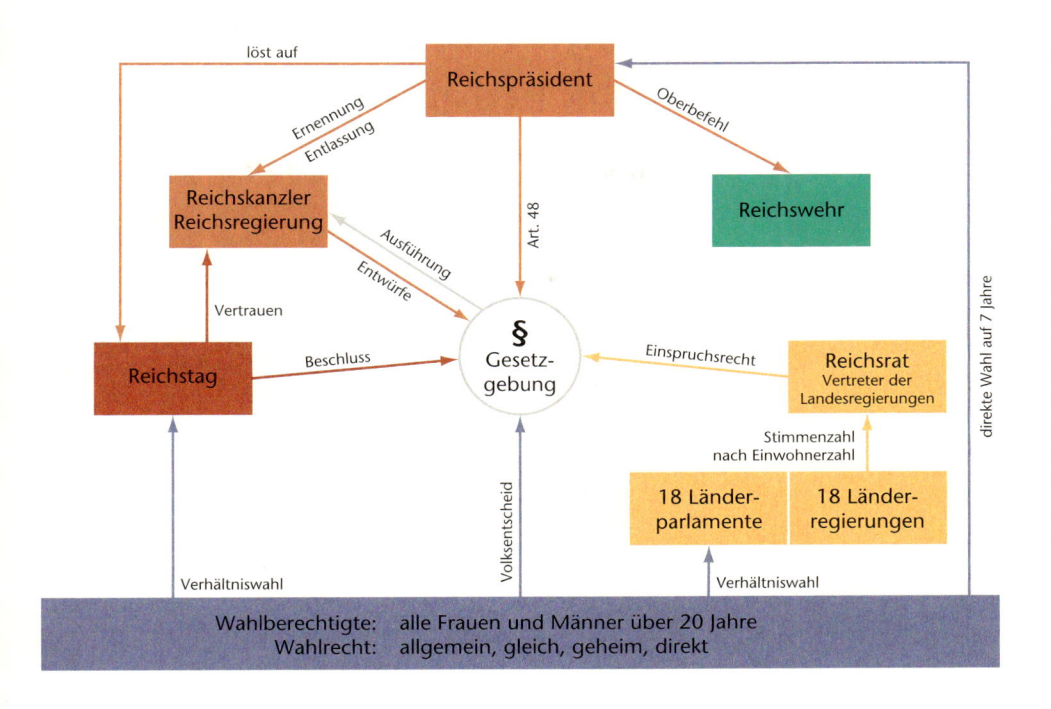

D2 Die Weimarer Verfassung: Im Reichstag war jede Partei entsprechend ihrem Stimmenanteil vertreten. Eine Fünfprozentklausel gab es nicht. So zogen auch Splitterparteien in den Reichstag ein, was die Bildung stabiler Regierungen erschwerte.
Der Reichspräsident erhielt eine besonders starke Stellung. Er konnte den Reichstag auflösen und in Krisenzeiten räumte ihm Art. 48 diktatorische Vollmachten ein.

Q2 Aus einem Aufruf der Reichsregierung vom 8. Januar 1919:
Mitbürger! Spartakus kämpft jetzt um die ganze Macht. Die Regierung (…) soll mit Gewalt gestürzt werden. (…) Wo Spartakus herrscht, ist jede persönliche Freiheit und Sicherheit aufgehoben. Die Presse ist unterdrückt, der Verkehr lahm gelegt. Teile Berlins sind Stätte blutiger Kämpfe. (…) Die Regierung trifft alle notwendigen Maßnahmen, um diese Schreckensherrschaft zu zertrümmern und ihre Wiederkehr ein für alle Mal zu verhindern. (…) Gewalt kann nur mit Gewalt bekämpft werden. (…) Die Stunde der Abrechnung naht.

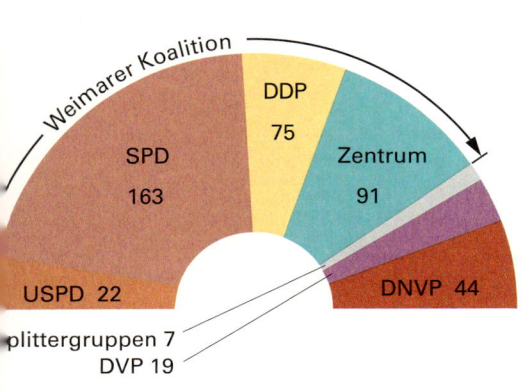

Q3 Aus einem Aufruf der Zentrale der KPD vom 9. Januar 1919:
Arbeiter! Genossen! Soldaten!
Grenzenlos war der Langmut der revolutionären Arbeiter Deutschlands; über alle Maßen ihre Geduld mit den vom Bruderblut besudelten Ebert-Scheidemann. Die Verbrechen dieser Verräter des Proletariats, dieser elenden Handlanger der kapitalistischen Scharfmacher schrien längst zum Himmel. (…)
Arbeiter! Genossen! Klar ist die Situation! Es geht aufs Ganze, es geht ums Ganze! (…) Heraus aus den Fabriken, ihr Arbeiter und Arbeiterinnen! Der Generalstreik aller Betriebe muss eure erste Antwort sein. Zeigt den Schurken eure Macht! Bewaffnet euch! Gebraucht die Waffen gegen eure Todfeinde, die Ebert-Scheidemann! Auf zum Kampf!

D1 Ergebnis der Wahlen zur Nationalversammlung: Die Deutsche Demokratische Partei (DDP) vertrat bürgerliche Schichten, das Zentrum den katholischen Bevölkerungsteil. Als Vertreterin der Industrie verstand sich die Deutsche Volkspartei (DVP). Die Deutschnationale Volkspartei (DNVP) wurde vor allem von Anhängern der Monarchie gewählt. Die KPD hatte die Wahl boykottiert.

1 Welche Ziel unterstellten Spartakusbund (KPD) und die SPD sich gegenseitig und welche Vorwürfe machten sie sich?
2 Erkläre das relativ enttäuschende Abschneiden der SPD bei den Wahlen zur Nationalversammlung (VT, Q3).
3 Beschreibe die Stellung des Reichspräsidenten in der Weimarer Verfassung. Diskutiert die Gründe für diese Machtfülle und mögliche Nachteile (D2).

4 Lasten und Legenden – die junge Republik unter Druck

1 Ausschnitt aus einem Wahlplakat der Deutschnationalen Volkspartei 1924

Linksradikale, Rechtsradikale
In beiden politischen Lagern gab es radikale Extremisten, die ihre antidemokratischen Forderungen mit Gewalt durchsetzen wollten.

Reparationen
(von lat. reparare = wiederherstellen, erneuern)
Den Besiegten eines Krieges auferlegte Leistungen zum Ausgleich der Kriegsschäden der Sieger. Dies können Geldzahlungen oder Sachlieferungen sein.

Die „Dolchstoßlegende"
Im Oktober 1918 war der Krieg für Deutschland verloren. Die Oberste Heeresleitung (OHL) forderte den Abschluss eines Waffenstillstandes. Wer aber sollte die Verhandlungen führen? Die OHL gab die Verantwortung für die Niederlage an die demokratischen Politiker ab. Der Zentrumspolitiker Matthias Erzberger unterzeichnete als Leiter der deutschen Delegation im November 1918 ein Waffenstillstandsabkommen – auf Drängen der OHL trotz größter Bedenken. Nur wenige Monate später verbreiteten die Generäle Paul von Hindenburg und Erich Ludendorff jedoch in der Öffentlichkeit, das Heer sei „im Felde unbesiegt", man habe es „von hinten erdolcht". Für die Niederlage machten sie die Novemberrevolution und demokratische Politiker wie Friedrich Ebert von der SPD verantwortlich, die hinterrücks den Waffenstillstand ausgehandelt hätten.

Die Last des Versailler Vertrags führt zum „rechten" Putsch
Die Politiker, die sich für den Versailler Friedensvertrag einsetzten, wurden offen angefeindet. Die hohen Reparationsleistungen, die Gebietsabtretungen und den Vorwurf der Alleinschuld des Deutschen Reichs am Krieg empfanden viele Deutsche als Kränkung ihrer nationalen Ehre.

Der Versailler Vertrag bestimmte die Entwaffnung Deutschlands, somit mussten auch die Freikorps aufgelöst werden. Doch diese wehrten sich und begannen einen Putsch. Angeführt von dem DNVP-Politiker Wolfgang Kapp besetzten sie am 13. März 1920 Berlin. Ebert forderte vom Chef der Reichswehr, Hans von Seeckt, die Regierung zu verteidigen. Dieser verweigerte jedoch den Gehorsam, weil Reichswehr nicht auf Reichswehr schieße. Ebert und Teile der Regierung mussten nach Stuttgart fliehen. Die Gewerkschaften riefen zu einem allgemeinen Streik auf, wodurch der Militärputsch rasch zusammenbrach.

Republik ohne Republikaner
Die „Dolchstoßlegende" und der „Schandvertrag von Versailles" vergifteten das politische Klima in Deutschland. Die Ablehnung der Demokratie kam im Hass auf die Politiker von Weimar zum Ausdruck. Für die Anhänger des alten Kaiserreichs waren sie „Novemberverbrecher" und „Vaterlandsverräter", für die Kommunisten „Arbeiterschlächter" und „Spartakusmörder". Die Hetzkampagnen hatten schwerwiegende Folgen: Demokratische Politiker, die in der militärischen Niederlage die Verantwortung auf sich genommen hatten, wurden von Fanatikern aus den verbotenen Freikorps getötet – so etwa 1921 Matthias Erzberger, der Unterzeichner des Waffenstillstandes, und 1922 Reichsaußenminister Walter Rathenau, der auch wegen seiner jüdischen Herkunft verunglimpft wurde.

Reichskanzler Joseph Wirth versuchte mit einem Republikschutzgesetz härter gegen die Extremisten vorzugehen – vergeblich. Denn viele Richter, Beamte, Offiziere und Industrielle sympathisierten mit den rechten Tätern und wandten sich gegen die Demokratie.

Q2 *Am 1. Oktober 1918 äußerte sich Generalfeldmarschall Erich Ludendorff vor seinen Offizieren zur militärischen Lage:*
Die Oberste Heeresleitung und das deutsche Heer sind am Ende. Der Krieg ist nicht mehr zu gewinnen. Ich stehe nunmehr auf
5 dem Standpunkt, dass schleunigst Schluss gemacht werden muss. Ich habe aber seine Majestät gebeten, jetzt auch diejenigen Kreise an die Regierung zu bringen, denen wir es in der Hauptsache zu verdanken haben,
10 dass wir so weit gekommen sind. Wir werden also diese Herren jetzt in die Ministerien einziehen sehen. Die sollen nun den Frieden schließen, der jetzt geschlossen werden muss. Sie sollen die Suppe jetzt
15 essen, die sie uns eingebrockt haben.

Q3 *Der Schriftsteller Stefan Zweig kommentiert am 5. Dezember 1918 in einem Zeitschriftenbeitrag die Lage der jungen deutschen Republik:*
Ich will versuchen, etwas deutlich zu sagen, was man vorerst nicht gerne wird wissen wollen, obwohl es jeder weiß. Dass nämlich
5 in Deutschland die Republik noch nicht da ist, sondern nur ihre Form. (…) Die Republik ist da, aber noch kein republikanisches Bewusstsein. (…) Dieses – das republikanische Bewusstsein – muss erst geschaffen
10 werden; nichts tut mehr Not für die nächsten Stunden, nächsten Wochen, nächsten Jahre. (…) Es [das Volk] hat die Republik als eine Hoffnung auf Rettung in dem ungeheuren Elend genommen wie eine Arznei. Betrügen wir uns nicht: Es war nicht
15 der Geist, der Glaube, die Überzeugung, die jene Wandlung bewirkten, sondern die Not, der Hass, die Erbitterung.

Politische Morde begangen von	Linksradikalen	Rechtsradikalen
Anzahl der Morde	22	354
ungesühnte Morde	4	326
teilweise gesühnte Morde	1	27
gesühnte Morde	17	1
verurteilte Mörder	38	24
freigesprochene Täter	–	23
hingerichtete Mörder	10	–
Freiheitsstrafe je Mord	15 Jahre	4 Monate

D1 *Gerechte Richter? Rechtsprechung in den Jahren 1918–1922*

Q4 *Der Journalist Kurt Tucholsky schreibt 1919 unter dem Titel „Das erdolchte Heer":*
Die Generale habens gesagt
und haben die Heimat angeklagt.
Die Heimat – heißt es – erdolchte das Heer.
Aber die Heimat litt viel zu sehr!
5 Sie schrie und ächzte unter der Faust.
Es würgt der Hunger, der Winterwind saust.
Ihr habt der Heimat erst alles genommen
und seid noch besiegt zurückgekommen.
Besiegt hat euch euer eigener Wahn.
10 Dreimal kräht jetzt der biblische Hahn.
Und nach so vielen Fehlern und falschen Taten
habt ihr nun auch die Heimat verraten.
Die Heimat, die Frauen, die Schwachen, die
15 Kranken –
Wir danken, Generale, wir danken!

1 Welche Folgerungen zog Ludendorff aus seinem Eingeständnis (Q2)?
2 Erläutere, warum die „Dolchstoßlegende" und der Versailler Vertrag enorme Belastungen für die erste deutsche Republik darstellten (VT).
3 Diskutiert anhand von D1 die Behauptung, die Justiz der Weimarer Republik sei „auf dem rechten Auge blind" gewesen.
4 Stefan Zweig unterscheidet in seinem Artikel (Q3) republikanische Form und republikanisches Bewusstsein. Was meint er damit?
5 Untersuche das Gedicht von Kurt Tucholsky (Q4). Beschreibe das Verhältnis zwischen den Generälen, der Heimat und dem Heer.

Q5 *Friedrich Ebert (1871–1925) war 1919–1925 der erste Reichspräsident der Weimarer Republik.*

5 1923 – Krisenjahr der Republik

Q 1 *Inflationsgeld,* überdruckter 20-Mark-Schein

Inflation
bezeichnet den Wertverlust des Geldes durch Vermehrung der Geldmenge. Der Staat lässt Geld drucken, die Warenmenge wird aber nicht vermehrt. Dies führt zu steigenden Preisen. Sachwerte, wie Grundstücke oder Schmuck, behalten ihren Wert. Wer Schulden hat, kann sie nun leichter zurückbezahlen.

Inflation und Ruhrkampf
Das deutsche Kaiserreich hatte den Krieg über Kredite finanziert, die Schulden erbte die junge Republik. Dagegen brachte die Regierung mehr Geld in Umlauf, doch das führte zur Inflation.
Als Deutschland es 1922 nicht mehr schaffte, seine Reparationen an Frankreich pünktlich zu zahlen, marschierten im Januar 1923 französische Truppen in das Ruhrgebiet ein. Sie sollten die Förderung und den Abtransport der Kohle überwachen. Eine Welle der Empörung einte ausnahmsweise alle politischen Lager in Deutschland. Die Regierung rief zum „passiven Widerstand" auf: Zechen wurden stillgelegt, Fabriken bestreikt, Beamte verweigerten die Zusammenarbeit mit den Besatzern. Radikale Kräfte sprengten sogar Gleise und überfielen Wachposten.

Die Inflation galoppiert
Dem Staat kam die Unterstützung der Streikenden teuer zu stehen. Allein der Produktions- und Steuerausfall sowie die Versorgung der Bevölkerung an der Ruhr kosteten die Staatskasse täglich rund 40 Millionen Goldmark. Um das bezahlen zu können, ließ die Regierung Geld drucken. Die in Umlauf gebrachten Geldscheine waren jedoch nicht durch Gold oder staatlichen Besitz gedeckt. Zudem standen der aufgeblähten Geldmenge immer weniger käufliche Güter gegenüber. Das heizte die Inflation weiter an: Die Warenpreise stiegen unaufhörlich, der Wert des Geldes verfiel in rasender Geschwindigkeit. Deswegen musste der Ruhrkampf im September 1923 abgebrochen werden.
Um den Geldmarkt zu festigen, führte die Regierung eine Währungsreform durch: 1 Billion Papiermark entsprachen ab dem 15. November einer Rentenmark. Die großen Verlierer der Inflation waren die Sparer, während Schuldner zu den Gewinnern gehörten, weil sie ihre Verpflichtungen mit wertlosem Geld zurückzahlen konnten. Entsprechend sanken auch die deutschen Kriegsschulden von 164 Milliarden Mark auf den Wert von 16,4 Pfennig.

Der Marsch auf die Feldherrnhalle
Radikale Kräfte aus dem konservativen Lager planten seit der Abschaffung der Monarchie, die Regierung durch eine Militärdiktatur zu ersetzen. Deshalb förderten sie republikfeindliche Parteien wie die NSDAP. Diese Partei war bald deutschlandweit bekannt, denn ihr Vorsitzender Adolf Hitler erregte mit seinen Hetzreden große Aufmerksamkeit. Auch die brutalen Übergriffe der Parteiarmee, der „Sturmabteilung", kurz SA, waren berüchtigt.
Nach dem Ende des Ruhrkampfes erklärte die bayerische Regierung den Notstand und verweigerte der Reichsregierung den Gehorsam. Diese Krisensituation nutzte Hitler gemeinsam mit Erich Ludendorff für einen Putsch. Mit Waffen erpresste Hitler am 8. November die Unterstützung von bayerischen Politikern und marschierte am 9. November mit etwa 2000 Anhängern durch München. Doch die bayerische Regierung gab ihre Umsturzpläne auf und ließ den Aufmarsch durch die Polizei niederschlagen. Hitler wurde wegen Hochverrats vor Gericht gestellt, jedoch nur zu fünf Jahren Festungshaft verurteilt und bereits nach neun Monaten entlassen.

Q2 *Der Schriftsteller Max Krell erinnert sich an die Zeit der Inflation:*

Die Mark rutschte, fiel, überstürzte sich, verlor sich im Bodenlosen. Städte, Fabriken, Handelsunternehmungen druckten Assignaten [Papiergeld] nach eigenem Belieben,
5 ließen Milliardenflocken auf die Straße schneien. Keiner wollte die bunten Zettel wirklich haben. Wer wusste denn, ob sie gedeckt waren? Die Inflation machte aus dem Geld einen Unsinn. Wer etwas davon
10 in die Tasche bekam, stopfte es am Vormittag in irgendeine Geschäftskasse, um etwas zu erstehen, das er nicht brauchte, der Kaufmann stürzte mit dem Papier in ein anderes Geschäft, nur fort damit, es war, als
15 ob die Geldzettel giftig oder feucht wären; ein Mann kaufte zwanzig Badewannen, das Wort „Sachwerte" wurde Trumpf.

Q3 *Der britische Botschafter in Berlin Viscount d'Abernon blickt am Ende des Jahres 1923 zurück:*

Nun geht das Krisenjahr zu Ende. Die inneren und äußeren Gefahren waren so groß, dass sie Deutschlands ganze Zukunft bedrohten. (…) In den zwölf Monaten vom
5 Januar bis heute hat Deutschland die folgenden Gefahren überstanden:
Die Ruhrinvasion;
den kommunistischen Aufstand in Sachsen und Thüringen;
10 den Hitler-Putsch in Bayern;
eine Wirtschaftskrise ohnegleichen;
die separatistische Bewegung im Rheinland.

Jeder einzelne dieser Faktoren, falls er sich
15 ausgewirkt hätte, würde eine grundlegende Veränderung entweder in der inneren Struktur des Landes oder in seinen Beziehungen nach außen herbeigeführt haben. Jedes dieser Gefahrenmomente, falls es
20 nicht abgewendet worden wäre, hätte jede Hoffnung auf eine allgemeine Befriedigung vernichtet. Politische Führer in Deutschland sind nicht gewohnt, dass ihnen die Öffentlichkeit Lorbeeren spendet. Und doch ha-
25 ben diejenigen, die das Land durch diese Gefahren durchgesteuert haben, mehr Anerkennung verdient, als ihnen zuteil wird.

Q4 *Ein deutscher Arbeiter versperrt zwei französischen Soldaten den Weg* (Plakat der Reichsregierung aus dem Jahr 1923).

Zeitreise multimedial – „Das 20. Jahrhundert (1914–1949)" – Bild- und Tondokumente zum Krisenjahr 1923

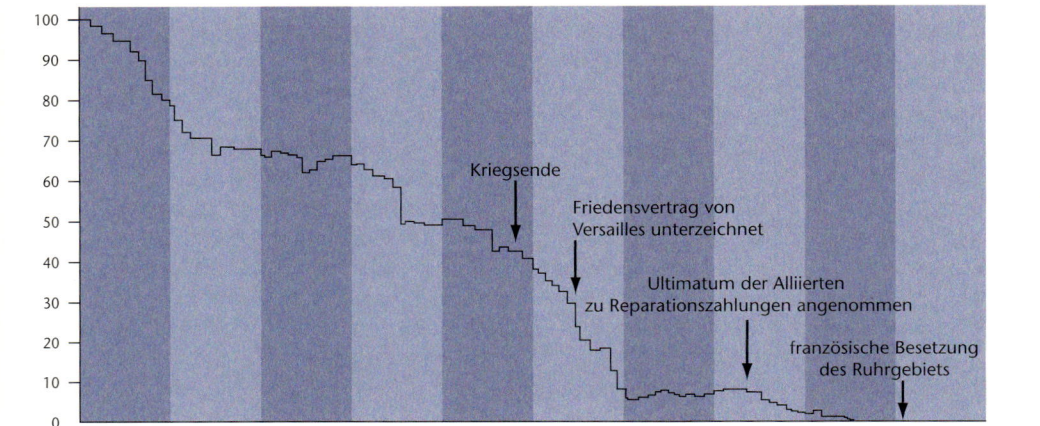

Q1 *Der Wertverfall der Mark 1914–1923 (Januar 1914 = 100)*

1 Erläutere die Ursachen der Inflation und wie sie das Leben der Menschen veränderte.

2 Viele Menschen gaben der Republik die Schuld an der Inflationskrise. Nimm dazu Stellung und begründe deine Meinung (VT, D1).

3 Erläutere, warum die Weimarer Republik gleichzeitig Gewinner und Verlierer der Inflation von 1923 war (VT, D1).

113

6 Versöhnung und Wohlstand

○ 1 Der deutsche Außenminister Gustav Stresemann, der britische Außenminister Sir Joseph Austen Chamberlain und der französische Außenminister Aristide Briand während der Konferenz von Locarno 1925 (kolorierte Fotografie)

Die Last des Versailler Vertrags
Die Reparationsfrage und der Ruhrkampf zeigten, dass das Deutsche Reich nach 1919 ein Außenseiter in der internationalen Politik war. Aber in den Jahren nach 1923 gelang es dem neuen Außenminister Gustav Stresemann, die Beziehungen zu den Siegermächten zu verbessern. Mit seiner Verständigungspolitik hoffte er, den Versailler Vertrag schrittweise verändern zu können.

Regelung der Reparationsfrage
Die neue, stabile Währung bildete die Grundlage, dass amerikanische Banken Deutschland Kredite gewährten. Auch um die Reparationsfrage tragfähig regeln zu können, war die Währungsreform wichtig gewesen. Den ersten Schritt bildete der „Dawes-Plan" von 1924, der die jährliche Höchstsumme der Zahlungen auf 2,5 Milliarden Goldmark beschränkte. 1929 folgte der „Young-Plan", worin eine Gesamtsumme von 112 Milliarden festgelegt wurde, zu zahlen in insgesamt 59 Jahren. Zwar bekämpften die nationalistischen Parteien wie DNVP und NSDAP diese „Erfüllungspolitik" gegenüber den Siegern heftig. Doch brachten die US-Kredite das nötige Geld für Investitionen in Deutschland, wodurch sich die deutsche Wirtschaft rasch erholte und ein schnelles Wachstum erlebte.

Verständigung mit Frankreich
Stresemann war es besonders wichtig, eine Verständigung mit Frankreich zu erreichen. Auf französischer Seite stand ihm ein Gesprächspartner gegenüber, der ebenfalls den Willen zur Versöhnung hatte: Aristide Briand. Im Oktober 1925 schlossen sie den Vertrag von Locarno. Darin bestätigten Deutschland, Frankreich und Belgien die deutsche Westgrenze. Gegenüber Polen und der Tschechoslowakei verzichtete Deutschland auf eine gewaltsame Änderung der Grenzen, ließ aber eine friedliche neue Grenzziehung noch offen. Auf diese Weise wollte Stresemann einerseits Frankreichs Sicherheitsbedürfnis befriedigen. Andererseits hoffte er, die deutschen Nationalisten für seine Politik zu gewinnen, denn diese erkannten den Verlust Westpreußens, Posens und Oberschlesiens und die jetzige Grenze zu Polen nicht an.
Im Gegenzug erklärte sich Frankreich bereit, seine Truppen aus den besetzten Gebieten im Ruhr- und Rheingebiet abzuziehen. Als Deutschland dann 1926 in den Völkerbund aufgenommen wurde, war die Außenseiterrolle überwunden.

Fortschrittliche Sozialpolitik
Trotz mehrfacher Regierungswechsel waren die Jahre zwischen 1923 und 1928 eine politisch stabile Zeit. Der Staat unterstützte den Wirtschaftsaufschwung durch eine rege Bautätigkeit. 1,6 Millionen Wohnungen wurden von 1925 bis 1930 erbaut. Es gab weniger als 10 % Arbeitslose, während die Einkommen jährlich um rund 4 % wuchsen.
Ein wichtiger sozialpolitischer Fortschritt war die Einführung der Arbeitslosenversicherung. Die frühere städtische Fürsorge wurde abgeschafft, Arbeitgeber und Arbeitnehmer zahlten in die Versicherung ein. So bekamen Arbeitslose erstmals in Deutschland eine geringe, aber gesicherte Unterstützung. Dies war eine wichtige Verbesserung, um den Gegensatz zwischen Arbeitern und Unternehmern zu verringern.

1918	allgemeines Frauenwahlrecht; Einrichtung der Erwerbslosenfürsorge; Acht-Stunden-Arbeitstag
1919	Anerkennung der Gewerkschaften als Vertreter der Arbeiter und ihres Mitspracherechts bei Löhnen und Arbeitsbedingungen
1920	Betriebsrätegesetz
1923	Einrichtung von Jugendgerichten
1924	Einrichtung der Angestelltenversicherung
1927	Arbeits- und Kündigungsschutz für werdende und stillende Mütter; Einrichtung von Arbeitsämtern und Arbeitslosenversicherung

1 *Sozialpolitische Errungenschaften* aus der Zeit der Weimarer Republik

2 *Seine außenpolitischen Ziele legte Gustav Stresemann 1925 in einem Brief dar:*
Die deutsche Außenpolitik hat für die nächste absehbare Zeit drei große Aufgaben (…). Einmal die Lösung der Reparationsfrage (…) und die Sicherung des Friedens, die die Voraussetzung für eine Wiedererstarkung Deutschlands ist. Zweitens rechne ich dazu den Schutz der Auslandsdeutschen, jener zehn bis zwölf Millionen Stammesgenossen, die jetzt unter fremdem Joch in fremden Ländern leben. Die dritte große Aufgabe ist die Korrektur der Ostgrenzen: die Wiedergewinnung Danzigs, des polnischen Korridors, der Grenze in Oberschlesien.

3 *Zu Deutschlands Aufnahme in den Völkerbund sagte der französische Außenminister Aristide Briand in einer Rede:*
Ich denke, dass unter den Völkern, deren Länder geografisch zusammengehören wie die der europäischen Völker, eine Art von föderativem Band bestehen sollte. Diese Völker (…) müssen untereinander ein Band der Solidarität knüpfen, das es ihnen erlaubt, widrigen Verhältnissen im gewünschten Augenblick zu begegnen, wenn sie eintreten sollten (…). Selbstverständlich wird die Gemeinschaft vor allem auf dem Gebiete der Wirtschaft tätig sein: Dort ist es am nötigsten. Aber ich bin mir auch sicher, dass das föderative Band (…) vom politischen oder sozialen Standpunkt aus gesehen von Nutzen sein kann.

4 *Volksbegehren gegen den Young-Plan* (Plakat von 1929). DNVP und NSDAP erreichten im Volksbegehren zwar die erforderlichen 10 % der Wählerunterschriften. Doch der Volksentscheid scheiterte, weil ihn nur 13,8 % der Wähler unterstützten.

5 *Ein Augenzeuge berichtet vom Einzug der deutschen Delegation beim Völkerbund am 10. September 1926:*
Der Beifall hatte eine wahre Orkanstärke erreicht. Von allen Seiten wurde geklatscht und Bravo gerufen. (…) Inzwischen tobte das Publikum auf den Tribünen, Tücherwinken, Hüteschwenken, „bravo Stresemann". (…) Eine Szene, wie sie sich im Völkerbund noch nie abgespielt hatte.

1. Fasse die wichtigsten Ziele Gustav Stresemanns und die Mittel seiner Außenpolitik zusammen (VT, Q2).
2. Welche Erfolge brachte die neue Außenpolitik für Deutschland und Europa (VT, Q3, Q5)?
3. Beschreibe die Reparationsregelung und deren wirtschaftliche Folgen (VT). Bewerte dann das Plakat Q4.

7 Goldene Zwanziger

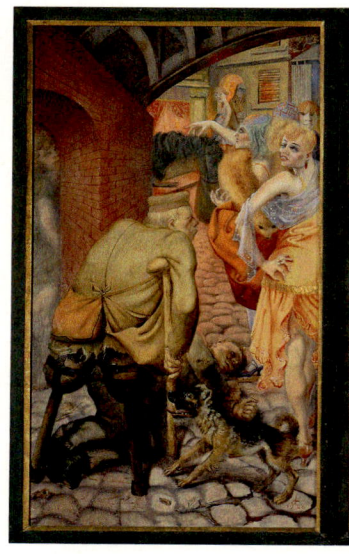

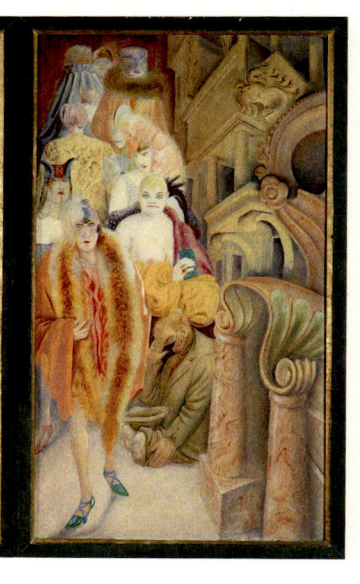

1 *„Großstadt"*, ein berühmtes Gemälde der „Neuen Sachlichkeit" von Otto Dix, 1927/28 (181 x 402 cm). Viele Maler und Schriftsteller machten die Metropole Berlin zum Thema ihrer Werke.

Neue Sachlichkeit
Eine in den 1920er-Jahren in Deutschland aufgekommene Kunstrichtung, die die Wirklichkeit realistisch erfasste und sich kritisch mit der Gesellschaft auseinandersetzte. Der Begriff geht auf eine Ausstellung moderner Malerei in Mannheim 1925 zurück.

„Hoppla, wir leben!"
So heißt ein Theaterstück von Ernst Toller, das 1927 in Hamburg uraufgeführt wurde. Der Titel spiegelt den vorsichtigen Optimismus, der sich in Deutschland infolge der leichten wirtschaftlichen und politischen Erholung nach dem Krisenjahr 1923 ausbreitete. Es schien, als ginge es nun endlich aufwärts. Die „Goldenen Zwanziger Jahre" voller Lebenshunger und Modernität brachen an. Sie waren aber auch eine unruhige Zeit voller Extreme und Ungewissheiten.

Weltstadt Berlin
Vor allem die Metropole Berlin mit ihren vier Millionen Einwohnern verkörperte die neue, moderne Welt. Mitte der 1920er-Jahre existierten in der Hauptstadt 49 Theater, 3 Opernhäuser sowie 75 Kabarett- und Varietébühnen. Das Nachtleben blühte: In Tanzhallen und Bars war Jazz- und Swingmusik aus den USA zu hören, zu der neue Tänze wie der Charleston ausprobiert wurden. Zwar konnte sich dieses aufregende Leben nur ein kleiner Kreis von Wohlhabenden leisten, doch auch für die breite Bevölkerung nahm das Freizeitangebot zu. Tageszeitungen, „Groschenromane" und die neuen Illustrierten warben um Leser. Hinzu kamen die ersten Radioprogramme und Tonfilme im Kino. Eine Massenkultur war entstanden.

Kulturelle Blütezeit
Die Umbrüche, die die Weimarer Republik hervorgerufen hatte, setzten enorme künstlerische Energie und Kreativität im Kulturleben frei. Viele Künstler ließen sich von der großstädtischen Atmosphäre inspirieren und experimentierten mit neuen Stilen und Formen. Oft schockierten sie die Öffentlichkeit. Einige Kritiker beklagten deshalb lautstark die „Verrottung der Kunst".
Die „Neue Sachlichkeit" wurde zur dominierenden Kunstrichtung, die Großstadt zum zentralen Thema. So fingen Maler wie Otto Dix und George Grosz das Leben in den modernen Metropolen in ihren Bildern ein. Alfred Döblin schilderte in seinem Roman „Berlin Alexanderplatz" den Alltag des „kleinen Mannes", während Regisseur Fritz Lang im Science-Fiction-Film „Metropolis" seine Vision von einer Zukunftsstadt offenbarte.

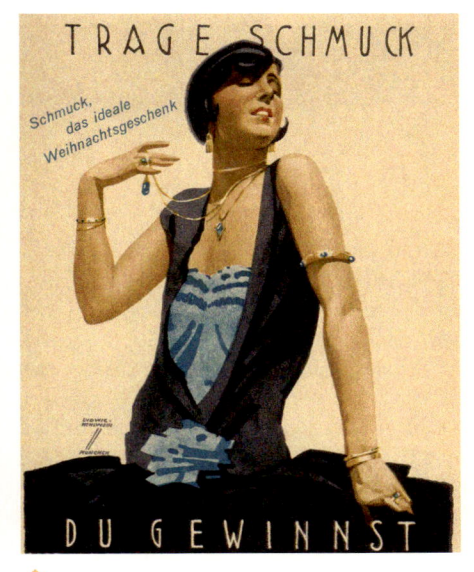

2 *Werbeplakat von 1925 und Titelblatt einer Mode- und Frauenzeitschrift vom Mai 1922. Das Bild eines neuen Frauentyps wurde in den 1920er-Jahren durch Werbung, Filme und Zeitschriften verbreitet.*

Bild- und Tondokumente zur Kultur der Weimarer Republik findest du unter www.dhm.de/lemo/home.html

3 *Ein junger Mann aus einem Berliner Arbeiterviertel schreibt über die 1920er-Jahre:*
Von der kulturellen Metropole Europas merkten wir im Norden Berlins wenig. Die „goldenen zwanziger Jahre" fanden in den Theaterzentren, Galerien und feinen Restaurants statt, waren eine Angelegenheit sensationeller Bälle und Galas der Neureichen, der Nachtlokale und Künstler-Cafés (…). Den Kulturbedarf der breiten Massen befriedigten das Radio, der neue Unterhaltungsfilm, die Trivialliteratur sowie Revuen und Tanzlokale. Die Schlager (…) halfen Luftschlösser bauen, erleichterten die Flucht aus dem grauen Alltag.

der Volkshochschulen wurden Massenspektakel populär: Boxkämpfe und Sechstagerennen zogen Zuschauermengen an. Die neuen Kinopaläste, Varietés, Tanzsäle, Sportarenen waren Hochburgen der neuen Freizeitwelt. (…) Massenkultur ist nicht zu denken ohne Massenkonsum. Die Versorgung der Bevölkerung mit neuen Produkten verbesserte sich stetig. Im Jahr 1932 kamen in Deutschland auf je 1000 Einwohner 66 Rundfunkgeräte, 52 Fernsprechanschlüsse und 8 Personenautos. Das entsprach dem europäischen Durchschnittswert.

1 Beschreibe Q1 genau. Wie ist das Großstadtleben dargestellt?
2 Erläutere den Begriff „Massenkultur". Zeige auf, wie und in welchen Bereichen sich diese Kultur entwickelt hat (VT, Q4).
3 Beschreibe, welche Botschaft Zeitschrift und Werbung (Q2, Q5) von der „neuen Frau" vermitteln wollen.

4 *Über die Entstehung der modernen Massenkultur schreibt die Historikerin Ursula Becher:*
Erst in der Weimarer Republik wurde mit Arbeitszeitverkürzung und Urlaubsregelung die Voraussetzung für die moderne Freizeit geschaffen. Erst jetzt war es einer breiten Bevölkerung möglich, die nach ihrer Berufstätigkeit verbleibende Zeit nach eigenen Wünschen zu gestalten und an Vergnügungen teilzunehmen, die bisher vorwiegend dem Bürgertum vorbehalten waren. Außer den traditionellen und erweiterten Bildungsangeboten wie Theater, Bibliotheken, Museen, Konzerte, Veranstaltungen

5 *Blechdose für Zigaretten, 1925–1930*

8 Die Weltwirtschaftskrise erfasst Deutschland

Q 1 *Wie Millionen Menschen in allen Industrieländern, so bot auch dieser Deutsche seine Arbeitskraft an* (Foto).

Weltwirtschaftskrise
Damit wird die große Wirtschaftskrise bezeichnet, die ab 1929 alle Industrieländer erfasste und Auswirkungen auf die ganze Welt hatte. Sie begann am Donnerstag, den 24. Oktober 1929 in New York. An der dortigen Börse brachen die Kurse ein, weil Spekulanten in einer Panik so schnell wie möglich riesige Mengen an Aktien verkauften. Der Kurssturz erreichte die europäischen Märkte einen Tag später und ging als „Schwarzer Freitag" in die Geschichte ein.

Der Börsencrash an der Wall Street ...
Nachdem es Ende 1923 gelungen war, die Inflation zu stoppen, blühte die deutsche Wirtschaft in den Folgejahren auf. Allerdings war der Wohlstand auf Pump finanziert. Vor allem aus den USA flossen Anleihen und Kredite in Milliardenhöhe. Deshalb wurde Deutschland von der amerikanischen Wirtschaftskrise, die im Herbst 1929 schlagartig mit dramatischen Kurseinbrüchen an der New Yorker Börse einsetzte, besonders hart getroffen. Die Krise der USA griff aber auch auf andere Länder über und weitete sich schnell zur Weltwirtschaftskrise aus.

... wird zur Weltwirtschaftskrise
Deutschland bekam die Folgen des amerikanischen Niedergangs doppelt zu spüren. Zum einen ging der deutsche Export stark zurück. In den Überseehäfen stauten sich Schiffe, die ihre Güter nicht entladen konnten, weil die Empfänger nicht in der Lage waren, die Waren zu bezahlen. Zum anderen forderten amerikanische Banken wegen des Geldmangels in den USA Kredite zurück, die sie nach Deutschland vergeben hatten. Einige deutsche Banken wurden dadurch zahlungsunfähig. Eine verhängnisvolle Spirale setzte nun ein: Der Zusammenbruch der Banken zog den Konkurs von Betrieben nach sich, die auf die Kredite angewiesen waren. Andere Firmen mussten wegen mangelnder Aufträge ihre Produktion herunterfahren und Arbeitnehmer entlassen. Dadurch wurden weniger Waren gekauft, und in der Folge gingen auch die Steuereinnahmen des Staates zurück. Dieser sah sich zu Sparmaßnahmen gezwungen und konnte weniger Aufträge an die Wirtschaft vergeben.

Folgen der Wirtschaftskrise: Massenarbeitslosigkeit und Not
Die Arbeitslosigkeit, die auch in den Jahren des wirtschaftlichen Aufschwungs in Deutschland verhältnismäßig hoch gewesen war, schwoll jetzt durch die Entlassungen der Unternehmen zu einer Massenarbeitslosigkeit an. Seit 1927 gab es zwar in Deutschland eine Arbeitslosenversicherung, sie hatte aber in der kurzen Zeit ihres Bestehens keine Rücklagen bilden können, und ihre Einnahmen waren durch die schwindende Zahl der Arbeitnehmer immer mehr zurückgegangen. Daher war die Arbeitslosenunterstützung sehr niedrig und konnte nicht über einen längeren Zeitraum ausgezahlt werden. 1932 bekamen von mehr als sechs Mio. Arbeitslosen 1,8 Mio. Wohlfahrtsunterstützung und knapp 800 000 Familien überhaupt keine Unterstützung mehr.
Viele dieser Menschen hungerten. Ihre Ernährung bestand hauptsächlich aus Brot, Margarine, Kartoffeln, Kohl und etwas Milch für die Kinder. Fleisch und Butter waren unerschwinglich. Die Kinder litten unter Vitaminmangelkrankheiten, da die Eltern kein Geld für frisches Obst und Gemüse hatten. Arztbesuche wurden möglichst vermieden, da selbst die geringen Gebühren für Krankenschein und Rezept nicht aufgebracht werden konnten. Die größte Not herrschte in den Industriestädten des Ruhrgebiets und in Berlin.

2 *Die Bewohner der Hinterhofwohnungen in der Berliner Köpenicker Straße treten 1932 in den Mieterstreik. – Welche Rückschlüsse auf die politischen Einstellungen der Bewohner lassen sich aus dem Foto ziehen?*

3 *Auswirkungen der Weltwirtschaftskrise auf die Bevölkerung. Der vierundzwanzigjährige Günther Prien war damals immer wieder vergeblich auf Arbeitsuche:*

Ich ging auf die Straße hinaus. Nun war ich also wieder unten, ganz unten. (…) Warum? Jeder, den man fragte, zuckte die Achseln: „Ja es gibt eben keine Arbeit, das
5 sind die Verhältnisse, mein Lieber!" Ja, verflucht noch mal, waren denn die da oben, die Minister, die Parteibonzen, (…) nicht dazu da, die Verhältnisse zu ändern? Wie konnten sie ruhig schlafen, solange es noch
10 Menschen gab, kräftig und gesund, willig zur Arbeit (…) und nun verrottend wie faules Stroh? Die paar elenden Pimperlinge, die sie uns hinwarfen, schützten gerade vor dem Hungertode. Sie gaben sie widerwillig
15 her, weil sie Angst hatten vor unserer Verzweiflung und sie wickelten uns das Lumpengeld in das Papier ihrer Zeitungen, die von schönen Redensarten (…) trieften. Ein wütender Zorn (…) packte mich. In diesen
20 Tagen wurde ich Mitglied der nationalsozialistischen Bewegung.

4 *Vor Arbeitsämtern (hier 1932 in Hannover) und Toren der wenigen Werkstätten oder Büros, die einen Arbeitsplatz anboten, spielten sich solche Szenen ab. Wer noch Arbeit hatte, lebte in der Angst vor der Entlassung. Auch die Gewerkschaften boten keine Hilfe, denn der Streik als Waffe des Arbeitskampfes war durch die Massenarbeitslosigkeit unwirksam geworden.*

Jahr	Arbeitslose	Arbeitslosenquote
1929	1 899 000	8,5 Prozent
1930	3 076 000	14,0 Prozent
1931	4 520 000	21,9 Prozent
1932	5 603 000	29,9 Prozent

1 *Arbeitslosigkeit in Deutschland* (Jahresdurchschnitt)

5 *In einer Schulchronik aus dem Jahre 1932 findet sich folgende Eintragung:*
Immer häufiger erscheinen morgens Mütter oder Väter in der Schule mit dem Bescheid: „Ich kann meine Kinder nicht schicken; wir haben kein Stück Brot im Haus. Wir haben
5 die Kinder im Bett gelassen, da merken sie den Hunger nicht so." – Oder es heißt: „Die Schuhe sind ganz durch. Gestern ging's noch, da war's trocken, aber heute ist die Straße nass." Am 10. November er-
10 öffnete die Schule (…) eine Frühspeisung für zunächst 25 Kinder. Ihr Appell an die noch erwerbstätigen Eltern und Freunde der Schule setzte sie in die Lage, die Zahl auf 40 bis 50 zu erhöhen (von 430 Kindern
15 hatten noch rund 170 erwerbstätige Väter und Mütter).

1. Verdeutliche den „Teufelskreislauf", in den die deutsche Wirtschaft ab 1929 geriet, indem du den VT in eine Skizze umwandelst.
2. Beschreibe die Not der Menschen während der Krise (VT, D1, Q1, Q3).
3. Erkläre mit eigenen Worten, welcher Zusammenhang sich zwischen Wirtschaftskrise und politischen Veränderungen erkennen lässt (Q2, Q4).

9 Der Untergang der demokratischen Republik

1 Das Hakenkreuz, Symbol der Nationalsozialisten (Karikatur aus „Der wahre Jacob" von Anfang 1933). – Wie sah der Zeichner die NSDAP?

Regierung zerbricht an den Problemen
Seit den Reichstagswahlen von 1928 regierte eine Große Koalition der gemäßigten demokratischen Parteien. Die Interessengegensätze in ihr waren groß und Kompromissbereitschaft wie so oft in jenen Jahren kaum vorhanden. Ausgangspunkt des Konflikts, an dem die Koalition schließlich zerbrechen sollte, war die verzweifelte finanzielle Lage der Arbeitslosenversicherung. Während die DVP als Vertreterin der Großindustrie eine Senkung der Leistungen forderte, beharrte die SPD auf einer Erhöhung der Beiträge. Daraufhin verließ die DVP 1930 die Koalition und die Regierung trat zurück.

Die Zeit der Notverordnungen
Fortan schlug die Stunde der Präsidialkabinette, die mit der Unterstützung des Reichspräsidenten Paul von Hindenburg regierten. Dieser war 1925 zum Staatsoberhaupt gewählt worden. Der überzeugte Monarchist und Urheber der „Dolchstoßlegende" im höchsten Staatsamt des Deutschen Reichs – das war ein schwerer Schlag für die Republik. Nach dem Ende der Großen Koalition ernannte Hindenburg den Zentrumspolitiker Heinrich Brüning zum neuen Reichskanzler. Die Regierung Brüning war die erste dieser vier Präsidialkabinette. Diese hatten keine Mehrheit im Parlament, waren allein vom Vertrauen des Reichspräsidenten abhängig und regierten vor allem mithilfe von Notverordnungen nach Art. 48 der Verfassung. Als die Abgeordneten im Juli 1930 versuchten, eine Notverordnung Brünings wieder aufzuheben, löste Hindenburg den Reichstag auf und schrieb Neuwahlen aus. Dieses Vorgehen wurde zur gängigen Praxis der nächsten zweieinhalb Jahre.

Die Stunde der Gegner
Brüning glaubte, die Wirtschaftskrise mit einer drastischen Sparpolitik überwinden zu können. Doch Not und Arbeitslosigkeit nahmen immer weiter zu. Insbesondere diejenigen, die durch Krieg, Inflation und Wirtschaftskrise alles verloren hatten, waren zunehmend anfällig für die radikalen Parolen der Republikfeinde. So versprach die KPD das Ende aller Not, sobald der Kapitalismus vernichtet sei. Die NSDAP machte die demokratischen Politiker für die schlimme Lage verantwortlich. Die Hetzkampagnen verfehlten ihre Wirkung nicht. Nach den Neuwahlen im September 1930 gehörten etwa 40 % der Reichstagsabgeordneten antidemokratischen Parteien an. Gleichzeitig schürten Kommunisten und Nationalsozialisten mit gewalttätigen Demonstrationen und Straßenschlachten bewusst die Furcht vor einem Bürgerkrieg. Viele riefen deshalb nach einem „starken Mann", der wieder für Ruhe und Ordnung sorgen sollte.

Das Ende der Weimarer Republik
Als bei den Reichstagswahlen im Juli 1932 NSDAP und KPD die Stimmenmehrheit im Reichstag erhielten, hatten die Demokraten den Kampf endgültig verloren. Zudem lehnte der Beraterkreis des Reichspräsidenten, darunter führende konservative Politiker, Industrielle, Adelige und Angehörige der Reichswehr, die demokratische Republik ab. Ende 1932 sprachen sie sich für Adolf Hitler als Reichskanzler aus. Sie glaubten, den Führer der NSDAP für ihre Ziele einspannen zu können. Hindenburg hatte zwar große Zweifel gegenüber Hitler, aber den Beratern gelang es, diese Bedenken zu zerstreuen. Am 30. Januar 1933 ernannte er schließlich Hitler zum deutschen Reichskanzler.

2 Paul von Hindenburg (1847–1934) war im Ersten Weltkrieg Generalfeldmarschall und 1925–1934 Reichspräsident (Foto).

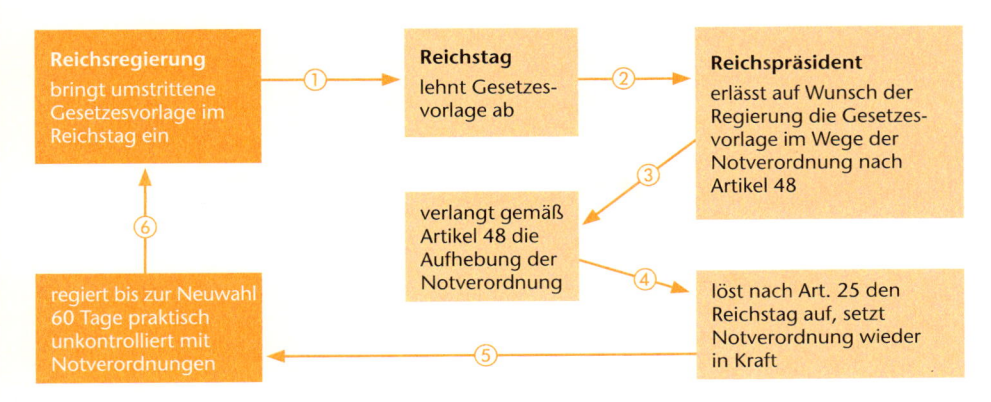

```
Reichsregierung                    Reichstag                Reichspräsident
bringt umstrittene  ──①──→  lehnt Gesetzes-  ──②──→  erlässt auf Wunsch der
Gesetzesvorlage im           vorlage ab                Regierung die Gesetzes-
Reichstag ein                                          vorlage im Wege der
                                                       Notverordnung nach
                                                       Artikel 48
       ↑                          ↓ ③
       ⑥                    verlangt gemäß
                            Artikel 48 die
                            Aufhebung der      ──④──→
                            Notverordnung
regiert bis zur Neuwahl                                löst nach Art. 25 den
60 Tage praktisch      ←──────────⑤──────────          Reichstag auf, setzt
unkontrolliert mit                                     Notverordnung wieder
Notverordnungen                                        in Kraft
```

1 *Die Funktionsweise der Präsidialregierungen (1930–1933).* Die Präsidialregierungen beruhten auf der Kombination der Artikel 48 und 25 der Weimarer Verfassung. Durch Androhung und Anwendung beider Artikel konnte der Reichspräsident das Parlament ausschalten.

2 *Bericht einer Zeitzeugin aus Hamburg bei einem Interview im Jahr 1983:*

Anfang 1932 war ich Geschäftsführerin in einem Konfektionsgeschäft in der Nähe vom Gänsemarkt. (…) An manchen Nachmittagen mussten wir das Geschäft schon
5 schließen, weil sich Demonstrationszüge näherten. (…) Immer wieder gab es auf den Straßen Krawalle, Schlägereien und Schießereien, wenn sich Nazis und Kommunisten in die Quere kamen. Ganz schlimm
10 war es im August 1932 beim sogenannten Altonaer Blutsonntag. Da kam es zu einem regelrechten Gefecht zwischen Kommunisten, Nationalsozialisten und der Polizei. Dabei gab es 15 Tote und über 70 Verletzte.
15 Zum Schluss setzte die Polizei sogar Panzerfahrzeuge ein. (…)
Schmierereien an der Ladentür, wie „Juden raus", waren keine Seltenheit. (…) Manche von unseren jüdischen Kunden frag-
20 ten mich immer wieder: „Was halten Sie davon?" Darauf wusste ich aber keine Antwort.
Die meisten unserer Bekannten schwärmten von der Zeit vor dem Ersten Weltkrieg.
25 Da herrschte wenigstens Ordnung. Wir wünschten uns, dass ein starker Mann wieder Ruhe und Ordnung schaffte.

3 „Notverordnung: Nach den Erfahrungen der letzten Tage ist verfügt worden, dass jeder Demonstrationszug seinen eigenen Leichenwagen mitzuführen hat." (Karikatur aus der Zeitschrift „Simplicissimus", 1931)

	Gesetze	Notverordnungen	Reichstagssitzungen
1930	98	5	94
1931	34	44	41
1932	5	60	13

2 *Reguläre Gesetzgebung und Notverordnungspraxis 1930–1932*

1 Durch welche Ereignisse wurde in der Bevölkerung der Eindruck erweckt, in einem ohnmächtigen Staat zu leben? Welcher politische Wunsch entwickelte sich daraus (VT, Q2, Q3)?

2 Beschreibe die Methoden, die die NSDAP einsetzte, um an die Regierung zu gelangen (Q2, Q3). Welche Rolle spielten dabei die Berater Hindenburgs (VT)?

10 Methode
Politische Plakate analysieren

Bei der Reichstagswahl am 31. Juli 1932 hatten sich rund 30 Parteien zur Wahl gestellt. Sie alle warben mit Wahlplakaten, die sie an Litfaßsäulen, Häuserfassaden und Bäumen anbrachten, massiv um die Gunst der Wählerstimmen. In kaum einer anderen Epoche hatten Plakate eine so große Bedeutung wie in der Weimarer Republik. Sie waren ein wichtiges Mittel der politischen Auseinandersetzung, denn nur gedruckte Medien boten damals die Möglichkeit, viele Menschen in Wort und Bild anzusprechen.

Für den heutigen Betrachter stellen Wahlplakate eine wertvolle Geschichtsquelle dar. Zum einen geben sie Auskunft über den politischen Standpunkt einer Partei. Zum anderen greifen die Parteien in ihren Plakaten oftmals soziale oder wirtschaftliche Probleme der Zeit auf und bieten Lösungen an. So erfährt man, was die Menschen damals bewegte, welche Ängste und Hoffnungen sie hatten.

Q 1 *Wahlplakat der NSDAP von 1932*

Q 2 *Wahlplakat der KPD aus dem Jahr 1932*

Q 3 *Wahlplakat der SPD von 1932*

Q 4 *Wahlplakat des Zentrums aus dem Jahr 1932*

Methodische Arbeitsschritte

Um Botschaft und Absicht eines politischen Plakates zu ergründen, ist es sinnvoll, dessen Wort- und Bildsprache zu analysieren:

1. Kläre die Hintergründe:
   - Von wem stammt das Plakat, an wen richtet es sich?
   - Wann und aus welchem Anlass ist es entstanden?
2. Beschreibe das Plakat genau:
   - Welche Personen, Gegenstände, Situationen sind abgebildet?
   - Wie lautet der Text des Plakates?
3. Untersuche die Gestaltungsmittel:
   - Wie sind die Personen dargestellt (Aussehen, Gesichtszüge, Körpersprache)?
   - Welche Symbole werden eingesetzt? Wofür stehen sie?
   - Welche Farben und Schriftzüge werden verwendet? Welche Wirkung wird damit erzielt?
   - Arbeitet das Plakat mit Argumenten, Gefühlen, Feindbildern?
4. Bewerte das Plakat:
   - In welcher Beziehung steht das Plakat zur damaligen politischen Situation?
   - Was will die Partei mit dem Plakat erreichen?
   - Was erfährt man durch das Plakat über die Partei und ihre Politik?

1. Analysiere die politischen Plakate mithilfe der methodischen Arbeitsschritte.
2. Vergleiche die Wahlplakate aus der Endphase der Weimarer Republik mit aktuellen Wahlplakaten. Welche Unterschiede stellst du fest? Worauf sind sie zurückzuführen?
3. Liste auf, welche anderen Werbemittel Parteien heute einsetzen, um Wählerstimmen zu gewinnen.

11 Wer wählte die NSDAP?

1 „Das Firmenschild. Vor den Proleten und vor den zahlungskräftigen Kreisen" (Karikatur aus dem „Wahren Jacob", 1931)

Volkspartei des Protestes
Nach dem gescheiterten Putschversuch von 1923 änderte die NSDAP ihre Taktik. Die revolutionären Bestrebungen wurden zurückgestellt, die Republik sollte von innen ausgehöhlt werden. Ziel war es, die Herrschaft im Parlament und auf der Straße zu erlangen. Dabei bemühte sich die NSDAP darum, als Partei für das ganze Volk aufzutreten und möglichst alle gesellschaftlichen Gruppen zu umwerben.

Dies kam allein schon in der Namensgebung der Partei zum Ausdruck: Während das „N" Konservative aus dem bürgerlichen Lager ansprechen sollte, zielte das „S" darauf ab, traditionelle Wähler der Arbeiterparteien zu gewinnen. Mithilfe einer Propaganda, die für jede Sozialschicht spezielle „Heilsbotschaften" bereithielt, gelang es der NSDAP, Menschen ganz unterschiedlicher Herkunft zu einen: Den Arbeitslosen versprach die NSDAP Arbeit und Brot, dem Mittelstand nahm sie die Furcht vor dem sozialen Abstieg, der Oberschicht versicherte sie Schutz vor der kommunistischen Gefahr, dem Militär gab sie die Hoffnung auf eine neue große Armee. Hitlers Bewegung wurde so zur Sammelpartei des sozialen und wirtschaftlichen Protestes.

Aufstieg der NSDAP zur Massenpartei
Bei der Reichstagswahl 1928 entschieden sich nur 2,6 % der Wähler für die NSDAP. Vier Jahre später konnte die Hitlerbewegung 37,4 % der Stimmen auf sich vereinigen – 13,8 Millionen Menschen hatten im Juli 1932 die NSDAP gewählt, die damit zur weitaus stärksten politischen Kraft aufstieg. Keine andere Partei in der deutschen Geschichte hat in so kurzer Zeit einen derartigen Sprung in der Wählergunst geschafft. Wie lässt sich dieser Aufstieg von einer kleinen, relativ erfolglosen Splitterpartei zur stärksten Fraktion des Reichstags erklären?

Zwischen Attraktivität und Immunität
Vor allem junge Menschen fühlten sich von der NSDAP angezogen. Für sie stellte die Partei, die sich besonders dynamisch und aggressiv gab, eine Art Aufbruchsbewegung in eine bessere Zukunft dar. 1933 war fast jedes zweite Parteimitglied zwischen 18 und 30 Jahre alt.

Als einigermaßen immun gegenüber den nationalsozialistischen Versprechungen erwiesen sich hingegen sowohl die Katholiken als auch die Kommunisten, die ihren angestammten Parteien zumeist die Treue hielten. Offensichtlich verfügten das katholische Zentrum und die KPD über eine stärkere Bindekraft zu ihren Wählern als die übrigen Parteien.

Q 2 *Der Journalist Helmut von Gerlach kommentierte in einem Zeitungsartikel vom 6. Oktober 1930 den Erfolg der NSDAP bei den Septemberwahlen:*

Die Welt zerbricht sich den Kopf darüber, worauf die Verneunfachung der Hitlerstimmen zurückzuführen ist. (…) „Deutschland hat drei Millionen Arbeitslose, sie haben fast sämtlich nationalsozialistisch gewählt. Ergo." So konnte man wörtlich in Paris und anderswo lesen.
Irrtum! Von den drei Millionen Erwerbslosen hat nur ein verschwindend geringer Prozentsatz Hitler seine Stimme gegeben. Diese drei Millionen stellen vielmehr das Gros der kommunistischen Wähler dar. (…) Die Arbeitslosen waren also nicht die Hauptwähler Hitlers. Wohl aber ist richtig, dass die Wirtschaftskrisis, deren äußeres Symptom die riesenhafte Arbeitslosigkeit ist, die Grundlage des hitlerischen Sieges war.
Die Hitlerwähler setzen sich aus zwei Kategorien zusammen: einer kleinen Minderheit von Nationalsozialisten, die auf das Hakenkreuz eingeschworen sind, und einer riesigen Mehrheit von Mitläufern.

D 1 *Entwicklung der Parteien bei den Reichstagswahlen*

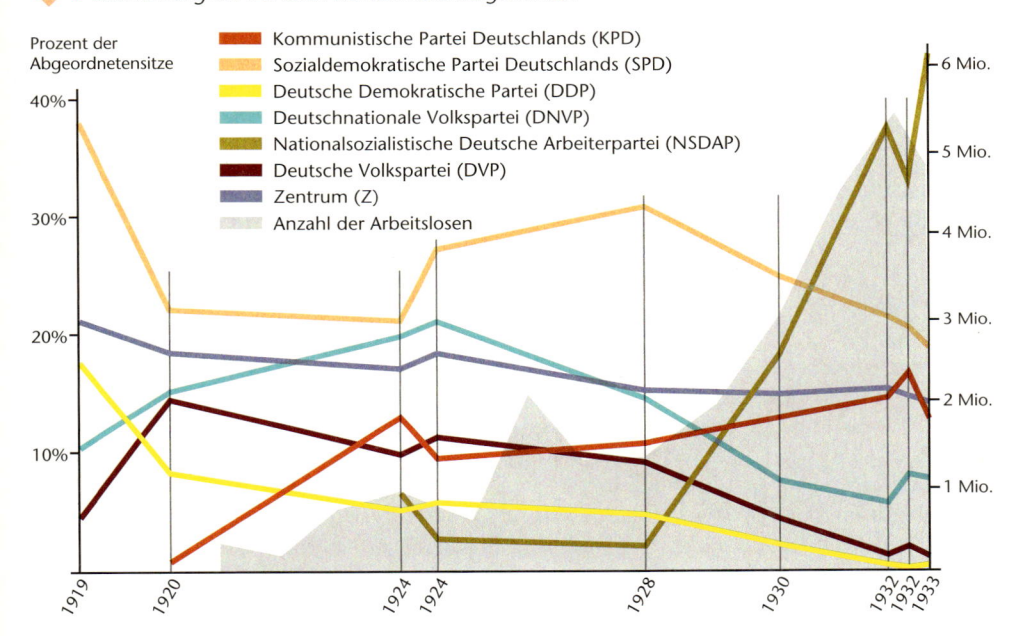

D 2 *Die soziale Zusammensetzung der NSDAP-Wählerschaft nach Berufsgruppen in Prozent*

	1928	1930	1932 Juli	1932 Nov.	1933	Alle
Selbstständige/Mithelfende	26	27	31	30	31	24
Angestellte/Beamte	12	13	11	12	12	15
Arbeiter	30	26	25	26	26	32
Berufslose	13	17	17	17	16	13
Hausfrauen usw.	17	17	16	16	16	17

Alle = Anteil der Berufsgruppe an allen Wahlberechtigten;
Berufslose = davon ca. 90 % Rentner und Pensionäre (1933);
Lesebeispiel: 26 % der NSDAP-Wähler im Jahre 1928 gehörten zur Berufsgruppe der Selbstständigen und mithelfenden Familienangehörigen, 1933 waren es 31 %. Der Anteil dieser Berufsgruppe an allen Wahlberechtigten lag in diesem Zeitraum bei 24 %.

1. Worauf führt der Karikaturist (Q1) den Wahlerfolg der Nationalsozialisten zurück?
2. Historiker haben den Aufstieg der NSDAP in der Weimarer Republik unterschiedlich erklärt. Überprüfe mithilfe der Materialien folgende Theorien:
   – Die NSDAP ist fast ausschließlich von Angehörigen der Mittelschicht gewählt worden (VT, D2).
   – Die Wirtschaftskrise hat die Arbeitslosen in die Arme der NSDAP getrieben (D1, Q2).
   – Durch den Niedergang der Wirtschaft und Arbeitslosigkeit verloren viele Menschen das Vertrauen in das Weimarer System und wählten aus Protest die NSDAP (VT, D1, Q2).

12 Abschluss
Die Weimarer Republik

Friedrich Ebert
erster Präsident der Weimarer Republik (1871–1925)

Rosa Luxemburg
deutsche Politikerin (KPD) (1870–1919)

Karl Liebknecht
deutscher Politiker (KPD) (1871–1919)

Kurt Eisner
erster bayerischer Ministerpräsident (1867–1919)

Paul von Hindenburg
zweiter Präsident der Weimarer Republik (1847–1934)

Gustav Stresemann
deutscher Politiker und Außenminister (1878–1929)

Ungünstige Voraussetzungen
Die erste deutsche Demokratie startete unter denkbar schlechten Bedingungen. Sie stand von Anfang an unter großem politischen Druck. Politiker des rechten Randes nutzten den Versailler Vertrag mit ihrer Dolchstoßlegende für demokratie- und republikfeindliche Propaganda. Die Politiker der Übergangsregierung, die im Herbst 1918 in aussichtsloser militärischer Lage die Waffenstillstandsbedingungen akzeptiert hatten, wurden zu „Novemberverbrechern" abgestempelt.

Welche Staatsform ist die richtige?
Gewaltsame Auseinandersetzungen zwischen konkurrierenden politischen Bewegungen prägten bereits die ersten Jahre (1918–1923). Zwischen den Arbeiterparteien, die durch die Novemberrevolution an die Macht gelangt waren, kam es in der Frage um die „richtige" republikanische Staatsform zum Zerwürfnis. Die SPD konnte zwar die Einführung einer parlamentarischen Demokratie durchsetzen, doch die organisierte Arbeiterschaft war endgültig gespalten, als der gewaltsame Versuch der revolutionären Linken, eine Räterepublik zu errichten, mit Gewalt niedergeschlagen wurde.

Die Weimarer Verfassung begründet die Demokratie
Die Weimarer Verfassung machte Deutschland zu einem demokratischen Staatswesen. Dennoch standen viele Bürger auch nach der Verabschiedung der Verfassung im Juli 1919 ablehnend der Demokratie gegenüber. Besonders die Spitzen der Gesellschaft wünschten sich das Kaiserreich zurück. Die Republik kam politisch nie zur Ruhe – in den 14 Jahren ihres Bestehens gab es 20 Regierungen –, und so glaubten wie auch in anderen europäischen Staaten in Deutschland viele Menschen, dass nur ein Obrigkeitsstaat die Probleme lösen könne.

Versäumnisse der Verfassung
Durch die im Art. 48 (vgl. S. 120/121) eingeräumten Machtbefugnisse des direkt vom Volk gewählten Reichspräsidenten kam es auf Dauer aber zu einer Aushöhlung der Demokratie. Paul von Hindenburg, von 1925–1934 der zweite Präsident der Republik, setzte die verfassungsrechtliche Machtfülle seines Amtes gegen das Parlament ein. Er setzte nach seinen Vorstellungen Regierungen ein und auch wieder ab. Dies führte zu instabilen politischen Verhältnissen.

Wirtschaftliche Probleme der Weimarer Republik
Wirtschaftlich kam Deutschland nur von 1924 bis 1928/29 zur Ruhe. Die ersten Nachkriegsjahre waren von Inflation und Streiks gekennzeichnet. Die Kriegsanleihen des Ersten Weltkriegs belasteten die Demokratie zusätzlich. Die Währungsreform im Jahr 1923 sorgte zunächst für eine gewisse Stabilität, brachte für viele aber auch den Verlust ihrer Vermögen. Dadurch schuf sich die Demokratie neue Gegner.
Infolge der Weltwirtschaftskrise 1929/30 stieg die Arbeitslosenzahl auf bis dahin unbekannte Höhen; 1933 waren über sechs Millionen Menschen in Deutschland ohne Arbeit. Auf dem düsteren Hintergrund von Unsicherheit, Angst und zunehmender Verachtung der Demokratie vollzog sich der Aufstieg Adolf Hitlers zum Reichskanzler am 30. Januar 1933.

■ **1918**
Ende des Ersten Weltkriegs; Novemberrevolution: in Berlin wird die Republik ausgerufen; Frauen erhalten das aktive und passive Wahlrecht.

■ **1919**
Versailler Vertrag; Weimarer Verfassung
Bayern wird eine parlamentarische Demokratie.

Geschichte mit Karikaturen erzählen

In den 1920er- und 1930er-Jahren waren politische Karikaturen in aller Welt beliebt. Mit spitzer Feder kommentierten die Zeichner wichtige Ereignisse der Zwischenkriegszeit und spiegelten so den Zeitgeist der Epoche. Wenn du die einzelnen Karikaturen auf diesen Seiten analysierst, entsteht ein Gesamtbild jener Jahre. Ordne dazu die Karikaturen dem geschichtlichen Zusammenhang zu.

Erkläre diese Grundwissenbegriffe:
Weimarer Republik
(S. 108)

Linksradikale, Rechtsradikale
(S. 110)

Weltwirtschaftskrise
(S. 118)

Auch diese Begriffe sind wichtig:
Räte
(S. 104)

Weimarer Nationalversammlung
(S. 108)

Reparationen
(S. 110)

Inflation
(S. 112)

Neue Sachlichkeit
(S. 116)

Q 1

Q 2

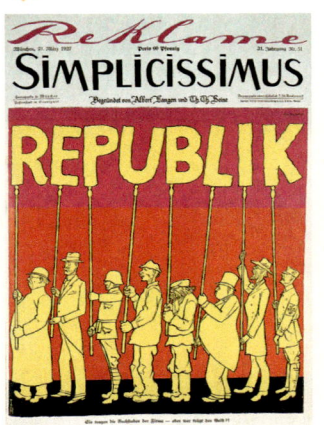

Q 3

Q 4

Geschichtlicher Zusammenhang:

Q **A** Der Versailler Vertrag stellte eine schwere Bürde für die junge Republik dar. Demokratiefeindliche Parteien gewannen mit ihrem Versprechen, den „Schandfrieden" aufzuheben, viele Sympathien.

Q **B** Auch in Bayern kämpften unterschiedlichste Gruppierungen um die Macht, die nach dem Ende der Monarchie frei wurde.

Q **C** Ungeliebte Republik: Die Mehrheit der Weimarer Gesellschaft empfand die parlamentarische Demokratie als ein von den Siegermächten des Ersten Weltkrieges aufgezwungenes Übel.

Q **D** In der Endphase der Republik folgten immer mehr Menschen den Versprechungen der Nationalsozialisten. Der Weg in die Diktatur war der Weg in die Katastrophe.

■ 1923
„Ruhrkampf"; Inflation

■ 1933
Adolf Hitler wird Reichskanzler; die Diktatur der Nationalsozialisten beendet die Weimarer Republik.

■ 1929
Weltwirtschaftskrise

127

Machtausdehnung des Deutschen Reiches vom Regierungsantritt Hitlers bis Kriegsbeginn (1933–31.8.1939)

- Deutsches Reich 1933–1937
- Januar 1935: Wiedereingliederung des Saarlandes nach Abstimmung der Bevölkerung
- 1935: Besetzung der entmilitarisierten Rheinlandzone
- März 1938: Eingliederung Österreichs
- Grenze der Tschechoslowakei bis März 1938
- Oktober 1938: Eingliederung des Sudetenlandes
- März 1939: Besetzung und Annexion Böhmens und Mährens
- März 1939: Annexion des Memellandes
- Grenze der Slowakei seit November 1938 bzw. März 1939
- Grenze des Deutschen Reiches am 31.8.1939

1933
Die Nationalsozialisten übernehmen in Deutschland die Macht.

1938
In der Pogromnacht werden jüdische Bürger misshandelt, terrorisiert und ermordet.

1939
Mit dem Einmarsch in Polen löst Deutschland den Zweiten Weltkrieg aus.

Totalitäre Diktaturen in Europa und der Zweite Weltkrieg

Am 6. und 9. August 1945 wurden über den japanischen Städten Hiroshima und Nagasaki Atombomben abgeworfen (im Bild die Detonationswolke der zweiten Atombombe). Die verheerenden Zerstörungen führten zur Kapitulation Japans am 2. September 1945.

Die Demokratien, die nach dem Ende des Ersten Weltkrieges in Europa entstanden, waren oft nicht von langer Dauer: Diktaturen und autokratische Systeme traten in vielen Ländern an ihre Stelle. In der Sowjetunion wurde als Weiterführung des Leninismus ab 1924 die Schreckensherrschaft des Stalinismus errichtet, in Italien sogar schon 1922 der Faschismus unter Mussolini.

In Deutschland kam es ab 1933 zur Diktatur der Nationalsozialisten, die zwölf Jahre dauern sollte. Diese Jahre waren geprägt von Krieg, Terror und Völkermord. Von Anfang an strebten die Nationalsozialisten nach Machtausdehnung. Dies führte zum Krieg, der als „Polenfeldzug" begann und unvorstellbare Ausmaße annahm.

Schließlich befanden sich fast alle europäischen Staaten im Krieg oder waren von Deutschland besetzt; auch China, Japan und die USA kämpften erbittert im pazifischen Raum. Etwa 55 Millionen Menschen, 25 Millionen allein aus der Sowjetunion, kamen ums Leben: Soldaten, Zivilisten und die von den Deutschen ermordeten Juden, Sinti und Roma und Kriegsgefangene.

Nach sechs Kriegsjahren lag Europa in Trümmern; der Abwurf zweier Atombomben über den japanischen Städten Hiroshima und Nagasaki beendete schließlich den Zweiten Weltkrieg.

1941
Beginn des Völkermords, Deportationen von Juden in Vernichtungslager

1944
Invasion der Alliierten in der Normandie; die zweite Front ist eröffnet.

1945
Kapitulation: Ende des Zweiten Weltkriegs

1 Stalinismus in der Sowjetunion

Zeitreise Online-Link: 427040-0006

Stalinismus
Die in der Sowjetunion zwischen 1924 und 1953 herrschende Diktatur, in der Stalin kultisch verehrt wurde und politisch Andersdenkende gewaltsam verfolgt wurden. Zum stalinistischen Terror gehörten Massenverhaftungen, Hinrichtungen und Zwangsarbeiterlager.

1 *Funktionäre der Kommunistischen Partei (KP) erläutern russischen Bauern die Kolchosenwirtschaft und fordern sie auf, ihr Land und ihren sonstigen Besitz in Gemeinschaftseigentum zu überführen.*

Große Ziele
Als Lenin im Jahr 1924 starb, wurde Josef Stalin (1879–1953) sein Nachfolger. Er setzte sich zum Ziel, die Sowjetunion in kürzester Zeit zu einem hoch entwickelten Industriestaat zu machen. Dabei stand er vor großen Problemen: Das Land war nach dem Bürgerkrieg zwischen der Roten Armee und der Weißen Armee zerstört; es fehlte an moderner Technik, Facharbeitern und Ingenieuren.

Kollektivierung der Landwirtschaft
Die Landwirtschaft sollte die Grundlagen für den wirtschaftlichen Aufschwung schaffen. Es musste so viel erzeugt werden, dass das Hungerproblem im Lande gelöst würde und von den Einnahmen aus den Überschüssen die Einfuhr von Industriegütern bezahlt werden könnte. Deshalb musste die Produktion enorm gesteigert und die Effektivität erhöht werden. Durch die Errichtung von Kolchosen sollte dies erreicht werden. Dafür mussten die Bauern oft unter Zwang Land, Vieh und Gerätschaften in den Gemeinschaftsbesitz übergeben.
Die Kollektivierung hatte zunächst schwere Folgen: Die Ernteerträge gingen zurück, der Viehbestand verringerte sich. Durch den Terror und die folgenden Hungersnöte kamen schätzungsweise 10 Millionen Menschen ums Leben.

Planwirtschaft
Nicht weniger gewaltsam trieb Stalin die Industrialisierung voran. Riesige Arbeiterheere wurden in Marsch gesetzt, die unter härtesten Bedingungen Straßen, Eisenbahngleise und Kanäle anlegten oder auch Fabriken, Staudämme und Elektrizitätswerke errichteten. 1928 führte Stalin die Planwirtschaft ein, um die inzwischen voll verstaatlichte Industrie noch wirkungsvoller auszubauen. Die Planungszentrale in Moskau verwaltete selbst den kleinsten Betrieb. Betriebsleiter, die ihren Plan nicht erfüllten, konnten wegen Sabotage angeklagt werden.
Auch wenn bei der Industrialisierung und Kollektivierung oft brutale Methoden angewendet wurden, herrschte nicht nur Zwang. Hunderttausende Freiwillige, darunter viele Frauen und Jugendliche, arbeiteten begeistert am Aufbau mit, weil sie an eine bessere Zukunft glaubten.

Stalins Weg zur Alleinherrschaft
Bei seiner Machtübernahme hatte Stalin alle wichtigen Positionen im Staats- und Parteiapparat mit seinen Anhängern besetzt. Mögliche Rivalen und Konkurrenten ließ er aus der Partei ausschließen.
Als 1934 ein Attentat auf einen Parteisekretär verübt wurde, nahm Stalin dies zum Anlass, um angebliche Parteifeinde zu vernichten. Nach großen öffentlichen Schauprozessen ließ er viele ehemalige und noch amtierende Parteiführer hinrichten. Auch unter einfachen Genossen wütete der Terror: Bis 1939 kamen über eine Million der 2,8 Millionen Parteimitglieder in Zwangsarbeitslagern um oder wurden von der Geheimpolizei ermordet.
Um seine Macht zu untermauern, errichtete Stalin um seine Position einen Kult, der über seinen Tod hinaus andauerte. Stalin war allgegenwärtig: In Denkmälern, im Kino, in Zeitungen und Büchern, in allen Klassenzimmern und Büros hing sein Bild; Städte, Straßen und Berge, Fabriken und Kolchosen wurden nach ihm benannt.

4 „Ruhm dem großen Stalin – dem Architekten des Kommunismus" (Plakat von N. Petrow/K. Iwanow, 1952; Stalin im Kreml vor der Kulisse Moskaus). Personenkult wurde unter Stalin groß geschrieben.

Kolchose
Landwirtschaftlicher Großbetrieb in sozialistischen Ländern; Land, Vieh und Werkzeuge sind Gemeinschaftseigentum der Kolchoseangehörigen, die nach genauen Zeit- und Leistungsvorgaben arbeiten müssen.

2 *Über den Aufbau der Sowjetunion sagte Stalin 1931 in einer Rede:*
Zuweilen wird die Frage gestellt, ob man nicht das Tempo etwas verlangsamen, die Bewegung zurückhalten könnte. Nein, (…) das Tempo darf nicht herabgesetzt werden. (…) In der Vergangenheit hatten wir kein Vaterland und konnten keines haben. Jetzt aber, wo wir den Kapitalismus gestürzt haben und bei uns die Arbeiter an der Macht stehen, haben wir ein Vaterland und werden seine Unabhängigkeit verteidigen. Wollt ihr, dass unser sozialistisches Vaterland geschlagen wird und seine Unabhängigkeit verliert? Wenn ihr das nicht wollt, dann müsst ihr in kürzester Frist seine Rückständigkeit beseitigen. (…) Wir sind hinter den fortgeschrittenen Ländern um 50 bis 100 Jahre zurückgeblieben. Wir müssen diese Distanz in Jahren durchlaufen. Entweder bringen wir das zustande oder wir werden zermalmt.

3 *Über seine Jugend berichtet der Schriftsteller Lew Kopelew (1912–1997), der zunächst selbst Kommunist war:*
Wir glaubten, wir hätten die klassenlose Gesellschaft bereits vollendet. (…) Aber gleichzeitig begannen die Massenverhaftungen. Jede Nacht wurden Hunderte, Tausende immer neuer „Volksfeinde" ergriffen. Die Züge mit den Häftlingswaggons rollten (…) nach Norden, nach Fernost.
Die riesigen Gebiete der Taiga und der Tundra gehörten zum Machtbereich des geheimen Reiches GULAG [Hauptverwaltung der Besserungsarbeitslager, d. h. der Zwangsarbeitslager], zwei- oder dreimal so groß wie Europa; in allen Städten waren die Gefängnisse überfüllt mit Menschen aus allen Schichten und Völkern. Hunger, Prügel, Folter, Erschießungen aufgrund von Urteilen einer irgendwo weit entfernt tagenden „Troika"* (…) gehörten zum Alltag; ebenso wie die Massen trauernder, verweinter Frauen an den Gefängnistoren, in den „Auskunftsbüros" des NKWD [Innenministerium der Sowjetunion].
Und tagtäglich wurden in den Zeitungen, auf Versammlungen und Kundgebungen wie rasend die „entlarvten Feinde" beschimpft, die „Helfershelfer" und alle „mit ihnen Verbundenen" (…).

* Rat aus drei Beamten des Staatssicherheitsdienstes NKWD, der ohne Gerichtsverhandlung Fernurteile fällte.

1 Liste auf, welche Ziele Stalin verfolgte und inwieweit er sie erreichte (VT, Q2).

2 Nenne die Gründe, die Stalin für das Tempo bei der Industrialisierung der Sowjetunion aufführt (Q2).

3 Unter Stalin wurde die Sowjetunion zu einer mächtigen Industrienation. Aber welche Schattenseiten hatte Stalins Herrschaft (VT, Q3)?

2 Faschisten auf dem Vormarsch

◎ 1 *Simulierter Staatsstreich:* Erst am Tag nach der Machtübernahme zog Mussolini (in Anzug und Krawatte) mit seinen Kampfverbänden in die Hauptstadt ein. Die faschistische Propaganda behauptete später, ein triumphaler „Marsch auf Rom" habe Mussolini an die Macht gebracht.

Merkmale des Faschismus
Obwohl die faschistischen Bewegungen im Nachkriegseuropa immer auch nationale Eigenarten und unterschiedliche Erscheinungsbilder aufwiesen, sind gemeinsame Merkmale unverkennbar. Sie alle waren nationalistisch und militaristisch, sie betonten also den Vorrang der eigenen Nation und verfügten über bewaffnete Kampfgruppen, um ihre politischen Ziele gewaltsam durchzusetzen. Die Faschisten versuchten, Staat und Partei nach dem „Führerprinzip" aufzubauen. Dies beinhaltete die Beseitigung aller demokratischen Rechte und die bedingungslose Unterwerfung aller unter den „Führerwillen". Mit Propaganda und Terror sollten Zustimmung und Gehorsam der Bevölkerung gesichert werden. In Italien gelang es den Faschisten auf diese Weise schon früh, die Regierungsmacht zu erobern.

Die „Fascisti" in Italien
Das Ende des Krieges bedeutete für Italien den Beginn einer schweren Krise: Die Nationalisten waren über die Siegermächte empört, weil diese dem verbündeten Italien vorher zugesicherte Gebietsgewinne verweigerten. Streiks und Bauernunruhen lähmten die Wirtschaft, im Parlament kamen keine dauerhaften Mehrheiten zustande.
Im März 1919 gründete der ehemalige Sozialist Benito Mussolini (1883–1945) faschistische „Kampfbünde" – ein Sammelbecken für Enttäuschte und Verbitterte, die Gewalt als Mittel der Politik befürworteten. Bei den Wahlen hatten die „Fascisti" (Faschisten) allerdings wenig Erfolg. Deshalb verschärfte Mussolini den Terror der Straße. Seine Stoßtrupps zerstörten Gewerkschaftshäuser und sprengten Arbeiterversammlungen. Während einer Regierungskrise im Oktober 1922 versammelte Mussolini etwa 25 000 „Schwarzhemden" in Neapel und befahl ihnen den „Marsch auf Rom". Um einen Bürgerkrieg zu vermeiden, beauftragte

Faschistische Bewegungen entstehen
In vielen Ländern Europas ähnelte sich die Situation nach dem Ersten Weltkrieg: Unterschiedliche Gruppierungen rangen um ihren Platz in der Nachkriegsgesellschaft, was zu heftigen sozialen Spannungen führte. Die Sehnsucht nach Ruhe und Ordnung sowie einem wirtschaftlich gesicherten Leben war dennoch groß. Vor allem im Bürgertum machte sich wegen der Ereignisse in Russland die Angst vor einer kommunistischen Revolution breit. Die noch jungen Demokratien wurden von vielen als zu schwach angesehen, um mit der Situation und den Problemen der Nachkriegszeit fertig zu werden. Die in dieser Zeit entstehenden faschistischen Bewegungen machten sich diese Stimmung zu Nutze. Sie schürten die Angstgefühle in der Bevölkerung, stellten sich konsequent gegen Demokratie und Kommunismus und versprachen gleichzeitig Sicherheit.

A-Z

Faschismus
Nach den „fasci di combattimento" (Kampfverbänden) Benito Mussolinis benanntes Herrschaftssystem, das nationalistisch, antidemokratisch und antimarxistisch eingestellt war. Alle Macht war in faschistischen Staaten nach dem Führerprinzip auf eine Person konzentriert.

der italienische König den „Duce", wie sich Mussolini nannte, mit der Regierungsbildung.

Der Weg in die Diktatur

Nach und nach höhlte Mussolini die Demokratie aus. Das Parlament wurde entmachtet, oppositionelle Parteien wurden verboten und verfolgt. Es gab nur noch die faschistische Partei, die 1926 auch noch das Streikrecht abschaffte. Dennoch bemühte sich die Regierung auch um die Zustimmung unterschiedlicher Bevölkerungsgruppen – etwa durch Gesetze, mit denen die Lebensverhältnisse der Arbeiter und Bauern verbessert wurden. Zudem halfen staatliche Bauaufträge, die Arbeitslosigkeit zu senken. Gezielte Machtdemonstrationen und der propagandistische Einsatz moderner Massenmedien (Radio, Kino) stützten den Ausbau der Diktatur.

Faschistische „Falange" in Spanien

Auch Spanien hatte in den 1920er- und 1930er-Jahren mit schwerwiegenden sozialen Problemen zu kämpfen: Ein großer Teil des Landes gehörte dem Adel und der Kirche. Dagegen lebten auf dem Land wie in den Städten viele Fabrikarbeiter, Bauern und Landarbeiter in elenden Verhältnissen. Die krasse Ungerechtigkeit zwischen den sozialen Schichten führte zu blutigen Unruhen, die auch eine vorübergehende Militärdiktatur nicht eindämmen konnte. In dieser angespannten Situation schlossen sich vorwiegend junge Leute zur faschistischen „Falange" (Kampfschar) zusammen. Sie wollten den Landbesitz neu aufteilen, lehnten den Kapitalismus ab und wollten die Banken und Industriebetriebe verstaatlichen.

Von der Republik zur Diktatur

1931 fanden Wahlen zur Nationalversammlung statt, die eine republikanisch-sozialistische Mehrheit brachten und zur Abdankung des Monarchen führten. Spanien wurde Republik. Nur fünf Jahre später stand die junge Demokratie jedoch vor einer Zerreißprobe. Zur Wahl traten zwei sich erbittert bekämpfende Lager an: die antidemokratische Nationale Front unter Beteiligung der „Falange" und die Volksfront, ein Zusammenschluss aus Sozialisten, Republikanern und Kommunisten. Die linke Volksfront siegte, während die „Falange" nicht über 4% hinauskam. Daraufhin schürten die Faschisten durch Straßenterror ein Klima der Angst und Gewalt. Die Regierung handelte: Sie verbot die „Falange" und ließ ihre Führer verhaften. Doch nun putschte das Militär unter General Franco gegen die Volksfrontregierung. Er begriff sein Vorgehen als „Kreuzzug gegen den Kommunismus". Es entbrannte ein blutiger Bürgerkrieg, der 1939 mit dem Sieg der „Franquisten" endete. Während die linke Regierung von der Sowjetunion und von Freiwilligen aus ganz Europa unterstützt wurde, lieferten das faschistische Italien und das nationalsozialistische Deutschland General Franco Waffen und Truppen. Im April 1937 legten Flugzeuge der deutschen Luftwaffe die kleine baskische Stadt Guernica in Schutt und Asche. Dabei wurden etliche Einwohner getötet.

Nach seiner Machtübernahme formte Franco die „Falange" zu einer rechtsgerichteten Einheitspartei. Ihr mussten alle Beamten und Offiziere angehören. Auf der Basis dieser Staatspartei baute der „Generalissimus", der Spanien bis zu seinem Tod 1975 regierte, ein diktatorisches Regime auf, in dem keine Opposition geduldet wurde.

Q 2 *Ehemaliges Reiterstandbild von General Francisco Franco Bahamonde (1892–1975) in Madrid.* Das Denkmal wurde erst im Jahr 2005 abgebaut.

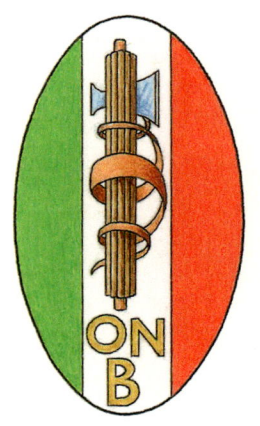

D 1 *Rutenbündel mit dem Beil, das Symbol der faschistischen Kampfbünde.* Die ONB (Opera Nazionale Balilla) war die Jugendorganisation der italienischen Faschisten.

Q3 „Der Duce" (Führer) entrichtet bei einer Versammlung der faschistischen „Schwarzhemden" im Jahr 1935 den antiken Gladiatorengruß.

Q4 Kinder und Jugendliche, hier in der Uniform der Faschisten, sollten nach Mussolinis Grundsatz erzogen werden: „Glauben, gehorchen, kämpfen".

Q5 „Glaubensbekenntnis" des Faschismus:
1. Der Faschist, besonders der Milizsoldat, darf nicht an den ewigen Frieden glauben.
2. Strafen sind immer verdient.
3. Auch der Wachtposten vor dem Benzinfass dient dem Vaterland.
4. Der Kamerad ist dein Bruder: 1. weil er mit dir lebt, 2. weil er denkt und fühlt wie du.
5. Gewehr und Patronentasche sollen nicht während der Ruhezeit vernachlässigt, sondern für den Krieg bereitgehalten werden.
6. Sage niemals: Die Regierung zahlt's, denn du selbst bist es, der zahlt, und die Regierung hast du selbst gewollt, und du trägst ihre Uniform.
7. Gehorsam ist der Gott der Heere, ohne ihn ist kein Soldat denkbar, wohl aber Unordnung und Niederlagen.
8. Mussolini hat immer Recht.
9. Der Freiwillige hat keine Vorrechte, wenn er nicht gehorcht.
10. Eines muss dir über allem stehen: das Leben des Duce.

Q6 Der führende italienische Sozialist Giacomo Matteotti schilderte 1921 in einer Rede vor dem Parlament das Muster faschistischer Terroraktionen (1924 wurde Matteotti von Faschisten ermordet):
Mitten in der Nacht, während die Bevölkerung schläft, kommen die Lastwagen mit Faschisten in den kleinen Dörfern an, natürlich von den Häuptern der lokalen Agrarier [Grundbesitzer] begleitet, immer von ihnen geführt, denn sonst wäre es nicht möglich, in der Dunkelheit, inmitten der weiten Landschaft, das Häuschen des Ligenführers [Gewerkschaftsführer] oder das kleine erbärmliche Arbeitsvermittlungsbüro auszumachen. (…) Es sind zwanzig oder auch hundert Personen, mit Gewehren und Revolvern bewaffnet. Man ruft nach dem Ligenführer und befiehlt ihm herauszukommen. Wenn er keine Folge leistet, sagt man ihm: „Wenn du nicht herunterkommst, verbrennen wir das Haus, deine Frau und deine Kinder." Der Ligenführer kommt herunter, wenn er die Tür öffnet, packt man ihn, bindet ihn, schleppt ihn auf den Lastwagen, man lässt ihn die unaussprechlichsten Martern erleiden, indem man so tut, als wolle man ihn totschlagen oder ertränken, dann lässt man ihn irgendwo im Felde liegen, nackt, an einen Baum gebunden. Wenn der Ligenführer (…) die Tür nicht öffnet und Waffen zu seiner Verteidigung gebrauchT, dann wird er sofort ermordet, im Kampf von hundert gegen einen.

Q7 Bericht eines jungen deutschen Soldaten vor der Abreise. Er gehörte zu den Freiwilligen der „Legion Condor", die das nationalsozialistische Deutschland 1936 den spanischen Putschisten zu Hilfe schickte:
Die Männer wussten, dass sie großen Ereignissen entgegenfuhren. Sie hatten alle das gleiche Ziel und ließen sich nur von einem Gedanken beseelen: Wir sind die ersten

D 8 *So stellte der Maler Pablo Picasso (1881–1973) die Folgen des Bombenangiffs deutscher Kampfflieger auf die baskische Stadt Guernica am 26. April 1937 dar.*

deutschen Freiwilligen, die nach Spanien ziehen, um für den Sieg und die gerechte Sache dieses Landes zu kämpfen (…). Rote Mordbrenner hatten über Nacht die Brandfackel entzündet und dem unglücklichen Land den Krieg gebracht. Sie wollten hier an den schönen Ufern des Mittelmeeres einen kommunistischen Staat schaffen, um von hier aus das westliche Europa für ihre wahnsinnigen Pläne zu erobern. Endlose Reihen unschuldiger Menschen wurden in roher Weise ermordet und unsägliches Elend über Spanien gebracht. Das ganze Land sollte ein einziger Trümmerhaufen werden (…).
Jetzt, da sie [die Freiwilligen] mit jeder Stunde der Erfüllung ihrer Wünsche näher kamen, bewegte sie Freude und Begeisterung. Sie fühlten sich glücklich wie selten im Leben (…). So klangen denn ihre alten Soldatenweisen hinaus in Nacht und Meer: die Kampflieder der Freiwilligen von Spanien.

Q 9 *Die Bombardierung von Guernica durch deutsche Kampfflieger der „Legion Condor" am 26. April 1937 erlebte der junge Padre Alberto de Onaindía:*

Es war ein wunderbar klarer Tag, der Himmel war weich und klar. Wir kamen in den Vororten von Guernica gegen 5 Uhr an. In den Straßen war viel Betrieb, denn es war Markttag. Plötzlich hörten wir die Sirene, und wir bekamen Angst.
(…) Von unserem Versteck konnten wir sehen, was geschah, ohne selbst gesehen zu werden. Die Flugzeuge kamen ganz tief angeflogen (…). Unterdessen stürzten Frauen und Kinder und alte Männer getroffen nieder, wie Fliegen, überall sahen wir große Pfützen von Blut.
Ich sah einen alten Bauern, der allein auf dem Feld stand: Eine Maschinengewehrgarbe tötete ihn. Mehr als eine Stunde blieben die achtzehn Maschinen in einer Höhe von wenigen hundert Metern über Guernica, und sie warfen Bombe auf Bombe. Von dem Lärm der Explosionen und dem Geräusch der einstürzenden Häuser macht man sich keinen Begriff (…). Das zweite Bombardement dauerte fünfunddreißig Minuten, aber es reichte hin, um den ganzen Ort in einen gewaltigen Feuerofen zu verwandeln (…). Die Angriffe und die Zerstörung der Stadt hielten noch weitere zwei Stunden und fünfundvierzig Minuten an (…). Bei Sonnenuntergang konnte man immer noch nicht weiter als fünfhundert Meter sehen. Überall wüteten die Flammen, und dicker schwarzer Rauch stieg auf. Um mich herum beteten die Leute und streckten die Arme in Kreuzform gegen den Himmel, um Gnade zu erbitten.

1 Betrachte Q1 und Q3. Welchen Eindruck wollte Mussolini von sich und seiner Bewegung vermitteln?

2 Beschreibe mithilfe von Q4 und Q5 die Rolle des Menschen im faschistischen Staat.

3 Trage die Gemeinsamkeiten und Unterschiede der faschistischen Bewegungen in Italien und Spanien in eine Tabelle ein.

4 Schildere anhand von Q6 und Q8, mit welchen Terrorinstrumenten die Faschisten ihre Gegner bekämpften.

5 Vergleiche den Bericht Q9 mit dem Bild von Picasso (Q8). Welche Darstellung findest du eindringlicher? Begründe deine Ansicht.

3 Grundlagen der nationalsozialistischen Ideologie

1 *Im Schutz der „Volksgemeinschaft"* (Propagandaplakat der NSDAP)

Ideologie
(griech. = Lehre von den Ideen, Weltanschauung) Man versteht darunter die Lehre von der politischen und sozialen Wirklichkeit und von der Gesellschaft. Wird sie zu einem Religionsersatz gesteigert, soll sie alles auf der Welt erklären können.

Rassenlehre
Unwissenschaftliche Unterscheidung der Menschen nach äußeren biologischen Merkmalen mit dem Ziel der Herabsetzung bestimmter Gruppen. Unter genetischen Gesichtspunkten kann die biologische Art Homo sapiens nicht weiter unterteilt werden.

Rassenlehre und Antisemitismus
Schon im 19. Jahrhundert war eine Rassenlehre aufgekommen, die die Menschheit in Rassen unterteilte und die „weiße Rasse" über alle anderen stellte. Man nannte sie die „arische" oder „nordische" Rasse und stellte ihr die „jüdische" oder „semitische" Rasse gegenüber.
Auf die oberste Stufe stellte man also die arische Rasse, zu der man alle germanischen Völker, aber hauptsächlich die Deutschen, zählte. Sie sollten groß, blond und blauäugig sein, aber auch tapfer, heldenhaft und opferbereit. Den größten Gegensatz bildeten die Juden, die als völlig wertlos eingestuft wurden. Sie galten als die Schuldigen für alle Übel auf der Welt. Aber auch Sinti und Roma (als „Asoziale" bezeichnet) oder Behinderte zählten zu dieser Gruppe. Alle anderen Völker galten als weniger wertvoll als die arische Rasse, aber immer noch kulturfähig.
Unter den Nationalsozialisten nahm die Hetze gegen Juden die grausamsten Formen an. So wurde behauptet, die Juden hätten das Ziel, die „Arier" zu vernichten.

„Lebensraumpolitik"
In der nationalsozialistischen Weltanschauung wurde außerdem behauptet, dass die Deutschen „ein Volk ohne Raum" seien und deshalb das Recht und die Pflicht hätten, sich durch Kriege gegen Polen und die Sowjetunion in Osteuropa Land zu erkämpfen. Außerdem galt die slawische Rasse als minderwertig, die zwar lebenswert, aber der arischen Rasse untertan sei.

Die „deutsche Volksgemeinschaft"
In der NS-Zeit lernten die Schüler im Unterricht: „Im Mittelpunkt des Lebens kann niemals das schrankenlose Ich, sondern nur die Volksgemeinschaft stehen." Damit sollten alle Unterschiede – ob zwischen Mann und Frau, reichem Industriellen oder armen Arbeiter, gebildetem Professor oder einfachem Postboten – verwischt werden. Wenn alle Deutschen ihre Eigeninteressen zurückstellen und sich nur als „Deutsche" fühlen würden, dann hätte Deutschland wirtschaftlich und politisch eine große Zukunft vor sich.
So wurde von jedem „Volksgenossen" erwartet, dass er sich mit dem „deutschen Gruß" zur „Volksgemeinschaft" bekannte. Und wer bei den zahlreichen Massenveranstaltungen der Nationalsozialisten mitmarschierte, hatte das Gefühl, von staatlicher Seite ernst genommen zu werden.

Gründe für den Erfolg
Viele Menschen hatten im Verlauf der Weimarer Republik Krisen erlebt, die sie mit ihren bisherigen Lebenserfahrungen nicht ausreichend erklären konnten. Dazu zählten die Niederlage im Ersten Weltkrieg, die Härte des Versailler Vertrages, die Inflation von 1923, der aggressive Meinungsstreit der Parteien in der Weimarer Republik, die unbekannte Regierungsform Demokratie und die Weltwirtschaftskrise mit ihren verheerenden Folgen. Diese Situation nutzte die NSDAP aus, indem sie Erklärungsmuster für solche Krisen entwickelte und einfache Lösungen anbot.

Q2 *Hitler in „Mein Kampf" über Rasse:*
Die völkische Weltanschauung (…) glaubt somit keineswegs an eine Gleichheit der Rassen, sondern erkennt mit ihrer Verschiedenheit auch ihren höheren oder minderen Wert und fühlt sich (…) verpflichtet, (…) den Sieg des Besseren, Stärkeren zu fördern, die Unterordnung des Schlechteren und Schwächeren zu verlangen. (…) Sie sieht nicht nur den verschiedenen Wert der Rassen, sondern auch den verschiedenen Wert der Einzelmenschen. (…)
Was nicht gute Rasse ist auf dieser Welt, ist Spreu. Alles weltgeschichtliche Geschehen ist aber nur die Äußerung des Selbsterhaltungstriebs der Rassen im guten oder schlechten Sinne. (…) Menschliche Kultur und Zivilisation sind auf diesem Erdteil unzertrennlich gebunden an das Vorhandensein des Ariers. Sein Aussterben oder Untergehen wird auf diesen Erdball wieder die dunklen Schleier einer kulturlosen Zeit senken.

Q3 *Hitlers Menschenbild:*
Was für ein Glück für die Regierenden, dass die Menschen nicht denken! Denken gibt es nur in der Erteilung oder im Vollzug eines Befehls. Wäre es anders, so könnte die menschliche Gesellschaft nicht bestehen. (…) Der Mensch ist von Geburt aus schlecht. Man bändigt ihn nur mit Gewalt. Um ihn zu leiten, sind alle Mittel zulässig. Man muss auch lügen, verraten, ja sogar morden können, wenn es die Politik erfordert.

Q4 *Hitler über seine „Lebensraum-Politik":*
Wir Nationalsozialisten [müssen] unverrückbar an unserem außenpolitischen Ziel festhalten, nämlich dem deutschen Volk den ihm gebührenden Grund und Boden auf dieser Erde zu sichern. Und diese Aktion ist die einzige, die vor Gott und unserer deutschen Nachwelt einen Bluteinsatz gerechtfertigt erscheinen lässt. (…)
Wir (…) weisen den Blick nach dem Land im Osten. Wir (…) gehen über zur Bodenpolitik der Zukunft. Wenn wir aber heute in Europa von neuem Grund und Boden reden, können wir in erster Linie nur an Russland und die ihm untertanen Randstaaten denken.

Q5 *Der ewige Jude* (Plakat zu einer Ausstellung, 1937)

Q6 *Rassistische Bücher waren oft Bestseller. Über eine Million Deutsche lasen zwischen 1917 und 1922 ein rassistisches Buch mit dem Titel „Die Sünde wider das Blut". Darin geht es u. a. auch um die „Verunreinigung" der deutschen Frauen durch Juden. Wie sich das die Nationalsozialisten vorstellten, erläutert Julius Streicher:*
Artfremdes Eiweiß ist der Same eines Mannes anderer Rasse. Der männliche Same wird bei der Begattung ganz oder teilweise von dem weiblichen Mutterboden aufgesaugt und geht so in das Blut über. Ein einziger Beischlaf eines Juden bei einer arischen Frau genügt, um deren Blut für immer zu vergiften. Sie hat mit dem „artfremden Eiweiß" auch die fremde Seele in sich aufgenommen. Sie kann nie mehr, auch wenn sie einen arischen Mann heiratet, rein arische Kinder bekommen, sondern nur Bastarde, in deren Brust zwei Seelen wohnen und denen man körperlich die Mischrasse ansieht. Auch deren Kinder werden wieder Mischlinge, das heißt hässliche Menschen von unstetem Charakter und mit Neigungen zu körperlichen Leiden.

A-Z
Antisemitismus
Ab Ende des 19. Jahrhunderts die allgemeine Bezeichnung für die Judenfeindschaft. Der Nationalsozialismus betonte im Gegensatz zum frühen religiösen oder wirtschaftlichen besonders den „rassischen" Antisemitismus, der sich auch gegen zum Christentum konvertierte Juden und ihre Nachkommen richtete.

1 Welche Bestandteile hat die nationalsozialistische Ideologie (VT, Q2–Q4, Q6)? Was hätte dich angesprochen, was davon abgestoßen? Diskutiert in der Klasse darüber.
2 Betrachte die Bilder Q1 und Q5. Beschreibe ihre Aussage und ihre Wirkung.

4 „Machtergreifung" oder Machtübernahme?

Q 1 „Der 30. Januar 1933", Gemälde von Arthur Kampf (1938); Fackelzug durch das Brandenburger Tor anlässlich der Machtübernahme Hitlers. – Welchen Eindruck vom Geschehen will der Maler beim Betrachter erzeugen?

Machtergreifung
Begriff aus der NS-Propaganda. Damit wurde der Zeitraum bezeichnet, in dem die Nationalsozialisten die Weimarer Republik zu einem Einparteienstaat und einer Führerdiktatur umwandelten. Der 30. Januar 1933 galt als Beginn der Machtergreifung – hier wurde Adolf Hitler zum Reichskanzler ernannt.

SA
(Abkürzung für Sturm-Abteilung)
Die SA war die Parteiarmee der NSDAP. Sie zählte 1933 rund 700 000 braun uniformierte Mitglieder – meist arbeitslose, unzufriedene junge Männer, die bereit waren, jederzeit Gewalt anzuwenden.

Reichskanzler Adolf Hitler

Die Präsidialkabinette der vergangenen drei Jahre hatten keine Verbesserung der Lage gebracht, radikale Parteien erhielten weiterhin einen starken Zulauf und Adolf Hitler profitierte am meisten davon. Er hatte einflussreiche Unterstützer aus Politik, Wirtschaft, Adel und Reichswehr hinter sich, die sich mit einer Kanzlerschaft Hitlers einen gesellschaftlichen und politischen Aufstieg in der Weimarer Republik erhofften. Sie setzten deshalb dem greisen Reichspräsidenten Hindenburg so lange zu, bis dieser Hitler zum Reichskanzler ernannte. Konservative Kreise, besonders der Zentrumspolitiker Franz von Papen, glaubten, Hitler kontrollieren und „zähmen" zu können, sodass er binnen dreier Monate „in der Ecke sitzt und quietscht wie eine Maus". Franz von Papen war Reichskanzler und wurde Ende Dezember 1932 abgelöst. Er sah in seinem Zähmungskonzept für sich die Chance, nach Hitler wieder als Kanzler an die Macht zu kommen.

Hitler war zwar Führer der stärksten Partei im Reichstag (Novemberwahl 1932: 33,1 % für die NSDAP), doch in der neuen Regierung gab es neben ihm nur zwei weitere Nationalsozialisten als Minister. Hitler aber wollte die ganze Macht. Deshalb setzte er für den 5. März 1933 Neuwahlen an. Dort wollte er für seine Partei die absolute Mehrheit erreichen.

Der Reichstagsbrand und seine Folgen

In der Nacht vom 27. auf den 28. Februar 1933 brannte das Reichstagsgebäude in Berlin. Die Nationalsozialisten machten den holländischen Kommunisten Marinus van der Lubbe für diesen Brandanschlag verantwortlich und schürten die Furcht vor einem kommunistischen Aufstand. Aber auch eine Mittäterschaft der Nationalsozialisten wurde diskutiert; zumindest ist sicher, dass sie diesen Brand genutzt haben, um sich politischer Gegner zu entledigen und einen ersten wichtigen Pfeiler einer Demokratie, Teile der Grundrechte, abzuschaffen.

Deshalb wundert es auch nicht, dass die Nationalsozialisten bereits am 28. Februar eine Verordnung vorlegen konnten, die alle wichtigen Grundrechte außer Kraft setzte. Mit dieser „Verordnung zum Schutz von Volk und Staat" (Reichstagsbrandverordnung) behinderte die Reichsregierung den Wahlkampf ihrer Gegner durch das Verbot der Versammlungs- und Meinungsfreiheit und verbot kritische Zeitungen. Aber trotzdem erhielt die NSDAP nur 43,9 % der Wählerstimmen.

Das „Ermächtigungsgesetz"

Aber noch war Hitlers Macht nicht unbeschränkt. Er wollte deshalb den Reichstag dazu bringen, auf seine wichtigste Kompetenz, die Legislative, zu verzichten. Dazu aber war eine Zweidrittelmehrheit notwendig, die nur durch Versprechungen und persönliche Drohungen gelingen konnte. SA-Männer verhafteten in der Funktion von Hilfspolizisten willkürlich politische Gegner. Symbolträchtig fand die erste Sitzung des neuen Reichstags am 21. März 1933 in der Potsdamer Garnisonskirche statt. Denn diese Kirche war ein Zeichen für die Macht und Größe Preußens insbesondere in der Zeit des deutschen Kaiserreichs. Gerade bürgerlich-konservative Kreise, aber auch der Adel und das Offizierskorps der Reichswehr zeigten sich beeindruckt. Da sich Hitler an diesem „Tag von Potsdam" betont friedlich und staatsmännisch gab, dachten viele, er würde das Maßlose und Revolutionäre seiner Bewegung aufgeben.

Am 23. März 1933 stimmte der Reichstag über das „Gesetz zur Behebung der Not von Volk und Reich" (Ermächtigungsgesetz) ab. Die Kroll-Oper, der provisorische Sitzungssaal, war von SA-Leuten umstellt. Die Drohkulisse verfehlte ihre Wirkung nicht, zumal die 81 Abgeordneten der KPD bereits inhaftiert waren. Außerdem hatten viele Parlamentarier Angst, von der SA zusammengeschlagen zu werden. Andere wollten aber nicht im Weg stehen, wenn jetzt die neue „Regierung der nationalen Konzentration" mit außergewöhnlichen Mitteln die Not in Deutschland beheben würde.

Trotz der inhaftierten Parlamentarier, die also nicht mit abstimmten, genügten die Stimmen noch nicht, deshalb ließ Hitler die Geschäftsordnung so verändern, dass alle nicht abgegebenen Stimmen als Enthaltung gewertet wurden. Mit der Zustimmung von über 2/3 aller Abgeordneten war damit das Parlament entmachtet und die Trennung von Legislative und Exekutive aufgehoben. Nur die verbliebenen SPD-Abgeordneten hatten unter Protest dagegen gestimmt. Otto Wels von der SPD hielt die letzte freie Rede vor dem Reichstag.

3 Wer für den Brand verantwortlich war, weiß man bis heute nicht genau. – Welche Wirkung sollte das Plakat vom 29. Februar 1933 erzielen?

A–Z

Nationalsozialismus
Der Nationalsozialismus entstand in Deutschland nach dem Ersten Weltkrieg unter der Führung Adolf Hitlers. Kennzeichen dieser Weltanschauung ist eine radikal antisemitische, antikommunistische und antidemokratische Grundhaltung.

2 *Unterdrückung der politischen Gegner,* Mitglieder der KPD und SPD nach der Verhaftung im April 1933 in einer SA-Kaserne

Nationalsozialistische Diktatur

Die Nationalsozialisten errichteten in Deutschland eine totalitäre Diktatur, planten und führten einen Weltkrieg und verübten zahlreiche Massenverbrechen, darunter die historisch einmalige systematische Vernichtung von etwa sechs Millionen europäischen Juden.

Q 5 *Aus der „Verordnung des Reichspräsidenten zum Schutz von Volk und Staat" vom 28. Februar 1933:*
§1 Es sind daher Beschränkungen der persönlichen Freiheit, des Rechts der freien Meinungsäußerung, einschließlich der Pressefreiheit, des Vereins- und Versammlungsrechts, Eingriffe in das Brief-, Post- und Fernsprechgeheimnis, Anordnungen von Hausdurchsuchungen und von Beschlagnahme sowie Beschränkungen des Eigentums auch außerhalb der sonst hierfür bestimmten gesetzlichen Grenzen zulässig.

Q 6 *Über die Abstimmung zum „Ermächtigungsgesetz" am 23. März 1933*
a) *Aus der Regierungserklärung Hitlers vor der Abstimmung zum „Ermächtigungsgesetz":*
Die Reichsregierung beabsichtigt (…) nicht, die Länder aufzuheben. Wohl aber wird sie diejenigen Maßnahmen treffen, die von nun ab und für immer eine Gleichmäßigkeit der politischen Intentionen im Reich und den Ländern gewährleisten. (…) Es würde dem Sinn der nationalen Erhebung widersprechen, (…) wollte die Regierung sich für ihre Maßnahmen von Fall zu Fall die Genehmigung des Reichstages erhandeln oder erbitten. Die Regierung wird dabei nicht von der Absicht getrieben, den Reichstag als solchen aufzuheben, im Gegenteil, sie behält sich auch in Zukunft vor, ihn von Zeit zu Zeit über ihre Maßnahmen zu unterrichten oder aus bestimmten Gründen, wenn zweckmäßig, auch seine Zustimmung einzuholen. (…) Sie bietet den Parteien des Reichstages die Möglichkeit einer ruhigen Entwicklung. (…) Mögen Sie, meine Herren, nunmehr selbst die Entscheidung treffen über Frieden oder Krieg.

b) *Otto Wels spricht für die SPD:*
Freiheit und Leben kann man uns nehmen, die Ehre nicht. Nach den Verfolgungen, die die Sozialdemokratische Partei in der letzten Zeit erfahren hat, wird billigerweise niemand von ihr verlangen oder erwarten können, dass sie für das hier eingebrachte Ermächtigungsgesetz stimmt. Die Wahlen vom 5. März haben den Regierungsparteien die Mehrheit gebracht und damit die Möglichkeit gegeben, streng nach Wortlaut und Sinn der Verfassung zu regieren. Wo diese Möglichkeit besteht, besteht auch die Pflicht. Kritik ist heilsam und notwendig. Noch niemals, seit es einen Deutschen Reichstag gibt, ist die Kontrolle der öffentlichen Angelegenheiten durch die gewählten Vertreter des Volkes in solchem Maße ausgeschaltet worden, wie es jetzt geschieht, und wie es durch das neue Ermächtigungsgesetz noch mehr geschehen soll.

c) *Aus dem Protokoll der Parteifraktion des Zentrums vor der Abstimmung:*
Dr. Kaas [Vorsitzender] erstattet Bericht über die Besprechungen (…) mit Reichskanzler Hitler.
Er [Kaas] habe ihm erklärt, das Ermächtigungsgesetz sei für die Zentrumspartei nur tragbar, wenn gewisse Zusicherungen gegeben würden. Es müsse für die Gesetzgebung der Reichstag eingeschaltet bleiben. (…) Es sei vom Reichskanzler Hitler zugesagt worden, dass keine Maßnahme gegen den Willen des Reichspräsidenten durchgeführt würde. (…)

Q 4 *Der „Tag von Potsdam" (21. März 1933). Reichskanzler und Reichspräsident reichen sich die Hände. Diese wohl eher zufällige Aufnahme wurde später als Propagandapostkarte weit verbreitet.*

Q7 Abgeordnete der NSDAP marschieren in SA-Uniform am 23. März 1933 in die Berliner Kroll-Oper, die nach dem Brand des Reichstagsgebäudes als Sitzungssaal des Reichstages benutzt wurde.

Die Gleichheit vor dem Gesetz werde nur den Kommunisten nicht zugestanden. (…) [Kaas fuhr fort:] Aus der Ablehnung des Ermächtigungsgesetzes [ergäben sich] unangenehme Folgen für die Fraktion und die Partei. (…) Käme die Durchsetzung der ²/₃-Majorität [Mehrheit] nicht zustande, so werde die Durchsetzung der Pläne der Reichsregierung auf anderem Wege erfolgen.

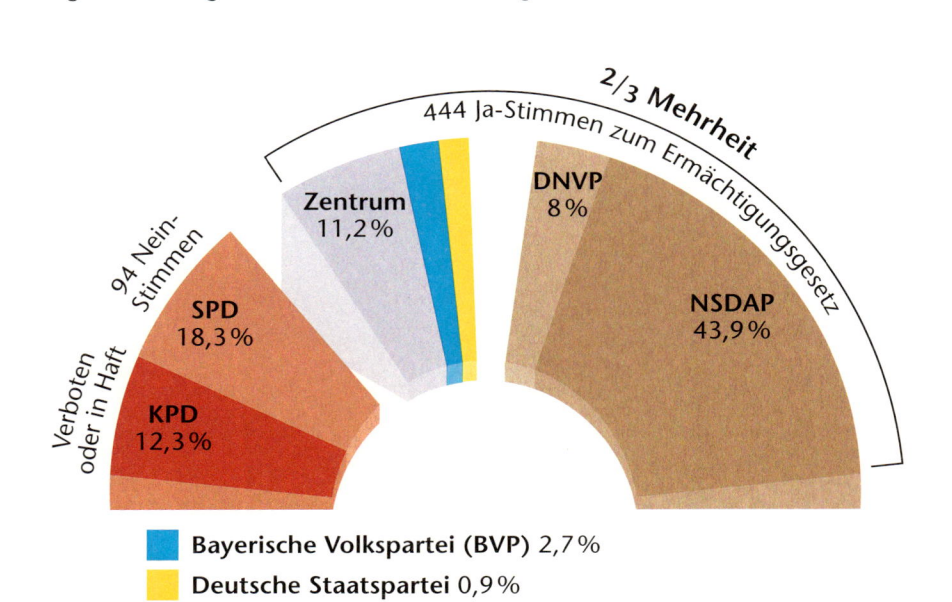

D1 Der Reichstag nach den Wahlen vom 5. März 1933 und die Abstimmung zum „Ermächtigungsgesetz"

- 2/3 Mehrheit
- 444 Ja-Stimmen zum Ermächtigungsgesetz
- 94 Nein-Stimmen
- Verboten oder in Haft
- KPD 12,3 %
- SPD 18,3 %
- Zentrum 11,2 %
- DNVP 8 %
- NSDAP 43,9 %
- Bayerische Volkspartei (BVP) 2,7 %
- Deutsche Staatspartei 0,9 %

1 Erkläre, welche Folgen der Reichstagsbrand für den Wahlkampf und die Abschaffung der Demokratie hatte (VT).

2 Hitler äußert sich gegenüber dem Abgeordneten Dr. Kaas (Q6c) eindeutig für den Fall einer Ablehnung des Ermächtigungsgesetzes. Erläutere, womit Hitler droht.

3 Welche Auswirkungen hat das Ermächtigungsgesetz für die Regierung und die Opposition (VT, Q6)?

4 Arbeite heraus, wie Hitler das Ermächtigungsgesetz vor dem Reichstag begründet. Welche Zusicherungen gibt er (Q6a)?

5 Nenne die Argumente, die der Abgeordnete Wels in seiner Rede gegen das Ermächtigungsgesetz vorbringt (Q6b).

6 Diskutiert in der Klasse, welcher Begriff für Hitlers Regierungsantritt am besten passt: Machtergreifung, Machterschleichung, Machtübertragung.

5 Auf dem Weg in den Führerstaat

Führerprinzip
In diesem Herrschaftssystem besitzt eine Person alle Autorität und Entscheidungsgewalt im Staat. Hitler hatte das Führerprinzip schon 1925 innerhalb der NSDAP durchgesetzt; 1933 wurde es auf die Staatsorganisation übertragen.

SS
(Abk. für Schutzstaffel) Sie stand als Leibwache und Elitetruppe zur persönlichen Verfügung Hitlers, beherrschte nach der Entmachtung der SA unter der Führung Heinrich Himmlers den gesamten Polizei- und Nachrichtenapparat.

Gleichschaltung
Nach der „Machtergreifung" begannen die Nationalsozialisten damit, alle Bereiche des politischen, wirtschaftlichen, gesellschaftlichen und kulturellen Lebens zu durchdringen und zu beherrschen.

Ausschaltung der Opposition

Das Ermächtigungsgesetz gab Hitler beim Aufbau seiner Diktatur freie Hand. Ohne Kontrolle des Parlaments schufen die Nationalsozialisten einen Staat, in dem sich alles dem „Willen des Führers" unterzuordnen hatte. Für anderes Denken oder gar eine Opposition sollte im künftigen „Führerstaat" kein Platz mehr sein. In diesem Sinne wurden wichtige Bereiche des Staates und der Gesellschaft „gleichgeschaltet". Einer der ersten Schritte auf diesem Weg war das „Gesetz zur Wiederherstellung des Berufsbeamtentums" vom April 1933. Es erlaubte die Entlassung missliebiger Beamter. Im gleichen Monat beseitigte das „Gesetz zur Gleichschaltung der Länder mit dem Reich" die bisherige Eigenständigkeit der Länder. Auch die Arbeiterbewegung blieb nicht verschont. Anfang Mai wurden sämtliche freien Gewerkschaften zerschlagen. Leichtes Spiel hatten die Nationalsozialisten mit den politischen Parteien: Die meisten lösten sich selbst auf oder traten gar der NSDAP bei, die SPD wurde im Juni 1933 verboten. Im Gesetz gegen die Neubildung von Parteien vom 14. Juli wurde die NSDAP schließlich zur einzigen politischen Partei in Deutschland erklärt.

Morde vollenden die Diktatur

Nach der Ausschaltung jeglicher Opposition drohte der NSDAP nun lediglich Gefahr aus den eigenen Reihen. Grund dafür war ein Konflikt zwischen SA und Reichswehr. Der Führer der SA, Ernst Röhm, wollte die Reichswehr mit der bewaffneten Parteiarmee unter seiner Führung „gleichschalten". Dies lehnte die Reichswehrführung strikt ab. Hitler brauchte aber die Reichswehr für seine Aufrüstungspläne. So schlug er sich in diesem Streit auf die Seite der Generäle und ließ im Morgengrauen des 30. Juni 1934 Röhm und andere wichtige SA-Führer verhaften und ohne Gerichtsurteil ermorden. Dabei schaltete Hitler auch andere politische Gegner aus.

Führer und Reichskanzler

Als am 2. August 1934 Reichspräsident Hindenburg starb, ernannte Hitler sich selbst als „Führer und Reichskanzler" zum Staatsoberhaupt. Mit diesem Amt übernahm er auch den Oberbefehl über die Wehrmacht, die auf seine Person vereidigt wurde. Innerhalb weniger Monate hatten die Nationalsozialisten in Deutschland eine Diktatur errichtet und jegliche Opposition ausgeschaltet.

Q1 *Die SA marschiert.* Die Aufmärsche sollten Stärke und Entschlossenheit zeigen und politischen Gegnern Furcht einflößen (Foto, 1933).

Das Herrschaftssystem der Nationalsozialisten

Der Führer und Reichskanzler
- Staatsoberhaupt
- Oberbefehlshaber der Wehrmacht
- Führer der NSDAP
- Chef der Regierung

Führer der NSDAP:
- Kanzlei der NSDAP
- Gliederungen der Partei z. B. HJ, SA, SS
- Angeschlossene Verbände z. B. DAF
- Gauleiter
- Kreisleiter
- Ortsgruppenleiter
- Blockwart
- Mitglieder

Reichsführer SS und Chef der deutschen Polizei:
- Polizei
- Gestapo / SD
- SS

Chef der Regierung:
- Reichsminister
- Reichsstatthalter
- Oberpräsidenten / Ministerpräsid.
- Regierungspräsid.
- Landräte
- Bürgermeister
- Reichskanzlei
- Reichsämter
- Reichstag (Scheinparlament ohne Befugnisse) — Vorschlag
- Volksabstimmung — Zustimmung

Propaganda → Volk

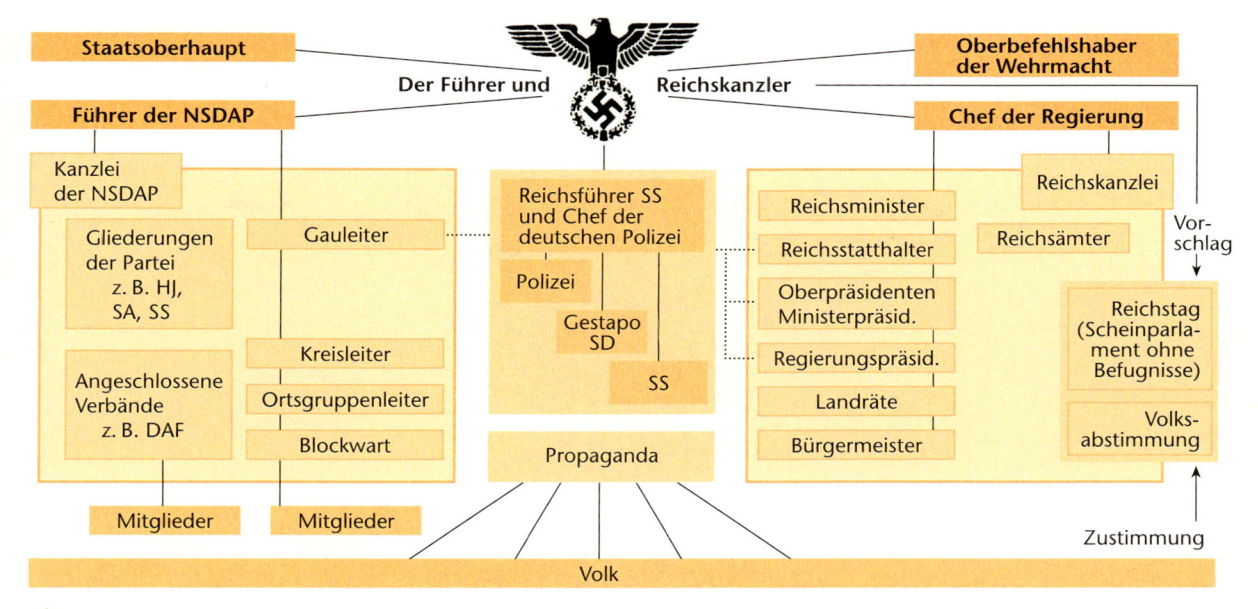

D1 *Das Herrschaftssystem der Nationalsozialisten.* Die Doppelung von Ämtern in Staat und Partei führte zwar zu einer oft unübersichtlichen Überschneidung der Aufgaben und Machtbereiche, die Beibehaltung der alten Instanzen wirkte aber beruhigend auf die Bevölkerung.

Q2 „Mainzer Anzeiger" vom 3. Mai 1933:
Zu Beginn des neuen Unterrichtsjahres 1933/34 haben in sämtlichen Schulen in Hessen die Lehrkräfte in den ersten Wochen in Geschichte, Staatsbürgerkunde und Anschauungsunterricht die Schüler einzuführen in die Bedeutung und Größe des historischen Geschehens der nationalen Revolution, wobei es darauf ankommt, der heranwachsenden Jugend den Sinn und das Gefühl für des Volkes Ehre und Macht zu erwecken (…).
Zu diesem Zwecke wird im Sinne des Gleichschaltungsgedankens angeordnet, dass in Geschichts- und staatsbürgerlichem Unterricht aller Unterrichtsanstalten des Landes Hessen für den Anfang des Schuljahres 1933/34 – unabhängig von allen sonstigen Stoff- und Lehrplänen – in den ersten 4 bis 5 Wochen das Stoffgebiet, das die Jahre 1918–1933 umfasst, zu behandeln ist.

Q3 Ernst Niekisch, ein sozialistisch orientierter Schriftsteller, der 1937 verhaftet und zu lebenslänglichem Zuchthaus verurteilt wurde, schrieb 1935:
Der Punkt, an dem der Hebel ansetzt, welcher den Menschen gleichschaltet, ist die Existenzfrage. (…) Unverhüllter wurde noch niemals auf den Magen gedrückt, um die richtige Gesinnung herauszupressen. Der Beamte zittert um Gehalt und Versorgung. (…) Angestellten und Arbeitern erging es nicht besser; sie verloren die Arbeitsplätze, wenn ihr Eifer der Gleichschaltung enttäuschte. Entzog sich ein Arbeiter dem anbefohlenen Aufmarsch, wurde er fristlos entlassen (…). Wurden sie [die freien Berufe wie Architekten, Ärzte, Rechtsanwälte, Handwerker, Kaufleute] aus ihrer Berufskammer entfernt, war ihnen das Recht auf Berufsausübung genommen (…). Die nationalsozialistische Weltanschauung zog ihre überzeugende Kraft aus der Sorge um den Futterplatz; weil der nationalsozialistische Herr den Brotkorb monopolisiert hatte [er alleiniger Arbeitgeber war], sang jedermann sein Lied.

Q4 In einem Bericht des Regierungspräsidenten von Schwaben vom August 1933 heißt es:
Ein größerer Teil der Bevölkerung hat allzu schnell und offenkundig die Farbe gewechselt, um mit Sicherheit sagen zu können, dass sie aus innerster Überzeugung hinter der nationalen Regierung steht. Da Denunziantentum und Schutzhaft [Verhaftung politisch Andersdenkender] gefürchtet werden, ist es oft sehr schwierig, die wahre Einstellung kennen zu lernen.

1. Liste auf, welche demokratischen Grundlagen der Weimarer Republik von den Nationalsozialisten zerstört wurden (VT).
2. Erläutere die Auswirkungen der „Gleichschaltung" auf die Menschen (VT, Q3).
3. Nenne Gründe, warum sich die Bevölkerung ohne große Gegenwehr „gleichschalten" ließ.
4. Erläutere, warum die Ämtervielfalt und die sich daraus ergebende Konkurrenz der Kompetenzen dem Führerprinzip nicht widersprach, sondern sogar besonders entgegenkam (D1).

6 Führerkult und Propaganda

1 Führerkult – die NS-Propaganda nutzte jede Möglichkeit, Hitler werbewirksam zu präsentieren (Foto aus einem Sammelbildalbum, 1933).

Propaganda
(lat. propagare = weiter ausdehnen, ausbreiten) Versuch, mit Werbemethoden die Meinung anderer gezielt zu beeinflussen. Die Nationalsozialisten errichteten nach der Machtübernahme ein eigenes Propagandaministerium für diese Zwecke.

Führerkult
Hitlers öffentliche Auftritte lösten in den ersten Regierungsjahren häufig Jubel und Begeisterung aus. Oft warteten die Menschen stundenlang, um den „Führer" einmal „live" zu sehen. Hinter den Kulissen war die Wirkung seiner Auftritte zwar geschickt geplant, doch bei aller Steuerung durch die NS-Propaganda war die Begeisterung der Bevölkerung meist echt. Mit seinem Talent als Redner verstand er es, große Menschenmassen zu faszinieren. Hitler sprach aus, was viele damals dachten oder hören wollten. Oft redete er über die Sehnsucht des deutschen Volkes nach Ordnung, Arbeit und Frieden oder hetzte gegen die Demokratie.

Wer war dieser Hitler?
Adolf Hitler wurde 1889 in Braunau am Inn in Österreich geboren. Ohne Abschluss verließ er die Realschule und bewarb sich vergeblich an der Wiener Kunstakademie. Später zog er nach München und meldete sich 1914 freiwillig für den Ersten Weltkrieg. Als Gefreiter wurde er mehrfach verwundet, er erhielt zwei Auszeichnungen. Den Politikern der Weimarer Republik gab er die Schuld an der Kriegsniederlage. 1919 trat er in die Deutsche Arbeiterpartei (DAP) ein und übernahm 1921 deren Führung.
Am 9. November 1923 versuchte er einen Putsch in München, der jedoch niedergeschlagen wurde (s. S. 114). Hitler wurde verhaftet, des Hochverrats angeklagt und verurteilt. Im Gefängnis schrieb er das Buch „Mein Kampf", ein Bekenntnis seiner politischen Überzeugungen. Bereits nach neun Monaten wurde er vorzeitig entlassen. Hitler übernahm die Führung der neu gegründeten NSDAP. 1930 konnte er mit der Partei einen ersten großen Wahlerfolg feiern. Drei Jahre später wurde er zum Reichskanzler ernannt. Am 30. April 1945 beging er kurz vor dem Ende des Zweiten Weltkriegs Selbstmord.

Propaganda für den „Führer"
Die Nationalsozialisten verstanden es geschickt, Hitler und seine öffentlichen Auftritte zu inszenieren. Jede Rede, jede Veranstaltung wurde bis ins kleinste Detail vorbereitet. Auf Plakaten, Fotos und in Filmen wurde der Eindruck erzeugt, Hitler werde von allen geliebt, insbesondere von den Frauen.
Verantwortlich für die NS-Propaganda war Joseph Goebbels. Er war der Leiter des Ministeriums für Volksaufklärung und Propaganda. Goebbels galt als ähnlich talentierter Redner wie Hitler. Für seine Ansprachen nutzte er häufig das für die Menschen damals noch neue Radio. Der „Volksempfänger", ein preiswertes Radiogerät, wurde bald zum Verkaufsschlager. Goebbels gelangte dadurch in etliche Wohnstuben Deutschlands und bestimmte so die öffentliche Meinung. Auch die Zeitungen wurden von ihm kontrolliert. Presse- und Meinungsfreiheit gab es im NS-Staat nicht. Wer öffentlich widersprach, riskierte Freiheit und Leben.

Q2 *Hitler als Führer der Massen* 1936 auf dem Reichsparteitag in Nürnberg

Q5 *Joseph Goebbels (1897–1945)* war nach Hitler mit dem SS-Führer Heinrich Himmler einer der Hauptverantwortlichen des Nationalsozialismus. Nach Hitlers Freitod nahm auch Goebbels sich vor Kriegsende am 1. Mai 1945 das Leben.

Q3 *Faszination Hitler?*
a) Emil Kolb, Jahrgang 1917:
Ich bin 1933 aus meiner Heimatstadt Graslitz im Sudetenland mit dem Zug nach Zwickau gefahren, um Hitlers Rede zu hören. Als ich um neun Uhr morgens im Stadion ankam, waren bereits 50 000 Menschen da. Seine Rede war für halb elf Uhr angekündigt, aber er kam erst um vier Uhr an und kein Mensch ist weggegangen. Die Musik spielte, und es herrschte ein unglaublicher Jubel, eine tolle Stimmung. Dann kam Hitler mit dem Flugzeug, wurde begeistert begrüßt und hielt seine Rede. Sie handelte vom Versailler Vertrag, von der Arbeitslosigkeit, von Reparationszahlungen und von der Rheinlandbesetzung. Ich war von diesem Mann beeindruckt und von dem, was er sagte. Als junger Mensch war ich begeistert und viele andere auch, ob Arbeiter, Bauern, Handwerker oder Intellektuelle.

b) Sybill Gräfin Schönfeld, Jahrgang 1927:
Hitlers Gegenwart löste eine unglaubliche Begeisterung aus. Das wirkte wie eine ansteckende Krankheit. Besonders bei älteren Mädchen, die gerade in die „Schwärm"-Phase kamen, konnte man das beobachten. Schon die Tatsache, Hitler gesehen zu haben oder gar vom ihm berührt zu werden, galt so viel wie ein Besuch beim Heiligen Vater in Rom. Wie beim Papst fühlten die Leute sich schon durch die Berührung gesegnet. Mir ist es heute nicht mehr erklärlich, wie es den Nationalsozialisten gelungen ist, Hitler zu einem solchen Idol zu machen.

Q4 *Der Historiker Hans-Ulrich Thamer schreibt über die Faszination Hitlers:*
Wann immer Zweifel an Hitlers Politik entstanden und in der Bevölkerung Klage über die immer wieder auftretenden Engpässe in der Versorgung mit Lebensmitteln geführt wurden (…), wurden diese Unmutsäußerungen durch die Wirkungsmacht des Hitler-Mythos oder durch die (…) Überredungsgabe Hitlers aufgefangen. Das bewirkte weniger die vielzitierte Ausstrahlungskraft Hitlers als die (…) Anpassungsbereitschaft und Selbsttäuschung. Sie sahen in Reichskanzler Adolf Hitler den Retter und sozialen Wohltäter, den sie nach Jahren der [Krise] erwartet hatten, und machten die vermeintlich radikaleren und unfähigen Unterführer für die Unzuträglichkeiten und Zumutungen im Herrschaftsalltag verantwortlich. „Wenn das der Führer wüsste", war ein geflügeltes Wort, das diese Ablenkung und Selbsttäuschung zum Ausdruck brachte.

1. Überlege, welchen Eindruck von Hitler die Bilder Q1 und Q2 bei der Bevölkerung vermitteln sollten.
2. Stelle zusammen, welche Mittel die NS-Propaganda einsetzte, um die Bevölkerung zu beeinflussen (VT).
3. Erläutere in deinen eigenen Worten, wie der Historiker Thamer die Führerbegeisterung erklärt (Q4).

7 Jugend und Schule unter dem Hakenkreuz

Q 1 *Plakat, um 1940 – Wie sollen hier die Jugendlichen angesprochen werden?*

Offiziere von morgen

totalitär
Bestreben, alle Bereiche des politischen, wirtschaftlichen und gesellschaftlichen Lebens im Sinne einer herrschenden Ideologie zu erfassen.

Jungvolk
Unterabteilung der Hitler-Jugend. Das Jungvolk war die Jugendorganisation für die 10- bis 14-jährigen Jungen, die „Pimpfe" genannt wurden. Die 14- bis 18-Jährigen waren in der eigentlichen HJ zusammengefasst.

BDM
(Abk. für „Bund Deutscher Mädel") Jugendorganisation für die 14- bis 18-jährigen Mädchen innerhalb der Hitler-Jugend. Die 10- bis 14-Jährigen waren im Jungmädelbund organisiert.

Die Hitler-Jugend
Wie andere totalitäre Regierungen schenkten auch die Nationalsozialisten der Jugend und deren Erziehung große Aufmerksamkeit. Nach dem Grundsatz „Wer die Jugend besitzt, hat die Zukunft" sollten Jungen und Mädchen schon früh auf die Ideologie des Staates eingeschworen werden.

Das sollte vor allem mit der Hitler-Jugend (HJ) erreicht werden. 1926 als nationalsozialistische Jugendorganisation gegründet, zählte sie Anfang 1933 rund 100 000 Mitglieder. Nach der Machtübernahme wurden alle anderen Jugendbünde oder Gruppen zwangsweise „gleichgeschaltet", also aufgelöst oder in die HJ übernommen. Ende 1934 war die HJ dadurch mit 3,5 Millionen Jugendlichen zu einer regelrechten Massenorganisation angewachsen. Ab 1936 wurde die HJ zur Pflichtorganisation für alle Jungen und Mädchen zwischen zehn und 18 Jahren.

Die Veranstaltungen der HJ, die oft auch an den Wochenenden stattfanden, sollten die Kinder und Jugendlichen auf die NS-Ideologie einschwören und von regimekritischen Eltern entfremden. Tatsächlich hat es Fälle gegeben, in denen Kinder ihre eigenen Eltern wegen negativer Äußerungen zur NSDAP, zum Terror, zu Hitler oder zum Krieg angezeigt haben.

Erziehungsziel „Krieg"
Die Nationalsozialisten wollten alle Mädchen und Jungen zu treuen Gefolgsleuten erziehen und sie zugleich auf die Aufgabe vorbereiten, die Hitler für das Deutsche Reich und „sein Volk" vorgesehen hatte: auf den Krieg. Die körperliche und militärische Erziehung stand daher gleichberechtigt neben der ideologischen Schulung. Die Nationalsozialisten wollten mutige, aber vor allem anpassungsfähige und gehorsame Menschen.

Anziehungskraft und Abneigung
Viele Jugendliche waren in den ersten Jahren mit Begeisterung bei der HJ, denn sie bot durch Zeltlager, Geländespiele, Lagerfeuer und Ausflüge abenteuerliche Erlebnisse mit Freunden und eine Abwechslung vom Alltag. Auch der Gemeinschaftsgedanke, die Gruppenabende oder das Tragen der Uniform faszinierte viele Jugendliche.

Doch nicht alle Jugendlichen ließen sich von der HJ vereinnahmen. Manche Eltern störte die politische oder militärische Gesinnung, manche Jugendliche fühlten sich durch den Zwangscharakter der HJ schlicht in ihrer Freiheit eingeschränkt. Doch nur sehr wenige wagten es, diesen Protest auch offen zu zeigen. Sie schlossen sich in eigenen Cliquen zusammen, die unter Namen wie „Edelweißpiraten", „Meuten" oder „Swing-Jugend" bekannt wurden. Diese und auch andere Jugendliche distanzierten sich von der HJ und beteiligten sich teilweise sogar an Widerstandsaktionen.

Nationalsozialistische Schulbildung
Nicht nur über die Hitler-Jugend, auch über den Schulunterricht versuchten die

146

Q2 Plakat, um 1940

Q3 *Das Frauenideal der NS-Ideologie* wurde im Bund Deutscher Mädel (BDM) propagiert.

Nationalsozialisten Einfluss zu nehmen. Schule und Unterricht sollten gemäß der NS-Ideologie gestaltet werden. Ein erster Schritt auf diesem Weg war ein Gesetz vom April 1933. Es ermöglichte die Entlassung von jüdischen, regimekritischen und demokratisch gesinnten Lehrern aus dem Schuldienst.

Änderungen gab es auch bei den Unterrichtsinhalten. Die Lehrpläne der Fächer Deutsch, Geschichte, Biologie und Erdkunde wurden auf die NS-Ideologie abgestimmt. Die nationalsozialistische „Rassenlehre" war künftig Pflichtunterricht. Im neu geschaffenen Fach „Rassenkunde" lernten Jungen und Mädchen, dass die Einteilung der Menschen in höher- und minderwertige Rassen angeblich wissenschaftlich nachzuweisen sei. Als besonders wichtig galt auch die körperliche Ertüchtigung im Fach Sport. Manche Schüler hatten fünf Stunden Sport pro Woche.

Die Klassenzimmer waren häufig mit nationalsozialistischen Symbolen ausgestattet. An den Wänden befanden sich Hakenkreuzfahnen oder Gemälde des Führers. Morgens begrüßte man sich mit dem Hitlergruß, an vielen Schulen gab es auch einen Fahnenappell, bei dem feierlich eine Hakenkreuzflagge gehisst wurde.

Viele Schulbücher enthielten Darstellungen über Gewalt, Krieg und Soldaten. Selbst in Fächern wie Mathematik und den Naturwissenschaften wurde der Krieg verherrlicht und die Landesverteidigung in Aufgaben thematisiert. Im Chemieunterricht beispielsweise waren über 100 Versuche mit Kampfstoffen Bestandteil des Lehrplans.

NS-Eliteschulen

Die zukünftige männliche Elite des Staates sollte auf besonderen Schulen ausgebildet werden: den sogenannten „Adolf-Hitler-Schulen" und den „Nationalpolitischen Erziehungsanstalten" (Napola). Nur unter bestimmten Voraussetzungen wurden die Jungen dort aufgenommen. Sie mussten eine Aufnahmeprüfung bestehen, in der neben Wissen und Gesinnung auch körperliche Fähigkeiten überprüft wurden.

Neben der wissenschaftlichen Ausbildung und der Erziehung zu nationalsozialistischem Denken wurde besonderer Wert auf die „körperliche" Ertüchtigung gelegt. Geländesport sowie Fechten, Reiten, Rudern, Schwimmen, Auto- und Motorradfahren gehörten zum Unterrichtsangebot. In den Anfangsjahren dieser Schulen wurde neben NS-Ideologie und Sport auch auf die Vermittlung von Wissen Wert gelegt. Nach und nach verlagerte sich jedoch die Gewichtung zu reiner militärischer Schulung und Ausbildung.

Zeitreise multimedial – „Das 20. Jahrhundert" (1914–1949): Bild- und Tondokumente über Jugendliche im Nationalsozialismus

1 *Uniformen.* Links: Jungvolk und Jungmädel (ab 10 Jahre); Mitte: Hitler-Jugend und Bund Deutscher Mädel (ab 14 Jahre); Rechts: Arbeitsdienst (ab 18 Jahre)

4 *In einer Rede vom 2. Dezember 1938 hat Hitler die Erziehungsziele der Nationalsozialisten dargelegt:*

Diese Jugend, die lernt ja nichts anderes als deutsch denken, deutsch handeln, und wenn diese Knaben mit 10 Jahren in unsere Organisation hineinkommen und dort oft
5 zum ersten Mal überhaupt eine frische Luft bekommen und fühlen, dann kommen sie vier Jahre später vom Jungvolk in die Hitlerjugend, und dort behalten wir sie wieder vier Jahre. Und dann (…) nehmen wir sie
10 sofort in die Partei, in die Arbeitsfront, in die SA oder SS, in das NSKK und so weiter. Und wenn sie dort zwei Jahre oder anderthalb Jahre sind und noch nicht ganz Nationalsozialisten geworden sein sollten,
15 dann kommen sie in den Arbeitsdienst und werden dort wieder sechs Monate geschliffen, alle mit einem Symbol, dem deutschen Spaten. Und was dann nach sechs oder sieben Monaten noch an Klassen- oder
20 Standesdünkel (…) vorhanden sein sollte, das übernimmt die Wehrmacht. (…) Und wenn sie (…) zurückkehren, dann nehmen wir sie, damit sie auf keinen Fall rückfällig werden, sofort wieder in die SA, SS und so
25 weiter, und sie werden nicht mehr frei ihr ganzes Leben.

5 *Rassenkunde in der Schule.* Schulhelferinnen, die als Maßnahme gegen den Lehrermangel ausgebildet wurden, vermitteln mithilfe von Schautafeln die nationalsozialistische Rassenlehre (Foto, 1943).

6 *Werner Brölsch aus Mülheim erinnert sich 2003 an die Erlebnisse seines Bruders bei der Hitler-Jugend:*

Mein jüngerer Bruder wurde eines Tages zu einem Pimpfenabend geladen. Ihm gefiel die Gemeinschaft und er wurde Mitglied des Jungvolks. Er machte schon nach ei-
5 nigen Jahren Karriere und wurde Fähnleinführer. Er, der fünfzehnjährige Junge, durfte den anderen Befehle erteilen. Ich weiß genau, wie begeistert er anfangs zu den Übungen ging, besonders dann, wenn
10 Sport oder Schießen auf dem Plan stand. Auch das Exerzieren, mit den Kommandos wie „Stillgestanden", „Rührt euch", „Rechts um", „Marsch Marsch", wurde von den Jungen hingenommen. Neben
15 den Oster- und Pfingstfahrten veranstaltete die HJ auch Fahrten ins Ausland. Erst nach und nach wurde mein jüngerer Bruder nachdenklicher. Die zunehmende Militarisierung der Veranstaltungen und die offene
20 Vorbereitung auf den Krieg wurden ihm immer bewusster.

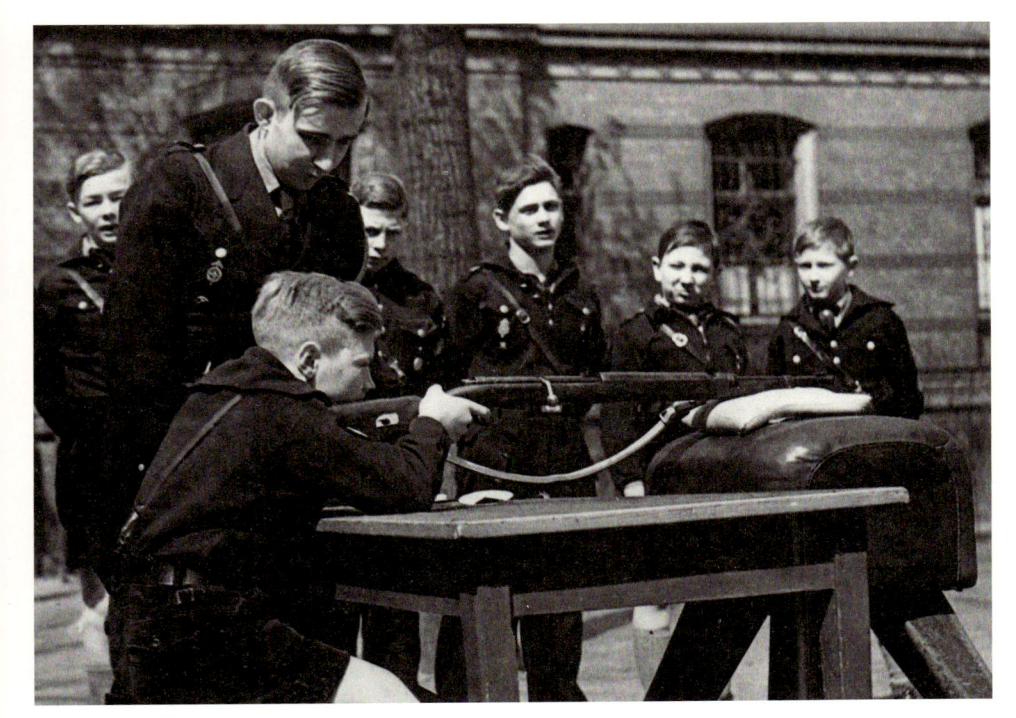

Q7 *Pimpfe und HJ-Führer beim Schießen auf dem Hof der Schule in der Gräfenstraße in Berlin-Neukölln anlässlich des Reichsschießwettkampfes des Deutschen Jungvolkes (Foto, 1. April 1939).*

Q8 *Ein NS-Rechenbuch lieferte Zahlen zur militärischen Stärke benachbarter Länder und stellte unter der Überschrift „Luftangriffe drohen überall" folgende Fragen:*
a) Wie viele Kriegsflugzeuge haben die angegebenen Staaten, soweit sie Nachbarn Deutschlands sind, insgesamt? (…)
c) Ein moderner Nachtbomber kann 1800 Brandbomben tragen. Auf wie viel Kilometern Streckenlänge kann er diese Bomben verteilen, wenn er bei einer Stundengeschwindigkeit von 250 Kilometern in jeder Sekunde eine Bombe wirft?

Q9 *1934 schrieben die Schülerinnen und Schüler einer dritten Volksschulklasse in München folgendes Diktat:*
Wie Jesus die Menschen von der Sünde und Hölle befreite, so rettete Hitler das deutsche Volk vor dem Verderben. Jesus und Hitler wurden verfolgt, aber während Jesus gekreuzigt wurde, wurde Hitler zum Kanzler erhoben. Während die Jünger Jesu ihren Meister verleugneten und ihn im Stich ließen, fielen 16 Kameraden für ihren Führer. Die Apostel vollendeten das Werk ihres Herrn. Wir hoffen, dass Hitler sein Werk selbst zu Ende führen darf. Jesus baute für den Himmel, Hitler für die deutsche Erde.

Q10 *Nicht immer herrschte Kasernenton im Klassenzimmer. Über ihre Schulzeit während des Nationalsozialismus an der Essener Helene-Lange-Realschule berichtete Helga Breil 1998:*
Eines Tages wurden die Kreuze aus jedem Klassenzimmer herausgeholt. Das übliche Gebet vor dem Unterricht wurde verboten, stattdessen sollten nationalsozialistische Lieder gesungen werden. Erst später wurde mir bewusst, wie viel Mut meine Lehrerinnen bewiesen, die einfach die Anweisungen missachteten und weiterhin das Morgengebet beibehielten.
Mir sind nur drei Lehrer in Erinnerung, die mit dem Hitlergruß vor die Klasse traten, bei den anderen blieb es beim „Guten Morgen, meine lieben Kinder". (…) Im Geschichtsunterricht hatten wir zwar Bücher von der Schule bekommen, meine Lehrerin benutzte sie nie, sie gab sich große Mühe, stellte selbst Texte zusammen und diktierte sie uns.

1. Nenne Gründe, warum viele Jungen und Mädchen Gefallen an der HJ und dem BDM fanden (VT, Q6).
2. Was hätte dich an der HJ fasziniert, was hätte dir nicht gefallen? Begründe deine Haltung.
3. Der Schriftsteller Heinrich Böll schrieb über seine Schulzeit: „Wir lernten nicht fürs Leben in der Schule, sondern für den Tod." Nimm Stellung zu dieser Aussage und versuche sie mithilfe des VT zu belegen.
4. Diskutiert mit eurem Lehrer, wie unser Staat heute Einfluss auf die Jugend und die Erziehung nimmt.

8 NS-Wirtschaftspolitik – den Krieg im Visier

Q1 *Autobahnbau in Handarbeit* (Foto, 1936)

Ein Wirtschaftswunder?
Die von der Weltwirtschaftskrise ausgelöste hohe Arbeitslosigkeit war ein Grund, warum die Nationalsozialisten in Deutschland an die Macht gekommen waren. Wie würde die Regierung Hitler nun mit dem Problem von sechs Millionen Arbeitslosen fertig werden?
Tatsächlich sank die Zahl der Arbeitslosen in den ersten drei Jahren der NS-Herrschaft stark: Im Herbst 1936 waren in Deutschland nur noch rund eine Million Menschen ohne Arbeit. Wie war das möglich?

Arbeitsbeschaffung …
Die NS-Regierung vergab als Sofortprogramm gegen die Arbeitslosigkeit große Staatsaufträge: Autobahnen, öffentliche Gebäude, Kasernen und Flugplätze wurden gebaut. Dabei griffen die Nationalsozialisten meist auf bereits vorliegende Pläne aus der Weimarer Zeit zurück. Die Bauten fanden zum Großteil ohne Maschinen statt und erforderten den Einsatz von vielen Menschen. Das schuf Arbeitsplätze und kurbelte die Wirtschaft an.

… und geschönte Statistiken
1935 trat das „Reichsarbeitsdienstgesetz" in Kraft. Alle 18- bis 25-jährigen Jugendlichen mussten für ein halbes Jahr gemeinnützige Arbeit, etwa in der Landwirtschaft oder beim Straßenbau leisten. Rund 200 000 bis 300 000 junge Männer und Frauen befanden sich ständig in den Lagern des Reichsarbeitsdienstes und verschwanden aus der Statistik der Arbeitslosen. Auch die Wiedereinführung der Wehrpflicht im März 1935 ließ die Zahl der Arbeitslosen sinken. Schließlich sorgte auch das sogenannte Ehestandsdarlehen für eine geschönte Statistik. Frisch verheiratete Paare bekamen ein günstiges Darlehen vom Staat unter der Bedingung, dass die Frau ihren Arbeitsplatz aufgab. Bis 1935 wurden so rund 370 000 Frauen aus dem Berufsleben gedrängt.

Aufrüstung für den Krieg
Zahlreiche neue Arbeitsplätze gab es zudem durch die seit 1934 voll anlaufende Aufrüstung des Staates in den Betrieben der Rüstungsindustrie.
Den meisten Deutschen erschien die Wirtschaftspolitik Hitlers in diesen Jahren erfolgreich, sank doch die Zahl der Arbeitslosen. Nur wenige erkannten die Schattenseiten: Um die staatlichen Großaufträge, die Maßnahmen zur Senkung der Arbeitslosigkeit und die Ankurbelung der Rüstungsindustrie zu finanzieren, machte der Staat enorme Schulden, die er unter normalen Umständen gar nicht zurückzahlen konnte. Doch längst hatten die führenden Nationalsozialisten beschlossen, dieses Problem durch Krieg und Eroberung zu lösen.

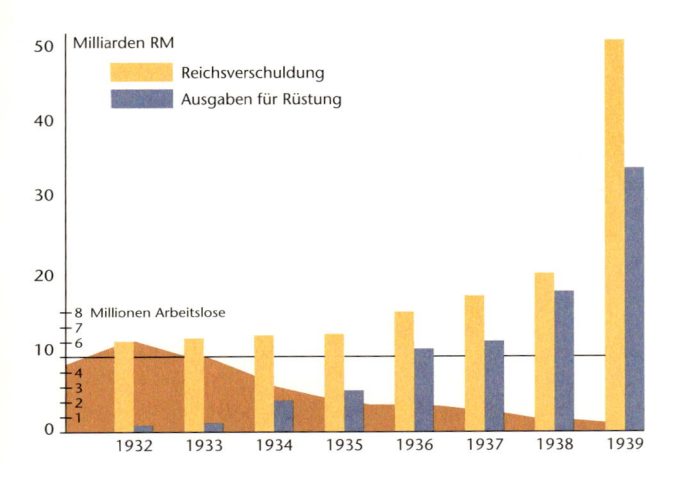

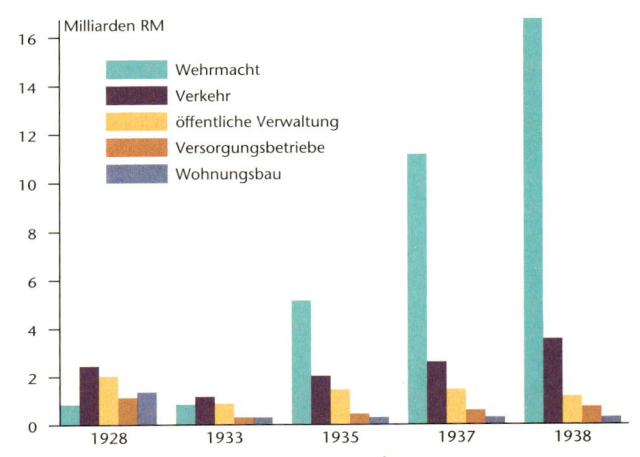

D4 *Statistiken*
links: Arbeitslosigkeit, Rüstung, Staatsschulden
rechts: öffentliche Investitionen in Deutschland

Standpunkte: Die NS-Wirtschaftspolitik

D1 *Der Historiker Sebastian Haffner emigrierte 1938 nach England und kehrte 1954 nach Deutschland zurück. In dem Buch „Anmerkungen zu Hitler" (1978) schreibt er:*
Unter den positiven Leistungen Hitlers muss an erster Stelle, alles andere in den Schatten stellend, sein Wirtschaftswunder genannt werden. Den Ausdruck gab es damals noch nicht; er ist erst für die überraschend schnelle Wiederaufbauleistung nach dem Zweiten Weltkrieg geprägt worden. Aber er passt noch viel besser auf das, was im Deutschland der mittleren dreißiger Jahre unter Hitler vor sich ging. Im Januar 1933, als Hitler Reichskanzler wurde, gab es in Deutschland sechs Millionen Arbeitslose. Drei kurze Jahre später, 1936, herrschte Vollbeschäftigung.

D2 *Der Historiker Werner Bührer schreibt in einem Aufsatz über die Wirtschaftspolitik Hitlers, 1997:*
Die wirtschaftliche Entwicklung Deutschlands unter dem Nationalsozialismus (…) war gekennzeichnet durch einen raschen, kontinuierlichen und lang anhaltenden Aufschwung, der sich vor allem in den Investitions- und Produktionsgüterindustrien bemerkbar machte, verbunden mit einem deutlichen Rückgang der Arbeitslosigkeit bis zum Erreichen der Vollbeschäftigung im Jahr 1936. Ohne die spätestens seit 1935 unübersehbare einseitige Ausrichtung der staatlichen Wirtschaftspolitik auf die Aufrüstung wären diese Erfolge freilich kaum möglich gewesen.

Q2 *In Hitlers geheimer Schrift zur Wirtschaftspolitik von 1936 heißt es::*
Es hat eine Mobilmachung der Wirtschaft zu erfolgen, und zwar mit Tempo, mit Entschlossenheit und wenn nötig auch mit Rücksichtslosigkeit. (…)

	1928	1937
Fleisch (kg)	146,5	118,5
Eier (Stück)	472	258
Milch (l)	481	358
Kartoffel (kg)	507,8	530,3
Gemüse (kg)	127,3	117,8
Obst (kg)	96,2	64,9

In diesem Sinne ist die deutsche Brennstofferzeugung im schnellsten Tempo vorwärtszutreiben. Diese Aufgabe ist mit derselben Entschlossenheit wie die Führung eines Krieges anzufassen und durchzuführen; denn von ihrer Lösung hängt die kommende Kriegsführung ab. (…)
Ich stelle damit folgende Aufgabe:
1. Die deutsche Armee muss in vier Jahren einsatzfähig sein.
2. Die deutsche Wirtschaft muss in vier Jahren kriegsfähig sein.

D3 *Lebensmittelverbrauch,* Jahreskonsum in einem Vier-Personen-Haushalt

1. Erkläre mit eigenen Worten die Ziele der nationalsozialistischen Wirtschaftspolitik (VT, Q1, Q2).
2. Stelle fest, inwieweit sich die Kosten für die Aufrüstung auf den Lebensstandard der Bevölkerung ausgewirkt haben (D3, D4).
3. War Hitlers Wirtschaftspolitik erfolgreich? Nimm Stellung.
4. Zwei deutsche Historiker bewerten die Wirtschaftspolitik (D1, D2). Vergleiche die Aussagen. Was stellst du fest?

9 Ausgegrenzt, verfolgt, ermordet

1 *SA-Leute am 1. April 1933 vor einem Kaufhaus in Berlin.* Es gehörte Mut dazu, den Parolen der gewaltbereiten Posten nicht zu folgen.

Konzentrationslager (KZ)
Arbeits- und Internierungslager für politische Gegner, andere verfolgte Personengruppen und Zwangsarbeiter, die hier gequält, ausgebeutet und oft auch getötet wurden. Ab 1941 errichteten die Nationalsozialisten mehrere Vernichtungslager, die allein der Ermordung von etwa 3 Millionen meist jüdischen Häftlingen dienten.

NS-Terror
Viele Oppositionelle, politisch Andersdenkende, Künstler und Wissenschaftler mussten nach der Machtübernahme um ihr Leben fürchten und verließen deshalb Deutschland. Viele wollten sich auch mit diesem Deutschland nicht gleichsetzen lassen oder hofften, sich im Ausland für das „wahre Deutschland" und eine Zukunft nach der Diktatur einsetzen zu können. Denn die Nationalsozialisten duldeten in ihrem Staat keine Menschen, die nicht ihren Vorstellungen entsprachen. Wer in Deutschland blieb und es dennoch wagte, öffentlich an der nationalsozialistischen Herrschaft Kritik zu üben, bekam den Terror des Polizei- und Spitzelstaates zu spüren.

Bereits 1933 hatte die SA eine Vielzahl kleinerer Konzentrationslager eingerichtet, in denen vor allem Kommunisten, Sozialdemokraten und andere politische Gegner inhaftiert wurden. Nach der Entmachtung der SA im Jahr 1934 übernahm die SS die Verwaltung der Konzentrationslager. Jetzt kamen zu den politischen Häftlingen noch andere hinzu, die nach bestimmten Kriterien eingeteilt wurden: „Asoziale" (vor allem Sinti und Roma), „Homosexuelle", „Bibelforscher" (Zeugen Jehovas), „Arbeitsscheue" und „Berufsverbrecher".

Die Polizeigewalt, die von der SS unter ihrem Führer Heinrich Himmler übernommen worden war, wurde der Kontrolle durch die Justiz vollständig entzogen. Die „Geheime Staatspolizei" (Gestapo) bespitzelte Einzelpersonen oder nahm verfolgte Personen willkürlich in Schutzhaft. Richterliche Haftbefehle oder ordentliche Prozesse waren für eine Inhaftierung nicht mehr erforderlich. Zur allgemeinen Einschüchterung trug bei, dass der „Sicherheitsdienst" „Lageberichte über die Stimmung in der Bevölkerung" verfasste.

Was tat die Bevölkerung?
Die Deutschen reagierten unterschiedlich auf die Ausgrenzung und Verfolgung ihrer Mitbürger. Auch wenn ein großer Teil der Bevölkerung mit der Diskriminierung grundsätzlich einverstanden war, lehnten die meisten doch Gewalttaten, Verfolgungen oder Morde ab. Nur wenige allerdings beteiligten sich aktiv an solchen Maßnahmen. Aber trotzdem akzeptierte man das Terrorsystem als notwendige Maßnahme auf dem Weg zur „nationalen Erneuerung".

Öffentlichen Protest gegen den nationalsozialistischen Terror gab es aber nur selten. Wer gegen das Regime eingestellt war, musste fürchten, sich selbst in Gefahr zu bringen. Man musste auf der Hut sein, selbst innerhalb der eigenen Familie konnte ein Denunziant sein. Also schwieg die große Mehrheit und nahm so den Angriff auf die Menschenwürde, vor allem der jüdischen Mitbürger, hin. Allmählich entstand so eine Kluft zwischen Juden und Nichtjuden: Freundschaften wurden gelöst und Nachbarn nicht mehr gegrüßt.

Ausgrenzung per Gesetz
Schon gleich nach der Machtergreifung hatten die Nationalsozialisten begonnen, die jüdischen Bürger schrittweise zu entrechten und öffentlich zu demütigen. Am 1. April 1933 organisierte die SA einen Boykott jüdischer Geschäfte. Eine Woche später

ermöglichte es ein neues Gesetz, jüdische Beamte zu entlassen.
Mit dem „Gesetz zum Schutze des deutschen Blutes und der deutschen Ehre" (Nürnberger Gesetze) aber verloren die Juden ihre bürgerliche Gleichberechtigung. Ab sofort wurde zwischen Reichsbürgern mit politischen Rechten und Staatsangehörigen wie etwa Juden, denen diese Rechte aberkannt wurden, unterschieden. Wer mehr als zwei Großeltern jüdischen Glaubens hatte, galt als Jude; wer zwei hatte, wurde als „Mischling" bezeichnet. So wurden also auch Christen und deutsche Patrioten als „Juden" verfolgt. Eheschließungen und außerehelicher Verkehr zwischen Juden und „Staatsangehörigen deutschen oder artverwandten Blutes" wurden als „Rassenschande" verboten. Selbst der einfache soziale Kontakt zwischen Juden und „Ariern" wurde strafrechtlich verfolgt und konnte lebensgefährlich werden.
Seit dem Herbst 1937 mussten jüdische Unternehmen weit unter Wert an Nicht-Juden verkauft werden. Viele Deutsche nutzten dies, um sich am Besitz ihrer jüdischen Mitbürger zu bereichern. Jüdische Ärzte und Rechtsanwälte durften ihren Beruf nicht mehr ausüben.
Ende 1938 setzten die Behörden neue Schikanen durch: So wurde den Juden verboten, öffentliche Verkehrsmittel zu benutzen, Bücher und Zeitungen zu kaufen, Autos und Motorräder zu besitzen, bestimmte Parkanlagen oder den „deutschen Wald" zu betreten. Sie durften keine Kinos, Theater oder Konzerte und außerdem nur noch besondere jüdische Schulen besuchen.

Jüdische Auswanderung
Bis 1938 wanderten etwa 130 000 Juden aus Deutschland aus. Diese Zahl erscheint zunächst gering, wenn man die Gewalttaten gegen die Juden betrachtet. Aber auszuwandern war eine schwerwiegende Entscheidung: Man verließ das Vaterland, Freunde und Verwandte und wusste nicht, was einem in der Fremde erwartete. Die Beschlagnahmung von jüdischem Vermögen und hohe Auswanderungsabgaben stellten weitere Hindernisse dar.
Als 1938 eine neue Auswanderungswelle einsetzte, weigerten sich mehrere Staaten, weitere Juden aufzunehmen. Vielen ohne Beziehungen zum Ausland blieb daher der Fluchtweg verschlossen. 1941 wurde den jüdischen Bürgern schließlich eine Auswanderung verboten. Zu diesem Zeitpunkt lebten noch etwa 170 000 Juden in Deutschland.

Das Euthanasie-Programm
Für die Nationalsozialisten hingen ihre Weltherrschaftspläne und die Rassenideologie eng zusammen. Um die „arische Herrenrasse" zu schützen, sollten sich nur die „Reinrassigen" und „Gesunden" vermehren. Deshalb verbot die NS-Regierung psychisch kranken, „missgebildeten" oder geistig behinderten Menschen zu heiraten oder Kinder zu zeugen. Frauen und Männer mit „Erbkrankheiten" wurden zwangssterilisiert. Hebammen und Ärzte mussten alle Neugeborenen melden, die Missbildungen aufwiesen. Diese wurden sofort in „Kinderfachabteilungen" eingeliefert. Kurze Zeit später erhielten die Eltern eine Nachricht über den Tod ihres Kindes.
Im Oktober 1939 ordnete Hitler die „Vernichtung unwerten Lebens" an. In einer geheimen „Aktion T4" wurden über 100 000 geistig und körperlich behinderte Menschen aus verschiedenen Heil- und Pflegeanstalten in Gaskammern ermordet. Als diese Aktion in der Öffentlichkeit bekannt wurde, regte sich Protest, den auch einige katholische und evangelische Bischöfe der Bekennenden Kirche aktiv unterstützten. Daraufhin wurde 1941 das Euthanasie-Programm offiziell eingestellt. Das Töten in den Heimen und Anstalten ging aber bis Kriegsende auf andere Art weiter, etwa durch Nahrungsentzug oder Überdosierung von Medikamenten.

Q2 *Im Mai 1933 organisierte das Propagandaministerium eine großangelegte Bücherverbrennung (Foto aus Hamburg). In ganz Deutschland wurden Bücher von berühmten deutschen Schriftstellern und Denkern verbrannt.*

Zeitreise multimedial – „Das 20. Jahrhundert" (1914–1949): Bild- und Tondokumente über die Verfolgung und Entrechtung der Juden im NS-Staat

Euthanasie
(griech. = Gnadentod) Das „Euthanasieprogramm" von 1939 sah die systematische Vernichtung psychisch kranker und körperlich behinderter Menschen vor. Die heutige Bedeutung des Wortes ist „Sterbehilfe".

Ein wichtiges Zeugnis der Judenverfolgung ist das „Anne Frank Tagebuch" (S. Fischer 2002)

Q3 *Denunziationsschreiben vom 22. Juni 1935 (Auszug):*
Wir hatten geschäftlich in Wiesbaden zu tun und begaben uns (…) in das Lokal des Hauser. (…) Kurze Zeit darauf betrat ein Jude das Lokal und bestellte sich ein Glas Wein. Einige Minuten später kam aus einem Raum hinter dem Büffet ein Mädchen (…). Das Mädchen nahm bei dem Juden am Tisch Platz. Selbiger unterhielt sich mit dem Mädchen in freundschaftlicher Form. Nach ungefähr einer halben Stunde verließ der Jude das Lokal, das Mädchen verschwand hinter dem Büffet. Daraufhin baten wir die Wirtin mit ruhigen Worten um Auskunft, ob das Mädel ihre Tochter sei und ob der Herr ein Jude. Die Wirtin tat entrüstet und erwiderte: „Das ist kein Jude, der ist längst vor dem Krieg getauft." Wir erwiderten: „Ob getauft, Jude bleibt Jude." Die Wirtin erwiderte daraufhin: „Gestatten Sie, wir sind schon lange mit dem Herrn befreundet, und er verkehrt sehr oft bei uns." In diesem Augenblick betrat der Wirt das Lokal und mischte sich sofort erregt in das Gespräch (…). Ich verbat mir die Äußerungen des Wirtes mit den Worten: „Ich bin SA-Mann, Parteigenosse und Amtsverwalter." Daraufhin erwiderte der Wirt: „Ich bin auch Untergruppenführer im Luftschutz." Mein Kamerad erwiderte: „Es ist eine große Zumutung für uns als Gäste, dass Sie in Ihrem Lokal Juden bewirten." (…)

Q5 *In den „Amtlichen Mitteilungen für die Stadtverwaltung Mülheim an der Ruhr" Nr. 11 vom 28. November 1935 heißt es unter der Überschrift „Ausschaltung des jüdischen Einflusses":*
Als Abwehrmaßnahme der Stadt habe ich in der Stadthalle, in der Stadtbücherei und im Lesesaal, an den städtischen Sportplätzen und im Museum Schilder anbringen lassen, die darauf hinweisen, dass der Besuch der städtischen Veranstaltungen und die Benutzung der städtischen Einrichtungen durch Juden unerwünscht ist. Ferner verbiete ich den Verkauf von städtischen Häusern und Grundstücken oder sonstigem städtischen Eigentum an Juden. Dass jüdische Ärzte und Rechtsanwälte nicht in Anspruch genommen werden, ist selbstverständlich.

Q4 *„Rassenschande". Ein Paar wird öffentlich gedemütigt (Foto, 1933).*

Q 6 *Judenstern.* Ab 1941 mussten alle Juden in Deutschland dieses Zeichen auf ihrer Kleidung tragen.

Q 9 *Ausmerzung des Kranken und Schwachen in der Natur,* Propagandamaterial für die Schule

Q 7 *Diesen Brief einer Schülerin veröffentlichte im Januar 1935 das antisemitische Wochenblatt „Der Stürmer":*
Gauleiter Streicher [Herausgeber der Zeitung] hat uns so viel von den Juden erzählt, dass wir sie ganz gehörig hassen. Wir haben in der Schule einen Aufsatz geschrieben unter dem Titel: „Die Juden sind unser Unglück." (…) Leider sagen heute noch viele: „Die Juden sind auch Geschöpfe Gottes. Darum müsst ihr sie auch achten." Wir aber sagen: „Ungeziefer sind auch Tiere und trotzdem vernichten wir es." (…)
Wir standen am Rande des Grabes. Da kam Adolf Hitler. Jetzt sind die Juden im Auslande und hetzen gegen uns. Aber wir lassen uns nicht beirren und folgen dem Führer. (…)
Heil Hitler!

Q 8 *Wie Menschenverachtung gelehrt wird, zeigt diese Mathematikaufgabe:*
Ein Geisteskranker kostet täglich RM 4,–, ein Krüppel RM 5,50, ein Verbrecher RM 3,50. In vielen Fällen hat ein Beamter täglich nur etwa RM 4,–, ein Angestellter kaum RM 3,50, ein ungelernter Arbeiter noch keine RM 2,– auf den Kopf der Familie.
a) Stelle diese Zahlen bildlich dar. Nach vorsichtiger Schätzung sind in Deutschland 300 000 Geisteskranke, Epileptiker usw. in Anstaltspflege.
b) Was kosten diese jährlich insgesamt bei einem Satz von RM 4,–?
c) Wie viel Ehestandsdarlehen zu je RM 1000,– könnten – unter Verzicht auf spätere Rückzahlung – von diesem Geld jährlich ausgegeben werden?

Q 10 *Zur NS-Euthanasie äußerte sich Bischof Clemens August Graf von Galen (Auszug aus seiner Predigt vom 3. August 1941):*
Ich hatte bereits am 26. Juli schriftlich Einspruch erhoben. Es hat nichts genutzt. Aus der Heil- und Pflegeanstalt Warstein sind bereits 1800 Personen abtransportiert. So müssen wir damit rechnen, dass die armen, wehrlosen Kranken über kurz oder lang umgebracht wer-den. Warum? Weil sie nach dem Urteil irgendeines Amtes, nach dem Gutachten irgendeiner Kommission „lebensunwert" geworden sind, weil sie nach dem Gutachten zu den „unproduktiven Volksgenossen" gehören. Man urteilt: Sie können nicht mehr produzieren, sie sind wie ein altes Pferd, das lahm geworden ist, sie sind wie eine Kuh, die nicht mehr Milch gibt. Was tut man mit einer alten Maschine? Sie wird verschrottet. Was tut man mit einem lahmen Pferd, mit einem solch unproduktiven Stück Vieh? Hier handelt es sich um Mitmenschen, arme Menschen, kranke Menschen, unproduktive Menschen meinetwegen! Aber haben sie damit das Recht auf Leben verwirkt?

1 Untersuche, wie sich die Mehrheit der Bevölkerung verhielt, und nenne mögliche Gründe für dieses Verhalten (VT, Q4).
2 Nenne die Gründe, die die Nationalsozialisten für die Vernichtung „unwerten Lebens" anführten (VT, D1, Q8).
3 Gib die Argumente des Bischofs von Galen (Q10) mit eigenen Worten wieder. Wie versucht er seine Zuhörer zu überzeugen?

10 Reichspogromnacht – als die Synagogen brannten

Q1 Schaufenster eines jüdischen Geschäfts einen Tag nach den Ausschreitungen am 9. November 1938

Reichspogromnacht
Die Nationalsozialisten bezeichneten die Ereignisse vom 9./10. November 1938 als „Reichskristallnacht", weil bei den Plünderungen, Verwüstungen und mutwilligen Zerstörungen zahllose Fensterscheiben zertrümmert wurden. Heute wird diese Nacht „Reichspogromnacht" genannt.

Vorgeschichte
Im Oktober 1938 wurden über 17 000 Juden, die in Deutschland lebten und arbeiteten, in Züge gesteckt und an die Grenze gebracht. Sie sollten nach Polen abgeschoben werden. Unter ihnen war auch das Ehepaar Grünspan, das seit 1914 in Hannover gewohnt hatte. Herschel, der 17-jährige Sohn der Familie, lebte in Paris. Als er von der Deportation seiner Eltern erfuhr, ging er am 7. November 1938 in die deutsche Botschaft und schoss auf den bis dahin wenig bekannten Diplomaten Ernst Eduard vom Rath. Dieser erlag zwei Tage später seinen Verletzungen.
Am 8. November erfuhr die deutsche Öffentlichkeit von diesem Attentat und die SA und SS nutzten die Gelegenheit und verübten Anschläge gegen Juden, ihre Wohnungen, Geschäfte, Synagogen und Gemeindehäuser. Noch traten die Nationalsozialisten in Zivilkleidung auf, um den Eindruck zu erwecken, dass sich das einfache Volk gegen jegliche Angriffe auf deutsche Diplomaten und den deutschen Staat durch Juden erheben würde.

Die Nacht der Pogrome
Die Nationalsozialisten nahmen dieses Attentat zum Anlass, eine bis dahin kaum vorstellbare Judenverfolgung in Deutschland einzuleiten. Man wollte damit die Juden endgültig enteignen und aus dem deutschen Wirtschafts- und Kulturleben verdrängen.
Am 9. November lobte Goebbels auf einer abendlichen Parteiveranstaltung die angeblich spontanen Übergriffe gegen Juden. Er legte Wert darauf, dass die Partei weitere Aktionen gegen Juden nicht behindern werde, aber auch, dass die NSDAP solche nicht direkt planen und durchführen wolle. Damit sollte der angeblich staatstragende Charakter der NSDAP gewahrt bleiben. Goebbels' Äußerungen wurden aber von allen Anwesenden so verstanden, dass sie indirekt aufgefordert wurden, sich an den Übergriffen zu beteiligen, damit diese sich im ganzen Reich ausbreiten könnten. Sogar die Gestapo erließ einen Befehl, dass die Sicherheitsdienste die Übergriffe nicht behindern sollten. Vermögende Juden sollten in „Schutzhaft" genommen werden, um sie vordergründig vor körperlichen Schäden zu bewahren. Die Plünderung ihres Vermögens und ihres Hab und Gutes wurde dadurch aber wesentlich erleichtert.
So zündeten die Nationalsozialisten tausende Häuser und etwa 1400 Synagogen im ganzen Reich an, zerstörten wertvolle religiöse Schriften und die über Jahrhunderte in Deutschland gewachsene jüdische Kultur. Alle Juden, derer die Täter habhaft wurden, prügelte man durch die Straßen. Mindestens 400 jüdische Deutsche kamen in dieser Nacht ums Leben, in den darauf folgenden Tagen wurden mehr als 30 000 Menschen in Konzentrationslager eingeliefert. Als Strafe für ihre „feindliche Haltung" dem deutschen Volk gegenüber wurde der jüdischen Bevölkerung zudem eine Strafsteuer von über 1 Milliarde Reichsmark auferlegt.
Die NSDAP erklärte die Vorgänge nachträglich als spontane „Aktion des Volkszorns". Wohl die überwiegende Mehrheit der Bevölkerung reagierte aber mit Betroffenheit, Zorn und Scham – meist jedoch schweigend.

Q2 *Die Gestapo-Außendienststelle Krefeld erhält am 9. November 1938 um 4 Uhr folgende Nachricht:*

An alle!
Im Laufe der heutigen Nacht zum 10.11.38 sind im ganzen Reich Demonstrationen gegen Juden zu erwarten. Für die Behandlung der Vorgänge erfolgt folgende Anordnung:
1. Es ist sofort mit der Gauleitung Verbindung aufzunehmen, um die Besprechung über die Durchführung der Demonstrationen zu vereinbaren.
a) Es dürfen nur solche Maßnahmen getroffen werden, die keine Gefährdung des Lebens oder Eigentums mit sich bringen (z. B. Synagogenbrände nur, wenn keine Brandgefahr für die Umgebung ist).
b) Geschäfte und Wohnungen der Juden dürfen nur zerstört, nicht geplündert werden.
c) In Geschäftsstraßen ist besonders darauf zu achten, dass nichtjüdische Geschäfte unbedingt gegen Schäden gesichert werden.
d) Ausländische Staatsangehörige dürfen – auch wenn sie Juden sind – nicht belästigt werden.

Q3 *Aus Berichten der Rheinisch-Westfälischen Zeitung vom 10. November 1938:*
Nach Bekanntwerden des Ablebens des durch feige jüdische Mörderhand niedergestreckten Diplomaten haben sich im ganzen Reich spontane judenfeindliche Kundgebungen entwickelt. Die tiefe Empörung des deutschen Volkes machte sich dabei auch vielfach in starken antijüdischen Aktionen Luft.
(…) Im Verlaufe der antijüdischen Demonstrationen in der Essener Innenstadt wurden die Schaufenster jüdischer Einzelhandelsgeschäfte zerstört und zwar sowohl der noch bestehenden jüdischen Geschäfte in den Hauptgeschäftsstraßen wie auch der zahlreichen kleinen Geschäfte im alten Gänsemarktviertel.

Q4 *Aus den Berichten der Sopade [Exil-SPD], November 1938:*
Alle Berichte stimmen dahin überein, dass die Ausschreitungen von der großen Mehrheit des deutschen Volkes scharf verurteilt werden. In den ersten Pogromtagen sind im ganzen Reich viele hundert Arier verhaftet worden, die ihren Unwillen laut geäußert haben. Oft wird die Frage gestellt: „Wer kommt nach den Juden an die Reihe?" – Man muss sich allerdings – wie groß die allgemeine Empörung auch sein mag – darüber klar werden, dass die Brutalitäten der Pogromhorden die Einschüchterung gesteigert und in der Bevölkerung die Vorstellung gefestigt haben, jeder Widerstand gegen die uneingeschränkte nationalsozialistische Gewalt sei zwecklos. (…)
Bemerkenswert ist übrigens, dass, wie nach jeder früheren Welle von Ausschreitungen so auch diesmal wieder, das Gerede auftaucht, Hitler habe das nicht gewollt. „Hitler will zwar, dass die Juden verschwinden, aber er will doch nicht, dass sie totgeschlagen und so behandelt werden" usw. usw.

Q5 *Die Nürnberger Synagoge nach den Ausschreitungen.* Fast alle Synagogen im Deutschen Reich wurden in der Nacht des 9. November 1938 verwüstet und in Brand gesetzt.

1 Offiziell spricht man von der „Reichspogromnacht", nicht von der „Reichskristallnacht". Erkläre den Unterschied.
2 Der Bericht der Exil-SPD (Q4) und der Zeitungsartikel (Q3) schildern die Pogromnacht völlig unterschiedlich. Erkläre, warum.
3 Stelle die Maßnahmen zur Ausgrenzung der jüdischen Bevölkerung zusammen.

11 Der Weg in den Krieg

1 Hitler fährt nach dem „Anschluss" Österreichs, der in Wirklichkeit eine militärische Besetzung war, durch Wien (Foto, 12. März 1938).

Selbstbestimmungsrecht der Völker
Damit ist der Anspruch eines Volkes gemeint, unabhängig und frei über seine Angelegenheiten zu entscheiden. Formuliert wurde dieses Recht vom amerikanischen Präsidenten Wilson im Jahr 1917 in seinen 14 Punkten zur Friedensordnung.

Hitlers Ziel: Deutschland als Weltmacht
In seinem Buch „Mein Kampf" hatte Hitler als Ziel der nationalsozialistischen Außenpolitik formuliert: „Deutschland wird entweder Weltmacht oder überhaupt nicht mehr sein." In Hitlers Vorstellungen spielte dabei der Gedanke von „mehr Lebensraum im Osten" eine große Rolle. Das bedeutete die gewaltsame Ausdehnung Deutschlands nach Osten, also Krieg. Hitler verstand es jedoch, seine Ziele nach außen hin zu verbergen. Denn obwohl er den Krieg systematisch plante, sprach er in der Öffentlichkeit nur vom Frieden.
Diesen Eindruck verstärkte er noch dadurch, dass er die außenpolitischen Erfolge anderer aus den Jahren 1926 bis 1932 als eigene Leistung ausgab.

Etappen der Außenpolitik Hitlers
Anfangs verfolgte die NS-Außenpolitik vor allem ein Ziel: die Rücknahme der Bestimmungen des Versailler Vertrages. Das war bei vielen Deutschen populär, die sich nach alter Macht und Größe sehnten. Bereits 1933 trat Deutschland aus dem Völkerbund aus. Die Nationalsozialisten konnten sich so internationaler Kontrollen entziehen und heimlich aufrüsten. Im Jahr 1935 verletzte die NS-Regierung gleich zweimal die Rüstungsbeschränkungen des Versailler Vertrages: Im März wurde die allgemeine Wehrpflicht wieder eingeführt. Damit erfüllte sich ein lang gehegter Wunsch der Reichswehrführung, und es war eine wichtige Voraussetzung zur Aufrüstung und Militarisierung geschaffen. Außerdem kam es im Juli zu einem Flottenabkommen mit Großbritannien. Darin wurde der deutschen Flotte gegenüber der britischen eine Stärke im Verhältnis 35:100, bei den U-Booten 50:50 zugestanden.
Da die Westmächte das deutsche Vorgehen bisher nicht behinderten, brach man 1936 den Versailler Vertrag in einem weiteren Punkt. Deutsche Truppen besetzten das entmilitarisierte Rheinland und das Reich gewann so wieder direkten Einfluss auf das Ruhrgebiet und die dortige Stahlproduktion, ebenfalls ein wichtiger Faktor für die Aufrüstung. Die ausländischen Regierungen, besonders die Großbritanniens und Frankreichs, protestierten nur schwach.
Bis zu diesem Zeitpunkt sahen viele Zeitgenossen die deutsche Politik als Erfolg. Denn der Versailler Vertrag war ohne militärische Auseinandersetzungen weitgehend außer Kraft gesetzt. So nutzte Hitler die Olympischen Spiele von 1936, um die neu gewonnene Geltung Deutschlands zu präsentieren und die Welt von seinen friedlichen Absichten zu überzeugen. Die Olympiateilnehmer und die Zuschauer schwärmten vom „olympischen Geist", denn es wurde ein Land mit zufriedenen und wohlhabenden Menschen gezeigt.

Erste Annexionen
1938 befahl Hitler den Einmarsch in Österreich. Dabei berief er sich auf das Selbstbestimmungsrecht der Völker. Er setzte den österreichischen Bundeskanzler so unter Druck, dass er einige Nationalsozialisten in die Regierung aufnahm. Am 11. März

zwang Hitler den Bundeskanzler zum Rücktritt, ließ den Führer der österreichischen NSDAP zum Bundeskanzler ernennen und sich selbst von diesem um militärischen Beistand bitten. Am folgenden Tag marschierten Truppen der Wehrmacht in Österreich ein. Die meisten Österreicher jubelten, erhofften sie sich doch einen wirtschaftlichen Aufschwung. Eine Volksabstimmung bestätigte mit überwältigender Mehrheit die Vereinigung zum „Großdeutschen Reich".

Noch im selben Jahr forderte Hitler auch für die in der Tschechoslowakei lebenden Sudetendeutschen das Selbstbestimmungsrecht. Das Sudetenland sollte Deutschland angegliedert werden. Als dies abgelehnt wurde, drohte Hitler mit Krieg. Doch im September 1938 wurde ein Kriegsbeginn noch einmal abgewendet, indem Großbritannien und Frankreich zur Teilnahme an einer Konferenz mit Deutschland und Italien in München bewegt werden konnten. Tschechische Politiker waren nicht eingeladen. Auf dieser Münchener Konferenz wurde beschlossen, dass die Tschechoslowakei das Sudetenland abtreten müsse. Dafür wurde die Existenz der übrigen Tschechoslowakei garantiert. Hitler erklärte zudem, keine weiteren Forderungen zu stellen. Der Frieden in Europa schien gerettet.

Entgegenkommen Großbritanniens

Begünstigt wurde diese Entwicklung in der deutschen Politik durch zweierlei: Die Deutschen hatten sich während der Weimarer Republik international Vertrauen erworben, schließlich wurde das Deutsche Reich 1926 in den Völkerbund aufgenommen, und es gelang 1932, die Reparationsverpflichtungen mit einer letzten Zahlung abzuschließen. So glaubten die europäischen Mächte und die USA, dass Deutschland in Europa zu einer stabilen Friedensordnung beitragen wolle. Zudem wuchs in Großbritannien die Bereitschaft, die deutschen Forderungen nach einer Rücknahme des Versailler Vertrags als berechtigt anzuerkennen. Außerdem wollte man die deutsche Politik gegenüber Frankreich unterstützen, das seinem östlichen Nachbarn weiterhin mit großem Misstrauen begegnete. Die Briten behielten ihre Linie des Wohlwollens und der Verständigung auch nach 1933 zunächst grundsätzlich bei.

Q2 *Hitler bei der Unterzeichnung des Münchener Abkommens vom 29. September 1938; im Hintergrund ist Mussolini im Gespräch mit Hermann Göring zu sehen. Auf der Münchener Konferenz wurde die deutsche Annexion des Sudetenlandes von Frankreich, Großbritannien und Italien gebilligt (Foto, 1938).*

Am Vorabend des Krieges

Als die deutschen Truppen im März 1939 in die Tschechoslowakei einmarschierten und somit gegen das Münchener Abkommen verstießen, war die britische Appeasement-Politik des britischen Premierministers gescheitert. Denn er war lange davon überzeugt, Hitler durch Zugeständnisse von einem Krieg in Europa abhalten zu können. Großbritannien und Frankreich gaben nun für Polen eine Garantieerklärung, denn dieser Staat schien als Nächster ins Visier Hitlers zu geraten.

Ende August 1939 überraschten Deutschland und die Sowjetunion die übrige Welt mit der Unterzeichnung eines Nichtangriffspakts. Viel wichtiger war aber das geheime Zusatzprotokoll, in dem sie ihre Interessen bezüglich Polen formulierten und das Land unter sich bereits als Kriegsbeute aufteilten. Am 1. September 1939 erklärte Hitler Polen den Krieg. Der Einmarsch löste in Deutschland keinen Jubel oder Begeisterung aus, vielmehr herrschte gedrückte Stimmung und Bestürzung, denn die Schrecken des Ersten Weltkriegs standen vielen Menschen noch vor Augen. Großbritannien und Frankreich dagegen hielten sich an ihre Garantiezusage und erklärten Deutschland den Krieg. Damit hatte der Zweite Weltkrieg begonnen.

A-Z

Appeasement-Politik (engl. to appease = beschwichtigen) Politik der britischen Regierung gegenüber Hitler bis 1938. Zugeständnisse gegenüber der militärischen Wiederaufrüstung Deutschlands und seinen Gebietsansprüchen sollten Hitler davon abhalten, seine Ziele mit Gewalt durchzusetzen.

D 4 Vier Tage nach seiner Ernennung zum Reichskanzler, am 3. Februar 1933, legte Hitler in einer geheimen Ansprache zum ersten Male vor Reichswehrgenerälen seine außenpolitischen Ziele dar. Ein Teilnehmer notierte: Nach außen. Kampf gegen Versailles. Gleichberechtigung in Genf; aber zwecklos, wenn Volk nicht auf Wehrwillen eingestellt. Sorge für Bundesgenossen. Wirtschaft! Der Bauer
5 muss gerettet werden! Siedlungspolitik! Künft. Steigerung d. Ausfuhr zwecklos. Aufnahmefähigkeit d. Welt ist begrenzt u. Produktion ist überall übersteigert. Im Siedeln liegt die einzige Mögl., Arbeitslosenheer z. T.
10 wieder einzuspannen. Aber braucht Zeit u. radikale Änderung nicht zu erwarten, da Lebensraum für d[eutsches] Volk zu klein. (…) Aufbau der Wehrmacht wichtigste Voraussetzung für Erreichung des Ziels: Wiedererringung der pol. Macht. Allg. Wehrpflicht
15 muss wieder kommen. (…) Wie soll pol. Macht, wenn sie gewonnen ist, gebraucht werden? Jetzt noch nicht zu sagen. Vielleicht Erkämpfung neuer Export-Mögl.,
20 vielleicht – und wohl besser – Eroberung neuen Lebensraums im Osten u. dessen rücksichtslose Germanisierung. (…) Wehrmacht wichtigste u. sozialistischste Einrichtung d. Staates. (…)
25 Gefährlichste Zeit ist die des Aufbaus der Wehrmacht. Da wird sich zeigen, ob Frankreich Staatsmänner hat; wenn ja, wird es uns Zeit nicht lassen, sondern über uns herfallen (vermutlich mit Ost-Trabanten).

Q 3 „Wir sind frei!"; die am 8. Oktober 1938 gestempelte deutsche Propagandapostkarte zeigt die deutschsprachigen Gebiete der Tschechoslowakei. – Welche Schritte konnte sich Hitler jetzt vornehmen, um das Gebiet des Deutschen Reichs abzurunden?

Q 5 „Friedensrede" (amerikanische Karikatur zur Rede Hitlers am 17. Mai 1933)

Q 6 Hitler über Frieden und Krieg, aus der Reichstagsrede, 17. Mai 1933:
Wir sehen die europäischen Nationen um uns als gegebene Tatsachen. Franzosen, Polen sind unsere Nachbarvölker, und wir wissen, dass kein geschichtlich denkbarer
5 Vorgang diese Wirklichkeit ändern könnte. (…) Die deutsche Regierung wünscht sich über alle schwierigen Fragen politischer und wirtschaftlicher Natur mit den anderen Nationen friedlich auseinanderzusetzen. Sie
10 weiß, dass jeder militärische Akt in Europa (…), gemessen an seinen Opfern, in keinem Verhältnis steht zum möglichen endgültigen Gewinn.

Q 7 Aus einer Aufzeichnung von Hitlers Adjutanten Oberst Hoßbach, 5. November 1937:
Das Ziel der deutschen Politik sei die Sicherung und Erhaltung der Volksmasse und deren Vermehrung, somit handle es sich um das Problem des Raumes. (…) Dass jede
5 Raumerweiterung nur durch Brechen von Widerstand und unter Risiko vor sich gehen könne, habe die Geschichte aller Zeiten – römisches Weltreich, englisches Empire – bewiesen. Auch Rückschläge seien unver-
10 meidbar. Weder früher noch heute habe es herrenlosen Raum gegeben, der Angreifer stoße stets auf den Besitzer. (…) Zur Lösung der deutschen Frage könne es nur den Weg der Gewalt geben.

Q 8 *Bewohner Prags beim Einmarsch deutscher Truppen 1939. – Mit welchen Gesten werden die Soldaten empfangen? Vergleiche mit Q1.*

Q 9 *Der ehemalige britische Premierminister Lloyd George berichtet im „Daily Express" vom 17. September 1936:*
Ich bin eben von einem Besuch in Deutschland zurückgekehrt. Ich habe jetzt den berühmten deutschen „Führer" gesehen. (…) Was immer man von seinen Methoden halten mag – es sind bestimmt nicht die eines parlamentarischen Landes –, es besteht kein Zweifel, dass er einen wunderbaren Wandel im Denken des Volkes herbeigeführt hat. Zum ersten Mal nach dem Krieg herrscht ein allgemeines Gefühl der Sicherheit. Die Menschen sind fröhlicher. Über das ganze Land verbreitet sich die Stimmung allgemeiner Freude. Es ist ein glückliches Deutschland. Diesen Wandel hat ein Mann vollbracht. Er ist der geborene Menschenführer (…).
Er ist gegen Kritik immun wie ein König in einem monarchistischen Staat. Er ist noch mehr. Er ist der George Washington Deutschlands, der Mann, der seinem Land die Unabhängigkeit von allen Bedrückern gewann. Die Aufrichtung einer deutschen Hegemonie in Europa, Ziel und Traum des alten Militarismus vor dem Krieg, liegt nicht einmal am Horizont des Nationalsozialismus. Deutschlands Bereitschaft zu einer Invasion in Russland ist nicht größer als die zu einer militärischen Expedition auf den Mond.

Q 10 *Der sowjetische Außenminister Molotow äußerte sich am 31. August 1939 zum Hitler-Stalin-Pakt:*
Der Entschluss, zwischen der Sowjetunion und Deutschland einen Nichtangriffspakt abzuschließen, wurde gefasst, nachdem die militärischen Verhandlungen mit England und Frankreich infolge der unübersteigbaren Meinungsverschiedenheiten in einen Engpass gerieten. Unter der Berücksichtigung, dass wir auf den Abschluss eines gegenseitigen Beistandspaktes nicht rechnen konnten, mussten wir uns die Frage nach anderen Möglichkeiten stellen, um den Frieden zu garantieren und die Drohung eines Krieges zwischen Deutschland und der Sowjetunion auszuschalten (…).
Der 23. August, an dem der deutsch-sowjetische Nichtangriffspakt unterzeichnet wurde, muss als ein Datum von großer historischer Bedeutung betrachtet werden. Der Nichtangriffspakt zwischen Sowjet-Russland und Deutschland bedeutet einen Umschwung in der Geschichte Europas und nicht nur Europas allein.

1 Liste die Schritte der NS-Politik zwischen 1933 und 1939 auf.
2 Erkläre, inwieweit das Wort „Den Frieden verkünden, den Krieg vorbereiten" auf die Außenpolitik Hitlers zutrifft (VT, Q5–Q7, Q9).
3 Die NS-Propaganda bezeichnete den Einmarsch in Österreich als „Anschluss". Diskutiert über diese Denkweise.
4 Setze dich mit Molotows Begründung des Hitler-Stalin-Paktes (Q10) kritisch auseinander.

12 Krieg in Europa – Eroberungen und Völkervernichtung

1 *Das zerstörte Coventry.* Die südenglische Stadt wurde bei einem deutschen Luftangriff am 14. und 15. November 1940 fast völlig zerstört (Foto, 1940).

Zweiter Weltkrieg (1939–1945)
Zunächst auf Europa beschränkt, weitete sich dieser Krieg durch die Kriegserklärung an die USA am 11. Dezember 1941 und den Pazifikkrieg in einen Weltkrieg aus. Es starben etwa 55–60 Millionen Menschen. Mit der deutschen Kapitulation vom 8. Mai 1945 endete der Krieg in Europa, nach dem Abwurf zweier Atombomben durch die USA am 6. und 9. August 1945 kapitulierte das verbündete Japan am 2. September 1945.

„Blitzkriege" in Europa

Der Krieg in Polen dauerte nur wenige Wochen. Zwar hatten Großbritannien und Frankreich Deutschland den Krieg erklärt, doch sie beteiligten sich nicht an den Kämpfen. Beide Länder befürchteten, dem noch nicht gewachsen zu sein. So standen die polnischen Truppen alleine der überlegenen deutschen Wehrmacht gegenüber. Als Mitte September 1939 zudem sowjetische Soldaten in Polen eindrangen, war das polnische Schicksal endgültig besiegelt. Wie im „Hitler-Stalin-Pakt" verabredet, wurde das Land zwischen Deutschland und der Sowjetunion aufgeteilt.

Nach der Eroberung Polens verlagerte sich der Krieg zunächst nach Nord- und Westeuropa. Da die Erzimporte aus Schweden für die Rüstungsindustrie sehr wichtig waren, ließ Hitler Dänemark und Norwegen besetzen, um die Verkehrswege zu sichern. Im Mai 1940 begann der sogenannte Westfeldzug gegen die Niederlande, Belgien und Frankreich. Luftlandeeinheiten und Panzerverbände konnten die Kämpfe binnen weniger Wochen erfolgreich beenden. Bei Dünkirchen wurden 225 000 Briten und 112 000 Franzosen eingeschlossen. Zwar konnten sie sich größtenteils über den Kanal retten, die Niederlage Frankreichs stand damit aber fest. Am 14. Juni 1940 marschierten deutsche Truppen in Paris ein. Italien, das seit 1936 mit Deutschland unter Mussolinis Führung in der „Achse Berlin–Rom" verbunden war, trat daraufhin in den Krieg ein und versuchte im Mittelmeerraum Gebiete zu erobern. Als dies zu scheitern drohte, besetzten deutsche Truppen den Balkan, Griechenland und Nordafrika.

So standen 1941 weite Teile Europas unter nationalsozialistischer Besatzung. Einzig Großbritannien wehrte sich erfolgreich gegen die Luftangriffe. Die von Hitler geplante Eroberung der Britischen Inseln ließ sich nicht verwirklichen.

Vernichtungskrieg im Osten

Am 22. Juni 1941 brach die NS-Regierung ihren Nichtangriffspakt mit der Sowjetunion: Deutsche Truppen fielen in die Sowjetunion ein. Der Kampf im Osten war von Anfang an ein mit äußerster Brutalität geführter Vernichtungskrieg. SS-Männer und Soldaten der Wehrmacht ermordeten Millionen Kriegsgefangene und Zivilisten. Die Nationalsozialisten wollten damit nicht nur einen Staat erobern, sondern das Land ausbeuten, denn es handelte sich in den Augen der NS-Regierung um eine „rassisch minderwertige" Bevölkerung.

Bereits im Oktober 1939 hatten deutsche Sondereinheiten in Polen mit der Vernichtung der dortigen Intelligenz und Führungsschicht begonnen. Bis Kriegsende starben dabei mindestens eine Million Polen. Das Gleiche wiederholte sich nun in der Sowjetunion, nur dass die deutschen Sonderkommandos mit den „Bolschewisten" noch gnadenloser umgingen. Hitler hatte seinen Generälen erklärt, der Krieg in der Sowjetunion sei ein rücksichtsloser Weltanschauungskrieg zwischen Kommunismus und Nationalsozialismus. Mehr als 20 Millionen Sowjets starben, darunter auch sehr viele Zivilisten. Rund 3,3 Millionen sowjetische Soldaten kamen allein in deutscher Kriegsgefangenschaft ums Leben. Sie starben an Hunger, Erfrierungen, Seuchen oder den Folgen der Zwangsarbeit.

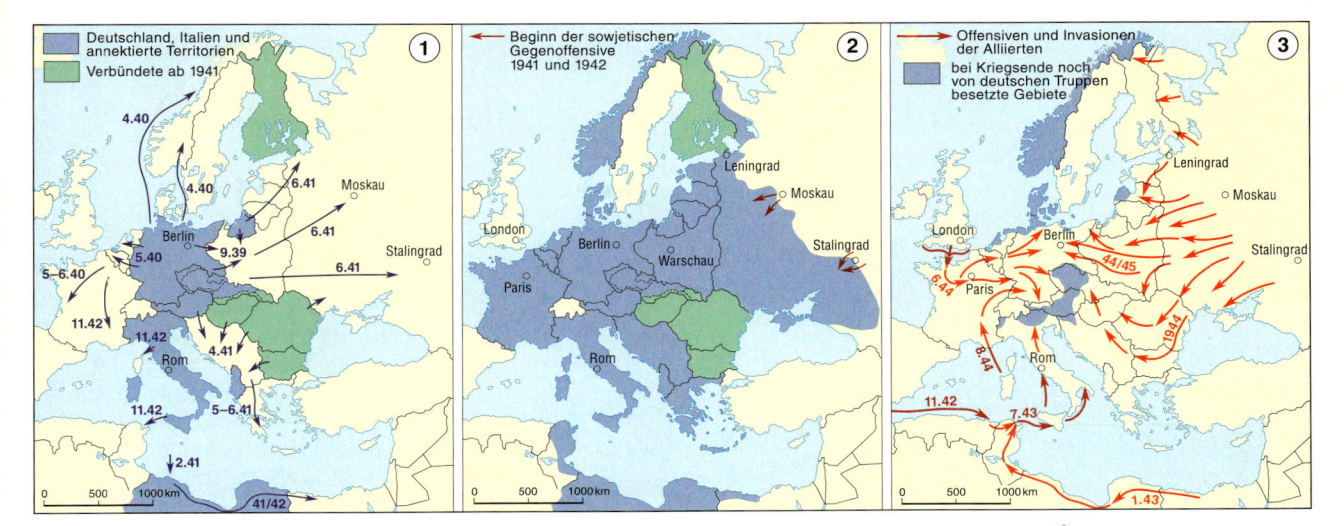

Q2 *Aus einem deutschen Wehrmachtsbefehl vom 10. Oktober 1941:*

Das wesentlichste Ziel des Feldzuges gegen das jüdisch-bolschewistische System ist die völlige Zerschlagung der Machtmittel und die Ausrottung des asiatischen Einflusses im europäischen Kulturkreis. Hierdurch entstehen auch für die Truppe Aufgaben, die über das hergebrachte einseitige Soldatentum hinausgehen.
Der Soldat ist im Ostraum nicht nur Kämpfer nach den Regeln der Kriegskunst, sondern auch Träger einer unerbittlichen völkischen Idee (…). Deshalb muss der Soldat für die Notwendigkeit der harten, aber gerechten Sühne am jüdischen Untermenschentum volles Verständnis haben (…).
Wird im Rücken der Armee Waffengebrauch einzelner Partisanen festgestellt, so ist mit drakonischen Maßnahmen durchzugreifen. Diese sind auch auf die männliche Bevölkerung auszudehnen, die in der Lage wäre, Anschläge zu verhindern oder zu melden (…). Nur so werden wir unserer geschichtlichen Aufgabe gerecht, das deutsche Volk von der asiatisch-jüdischen Gefahr ein für alle Mal zu befreien.

Q4 *Aus einem Brief des Generalmajors Hellmuth Stieff vom 31. Oktober 1939 (Stieff gehörte später zum Widerstand gegen Hitler und wurde hingerichtet):*

Es ist eine Stadt und eine Bevölkerung [in Warschau], die dem Untergang geweiht ist (…). Man bewegt sich dort nicht als Sieger, sondern als Schuldbewusster. (…) Dazu kommt noch all das Unglaubliche, was dort am Rande passiert und wo wir mit verschränkten Armen zusehen müssen! Die blühendste Fantasie einer Gräuelpropaganda ist arm gegen die Dinge, die eine organisierte Mörder-, Räuber- und Plünderbande unter angeblich höchster Duldung dort verbricht. (…) Diese Ausrottung ganzer Geschlechter mit Frauen und Kindern ist nur von einem Untermenschentum möglich, das den Namen Deutsch nicht mehr verdient. Ich schäme mich, ein Deutscher zu sein!

Q3 *Soldaten der Wehrmacht erschießen im Zweiten Weltkrieg sowjetische Zivilisten (Foto, 1942).*

D1 *Der Krieg in Europa 1939 bis 1945:*
① Phase der deutschen „Blitzkriege";
② größte Ausdehnung der deutschen und italienischen Mächte während des Krieges im Jahre 1942;
③ die Zeit der alliierten Invasion und Offensiven, die am 8. Mai 1945 zur Kapitulation des Deutschen Reiches führten.

1. Betrachte die Bilder Q1 und Q3 und beschreibe mögliche Reaktionen der Bevölkerung auf die deutschen Angriffe und Kriegsverbrechen.
2. Die Texte Q2 und Q4 spiegeln zwei Ansichten sowohl in der militärischen Führung als auch unter den einfachen Soldaten wider. Fasse sie mit eigenen Worten zusammen.
3. Erkläre, worin sich der Krieg im Westen vom Krieg im Osten unterschied (VT).

13 Holocaust – Deportation und Völkermord

Q1 *Auf dem Bahnsteig des Vernichtungslagers Auschwitz-Birkenau* sortierten SS-Ärzte und Wachpersonal die Ankommenden in zwei Gruppen: Schwangere, Mütter mit Kindern, Invaliden und alte Menschen kamen sofort in die Gaskammern. Alle anderen wurden dem Lager zur „Vernichtung durch Arbeit" zugewiesen (Foto, 1944).

„Endlösung der Judenfrage"

Schon seit dem Machtantritt Hitlers wurden die Juden im deutschen Machtbereich unterdrückt, entrechtet und verfolgt. Zu Beginn des Krieges wurden in den besetzten Gebieten alle jüdischen Männer, Frauen und Kinder, denen man habhaft werden konnte, in Viehwaggons verladen und in Ghettos nach Osteuropa gebracht. Dort lebten sie unter erbärmlichen Umständen, und viele starben wegen Unterernährung oder den katastrophalen hygienischen Bedingungen. Aber bald stießen diese Ghettos an die Grenze ihrer Kapazität und deshalb entschloss man sich, Juden durch Massenerschießungen zu vernichten. Im September 1941 erschoss ein SS-Sonderkommando in Babi Jar, einer Schlucht am Stadtrand von Kiew, allein an zwei Tagen 33 771 Juden. Zuvor mussten die Opfer ihre Habe abliefern und sich entkleiden. Dies war für die Deutschen aber keine praktikable Lösung, da sie sehr lang dauerte, viel kriegswichtige Munition kostete und die psychische Belastung für die Erschießungskommandos zu groß war. Angesichts der Millionen Juden, die man aus ganz Europa erfasste, benötigte man also neue Tötungsmethoden.

Deshalb besprachen führende Nationalsozialisten auf der „Wannsee-Konferenz" in Berlin am 20. Januar 1942 die Organisation der „Endlösung der Judenfrage". Damit bezeichnete man das Vorhaben, alle Juden in den von Deutschland besetzten Gebieten zu ermorden. Deshalb errichtete man die großen Vernichtungslager Kulmhof (Chelmno), Auschwitz-Birkenau, Belzec,

Unfassbare Verbrechen

Wer sich intensiver mit dem Holocaust beschäftigt, gerät schnell an die Grenze seines Vorstellungsvermögens. Die reinen Fakten sind unstrittig: Auf Befehl der nationalsozialistischen Führung werden während des Zweiten Weltkrieges rund sechs Millionen Menschen jüdischer Abstammung systematisch ermordet. Sie wurden von besonderen deutschen Einsatzgruppen massenweise erschossen oder in Ghettos gesperrt und ausgehungert, durch schwere Zwangsarbeit in Konzentrationslagern zu Tode gebracht oder in Vernichtungslagern wie Auschwitz-Birkenau ermordet.

Noch heute weiß man nicht, was größere Nachdenklichkeit und Entsetzen hervorruft: die Grausamkeit, mit der dabei vorgegangen wurde, die Kaltschnäuzigkeit und Skrupellosigkeit der Täter, die technische Perfektion, die man für die Durchführung der Massenmorde entwickelte, oder die konkreten Situationen der Opfer, die sich anhand verschiedener Zeugnisse erahnen lassen.

A-Z
Holocaust/Shoa
Das englische Wort „holocaust" kommt aus dem Griechischen (holos = ganz, kaio = verbrennen) und bedeutet „Massenvernichtung". Ende der 1970er-Jahre wurde der Begriff zur internationalen Bezeichnung für die Vernichtung der europäischen Juden im deutschen Herrschaftsbereich zwischen 1941/1942 und 1945. Immer öfter wird für die Verbrechen auch der Begriff „Shoa" verwendet. Das hebräische Wort bedeutet „großes Unheil, Katastrophe".

164

Q2 *Großunternehmen und Konzerne – darunter Siemens, Krupp, IG Farben – errichteten Fabriken neben den Konzentrations- und Vernichtungslagern und liehen sich von der SS Häftlinge als billige Arbeitskräfte (Zeichnung eines Häftlings des Lagers Sachsenhausen/Brandenburg).*

Die genannten und viele weitere Unternehmen haben sich in der Stiftungsinitiative der deutschen Wirtschaft „Erinnerung, Verantwortung und Zukunft" bezüglich Aufarbeitung und Entschädigung der Opfer zusammen geschlossen. Weitere Informationen dazu findest du unter **www.stiftungsinitiative.de.**

Sobibor, Treblinka, Lublin-Majdanek, die mit Gaskammern und Verbrennungsöfen für die Leichen ausgestattet waren. Dorthin wurden die Juden mit Güterwaggons gebracht. An den Verladerampen der Lager sortierten SS-Ärzte die Menschen aus, deren Arbeitskraft noch ausgenutzt werden sollte, alle anderen wurden sofort ermordet. Zuvor rasierte man ihnen aber noch die Haare und brach ihnen das Zahngold heraus, um diese Rohstoffe weiterverwenden zu können.

Die Arbeitsfähigen bekamen so schwere Arbeit, dass ihr Einsatz einer „Vernichtung durch Arbeit" gleichkam. Wieder andere wurden für tödliche „wissenschaftliche Experimente" ermordet. So spritzte man ihnen Gifte, infizierte sie mit gefährlichen Krankheiten und entnahm später Organe, um die Reaktion des Körpers zu untersuchen. Insgesamt wurden in den Vernichtungslagern ca. 3 Millionen Menschen ermordet.

Von allem nichts gewusst?

Die nationalsozialistischen Machthaber waren darum bemüht, diese Verbrechen vor der deutschen Öffentlichkeit möglichst geheim zu halten. Deshalb waren die Vernichtungslager weit weg vom „reichsdeutschen Boden" errichtet worden. Daher hat die Mehrheit der Deutschen wahrscheinlich nichts Genaues vom Ausmaß gewusst oder man ignorierte vereinzelte Berichte und Hinweise. Denn Fronturlauber erzählten von ihren Erlebnissen. Oder es verschwanden Juden aus der Nachbarschaft. Offensichtlich allerdings waren die Deportationsmärsche durch die Städte zu den Bahnhöfen oder die vielen Konzentrationslager in Deutschland, in denen auch viele Juden durch Arbeit vernichtet wurden.

Wenige Deutsche waren unter Lebensgefahr bereit, ihren jüdischen Mitbürgern zu helfen und diese beispielsweise vor der Gestapo zu verstecken. Aber andererseits waren viele Deutsche auch direkt an den Verbrechen beteiligt: als Ingenieure, Konstrukteure, Buchhalter, Lieferanten oder Wachpersonal. Sie alle beriefen sich später auf „Befehl und Gehorsam" und darauf, dass sie keine andere Wahl gehabt hätten.

Auschwitz
Das Konzentrationslager Auschwitz war das größte Lager im deutschen Vernichtungssystem. Es bestand 1941–1945 als Konzentrationslager mit dem angegliederten Vernichtungslager Birkenau. In Auschwitz wurden insgesamt 1 bis 1,5 Millionen Menschen meist jüdischer Abstammung ermordet. Der Name Auschwitz steht heute symbolisch für den gesamten Holocaust.

Q3 *Verbrennungsöfen des KZ Lublin-Majdanek (Foto, Juli 1944)*

Q4 *Aus dem Protokoll der Wannsee-Konferenz, 20. Januar 1942:*
Unter entsprechender Leitung sollen im Zuge der Endlösung die Juden im Osten zum Arbeitseinsatz kommen. In großen Arbeitskolonnen, unter Trennung der Geschlechter, werden die arbeitsfähigen Juden Straßen bauend in diese Gebiete geführt, wobei zweifellos ein Großteil durch natürliche Verminderung ausfallen wird. Der allfällig endlich verbleibende Restbestand wird, da es sich bei diesem zweifellos um den widerstandsfähigsten Teil handelt, entsprechend behandelt werden müssen, da dieser, eine natürliche Auslese darstellend, bei Freilassung als Keimzelle eines neuen jüdischen Aufbaues anzusprechen ist.

Q5 *In einer Rede vor SS-Führern erklärte Heinrich Himmler, der Reichsführer der SS, am 4. Oktober 1943 in Posen:*
Ich will hier vor Ihnen in aller Öffentlichkeit auch ein ganz schweres Kapitel erwähnen. Unter uns soll es einmal ganz offen ausgesprochen sein und trotzdem werden wir in der Öffentlichkeit nie darüber reden (…). Ich meine jetzt die Judenevakuierung, die Ausrottung des jüdischen Volkes. Es gehört zu den Dingen, die man leicht ausspricht – „Das jüdische Volk wird ausgerottet", sagt ein jeder Parteigenosse, „ganz klar, steht in unserem Programm, Ausschaltung der Juden, Ausrottung, machen wir." Und dann kommen sie alle an, die braven 80 Millionen Deutschen, und jeder hat seinen anständigen Juden. Es ist ja klar, die anderen sind Schweine, aber dieser eine ist ein prima Jude. Von allen, die so reden, hat keiner zugesehen, keiner hat es durchgestanden. Von euch werden die meisten wissen, was es heißt, wenn 100 Leichen beisammenliegen, wenn 500 daliegen oder (…) 1000 (…). Dies durchgehalten zu haben und dabei – abgesehen von Ausnahmen menschlicher Schwächen – anständig geblieben zu sein, das hat uns hart gemacht. Dies ist ein niemals geschriebenes und niemals zu schreibendes Ruhmesblatt unserer Geschichte.

Q6 *Ruth Klüger, eine Jüdin, die das Konzentrationslager überlebte, beschreibt in ihren Erinnerungen den Transport nach Auschwitz:*
Noch jetzt, wenn ich Güterwagen sehe, überläuft es mich. Es ist ja üblich, Viehwaggons zu sagen, aber auch Tiere werden normalerweise nicht so befördert und wenn, so sollte es nicht sein. Die Türen waren abgeschlossen, Luft kam durch ein kleines Viereck von einem Fenster. Waren es 60 oder 80 Menschen? Bald stank der Wagen nach Urin und Kot, es gab nur eine Luke, um Gefäße zu entleeren. Ich weiß nicht, wie lange die Reise gedauert hat. Aber die Fahrt war für mich die längste. Vielleicht hat der Zug auch mehrmals gehalten und ist herumgestanden. Bestimmt nach der Ankunft in Auschwitz, doch wohl auch schon vorher standen die Waggons und die Temperatur drinnen stieg. Panik, Ausdünstungen der Körper, die es nicht mehr aushielten in der Hitze und in einer Luft, die mit jeder Minute zum Atmen ungeeigneter wurde. Von daher glaube ich eine Ahnung zu haben, wie es in den Gaskammern gewesen sein muss.

Q7 *Rudolf Höß, der 1947 hingerichtete ehemalige Lagerkommandant von Auschwitz, beschreibt den Gastod:*
Die zur Vernichtung bestimmten Juden wurden möglichst ruhig – Männer und Frauen getrennt – zu den Krematorien geführt. Im Auskleideraum wurde ihnen (…)

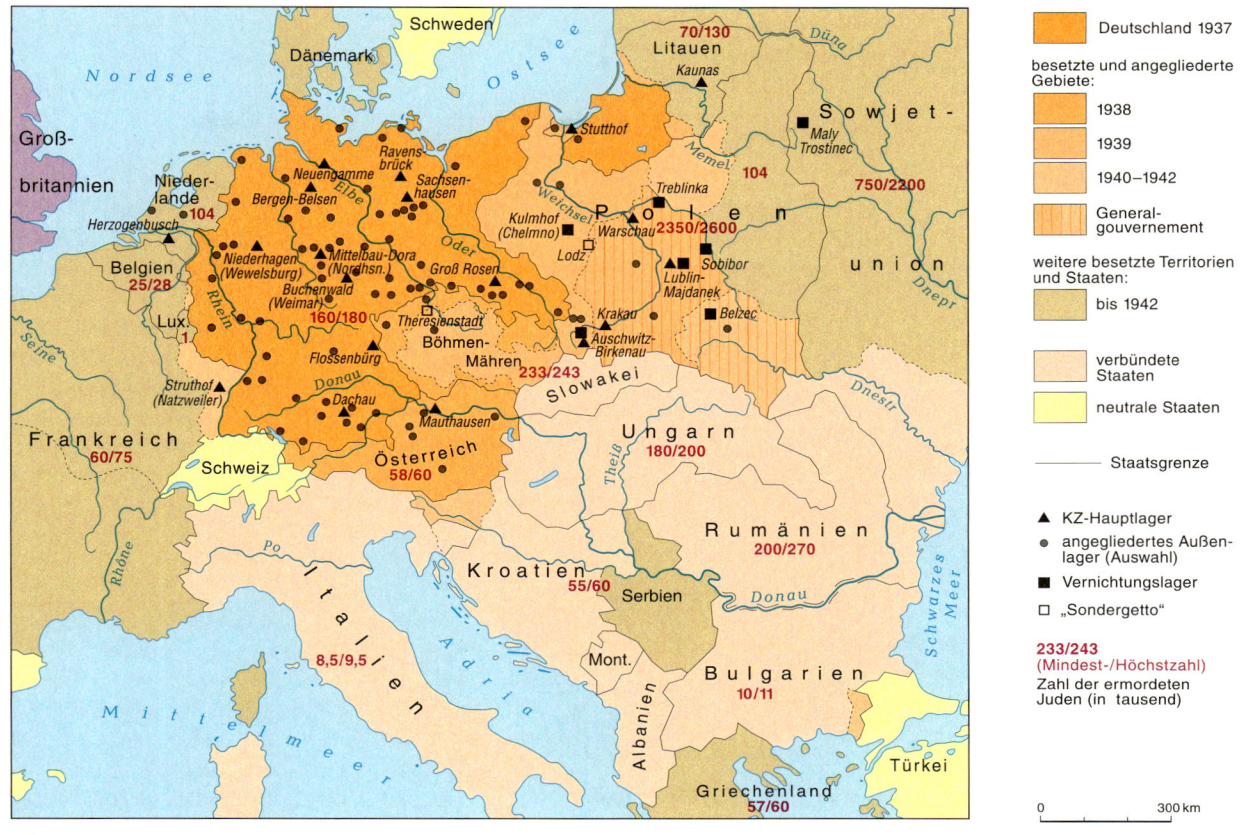

D1 Konzentrations- und Vernichtungslager und die Herkunftsländer der ermordeten Juden

gesagt, dass sie hier nun zum Baden und zur Entlausung kämen, dass sie ihre Kleider ordentlich zusammenlegen sollten und vor allem den Platz zu merken hätten, damit sie nach der Entlausung ihre Sachen schnell wiederfinden könnten (…). Nach der Entkleidung gingen die Juden in die Gaskammer, die mit Brausen und Wasserleitungsrohren versehen, völlig den Eindruck eines Baderaumes machte. Zuerst kamen die Frauen mit den Kindern hinein, hernach die Männer (…). Die Tür wurde schnell zugeschraubt und das Gas sofort durch die (…) Decke der Gaskammer in einen Luftschacht bis zum Boden geworfen. Dies bewirkte die sofortige Entwicklung des Gases. Durch das Beobachtungsloch in der Tür konnte man sehen, dass die dem Einwurfschacht am nächsten Stehenden sofort tot umfielen. Man kann sagen, dass ungefähr ein Drittel sofort tot war. Die anderen fingen an zu taumeln, zu schreien und nach Luft zu ringen. Das Schreien ging aber bald in ein Röcheln über und in wenigen Minuten lagen sie alle. Nach mindestens 20 Minuten regte sich keiner mehr (…). Eine halbe Stunde nach Einwurf des Gases wurde die Tür geöffnet und die Entlüftungsanlage eingeschaltet (…). Den Leichen wurden nun (…) die Goldzähne entfernt und den Frauen die Haare abgeschnitten. Hiernach [wurden sie] durch den Aufzug nach oben gebracht vor die inzwischen angeheizten Öfen. Je nach Körperbeschaffenheit wurden bis zu drei Leichen in eine Ofenkammer gebracht. Auch die Dauer der Verbrennung war durch die Körperbeschaffenheit bedingt. Es dauerte im Durchschnitt 20 Minuten (…). Die Asche fiel (…) durch die Roste und wurde laufend entfernt und zerstampft. Das Aschenmehl wurde mittels Lastwagen nach der Weichsel gefahren und dort schaufelweise in die Strömung geworfen, wo es sofort abtrieb und sich auflöste.

1 Vergleiche das Protokoll Q4 und den Bericht von Höß (Q7) mit der Schilderung von Ruth Klüger (Q6).

2 Stelle fest, wo sich die Vernichtungslager befanden (D1). Was kann man daraus schließen?

3 Nimm Stellung zu dem unmenschlichen Leid, das den Menschen angetan wurde (VT).

4 Der Historiker Benz schreibt, die Deutschen wussten vom Völkermord, „ohne davon wissen zu wollen". Erkläre, was er damit meint.

14 Sinti und Roma – eine verfolgte Minderheit

Q1 *Sinti und Roma bei ihrer Deportation* vom Sammellager Hohenasperg bei Stuttgart in die Konzentrationslager im Osten (Foto, Mai 1940)

Ein Volk mit eigener Kultur
Seit über 600 Jahren leben Sinti und Roma in Europa. Das Volk wanderte im Mittelalter aus Indien ein. Doch viele deutsche Landesherren gaben den Eingewanderten keine Aufenthaltsgenehmigung, sodass sie zu einem Wanderleben gezwungen waren. Ihr Geld verdienten sie als Handwerker oder Händler, z. B. als Kunstschmiede, Geigenbauer, Korbflechter, Kesselflicker oder Pferdehändler. Andere zogen über Land, wo sie Waren für den alltäglichen Gebrauch verkauften. In den 1920er-Jahren betrieben viele Sinti-Familien fahrende Theater- oder Musikgruppen oder einen Zirkus. In Dörfern und kleinen Städten waren ihre Aufführungen eine Attraktion.

Unterdrückung und Ausgrenzung
Seit dem Mittelalter litten Sinti und Roma immer wieder unter Verfolgungen: Sie wurden aus dem Land vertrieben, gejagt, eingesperrt oder getötet. Seit etwa 1900 wurden Sinti und Roma in Deutschland von der Polizei systematisch überwacht. Als die Nationalsozialisten an die Macht kamen, bauten sie diese Bestimmungen aus. Sie sahen die „Zigeuner" als „minderwertige Rasse" an und schlossen sie aus der Gesellschaft aus, auch wenn viele längst in Deutschland integriert waren. Seit den Nürnberger Rassegesetzen von 1935 war es Sinti verboten, Nicht-Sinti zu heiraten. Ihnen wurde nicht mehr erlaubt, ihre traditionellen Berufe auszuüben. Kindern wurde die Schulbildung verwehrt.

Zwangssterilisationen
Seit 1937 reisten „Rassenforscher" durchs Land, um alle „Zigeuner" nach rassischen Merkmalen zu erfassen. Sie ließen Frauen, Männer und Kinder am ganzen Körper vermessen und fotografieren und nahmen Finger-, Hand- und manchmal auch Kopfabdrücke. Alle Angaben wurden in der eigens gegründeten „Rassenhygienischen Forschungsstelle" in Berlin gesammelt. Auf der Grundlage dieser Daten wurden viele Frauen, Männer und sogar Kinder zwangsweise unfruchtbar gemacht, um so die Sinti-Familien „auszurotten".

Völkermord
Zuständig für die Verfolgung der Sinti und Roma war die Kriminalpolizei. Sie inhaftierte seit 1938 Sinti und Roma als „fremdrassige Asoziale" in Konzentrationslagern, wo sie zu schwerer Zwangsarbeit verpflichtet wurden. Im Vernichtungskrieg in Osteuropa starben zahlreiche Roma bei den Massenerschießungen durch deutsche Einsatzgruppen. Der systematische Völkermord begann 1942 mit dem „Auschwitz-Erlass" von SS- und Polizeichef Heinrich Himmler: Darin beauftragte er die Polizei, ganze Familien in das „Zigeunerlager" Auschwitz zu deportieren, wo Zehntausende Sinti und Roma ermordet wurden. Insgesamt fielen etwa 500 000 Sinti und Roma den Nationalsozialisten zum Opfer.

Q4 *Drei der Mulfinger Sinti-Kinder kurz vor ihrer Deportation nach Auschwitz*

D1 *Chronologie des nationalsozialistischen Völkermords an den Sinti und Roma:*
1935: Verkündung der Nürnberger Rassegesetze. Dazu Reichsminister Frick am 3. Januar 1936: „Zu den artfremden Rassen gehören in Europa außer den Juden regelmäßig nur die Zigeuner." Die Heirat von Sinti und Nicht-Sinti wird verboten.
1938/39: Sinti und Roma werden in die Konzentrationslager Sachsenhausen, Dachau und Buchenwald und später nach Mauthausen deportiert.
1940: Himmlers Anordnung zur ersten Deportation ganzer Familien. Die Deportationszüge mit 2500 deutschen Sinti und Roma in das „Generalgouvernement" gehen im Mai von Hamburg, Köln und Hohenasperg bei Stuttgart ab.
1941: Ab Sommer werden Sinti und Roma hinter der Ostfront systematisch von sogenannten Einsatztruppen erschossen.
1942: Himmlers Auschwitz-Erlass für die Deportation von 22 000 Sinti und Roma aus Europa, davon die letzten 10 000 aus dem Reichsgebiet, in den als „Zigeunerlager" bezeichneten Abschnitt des KZs Auschwitz-Birkenau.
Mai 1945: Die Zahl der in Europa bis Kriegsende in Konzentrationslagern und von SS-Einsatzgruppen ermordeten Sinti und Roma wird auf eine halbe Million geschätzt. Von den durch die Nazis erfassten 40 000 deutschen und österreichischen Sinti und Roma wurden über 25 000 ermordet.

Q2 *Die Kinder von Mulfingen:*
Am 10.6.1938 wurde ich im Allgäu von der Gendarmerie mit meinen Geschwistern Anton, Scholastika, Adolf und Emil unseren Eltern weggenommen. Ich war damals neun Jahre alt. Mein Vater kam sofort in ein KZ nach Dachau, meine Mutter wurde später deportiert. Wir Kinder wurden in verschiedenen Kinderheimen untergebracht. Im September 1939 brachte man mich mit anderen Sinti-Kindern in das Kinderheim St.-Josefspflege nach Mulfingen. Dort wurden wir betreut von Ordensschwestern und unterrichtet. Es kamen auch Leute aus Berlin vom Rassenhygiene-Institut und beobachteten uns Kinder. Am 9.5.1944 mussten wir morgens unsere Sachen packen, dann wurden wir mit dem Postbus abtransportiert. Nach vier oder fünf Tagen trafen wir mit dem Zug in Auschwitz ein. Vor der Rampe standen lauter SS-Leute mit dem Gewehr im Anschlag. Als sie uns Kinder sahen, ließen sie die Gewehre sinken. Wir wurden registriert und unsere Häftlingsnummer wurde uns eintätowiert, dann kamen wir ins sogenannte Zigeunerlager.

Q3 *Am 16. Mai 1940 begann die erste große Massendeportation von Sintifamilien im Deutschen Reich. Der Karlsruher Sinti Herrmann W. berichtet:*
Da kam dann die Kriminalpolizei und hat gesagt, wir müssen uns alle im Polizeipräsidium melden. Alle! Alle Sinti vom Kreis Karlsruhe. Wir durften nur unsere Betten, also Kleinigkeiten, mitnehmen, das war genau vorgeschrieben. (…) Ja, und als wir dann im Hof vom Präsidium versammelt waren, kam plötzlich die Polizei, in Uniform und mit Karabinern, und hat sich vor die Tore hingestellt. Da durfte keiner mehr raus. Da habe ich gleich zu meinem Vater gesagt: „Das ist nichts Gutes." Ja, dass wir wegkommen sollten, irgendwohin, das hat man uns gesagt. Aber wohin?

Zigeuner
Der Begriff „Zigeuner" für Sinti und Roma war früher gebräuchlich, gilt aber heute als ein herabwürdigendes Schimpfwort. Es hieß fälschlicherweise, das Wort werde abgeleitet aus „Zieh-Gauner". Auch aus dieser falschen Ableitung entwickelte sich das Vorurteil vom fahrenden Gaunervolk.
Vermutlich kommt der Begriff aus dem Griechischen („athinganoi") und bedeutet „Unberührbarer", ein Ausdruck für eine christliche Religionsgemeinschaft.

1. Erkläre, warum Sinti und Roma vom NS-Staat verfolgt wurden und was die Nationalsozialisten damit erreichen wollten.
2. Bis in die heutige Zeit ist in der Öffentlichkeit wenig bekannt über die Verfolgung der Sinti und Roma während der Zeit des Nationalsozialismus. Ergründe die Ursachen dafür.

15 Projekt
Orte der Erinnerung – Besuch der KZ-Gedenkstätte Dachau

Die zahlreichen Mahn- und Gedenkstätten in Deutschland sollen die Erinnerung an die Opfer des NS-Terrors wachhalten. Zugleich leisten sie wertvolle Aufklärungsarbeit, indem sie den nachfolgenden Generationen das ungeheure Ausmaß der nationalsozialistischen Verbrechen bewusst machen. Ein solcher Ort der Erinnerung ist die KZ-Gedenkstätte Dachau. Heute informieren eine Dauerausstellung und wechselnde Sonderausstellungen über die Geschichte des ehemaligen Kriegsgefangenen- und Konzentrationslagers. Auf dem Gelände erinnern Denkmäler an die Leiden der hier inhaftierten und gestorbenen Menschen. Insgesamt starben in Dachau 31 591 Häftlinge, und es waren über die Jahre verteilt 206 206 Menschen inhaftiert.

Q 1 *Das „Jourhaus" des KZ Dachau war der Eingang zum Häftlingsbereich, den die Häftlinge täglich bei der Rückkehr von ihrer Zwangsarbeit passieren mussten. Im Gitter des Tores waren die Worte „Arbeit macht frei" angebracht.*

Zur Geschichte des Lagers Dachau

1933 Heinrich Himmler kündigt die Eröffnung des ersten Konzentrationslagers an, ab Mitte März treffen die ersten Gefangenen aus bayerischen Gefängnissen ein.

1934 Nach der Entmachtung der SA („Röhm-Putsch") dient das Lager als Exekutionsstelle. Auch andere Gegner des Regimes werden hier beseitigt.

1937/1938 Das Lager wird umgebaut und erweitert.

1938 Nach der Reichspogromnacht kommen 10 911 Juden ins Lager. Sie sollen eingeschüchtert und zur Auswanderung gepresst werden.

seit 1941 Durchführung medizinischer Versuche, um Erkenntnisse für die Front zu gewinnen. So werden beispielsweise biochemische Mittel an Häftlingen erprobt oder Unterkühlungsversuche durchgeführt.

1942 Immer wieder brechen neue Epidemien (z. B. Typhus) aus.

1945 Als die alliierten Truppen immer weiter nach Deutschland vordringen, treffen in Dachau aus anderen Lagern in „Todesmärschen" immer mehr Evakuierte ein. Die Überfüllung des Lagers führt zu noch katastrophaleren hygienischen Bedingungen. Mitte April wird die Totalevakuierung von Dachau befohlen. Am 29. April befreien die Amerikaner das Lager mit 32 335 verbliebenen Häftlingen.

1948 Das Lager wird an die bayerischen Behörden übergeben. Es dient nun als Flüchtlingslager.

1965 Die Gedenkstätte mit Museum, Archiv und Bibliothek wird eröffnet.

2002–2009 Eröffnung einer neuen Dauerausstellung und eines Besucherzentrums

Exkursion zu einer Gedenkstätte

Plant eine Exkursion zu einer NS-Gedenkstätte in eurer Nähe. Weil die Zeit vor Ort begrenzt ist und man meist in ein paar Stunden nicht alles sehen kann, solltet ihr euch gut vorbereiten. Die Anregungen auf dieser Seite können dabei helfen.

Q 2 *Die Räume der KZ-Gedenkstätte Dachau zeigen unter anderem historische Fotografien des Häftlingsalltags (Foto, 2002).*

Zur Vorbereitung
- Verschafft euch einen ersten Überblick über den Ort der Gedenkstätte und seine Geschichte, z. B. auf der Homepage im Internet.
- Legt fest, welches Thema/welcher Teilbereich der Gedenkstätte euch besonders interessiert.
- Notiert Fragen, die ihr zum Thema der Exkursion habt.
- Überlegt, ob ihr das Gelände selbstständig anschauen oder an einer Führung teilnehmen wollt. Oft werden auch Führungen zu bestimmten Themen angeboten.

In der Gedenkstätte vor Ort
- Versucht, eure Fragen vor Ort zu klären. Antworten findet ihr in der Ausstellung, in Informationsmaterialien oder indem ihr den Museumsführer fragt.
- Informiert euch über die Gedenkstätte selbst:
  - Wann ist sie entstanden und auf wessen Initiative wurde sie an diesem Ort errichtet?
  - An wen oder was soll erinnert werden?
  - Sind frühere Gebäude/Anlagen erhalten oder wurden sie rekonstruiert?
  - Ist die Gedenkstätte künstlerisch gestaltet?
  - Liefert eine Ausstellung oder ein Dokumentationszentrum Hintergrund-Informationen?
- Macht euch Notizen zu euren Fragen und zu weiteren Punkten, die ihr besonders wichtig oder interessant findet.

Nach dem Gedenkstättenbesuch
- Besprecht die Exkursion in der Klasse. Welchen Eindruck hat der Gedenkstättenbesuch bei euch hinterlassen?
- Tragt eure gesammelten Informationen zusammen. Unterscheidet dabei zwischen den historischen Ereignissen und der Gestaltung der Gedenkstätte.
- Diskutiert, ob ihr die Gedenkstätte für gelungen haltet: Wird sie den Leiden der Opfer gerecht? Wie wurden die Täter thematisiert?

Auf den Internetseiten www.kz-gedenkstaette-dachau.de www.ns-gedenkstaetten.de könnt ihr euch über das KZ Dachau oder andere NS-Gedenkstätten und Dokumentationszentren in eurer Nähe informieren.

16 Widerstand

Q1 *Der Werftarbeiter August Landmesser (obere Bildmitte mit verschränkten Armen) verweigerte 1936 beim Stapellauf eines Kriegsschiffes den Hitlergruß. Obwohl Parteimitglied, war er in Gegensatz zum NS-Regime geraten. Landmesser liebte eine Jüdin, die er nach den „Nürnberger Gesetzen" von 1935 nicht heiraten durfte.*

Menschen mit Mut
Die meisten Menschen gingen unter der NS-Diktatur ihren täglichen Geschäften nach, passten sich irgendwie an, oft in der Hoffnung, dass bald alles vorüber sei. Zu groß schien das Risiko, denn eine oppositionelle Haltung zum Führer, zur Regierung oder zur NSDAP konnte lebensbedrohlich werden. Dennoch gab es Menschen, die nicht mitmachten, die protestierten oder Widerstand leisteten. Manche handelten aus politischer oder christlicher Überzeugung, manche aus Entsetzen und Scham über die vom NS-Regime begangenen Gewalttaten und Verbrechen. Manchen missfiel der Kriegskurs Hitlers, andere störten sich an Maßnahmen, die ihren persönlichen Lebensbereich betrafen. Die persönlichen Konsequenzen aus dieser Einstellung waren ganz unterschiedlich: Manche umgingen oder ignorierten Verordnungen, grüßten mit „Guten Tag" anstatt mit „Heil Hitler", hängten bei staatlichen Feiern und Umzügen keine Fahne aus dem Fenster, hörten „Feindsender" oder „entartete Musik". Andere versteckten und verpflegten Juden oder politisch Verfolgte.

Politischer Widerstand
Anfangs waren besonders Gewerkschaftler, Sozialdemokraten und Kommunisten aktiv, die schon vor 1933 überzeugte Gegner der Nationalsozialisten gewesen waren. Spektakuläre Aktionen gelangen ihnen jedoch kaum. Angesichts der Verhaftungswellen gingen viele von ihnen in den Untergrund, um mit Flugblattaktionen oder Sabotageakten ihren Kampf fortzuführen.

Das Attentat vom 20. Juli 1944
Schwerer hatten es Beamte, Soldaten und Offiziere, sich zum aktiven Widerstand zu entschließen. Sie fühlten sich ihrem auf „den Führer und Reichskanzler Adolf Hitler" geleisteten Eid verpflichtet. Nach Kriegsbeginn gerieten zudem viele in Gewissensnot, weil sie einen Putsch als Verrat an den deutschen Frontsoldaten betrachteten.
Aber für einige waren der Kriegskurs, die alltäglichen Gewalttaten und der zunehmende Terror Grund genug, sich zum Widerstand zu entschließen. Eine Widerstandsgruppe um den konservativen Politiker Carl Goerdeler, Generaloberst Ludwig Beck und Oberst Claus Schenk von Stauffenberg entschloss sich, Hitler wegen seiner verbrecherischen Politik zu töten. Sie wollten das NS-Regime allerdings nicht durch eine Demokratie, sondern durch eine humanere Form eines autoritären Staates ablösen.
Am 20. Juli 1944 nahm Stauffenberg an einer Besprechung in Hitlers Hauptquartier, der Wolfsschanze, teil. In seiner Aktentasche hatte er eine Bombe, die er in Hitlers Nähe platzierte. Die Bombe explodierte

zwar, doch nur ein Sprengsatz und außerdem von Hitler zu weit entfernt. So überlebte Hitler den Anschlag nur leicht verletzt. Das Attentat löste eine regelrechte Verfolgungs- und Mordwelle aus. Stauffenberg und die Mitglieder der Gruppe wurden noch am gleichen Tag hingerichtet. Der Rache Hitlers fielen in den folgenden Wochen nicht nur 200 am Aufstand direkt beteiligte Personen, sondern bis Kriegsende ungefähr 5000 mittelbar Beteiligte oder willkürlich Verhaftete zum Opfer.

Christlicher Widerstand
Die christlichen Kirchen leisteten anfangs kaum Gegenwehr. Die katholische Kirche protestierte erst, als der Staat katholische Schulen schließen und katholische Verbände verbieten wollte. Vereinzelt gab es auch öffentliche Kritik am NS-Staat und dessen menschenverachtender Ideologie. Bischof Clemens von Galen protestierte 1941 lautstark gegen die Tötung geistig und körperlich Behinderter. Mutige Pfarrer griffen seine Worte auf und predigten in ihren Gemeinden ebenfalls gegen das Euthanasieprogramm.

Die Vertreter der evangelischen Kirchen hingegen waren gespalten. Die Mehrheit unterstützte die „Deutschen Christen" und damit Partei und Regierung. Doch es gab auch Gegner, die sich gegen staatliche Eingriffe in den Bereich der Kirche wehrten, ohne jedoch den Nationalsozialismus grundsätzlich in Frage zu stellen. Einzelnen Pfarrern und Pastoren ging auch diese Haltung noch nicht weit genug. Diese schlossen sich zur „Bekennenden Kirche" zusammen.

Unter ihnen waren Pfarrer Martin Niemöller, der schon 1933 den Pfarrernotbund gründete, und Dietrich Bonhoeffer. Sie predigten offensiv gegen das NS-Regime, halfen jüdischen Bürgern und anderen Verfolgten. 1943 wurde Bonhoeffer verhaftet und 1945, kurz vor Kriegsende, im KZ Flossenbürg hingerichtet.

Widerstand von Einzelpersonen
Neben organisierten Gruppen gab es auch immer wieder Einzelpersonen, die sich widersetzten. So plante Georg Elser, ein in München lebender Tischlermeister, ein Attentat auf Hitler, weil er ihn für einen Kriegstreiber hielt. Er verübte am 8. November 1939 im Münchener Bürgerbräukeller einen Bombenanschlag auf Hitler, der allerdings kurz davor die Veranstaltung bereits wieder verlassen hatte. Elser wurde verhaftet, in das Konzentrationslager Dachau gebracht und dort im April 1945 ermordet. Insgesamt scheiterten etwa vierzig weitere Versuche, Hitler zu töten.

Auch Jugendliche und Studenten lehnten sich gegen den NS-Staat auf, wie etwa eine Gruppe um die Geschwister Hans und Sophie Scholl, die unter dem Namen „Weiße Rose" bekannt wurde. Ihre Mitglieder verteilten während des Krieges an den Universitäten heimlich Flugblätter, um vor allem die Jugend zum Widerstand gegen „ihren Verführer" zu bewegen. Nach einer Flugblattaktion an der Münchener Ludwigs-Maximilians-Universität verriet sie der Hausmeister. Im Februar 1943 wurden die Mitglieder der „Weißen Rose" verhaftet und hingerichtet.

Widerstand
So wird jede Handlung genannt, die absichtsvoll darauf gerichtet ist, ein Unrechtsregime zu beseitigen. Das Recht auf Widerstand ist gegeben, wenn Staat oder Regierung die Menschenrechte missachten oder nicht fähig sind, ihre Verletzung zu verhindern. Als Lehre aus der Geschichte ist im Grundgesetz das „Recht auf Widerstand" ausdrücklich verankert. Es kann zwischen aktivem und passivem Widerstand, zwischen Widerstand mit Gewalt und gewaltfreiem Widerstand unterschieden werden.

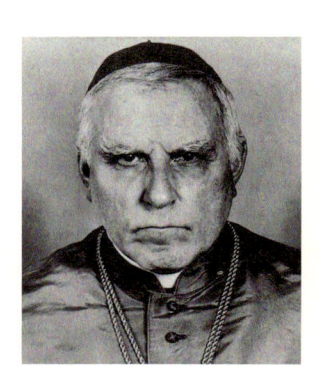

2 *Widerstandskämpfer.* V. l. n. r.: Oberst Claus Graf Schenk von Stauffenberg (militärischer Widerstand), Sophie Scholl (Widerstandsgruppe „Weiße Rose"), Dietrich Bonhoeffer (evangelischer Theologe), Clemens August Graf von Galen (katholischer Bischof). Bis auf Bischof Galen wurden alle hingerichtet.

Bild- und Tondokumente zum Widerstand im NS-Staat auf Zeitreise multimedial „Das 20. Jahrhundert"

1 Stelle zusammen, wer aus welchen Gründen Widerstand leistete, protestierte oder sich verweigerte.

2 Diskutiert, ob man das Verhalten von August Landmesser (Q1) oder Otto und Eluise Hampel Widerstand nennen kann.

3 Wählt in Gruppen jeweils eine Person aus Q2 aus, die Widerstand leistete. Sammelt im Internet und in Lexika Informationen zum Leben dieser Person und erstellt daraus ein ansprechendes Plakat für euer Klassenzimmer.

4 Diskutiert die Aussage: „Widerstandskämpfer haben dazu beigetragen, den demokratischen Neubeginn in Deutschland zu ermöglichen."

Q 3 Aus der Biografie des Reichstagsabgeordneten der SPD Wilhelm Keil über seine Zeit während des Nationalsozialismus:

An meinem Wohnort sind meine Gesinnungsgenossen durch die gemeinsame Parteiarbeit unlöslich verbundene treue Freunde geworden. In diesem Kreis kann
5 man frei und offen sprechen. Jeder ist von unauslöschbarem Hass gegen die Gewaltherrschaft erfüllt.
Die Propagandatricks werden durchschaut und ändern nichts an der unbedingten
10 Ablehnung des Staatssystems, das die Freiheitsrechte und die Würde des Menschen mit Füßen tritt. Die einfältige Redensart alter Weiber beiderlei Geschlechts, dass alles Übel nur von den örtlichen Parteigrößen, der kleinen „Adölfle" komme, der
15 große Adolf von alledem nichts wisse und keine Ungerechtigkeit dulde, verfällt dem Spott. Man ist sich vollkommen im Klaren darüber, (...) dass dieser Mann jedes
20 Verbrechen, das von seinen Mordgesellen verübt wird, gutheißt. Die Gemüter atmen auf, wenn man so unter zuverlässigen Gesprächspartnern sich den Druck von der Seele reden kann.

Q 4 Bericht der Gestapo-Leitstelle Wilhelmshaven vom 23. September 1941:
Der katholische Pfarrer Heinrich F., geb. 2.5.1900 in Essen, wurde am 18.9.1941 vorläufig festgenommen, weil er während des Hochamtes am 7.9.1941 Auszüge aus
5 der Predigt des Bischofs von Münster [Clemens von Galen] abkündigte, die geeignet waren, erhebliche Unruhe in der Bevölkerung zu verursachen.
U. a. führte er aus: „In der Nähe von Müns-
10 ter ist eine Anstalt für geisteskranke Patienten. Von dieser Anstalt aus kommen die Kranken in eine andere Anstalt. Nach kurzer Zeit bekommen dann die Angehörigen die Nachricht, dass der Kranke gestorben ist.
15 Gegen Entsendung eines gewissen Geldbetrags wird den Angehörigen die Asche zugeschickt. Die Leichen sind also verbrannt worden. Diese kranken Personen sind aber nicht eines natürlichen Todes gestorben,
20 sondern sie haben eine Spritze bekommen und sind dann langsam eingeschlafen. Das ist Mord."

Q 5 Flugblatt von Hanns Kralik (1943/44)

Q 6 Aus dem Todesurteil gegen Otto und Elise Hampel vom 22. Januar 1943:
Die Angeklagten haben gemeinschaftlich in der Zeit von 1940–1942 über 200 Flugschriften gefertigt und verbreitet, in welchen unter schwerster Beschimpfung des
5 Führers und seiner Mitarbeiter zum Sturz der nationalsozialistischen Regierung, zum Abwenden vom Führer und seiner Bewegung, zur Aufgabe des Widerstands im Kampfe und zur Nichtdurchführung der
10 Rüstungsarbeit aufgefordert wird.
Der Angeklagte Otto Hermann Hampel und die Ehefrau Martha Elise Hampel, geborene Lemme, werden daher wegen Zersetzung der Wehrkraft in Verbindung mit Vorbe-
15 reitung zum Hochverrat und landesverräterischer Feindbegünstigung zum Tode und zum Verlust der bürgerlichen Ehrenrechte auf Lebenszeit verurteilt. Die sichergestellten Flugblätter werden eingezogen.
20 Die Kosten des Verfahrens werden den Angeklagten auferlegt.

Q 7 *Flugblatt der Geschwister Scholl, am 18. Februar 1943 verbreitet (Auszüge):*
Erschüttert steht unser Volk vor dem Untergang der Männer von Stalingrad. Dreihundertdreißigtausend deutsche Männer hat die geniale Strategie des Weltkriegsgefrei-
5 ten sinn- und verantwortungslos in Tod und Verderben gehetzt. Führer, wir danken Dir! Der Tag der Abrechnung ist gekommen, der Abrechnung der deutschen Jugend mit der verabscheuungswürdigsten Tyrannei,
10 die unser Volk je erduldet hat. Im Namen der deutschen Jugend fordern wir vom Staat Adolf Hitlers die persönliche Freiheit, das kostbarste Gut der Deutschen, zurück, um das er uns in der erbärmlichsten Weise
15 betrogen.
In einem Staat rücksichtsloser Knebelung jeder freien Meinungsäußerung sind wir aufgewachsen. HJ, SA, SS haben uns in den fruchtbarsten Bildungsjahren unseres Le-
20 bens zu uniformieren, zu revolutionieren, zu narkotisieren versucht.
Es gibt für uns nur eine Parole: Kampf gegen die Partei!

Q 8 *Ein Erlass des Reichsführers SS und Chefs der Deutschen Polizei, Heinrich Himmler, zur „Bekämpfung jugendlicher Cliquen" unterscheidet folgende Gruppen:*
a) Cliquen mit kriminell-asozialer Einstellung. Diese äußert sich in der Begehung von leichten bis zu schwersten Straftaten (Unfug, Raufhändel, Übertretungen von Polizeiver-
5 ordnungen, gemeinsamen Diebstählen, Sittlichkeitsdelikten – insbesondere auf gleichgeschlechtlicher Grundlage – usw.) (…)
b) Cliquen mit politisch-oppositioneller Einstellung, jedoch nicht immer mit fest
10 umrissenem gegnerischem Programm. Sie zeigt sich in allgemein staatsfeindlicher Haltung, Ablehnung der Hitler-Jugend (…), Gleichgültigkeit gegenüber dem Kriegsgeschehen und betätigt sich in Störungen der
15 Jugenddienstpflicht, Überfällen auf Hitler-Jugend-Angehörige, Abhören ausländischer Sender und Verbreitung von Gerüchten, Pflege der verbotenen bündischen oder anderen Gruppen, ihrer Tradition und ihres
20 Liedgutes usw. (…)
c) Cliquen mit liberalistisch-individualistischer Einstellung, Vorliebe für englische Ideale, Sprache, Haltung, Kleidung (englisch-lässig), Pflege von Jazz- und Hotmusik,
25 Swingtanz usw. Die Angehörigen dieser Cliquen stammen größtenteils aus dem „gehobenen Mittelstand" und wollen lediglich ihrem eigenen Vergnügen, sexuellen und sonstigen Ausschweifungen leben.

Q 9 *Schreiben Heinrich Himmlers vom 16. Januar 1942 über die Maßnahmen gegen die „Swing-Jugend"*

Der Reichsführer-#
Tgb.Nr.AR/883/6
RF/V.

Führer-Hauptquartier
16. Jan.1942

Lieber Heydrich!

Anliegend übersende ich Ihnen einen Bericht, den mir der Reichsjugendführer Axmann über die „Swing-Jugend" in Hamburg zugesandt hat.

Ich weiß, daß die Geheime Staatspolizei schon einmal eingegriffen hat. Meines Erachtens muß jetzt aber das ganze Übel radikal ausgerottet werden. Ich bin dagegen, daß wir hier nur halbe Maßnahmen treffen.

Alle Rädelsführer, und zwar die Rädelsführer männlicher und weiblicher Art, unter den Lehrern diejenigen, die feindlich eingestellt sind und die Swing-Jugend unterstützen, sind in ein Konzentrationslager einzuweisen. Dort muß die Jugend zunächst einmal Prügel bekommen und dann in schärfster Form exerziert und zur Arbeit angehalten werden. Irgendein Arbeitslager oder Jugendlager halte ich bei diesen Burschen und diesen nichtsnutzigen Mädchen für verfehlt. Die Mädchen sind zur Arbeit im Weben und im Sommer zur Landarbeit anzuhalten.

Der Aufenthalt im Konzentrationslager für diese Jugend muß ein längerer, 2 – 3 Jahre sein.

Es muß klar sein, daß sie nie wieder studieren dürfen. Bei den Eltern ist nachzuforschen, wie weit sie das unterstützt haben. Haben sie es unterstützt, sind sie ebenfalls in ein KL. zu verbringen und das Vermögen ist einzuziehen.

Nur, wenn wir brutal durchgreifen, werden wir ein gefährliches Umsichgreifen dieser anglophylen Tendenz in einer Zeit, in der Deutschland um seine Existenz kämpft, vermeiden können.

Ich bitte um weitere Berichte. Diese Aktion bitte ich im Einvernehmen mit dem Gauleiter und dem Höheren #- und Polizeiführer durchzuführen.

Heil Hitler!
Ihr

18 Vom „totalen Krieg" zur Kapitulation

1 Die Invasion der Alliierten in der Normandie begann am 6. Juni 1944. Über 5000 Schiffe brachten mehr als 1,5 Millionen Soldaten an Land und eröffneten eine zweite Front.

„totaler Krieg"
Kriegführung, bei der alle menschlichen und materiellen Reserven mobilisiert werden, um den Krieg zu gewinnen. Beispielsweise wird der Unterschied zwischen Heimat und Front aufgehoben, werden auch Frauen in Rüstungsfabriken eingesetzt und wird die völlige Vernichtung des Gegners angestrebt.

Der Krieg wird zum Weltkrieg
Am 7. Dezember 1941 griffen überraschend japanische Kampfflugzeuge den amerikanischen Flottenstützpunkt Pearl Harbor auf Hawaii an. Damit weitete sich der Krieg nach Asien aus. Jetzt standen sich Deutschland, Italien und Japan auf der einen Seite und die USA, Großbritannien und die UdSSR auf der anderen Seite gegenüber.
Japan suchte schon seit Ende des 19. Jahrhunderts auf dem Festland eine eigene Rohstoffbasis. Man hoffte, dass die kriegsgeschwächten Staaten Europas ihre Kolonien in Asien nicht mehr um jeden Preis verteidigen würden. Die USA traten der japanischen Eroberungspolitik aber energisch entgegen, um im pazifischen Raum ihren Einfluss zu behalten, und verhängten einen Handelsboykott für kriegswichtige Rohstoffe. Hitler bestärkte daraufhin die japanischen Militärs, gegen die USA Krieg zu führen, und versprach deutsche Unterstützung. Ihm war daran gelegen, die Kräfte der USA in Asien zu binden, um die amerikanischen Waffenlieferungen an Großbritannien und die UdSSR zu beeinträchtigen. Nach dem japanischen Angriff auf Pearl Harbor erklärten Deutschland und Italien den USA den Krieg. Der Krieg war damit zum Weltkrieg geworden.

Stalingrad – die Wende zum „totalen Krieg"
Neben dem Kriegseintritt der USA gilt die Schlacht um Stalingrad im Winter 1942/43 als Wendepunkt im Zweiten Weltkrieg.
Im Herbst 1942 stand die 6. deutsche Armee vor dieser Stadt, ohne dass sie diese einnehmen konnte. Vielmehr gelang es den sowjetischen Truppen durch eine Großoffensive, die gesamte deutsche Armee mit 300 000 Soldaten einzukesseln. Hitler befahl, die Stadt zu verteidigen, und untersagte einen Ausbruchsversuch. 90 000 Überlebende kapitulierten im Februar 1943 gegen den Willen Hitlers und gingen in Gefangenschaft. Die NS-Propaganda beschönigte die Niederlage. Offiziell hieß es, die Front im Osten sei begradigt worden. Nur etwa 5000 Kriegsgefangene kehrten bis 1955 in ihre Heimat zurück.
Wenige Tage nach der Katastrophe von Stalingrad rief Goebbels im Februar 1943 zum „totalen Krieg" auf. Das gesamte Leben an der „Heimatfront" wurde nun auf Krieg umgestellt: Die Arbeitszeiten wurden verlängert, Lebensmittel gab es nur noch gegen Bezugsscheine und immer mehr Frauen arbeiteten in Rüstungsbetrieben. Dies war aber bei weitem nicht ausreichend. Um die Rüstungsproduktion aufrechtzuerhalten, wurden zwischen 1943 und Kriegsende etwa 2,5 Millionen ausländische Zivilisten und Kriegsgefangene nach Deutschland verschleppt. Diese hatten die schlimmsten Lebensverhältnisse zu erdulden. Im August 1944 waren 5,7 Millionen ausländische Zivilarbeiter in Deutschland, ein Drittel von ihnen Frauen.

Luftangriffe auf deutsche Städte

1940 hatte Hitler das „Ausradieren der englischen Städte" angekündigt, verlor aber wegen der alliierten Übermacht die „Luftschlacht um England". Ab März 1942 begannen die ersten großen amerikanischen und britischen Luftangriffe auf deutsche Städte und Industriezentren. Annähernd 600 000 Menschen starben, Hunderte von Städten fielen solchen Angriffen zum Opfer. Viele Menschen konnten nur noch in Kellern leben, da ihre Wohnungen ausgebrannt waren.

Das Schicksal Würzburgs gilt bis heute als ein Sinnbild für den totalen Luftkrieg. In der Stadt befanden sich ca. 110 000 Einwohner, die Stadt selbst hatte keinerlei Standorte für kriegswichtige Güter. Am 16. März 1945 verursachten die alliierten Luftangriffe innerhalb von 20 Minuten ein brennendes Inferno, dem 95 % der Stadt zum Opfer fielen, an die 5000 Menschen starben sofort. Die Flugzeuge warfen 360 000 Stabbrandbomben, etwa 200 Sprengbomben (je 500 kg) und eine unbestimmbare Menge an Brandbeschleunigern ab. Die Zerstörungen waren so verheerend, dass sich die Stadtoberen und die Bevölkerung überlegten, die zerbombte Stadt als Mahnmal stehen zu lassen und Würzburg neu zu erbauen.

Ende des Krieges

Am 6. Juni 1944 landeten alliierte Truppen in der Normandie in Frankreich und eröffneten damit eine zweite Front. Das Deutsche Reich war damit gezwungen, die zusammenbrechende Front im Osten zu bewältigen und im Westen eine weitere Angriffswelle zu verhindern. Die Niederlage wurde damit unvermeidlich, auch wenn das NS-Regime sich mit Durchhalteparolen dagegen stemmte. Als letztes Aufgebot zum Ausgleich der großen Truppenverluste zog man Jugendliche und Männer bis 60 Jahren zum „Volkssturm" heran.
Die Kriegsentwicklung verschlechterte zwar die Stimmung, aber die Bevölkerung begehrte nicht auf, da sie vor der drohenden Niederlage und ihren Folgen Angst hatte. Die Alliierten erklärten, dass sie bis zur „bedingungslosen Kapitulation" Deutschlands kämpfen wollten.

Im Januar 1945 begann die sowjetische Armee ihren letzten Angriff und stieß innerhalb weniger Wochen bis an die Oder vor. Amerikaner und Briten bombardierten Tag und Nacht die deutschen Städte und eroberten den Westen Deutschlands. Am 25. April 1945 trafen sich sowjetische und amerikanische Truppen bei Torgau an der Elbe. Ende April eroberten sowjetische Truppen Berlin. Die NS-Herrschaft endete damit, dass sich Hitler und Goebbels das Leben nahmen, der Zweite Weltkrieg in Europa mit der Unterzeichnung der bedingungslosen Kapitulation am 8./9. Mai 1945 durch die Führung der Wehrmacht.

In Ostasien ging der Krieg zwischen Japan und den USA weiter, weil Japan eine Kapitulation ablehnte. Um diese zu erzwingen, setzten die USA Atombomben ein: Über Hiroshima warfen die Amerikaner am 6. August 1945 die erste Bombe ab. Durch die Explosion starben 60 000 Menschen sofort, weitere 40 000 erlitten gefährliche Strahlenverletzungen, denen sie wenige Monate später erlagen. Noch heute leiden viele Überlebende an den Spätfolgen. Nach dem Abwurf einer zweiten Atombombe über Nagasaki kapitulierte Japan bedingungslos am 2. September 1945.

A-Z

Kapitulation
Ursprünglich eine Vereinbarung zur militärischen Übergabe einer Festung oder Heeres an den siegreichen Gegner. Deutschland musste am 8. Mai 1945 eine bedingungslose Kapitulation unterschreiben. Das bedeutete, dass das besiegte Deutschland keinerlei Forderungen zu stellen hatte.

Volkssturm
Männer im Alter von 16 bis 60 Jahren, die noch nicht zur Wehrmacht eingezogen worden waren, sollten ab September 1944 die Heimat verteidigen. Sie waren gar nicht oder schlecht ausgebildet und nur dürftig bewaffnet. Tausende von ihnen starben in den letzten Kriegsmonaten.

○2 *Ein Rotarmist hisst am 2. Mai 1945 die sowjetische Fahne auf dem Reichstagsgebäude in Berlin. Das nachkolorierte Foto entstand zwei Tage nach der Erstürmung der Reichshauptstadt als nachgestellte Szene. – Das Foto ist millionenfach abgedruckt worden. Welche symbolische Bedeutung hat es?*

Q 3 *Die Bombardierung deutscher Städte.* Um die Kapitulation des Deutschen Reichs zu erzwingen, wurden von den Luftstreitkräften der Alliierten in den letzten Kriegsmonaten noch viele deutsche Städte bombardiert. Das Foto zeigt die am 16. März 1945 zerstörte Altstadt Würzburgs von der Alten Mainbrücke aus nach der Einnahme durch alliierte Truppen.

Q 4 *Feldpostbrief eines deutschen Soldaten aus Stalingrad vom 31. Dezember 1942:*
Meine Lieben!
Jetzt ist Silvesterabend und wenn ich an zu Hause denke, dann will mir fast das Herz brechen. Wie ist das alles hier trost- und
5 hoffnungslos. Seit 4 Tagen habe ich schon kein Brot mehr zu essen und lebe nur von dem Schlag Mittagssuppe. Morgens und abends einen Schluck Kaffee und alle 2 Tage 100 g Büchsenfleisch od. ½ Büchse Ölsardi-
10 nen od. etwas Tubenkäse. – Hunger, Hunger, Hunger, und Läuse und Schmutz. Tag und Nacht werden wir von Fliegern angegriffen, und das Artillerie-Feuer schweigt fast nie. Wenn nicht in absehbarer Zeit ein Wun-
15 der geschieht, gehe ich hier zugrunde.

Q 5 *Propagandaplakat* zur Mobilisierung der letzten Kräfte, November 1944

Q 6 *Führer-Befehl Hitlers vom 19. März 1945:*
Alle militärischen, Verkehrs-, Nachrichten-, Industrie- und Versorgungsanlagen sowie Sachwerte innerhalb des Reichsgebietes, die sich der Feind für die Fortsetzung des
5 Kampfes irgendwie sofort oder in absehbarer Zeit nutzbar machen kann, sind zu zerstören.

Q 7 *In einem Brief vom 29. März 1945 erinnerte sich Albert Speer an folgende Aussage Hitlers (Speer war Architekt und Reichsminister, seit 1944 zuständig für die Kriegsproduktion):*
Wenn der Krieg verloren geht, wird auch das Volk verloren sein. Dieses Schicksal ist unabwendbar. Es sei nicht notwendig, auf die Grundlagen, die das Volk zu seinem pri-
5 mitivsten Weiterleben braucht, Rücksicht zu nehmen. Im Gegenteil sei es besser, selbst die Dinge zu zerstören. Denn das Volk hätte sich als das schwächere erwiesen und dem stärkeren Ostvolk gehöre dann ausschließ-
10 lich die Zukunft. Was nach dem Kampf übrig bleibe, seien ohnehin nur die Minderwertigen, denn die Guten seien gefallen.

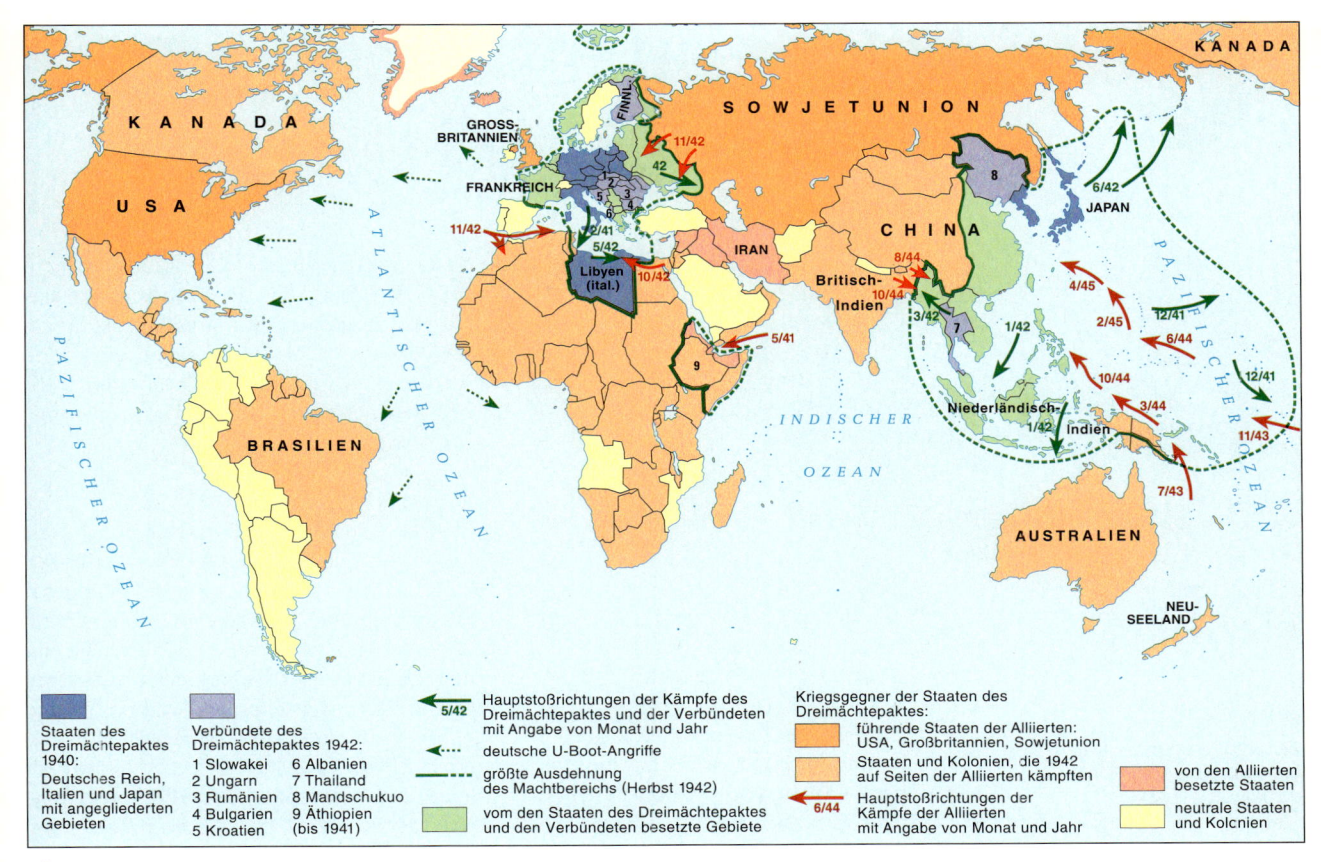

D 1 *Der Zweite Weltkrieg: ein Krieg in Europa und Afrika, Ostasien und auf den Weltmeeren.* Die Karte zeigt die größte Ausdehnung der Mächte Deutschland, Italien und Japan im Jahr 1942, die verbündet waren, aber unterschiedliche Kriegsziele verfolgten.

Q 8 *Der englische Schriftsteller Stephen Spender (1909–1995) war von Juni 1945 bis März 1946 durch Deutschland gereist. 1946 beschreibt er seine Eindrücke:*

In Hagen schon hatte ich große Zerstörungen gesehen (…). Erst in Köln aber wurde mir bewusst, was totale Zerstörung bedeutete. Beim ersten Durchfahren schien es mir, als sei dort auch nicht ein einziges Haus übrig geblieben. Noch stehen zwar viele Mauern, aber sie sind wie dünne Masken vor der feuchten, hohlen, stinkenden Leere ausgeweideter Innenräume. Ganze Straßenzüge, von denen nur noch die Mauern der Häuser stehen, sind schrecklicher als Straßen, die dem Erdboden gleich sind. Sie sind unheimlicher und bedrückender. Tatsächlich sind nur wenige Häuser Kölns bewohnbar geblieben, insgesamt vielleicht dreihundert, wie man mir sagt. Von einer Straße geht man in die andere mit Häusern, deren Fenster hohl und geschwärzt wirken – wie die offener Münder verkohlter Leichen. Hinter diesen Fenstern gibt es nichts mehr außer Decken, Möbeln, Teppichfetzen, Büchern; alles zusammen ist in die Keller der Häuser abgestürzt und liegt dort zusammengepresst zu einer feuchten Masse. Durch die Straßen Kölns schleppen sich tagein, tagaus Tausende von Menschen; dieselben, die noch vor wenigen Jahren (…) an den Schaufenstern entlangbummelten oder vor den Kinos warteten, in die Oper gingen oder sich ein Taxi herbeiwinkten; dieselben, die einst ganz normale Bürger einer großen Stadt waren (…).
Jetzt bedarf es großer Phantasie, sich des Kölns zu erinnern, das ich vor zehn Jahren so gut kannte. Nichts ist mehr da. (…) Die Menschen, die dort leben, scheinen gar nicht zu Köln zu gehören. Sie gleichen vielmehr einem Stamm von Nomaden, die inmitten einer Wüste eine Ruinenstadt entdeckt und dort ihr Lager aufgeschlagen haben, in ihren Kellern hausen und zwischen den Trümmern nach Beute suchen (…).

1 Beschreibe die Rolle Japans im Zweiten Weltkrieg (VT).
2 Welchen Zweck verfolgten die Alliierten mit der Bombardierung deutscher Städte, was erreichten sie damit (VT, Q3, Q8)?
3 Der Befehl Hitlers (Q6) ist kaum befolgt worden. Überlege, was die Ausführung dieser Anordnung für die Deutschen bedeutet hätte.

19 Flucht und Vertreibung

1 Flüchtlingstreck aus Ostpreußen auf der Flucht vor der sowjetischen Armee im Januar 1945

2 Im Notaufnahmelager. Oft mussten Flüchtlinge und Vertriebene jahrelang in solchen Wohnunterkünften leben.

Massenflucht und Zwangsausweisungen

Ab dem Herbst 1944 strömten endlose Flüchtlingskolonnen vor allem aus Ostpreußen und aus Schlesien nach Westen. Sie flohen vor der heranrückenden sowjetischen Armee.

Auf der Potsdamer Konferenz stimmten die britischen und amerikanischen Alliierten rückwirkend der Aneignung Königsbergs und der nördlichen Teile Ostpreußens durch die Sowjetunion zu. Ebenso legten sie fest, die deutschen Gebiete östlich der Oder-Neiße-Linie unter polnische Verwaltung zu stellen. Und es wurde beschlossen, die Deutschen aus diesen Gebieten und aus Teilen Ungarns und der Tschechoslowakei „in geordneter und humaner Weise" umzusiedeln. Die meisten Umsiedelungen hatten jedoch bereits vor der Potsdamer Konferenz begonnen und verliefen oftmals nicht in „humaner" Weise.

Fremd im eigenen Land

Im Mai 1945 waren durchschnittlich von fünf Deutschen zwei irgendwohin unterwegs. An eine systematische Verteilung der Flüchtlinge und Vertriebenen war im Chaos der Jahre 1945/46 nicht zu denken. Die Einheimischen sahen die körperlich und seelisch erschöpften Menschen als Fremde an und nahmen sie häufig nur widerwillig auf. Im Umland von Großstädten trafen die Flüchtlinge und Vertriebenen auf die dort bereits untergebrachten Ausgebombten der Städte. Es kam zu Rivalitäten zwischen beiden Gruppen, aber auch zu selbstloser Hilfe.

Die Flüchtlinge waren nicht gleichmäßig über das Gebiet einer Zone verteilt. Es bildeten sich Schwerpunkte, in denen der Vertriebenenanteil nicht selten bis zu 50 % der einheimischen Bevölkerung betrug. Rund 2 Millionen Deutsche verloren bei Flucht und Vertreibung ihr Leben. Dazu gehörten auch die Opfer von Rache- und Mordaktionen derjenigen, die unter deutscher Herrschaft während des Nationalsozialismus gelitten hatten. Jahrelang aufgestauter Hass entlud sich. Der polnischen Armee hatte man befohlen, „mit den Deutschen so zu verfahren, wie sie mit uns verfuhren".

Zwangsumsiedlungen von Polen

Vertriebene gab es zu dieser Zeit nicht nur in der deutschen Bevölkerung. So wurden etwa Polen aus Gebieten umgesiedelt, die nach dem Kriege der Sowjetunion zugesprochen worden waren. Auch diese Menschen verließen ihre Heimat nicht freiwillig, auch sie kamen jetzt in eine fremde Umgebung und sie wussten nicht, wie lange sie dort bleiben konnten.

Q3 *Der Zweite Weltkrieg führte auch zur Vertreibung polnischer Bürger. Ein Pole aus Lemberg berichtet, wie er in Danzig ein Haus zugewiesen bekam, in dem sich die deutsche Besitzerin noch aufhielt:*

Ich wollte etwas zu der Deutschen sagen, aber die Sprache versagte mir ihren Dienst. Ich bemerkte, dass die Deutsche weinte, etwas zu mir oder auch zu sich selbst sagte und ihre Sachen packte. Ich sah ihr zu, wie sie von der Wand kleine Porträts von Jungen und Mädchen und eines älteren Mannes abnahm. Sie wischte sie ab, sprach etwas zu ihnen und presste sie an ihre Brust.
In diesem Moment brauchte ich kein Deutsch zu verstehen, denn ich empfand ihr Weinen und Tun sehr deutlich. Niemand musste mir erklären, was ich sah. Ich fühlte, was diese unbekannte Frau durchmachte. Sie erlebte das, was ich schon hinter mir hatte.

Q4 *Wladyslaw Gomulka, Generalsekretär der polnischen Arbeiterpartei, auf einer Sitzung am 21./22. Mai 1945:*

An der Grenze ist ein Grenzschutz aufzustellen und die Deutschen sind hinauszuwerfen. Denen, die dort sind, sind solche Bedingungen zu schaffen, dass sie nicht bleiben wollen. (…) Der Grundsatz, von dem wir uns leiten lassen sollen, ist die Säuberung des Terrains von den Deutschen, der Aufbau eines Nationalstaates.

Q5 *Die Vertreibung der Sudetendeutschen, Bericht einer Frau aus Freiwald (heute Fryvaldóv, Tschechische Republik):*

Am 26. Juli 1945 kamen plötzlich drei bewaffnete tschechische Soldaten und ein Polizist in meine Wohnung, und ich musste dieselbe binnen einer Stunde verlassen. Ich durfte gar nichts mitnehmen. Wir wurden auf einen Sammelplatz getrieben. (…) Unter starker Bewachung mussten wir (…) viele Stunden warten, gegen Abend wurden wir unter grässlichen Beschimpfungen und Peitschenschlägen aus dem Heimatort fortgeführt. (…)
Es wurde uns (…) nicht gesagt, was mit uns geschehen soll, bis wir am 2.8.45 zum Bahnhof mussten und auf offene Kohlenwagen (…) verladen wurden. Während der Fahrt regnete es in Strömen. (…) Die Kinder wurden krank und ich wusste mir vor Verzweiflung keinen Rat. Nach zwei Tagen wurden wir in Teschen [heute Ceský Těšín] ausgeladen. Wir waren hungrig und erschöpft und mussten in diesem Zustand den Weg bis zur Reichsgrenze zu Fuß antreten.

Q6 *Aus dem Verwaltungsbericht der Stadt Fulda für das Haushaltsjahr 1947:*

Von den 5636 Flüchtlingen sind 986 Familien mit Ernährer, 643 Familien ohne Ernährer und 932 Personen allein stehend. (…) Das enge Zusammenwohnen, der verschiedenartige landsmannschaftliche Charakter führen schon ohnehin, von allen anderen Schwierigkeiten abgesehen, zu Spannungen zwischen Alt- und Neubürgern. (…) Soweit Klagen von Flüchtlingen geltend gemacht wurden, hatten sie häufig folgende Beweggründe als Ursache: Hinausekeln des Zwangsmieters, Entzug von geliehenen Gegenständen, Verweigern der notwendigen Schlüssel, Sperrung von Kellern, Boden, Klosett und Waschküche.

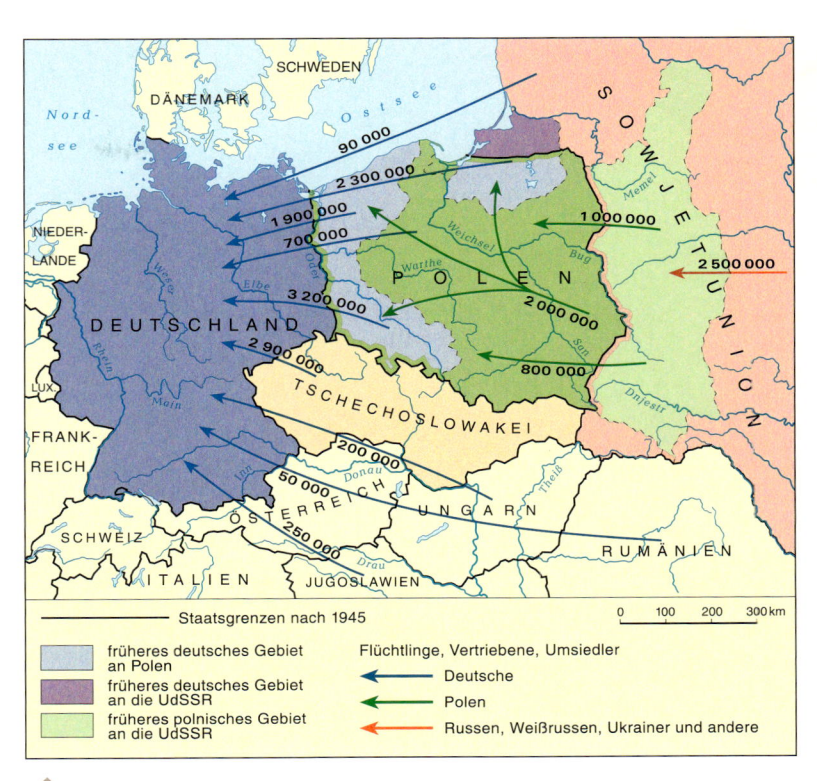

D1 *Flucht und Vertreibung in Europa nach dem Zweiten Weltkrieg (1945–1950)*

1 Versetze dich in die Rolle eines Bürgermeisters, der für die ankommenden Flüchtlinge Wohnraum sucht. Mit welchen Reaktionen der Einheimischen wird er sich auseinandersetzen müssen?
2 Schildere die wirtschaftliche und soziale Lage der Vertriebenen (VT, Q1, Q6).
3 Flucht und Vertreibung sind nicht nur das Schicksal der Deutschen. Begründe diese Aussage anhand des VT und der Karte (D1).

20 Leben in Trümmern

1 Frauen beseitigen Trümmer in Berlin (Foto, 1945).

Überleben in Trümmern
Für die deutsche Zivilbevölkerung ging der Kampf ums Überleben nach Kriegsende weiter. Die Not war überall sicht- und spürbar: Die meisten Städte lagen in Trümmern. Schätzungsweise ein Viertel des gesamten Wohnraums und fast die Hälfte der Eisenbahnstrecken, Straßen und Brücken waren zerstört. Zudem wurden die Städte fast völlig von der Lebensmittelversorgung abgeschnitten. Viele Industrie- und Produktionsanlagen waren zwar noch funktionstüchtig, aber es fehlten Energie und Rohstoffe.
Familien waren ausgebombt, entwurzelt und auseinandergerissen. Flüchtlinge irrten durch die Straßen und suchten nach Verwandten und Unterkunft. Überall herrschte Chaos und Mangel: Um jede Mahlzeit, um Kleidung, um ein Dach über dem Kopf, um Brennstoff und Wasser musste gekämpft werden. „Die Ordnung der Dinge hat aufgehört", schrieb eine Zeitzeugin in ihr Tagebuch.

Nach den Bomben kam der Hunger
1946 wurde die Bevölkerungszahl in Deutschland auf 66,5 Millionen geschätzt. Fast 4 Millionen Männer waren im Krieg gefallen und 12 Millionen befanden sich in Kriegsgefangenschaft. So stellten Frauen die große Mehrheit der Bevölkerung. Sie waren diejenigen, die die katastrophale Lebenssituation bewältigen mussten.
In den Städten war die Hälfte der Wohnungen zerstört, sodass alleinstehende Frauen mit ihren Kindern und Hinterbliebenen nicht selten Wohngemeinschaften auf kleinstem Raum bilden mussten. Das Allernötigste fehlte: Essen, Betten, Schuhe, warme Kleidung. Kinder mussten in den Trümmern auf Holzsuche gehen. Frauen sammelten heruntergefallene Kohlen von den Eisenbahnschienen und stahlen sie von den Waggons. Dennoch starben viele Menschen durch Unterkühlung und Unterernährung. Lebensmittel waren nach Beruf und Alter rationiert; der tägliche Kalorienwert der zugeteilten Lebensmittel war viel zu gering.

Erweiterte Hausarbeit
Auch die Hausarbeit wurde jetzt als „Überlebensarbeit" umfangreicher und mühsamer als je zuvor. Um Lebensmittel zu organisieren, mussten zumeist Frauen und Kinder stundenlang Schlange stehen; sie tauschten auf dem Schwarzmarkt ihre geretteten Besitztümer gegen Butter und Eier und organisierten „Hamsterfahrten" aufs Land. Auch war es schwierig und sehr zeitaufwändig, aus den wenigen vorhandenen Nahrungsmitteln wie Kartoffeln, Graupen oder Rüben eine halbwegs schmackhafte Mahlzeit herzustellen. Dennoch bekamen die Frauen als „nichtberufstätige Hausfrauen" von den Militärbehörden nur die Lebensmittelkarte V mit der niedrigsten Kalorienmenge. Nur wer Trümmer beseitigen half, bekam die Lebensmittelkarte I für schwere Arbeit und hatte damit Anspruch auf die doppelte Brot- und Fettmenge. In Berlin arbeiteten im Sommer 1945 schätzungsweise zwischen 40 000 und 60 000 Trümmerfrauen.

Q 2 *Erinnerungen eines Trümmerkindes:*
Als das Ausgehverbot aufgehoben wurde, räuberten wir auch in der Höhe, in den zerbombten Häuserresten. In Küchen und Küchenteilen zwischen den schwankenden, brüchigen Wänden sah man noch Kochtöpfe, Geschirr und sogar volle Einmachgläser. Wir Trümmerkinder wagten den gefährlichen Weg durch zerstörte Treppenhäuser und über die Reste der Deckenbalken. Jeder Schritt war begleitet von der Angst zu stürzen und unter Mörtel und Schutt umzukommen. Als einer von uns unter einer zusammenbrechenden Wand begraben wurde, haben wir zwar geschrien, aber den Mut, ihn auszugraben, hatten wir nicht.
Dann kam die Arbeit auf den Trümmerfeldern. Wie Tausende von Kindern meines Alters musste ich Steine klopfen. Auch in der Schule, wo wir jeden Tag eine Schulstunde für den Wiederaufbau unserer Lernanstalt opferten.

Q 3 *Eine Überlebensgemeinschaft in Berlin 1945: Helene (35 Jahre alt, ein Sohn), hat Karla, eine Flüchtlingsfrau aus Ostpreußen, mit ihren zwei Kindern in ihrer Wohnung aufgenommen:*
Karla und ick hatten uns die Arbeit eingeteilt. Wenn ick für die Essensbeschaffung zuständig war, musste sie Wasser holen. Dat hört sich nun nach gar nischt an, aber für
5 zwei Eimer Wasser musste se oft Stunden anstehn und dann waren ihre beiden Kinder immer bei Oma Polten. Also haben wir für die mitgesorgt und der wat mitgebracht und abends (…) sind Karla und ick los und
10 haben auf den Trümmern nach Baumaterial gesucht, denn wir sollten unsere Wohnung noch winterfest machen. (…)

Q 4 *Deutsche beim „Kohlenklau". Diesen Diebstahl nannte man auch „Fringsen", weil der Kölner Kardinal Frings 1946 gepredigt hatte, dass jeder Mensch, „was [er] zur Erhaltung seines Lebens und seiner Gesundheit notwendig hat", nehmen darf, „wenn er es durch seine Arbeit oder Bitten nicht erlangen kann".*

Der Hunger wurde so schlimm, dass [sie] ihre Wertgegenstände auf den Tisch packten, um sie auf dem Schwarzmarkt gegen
15 Lebensmittel zu tauschen. (…) Da sie sich auf diesem Sektor überhaupt nicht auskannten, war ihre Ausbeute mehr als dürftig: 100 g Butter, Möhren, Kaffee, Brot und Speck. Dafür hatten die beiden Frauen einen
20 goldnen Ring, ein Kleid und zwei Röcke verhökert. Von dem teuer erkauften Essen mussten drei Erwachsene und fünf Kinder einige Tage leben.
Der Winter 1945/46 wurde kalt, sehr kalt.
25 In Berlin starben 60 000 Menschen an Unterernährung oder durch Erfrierungen. Die Lebensmittelrationen für den Normalverbraucher wurden von 1500 auf 1000 Kalorien gekürzt. Fett und Eiweiß gab es nur
30 in winzigen Mengen. Im Frühjahr gab der Magistrat die öffentlichen Grünanlagen als landwirtschaftliche Nutzfläche frei.

D 1 *Tagesration ohne Sonderzulagen in der US-Zone.*

Zucker 16g · Fleisch 10g · Käse 4g · Nährmittel 32g · Kaffee-Ersatz 4g · Fett 5g · Brot 150g

1 Erkundigt euch bei Zeitzeuginnen und Zeitzeugen über Kriegszerstörungen in eurem Ort. Fragt nach, wie die Wohnsituation war und wie die Einheimischen Flüchtlingen begegneten.

2 Beschreibe in Stichworten die Ernährungssituation 1945 (VT).

3 Liste auf, was heute zur Hausarbeit gehört, und vergleiche mit der „erweiterten Hausarbeit" nach dem Krieg (VT, Q3).

4 Erkläre den Begriff „Trümmerfrauen" und „Trümmerkinder" (VT, Q1, Q2).

21 Erinnern an die Vergangenheit

Q1 *Befreites KZ Buchenwald.* Angehörige der US-Truppen zwingen Weimarer Bürger zum Besuch des befreiten Konzentrationslagers. Sie sollten mit eigenen Augen sehen, was im deutschen Namen geschehen war (Foto, 1945).

Unbequeme Fragen

Mit der Niederlage im Zweiten Weltkrieg war die Schreckensherrschaft des NS-Regimes beendet. Doch das Kapitel des Nationalsozialismus in Deutschland war damit nicht abgeschlossen. Fragen taten sich auf: Warum hatten die Deutschen solch ein Unrechtsregime in ihrem Land geduldet, ja sogar unterstützt? Warum hatten so viele die furchtbaren Menschenrechtsverletzungen, Terror und Völkermord tatenlos hingenommen? Nach dem Krieg scheuten die meisten Deutschen die Antwort auf solche Fragen. Sie wollten die NS-Diktatur möglichst schnell vergessen. Zu groß waren die Scham und das Entsetzen über die begangenen Verbrechen.

Bis heute ist der Prozess der Auseinandersetzung nicht abgeschlossen. Vielmehr stellt sich rund 60 Jahre nach Kriegsende die Frage, wie die Erinnerung an die Verbrechen der NS-Zeit erhalten werden kann. Unmittelbar nach Kriegsende wollten die Siegermächte die Deutschen zur Rechenschaft ziehen. In Nürnberg, dem Ort der NSDAP-Parteitage, führten die Alliierten gegen 22 Hauptverantwortliche der NS-Verbrechen die sogenannten „Nürnberger Prozesse". Zwölf der Angeklagten wurden zum Tode verurteilt, sieben erhielten Gefängnisstrafen, drei wurden freigesprochen.

Der größte Teil der Bevölkerung zeigte jedoch kaum Interesse an der Berichterstattung über die Gerichtsverhandlung. Die meisten wollten nicht an die NS-Zeit erinnert werden und versuchten, das Geschehene zu verdrängen. Zudem waren da die eigenen Probleme der Nachkriegszeit: Wiederaufbau, Flucht, Vertreibung, Hunger und Wohnungsnot. Der Kampf um die materielle Existenz überlagerte bei vielen eine tief gehende Auseinandersetzung mit dem Nationalsozialismus.

Die Vergangenheit kehrt zurück

Zu Beginn der 1960er-Jahre wurden die Deutschen jedoch mit aller Wucht von ihrer Vergangenheit eingeholt. 1961 hatte der israelische Geheimdienst einen der zentralen Organisatoren des NS-Völkermordes, Adolf Eichmann, in Südamerika aufgespürt. Eichmann wurde nach Israel gebracht und dort vor Gericht gestellt. Er wurde für schuldig befunden und zum Tode verurteilt. Den Deutschen aber wurde durch den Prozess noch einmal das schreckliche Ausmaß der nationalsozialistischen Gräueltaten vor Augen geführt.

Die nachgewachsene Generation begann nun, ihren Eltern Fragen nach deren Verhalten während der Hitler-Zeit zu stellen. Auch Politik und Justiz mussten sich rechtfertigen. Etliche Politiker und Juristen aus der NS-Zeit bekleideten weiterhin hohe Ämter. Diskussionen um den „richtigen" Umgang mit der Zeit des Nationalsozialismus setzten ebenso ein, wie Debatten über die Frage, ob man unter die NS-Vergangenheit nicht besser einen Schlussstrich ziehen solle. Im Bundestag wurde 1965 diskutiert, ob 20 Jahre nach Kriegsende Verbrechen der NS-Diktatur verjähren sollten oder nicht.

Gedenken – aber wie?

Bis heute wird über die Auseinandersetzung mit der Vergangenheit gestritten. Dabei geht es auch um die Frage des angemessenen Gedenkens der Opfer. 1996 erklärte der damalige Bundespräsident Roman Herzog den 27. Januar zum Tag des Gedenkens an die Opfer des Nationalsozialismus. An diesem Tag hatten 1945 sowjetische Truppen das Konzentrations- und Vernichtungslager Auschwitz befreit. 1999 entschied der Bundestag, in Berlin ein Mahnmal für die Opfer des Holocaust zu errichten. Die Debatte, die dieser Entscheidung vorausging, hatte mehr als zehn Jahre gedauert. Sie zeigt, wie schwierig für die Deutschen nach wie vor das Thema der Auseinandersetzung mit ihrer NS-Vergangenheit ist. Im Mai 2005, also 60 Jahre nach dem Ende der Nazi-Herrschaft, wurde das Mahnmal offiziell eingeweiht.

Gefahr von rechts?

Schon lange vor der Einweihung des Mahnmals wurden Stimmen laut, die eine Beschädigung des Denkmals durch Rechtsextremisten befürchteten. Nach wie vor gibt es in Deutschland rechtsradikale Gruppen und Parteien, die ähnliche Ziele wie die Nationalsozialisten verfolgen. Rassismus, Ablehnung der Demokratie, hohe Gewaltbereitschaft, ein überzogener Nationalismus und ausgeprägte Ausländerfeindlichkeit kennzeichnen die Einstellung der Neonazis. Manche von ihnen leugnen sogar, dass es einen Holocaust gegeben hat. Auch wenn es nach dem Kriegsende nie einer rechtsextremen Partei gelungen ist, in der Bundespolitik Fuß zu fassen, konnten sie bei manchen Landtagswahlen die 5-Prozent-Hürde überspringen.

Seit ein paar Jahren versuchen die Neonazis verstärkt, Nachwuchs unter Jugendlichen zu ködern. Im Jahre 2004 starteten sie eine Aktion vor deutschen Schulen. Kostenlos verteilten die Rechtsextremen Musik-CDs, um auch unpolitische Jugendliche „einzufangen". Die menschenverachten-den Texte predigen Hass und Gewalt und schimpfen auf eine angeblich „antideutsche Geschichtsschreibung".

Q2 *Anklagebank des Nürnberger Kriegsverbrecherprozesses 1945/46. V. l. n. r. vorn: Hermann Göring, Rudolf Heß, Joachim von Ribbentrop, Wilhelm Keitel. Hinten: Karl Dönitz, Erich Raeder, Baldur von Schirach, Fritz Sauckel. – Informiere dich über die Rolle der Angeklagten im NS-Regime.*

TIPP
… zum Nachschlagen: „Das Personenlexikon zum Dritten Reich. Wer war was vor und nach 1945" (Ernst Klee, Fischer Taschenbuch Verlag, 2005)

◆4 *Der CDU-Bundestagsabgeordnete Ernst Benda in der Bundestagsdebatte über die Verjährung von NS-Morden am 10. März 1965:*
Ich komme zum Schluss mit einem anspruchsvollen Wort, das mir ein Kollege gesagt hat, (…) der (…) einer völlig anderen Meinung ist als ich. Er hat mir gegen-
5 über gemeint, man müsse um der Ehre der Nation willen mit diesen Prozessen Schluss machen. Meine Damen und Herren, Ehre der Nation hier ist für mich einer der letzten Gründe, warum ich meine, dass wir hier die
10 Verjährungsfrist verlängern bzw. aufheben müssten. [Beifall bei der SPD und der CDU/CSU.]
Ich stimme völlig denen zu, die sagen (…), dass es natürlich ein Irrtum wäre, wenn wir
15 meinten, wir könnten das, was in unserem Lande und unserem Volke geschehen ist, dadurch erledigen, dass wir stellvertretend, sozusagen symbolisch, einige ins Zuchthaus schicken und dann meinen, nun sind
20 wir fein heraus. (…) Aber ich bestehe darauf und es gehört für mich zum Begriff der Ehre der Nation, zu sagen, dass dieses deutsche Volk doch kein Volk von Mördern ist und dass es diesem Volke doch erlaubt sein
25 muss, ja dass es um seiner willen dessen bedarf, dass es mit diesen Mördern nicht identifiziert wird, sondern von diesen Mördern befreit wird, dass es, besser gesagt, deutlicher gesagt, sich selber von diesen
30 Mördern befreien kann. (…)
Und es gibt (…) dieses Wort an dem Mahnmal in Jerusalem für die sechs Millionen ermordeten Juden (…): Das Vergessenwollen verlängert das Exil und das Geheimnis der
35 Erlösung heißt Erinnerung.

◆5 *Bundeskanzler Gerhard Schröder äußerte sich im Jahr 2005:*
Die Erinnerung an die Verbrechen des Nationalsozialismus ist eine bleibende Verpflichtung. Denn nur wer sich erinnert, auch wenn er keine Schuld auf sich geladen
5 hat, kann verantwortungsbewusst mit der Geschichte umgehen.
Auch wenn Erinnerung anstrengend ist, wir dürfen der Versuchung zum Vergessen oder zum Verdrängen nicht nachgeben. Vergan-
10 genheit können wir weder ungeschehen machen noch „bewältigen". Aber aus der Geschichte lernen können wir: Antisemitismus, Rassismus und Fremdenfeindlichkeit dürfen nie wieder eine Chance haben in
15 Deutschland.

◆3 *Das Holocaust-Mahnmal in unmittelbarer Nähe des Reichstagsgebäudes in Berlin. Das Mahnmal ist begehbar und besteht aus 2700 Betonstelen. Dazu gehört ein unterirdischer „Ort der Informationen".*

6 *Paul Spiegel, der Vorsitzende des Zentralrats der Juden in Deutschland, sagte zur Verantwortung der Deutschen im Jahr 2005:*

Es kann keine Rede davon sein, dass Menschen, die während des Holocaust oder danach geboren sind, mit irgendeiner Schuld in Zusammenhang stehen. Aber dieser Personenkreis trägt dennoch eine Verantwortung. Nicht für die Vergangenheit und für das, was damals geschehen ist. Diese Menschen tragen Verantwortung für die Gegenwart und die Zukunft. Denn ohne die Kenntnisse dessen, was gewesen ist, kann es eine verantwortungsbewusste Zukunft nicht geben.

7 *Hajo Funke, Professor für Politik und Kultur, zu der rechtsextremen Partei NPD:*

Die NPD ist eine lange Zeit unterschätzte, braune Gefahr gewesen. Man hat nicht mal geglaubt, dass sie eine neonazistische Partei ist. Erst mit dem Erfolg im Jahre 2004 im Landtag von Sachsen ist man aufgeschreckt. 200 000 Menschen haben der Partei ihre Stimme gegeben. In den Hochburgen der NPD entsteht geradezu ein Klima der Angst: Gewaltbereite, rechte Jugendliche bedrohen dort ausländische Mitbürger sowie die, die eine andere politische Einstellung haben. Problematisch ist vor allem, dass die NPD die Perspektivlosigkeit vieler junger Menschen ausnutzt – und so in den Jugendkulturen Fuß fassen konnte.

8 *In dem Buch „Was bleibt von der Vergangenheit?" schildert die 17-jährige Sue eine Begegnung mit zwei Neonazis in der S-Bahn:*

Mit einem lauten Plauz lassen sie die S-Bahntüren auseinanderkrachen, senden starre giftige Blicke in die Gegend und beginnen, den Gang entlangzuschreiten. Ihre Schuhe krachen Viervierteltakt auf den Boden. Niemandem blicken sie wirklich ins Gesicht. (…) Sie setzen sich mir gegenüber. Der Größere mit der grünen Jacke stößt sein Knie unwirsch an meinem, und es knistert in der Luft. (…) „Na … Zecke!", zischt er leise und lässt mich zusammenzucken. Ich denke an den unsicheren, gebrochenen Blick; er weiß von meiner Angst. (…) „Hi", sage ich und lächle. „Haste was zu melden?" (…) „Das heißt nicht ‚Hi', das heißt ‚Heil'. Oder haste da mal irgendwo nicht aufgepasst?" (…) Wo soll ich denn nicht aufgepasst haben? Ich glaube, der irrt sich in der Zeit. (…)

Einfach wäre es, jetzt „Heil Hitler" zu sagen und dann in Ruhe gelassen zu werden. Aber nein, einfach wäre es keineswegs; ich würde mich mies fühlen und mir ins Gesicht spucken wollen. Sie sind kräftig, gefährlich und im Unrecht, aber ich sehe es nicht ein, wegen ihnen einem Diktator Heil zu wünschen, der Millionen von Menschen auf dem Gewissen hat. (…) Ich will nicht aufgeben, will protestieren. Der Protest und der Widerstand gegen neue nationalsozialistische Strukturen – ist das nicht alles, was meine Generation leisten kann? (…) Andere setzen Mahnmale und bauen Gedenkstätten, und ich … ja, ich weigere mich halt, „Heil Hitler" zu grüßen. Der vielleicht dümmste Widerstand auf Erden, aber es geht nicht anders. (…) Es steht nicht in meiner Macht, glatzköpfige Idioten zu ändern, natürlich nicht. Aber ich kann ihnen so wenig Macht wie möglich zugestehen und ihnen einfach nicht nachgeben. Verdammt noch mal, nicht den Kopf in die Zeitung stecken, sondern ihnen kühn in die Augen sehen!

9 *Neonazis vor dem Brandenburger Tor* (Foto, Januar 2000)

1 Überlegt und diskutiert, warum die nationalsozialistische „Vergangenheit" oft verdrängt wird.

2 Lies Q4. Will Ernst Benda, dass die NS-Verbrechen verjähren sollen? Wie ist deine Meinung dazu?

3 „Ist es richtig, am Denkmal für die ermordeten Juden Europas ein Richtfest zu feiern?", fragte eine Berliner Senatorin anlässlich einer offiziellen Feier. Was meinst du?

4 Welcher Meinung zum Umgang mit der NS-Vergangenheit (Q5, Q6) kannst du dich anschließen? Erkläre, warum.

5 Diskutiert das Verhalten von Sue in Q8. Was würdet ihr in einer solchen Situation tun?

Benito Mussolini
italienischer Ministerpräsident (1883–1945)

Josef Stalin
sowjetischer Generalsekretär des Zentralkomitees der KPdSU (1879–1953)

Adolf Hitler
Reichskanzler (1889–1945)

Joseph Goebbels
Reichspropagandaminister (1897–1945)

Heinrich Himmler
Reichsführer der SS (1900–1945)

Claus Graf Schenk von Stauffenberg
Offizier, Widerstandskämpfer (1907–1944)

Geschwister Sophie und Hans Scholl
Studenten, Widerstandskämpfer (1921–1943 und 1918–1943)

22 Abschluss
Totalitäre Diktaturen in Europa und der Zweite Weltkrieg

Extreme politische Wege: Faschismus und Stalinismus

Nach dem Ersten Weltkrieg waren in vielen europäischen Staaten Demokratien errichtet worden; ihnen fehlte es aber an Rückhalt in der Bevölkerung, da viele über den Kriegsausgang enttäuscht waren und die Monarchie zurückwünschten. Auch gab es wirtschaftliche Probleme und soziale Unruhen. Extreme Parteien boten hierfür „einfache" Lösungen an, zudem brachten sie gegnerische Stimmen mit Gewalt- und Terroraktionen zum Schweigen. In den 1920er- und 1930er-Jahren gelangten so in vielen Ländern extreme Parteien und ihre „Führer" an die Macht, die rasch eine Diktatur aufbauten.

In Italien waren es die „Fascisti" unter Mussolini, in Spanien putschte General Franco gemeinsam mit der „Falange" und in Deutschland übernahm 1933 Adolf Hitler mit der NSDAP die Macht.

Die Sowjetunion hatte sich anders entwickelt. Seit dem Bürgerkrieg 1917 herrschten hier die Kommunisten, zuerst unter Lenin und ab 1924 unter Josef Stalin. Dieser errichtete eine Diktatur und ging mit Gewalt und Terror gegen politische Gegner und Andersdenkende vor: Sie wurden verhaftet, ermordet oder in entlegene Arbeitslager deportiert. Doch auch die übrige Bevölkerung hatte unter Stalin zu leiden, denn er trieb den wirtschaftlichen Aufbau der Sowjetunion rücksichtslos und mit hohem Tempo voran.

„Du bist nichts, dein Volk ist alles"

Nachdem Hitler durch das Ermächtigungsgesetz eine Diktatur errichtet hatte, regierte die NSDAP mit brutaler Gewalt. Politische Gegner wurden in Schutzhaft genommen und in Konzentrationslager gesperrt. Darüber hinaus setzte Hitler die NS-Ideologie mit aller Härte um: Jüdische Bürger in Deutschland wurden entrechtet, bedroht und verfolgt. Viele Familien verließen deshalb ihre Heimat und wanderten in die Nachbarländer, nach Großbritannien, in die USA oder nach Palästina aus. Der Terror traf auch noch weitere Gruppen: Behinderte, Sinti und Roma, Homosexuelle und andere angeblich „Minderwertige" sollten aus dem „Volkskörper" entfernt werden. Diese Menschen wurden ebenfalls verfolgt und in Arbeits- oder Konzentrationslagern ermordet.

Durch ihre Propaganda schafften es die Nationalsozialisten, die Mehrheit der Deutschen für sich zu gewinnen. Viele fühlten sich von der NS-Ideologie angesprochen und stimmten dem Vorgehen der NSDAP zu. Nur wenige wagten es, eine abweichende Meinung zu äußern, Verfolgten zu helfen oder Widerstand zu leisten.

Weltkrieg – Vernichtungskrieg – totaler Krieg

Mit dem Überfall auf Polen im Herbst 1939 begann Deutschland den Zweiten Weltkrieg. Dieser wurde wegen der Verbrechen von NSDAP, SS und Wehrmacht gegen die Menschen in Osteuropa zu einem Vernichtungskrieg. Zudem errichtete das NS-Regime eine grausame Maschinerie zur Ermordung der europäischen Juden: 3 Millionen Menschen verloren allein in den deutschen Vernichtungslagern ihr Leben.

1944 gelang den Alliierten die entscheidende Offensive gegen die deutschen Truppen. Sie errichteten in der Normandie die dringend benötigte zweite Front; von Osten rückte die sowjetische Rote Armee vor. Im Mai 1945 kapitulierte Deutschland, im August schließlich Japan.

■ **1933**
Die Nationalsozialisten übernehmen die Macht.

■ **1938**
In der Pogromnacht werden jüdische Bürger misshandelt, terrorisiert und ermordet.

■ **1939**
Mit dem Einmarsch in Polen löst Deutschland den Zweiten Weltkrieg aus.

Die Bilanz von zwölf Jahren

Erst nach dem Krieg wurde das Ausmaß von zwölf Jahren nationalsozialistischer Diktatur deutlich. Die Weltöffentlichkeit war schockiert, und auch viele Deutsche sahen nun, was sie mit ihrer Zustimmung oder ihrem Schweigen mitverschuldet hatten. Doch noch immer leugneten viele Deutsche diese Tatsachen. Für viele stand aber auch im Vordergrund, in den Trümmern und trotz Hunger und Mangel zu überleben.

Die Siegermächte begannen zwar, die Verbrechen zu dokumentieren und die Täter vor Gericht zu stellen. Doch eine Auseinandersetzung mit der NS-Zeit und eine breite öffentliche Diskussion begann in Deutschland erst Ende der 1960er-Jahre.

Einen Steckbrief erstellen

Mussolini, Stalin und Hitler – drei Diktatoren des 20. Jahrhunderts. Erstelle aus den folgenden Sätzen in deinem Heft drei Steckbriefe, einige Aussagen kannst du dabei mehrmals verwenden. Vergleicht zum Schluss die drei Männer miteinander.

Benito Mussolini **Josef Stalin** **Adolf Hitler**

- Er beherrschte Staat und Gesellschaft bis ins Leben des Einzelnen.
- Er unterdrückte und ermordete Andersdenkende und politische Gegner.
- Er ließ seine Gegner in Straflager sperren und bei Zwangsarbeit sterben.
- Er ließ Millionen von Menschen systematisch in Vernichtungslagern töten.
- Er begann den Zweiten Weltkrieg.
- Er verlor den Zweiten Weltkrieg.
- Er brachte millionenfachen Tod über die Bevölkerung seines Landes.
- Er tötete sich am Ende des Krieges selbst.
- Er siegte im Zweiten Weltkrieg.
- Er ließ sich als Führer seines Volkes verehren.

A-Z

Erkläre diese Grundwissenbegriffe:

Stalinismus (S. 130)
Antisemitismus (S. 137)
Machtergreifung (S. 138)
SA (S. 138)
Nationalsozialismus (S. 139)
Nationalsozialistische Diktatur (S. 140)
Führerprinzip (S. 142)
SS (S. 142)
Gleichschaltung (S. 142)
Propaganda (S. 144)
NS-Terror (S. 152)
Konzentrationslager (KZ) (S. 152)
Reichspogromnacht (S. 156)
Zweiter Weltkrieg (S. 162)
Holocaust/Shoa (S. 164)
Auschwitz (S. 165)
Widerstand (S. 173)
„totaler Krieg" (S. 178)
Kapitulation (S. 179)

■ **1941** Beginn des Völkermords, Deportationen von Juden in Vernichtungslager

■ **1944** Invasion der Alliierten in der Normandie; die zweite Front ist eröffnet.

■ **1945** Kapitulation: Ende des Zweiten Weltkriegs

Wiederholen – vertiefen – verknüpfen

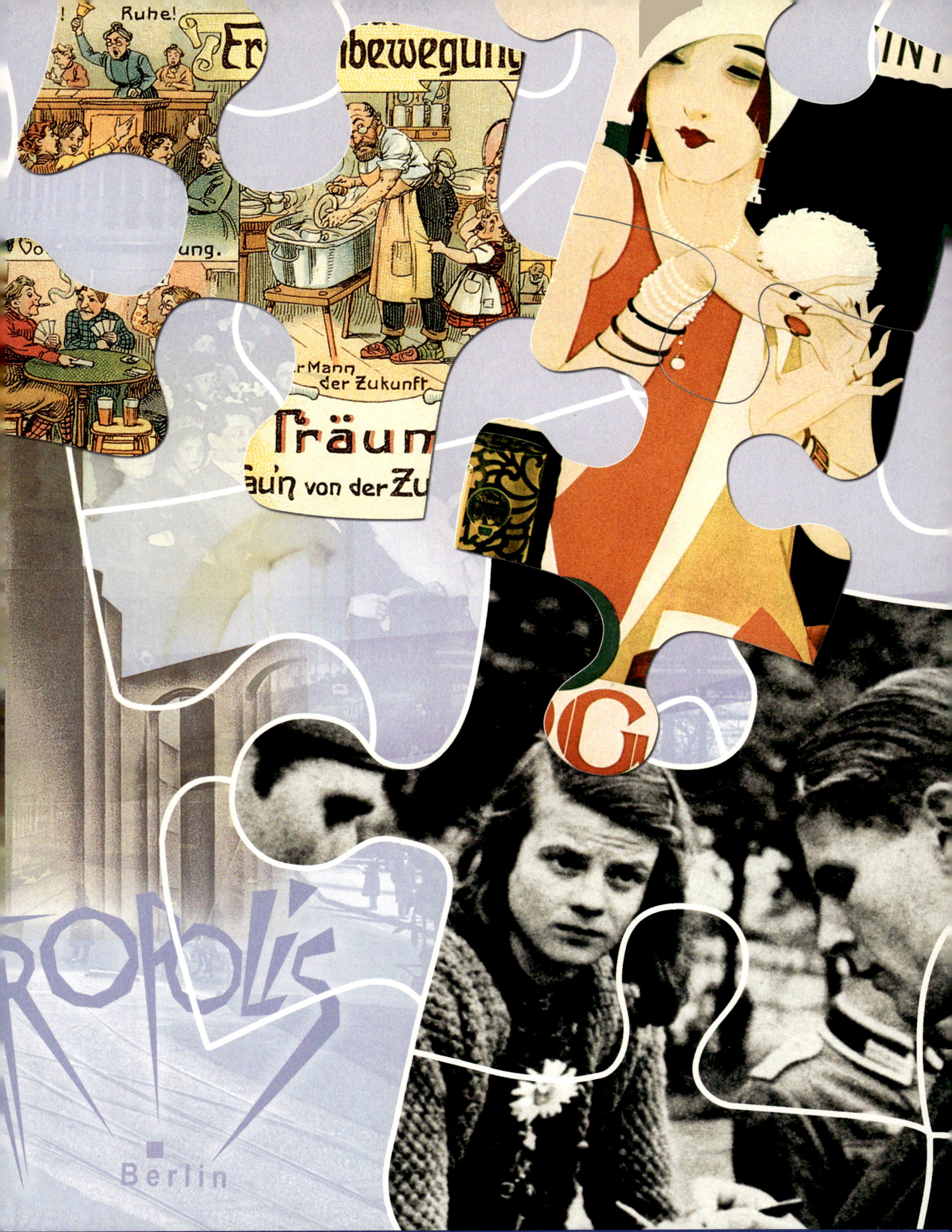
Ruhe!
der Zukunft
von der
Berlin

1 Frauen fordern mehr Rechte

Frauenbewegung
Mitte des 19. Jahrhunderts schlossen sich in einigen europäischen Staaten Frauen zusammen, um für ihre politische, rechtliche und gesellschaftliche Gleichstellung zu kämpfen. In Deutschland gründete Luise Otto-Peters 1865 den Allgemeinen Deutschen Frauenverein, auf den zahlreiche weitere sozialistische, bürgerliche und kirchliche Vereine folgten.

Frauen fordern Rechte ein
Am 19. März 1911 fand auf Initiative von Clara Zetkin, der führenden Vertreterin der proletarischen Frauenbewegung, der erste Internationale Frauentag statt. Millionen von Frauen in Dänemark, Deutschland, Österreich, der Schweiz und den USA forderten öffentlich neue Arbeitsgesetze: den Achtstundenarbeitstag, gleichen Lohn für gleiche Arbeit, ausreichenden Mutter- und Kinderschutz, festgeschriebene Mindestlöhne sowie ein Wahl- und Stimmrecht für Frauen.

Frauen in den Fabriken
Viele Frauen waren gezwungen, in den Fabriken zu arbeiten, denn der Verdienst der Männer reichte häufig nicht aus, um die Familien zu ernähren. Allerdings war es nicht einfach, einen Arbeitsplatz zu finden. Auch lagen ihre Löhne fast immer erheblich unter denen der Männer, obwohl sie „an der Seite des Mannes, an den gleichen Maschinen standen und gleiche Produkte fertigten", wie eine Weberin schrieb. Die Frauen und Mädchen arbeiteten 11 bis 14 Stunden am Tag. Verheiratete Frauen mussten zudem für die Kinder und den Haushalt sorgen. Starb der Mann, geriet die Familie trotz Fabrik- oder Heimarbeit in Armut.

Viele Arbeiterinnen schlossen sich deshalb der proletarischen Frauenbewegung an, um so gemeinsam für ihre Rechte zu kämpfen.

Die bürgerliche Frauenbewegung
1865 wurde auf der ersten Frauenkonferenz Deutschlands der „Allgemeine Deutsche Frauenverein" gegründet. Zur Vorsitzenden wählten die Teilnehmerinnen Luise Otto-Peters, die sich schon in der Zeit von 1848/49 für die Rechte der Frauen eingesetzt hatte. Die Mitglieder des Frauenvereins setzten sich besonders dafür ein, dass Mädchen und Frauen aus der Mittelschicht die gleichen Bildungs- und Berufschancen wie die Männer erhielten. So war es bisher Mädchen und jungen Frauen nicht erlaubt, das Gymnasium oder die Universität zu besuchen – angeblich, weil Frauen weniger begabt waren als Männer. So behaupteten es jedenfalls Gelehrte seit Jahrzehnten.

Sollen Frauen wählen?
In den 70er-Jahren des 19. Jahrhunderts forderten immer mehr Frauen ihr Stimmrecht. Mit Demonstrationen versuchten sie, öffentliches Aufsehen zu erregen und so auf ihr Anliegen aufmerksam zu machen. Bereits 1869 hatte August Bebel für das Frauenstimmrecht gesprochen, aber erst 1891 wurde es in das Parteiprogramm der SPD aufgenommen.

Am 12. November 1918 wurde dann das Frauenwahlrecht in der Verfassung der Weimarer Republik festgeschrieben. Marie Juchacz, die als erste gewählte Frau in einem deutschen Parlament sprach, sagte 1919 dazu: „Was die Regierung getan hat, war eine Selbstverständlichkeit. Sie hat den Frauen gegeben, was ihnen bis dahin zu Unrecht vorenthalten worden ist."

1 links: *Luise Otto-Peters* (1819–1895; Holzstich, 1892) schrieb als Publizistin unter dem Pseudonym Otto Stern. 1849/50 gab sie die „Frauenzeitung für höhere weibliche Interessen" heraus, 1861 gründete sie mit ihrem Mann die „Mitteldeutsche Volkszeitung".
rechts: *Clara Zetkin* (1857–1933; Foto, 1912) leitete 1891–1916 die sozialdemokratische Frauenzeitschrift „Die Gleichheit". 1919 schloss sie sich der KPD an, die sie von 1919 bis 1933 im Reichstag vertrat.

2 „Zur Frauenbewegung" (Postkarte, um 1900)

3 *In Paragraf 8 des Preußischen Vereinsgesetzes vom 11. März 1850, das bis 1908 gültig war, heißt es:*
Für Vereine, welche bezwecken, politische Gegenstände in Versammlungen zu erörtern, gelten nachstehende Bedingungen:
Sie dürfen keine Frauenspersonen, Schüler,
5 Lehrlinge als Mitglieder aufnehmen. Frauenspersonen, Schüler und Lehrlinge dürfen den Versammlungen und Sitzungen solcher politischen Vereine nicht beiwohnen. Werden dieselben auf Aufforderung nicht ent-
10 fernt, so ist Grund zur Auflösung der Versammlung oder der Sitzung vorhanden.

4 *Der „Ratgeber für den Guten Ton" war um die Jahrhundertwende weit verbreitet. Er wollte Hinweise für die rechte Lebensführung geben:*
Treten Differenzen mit dem Manne ein, wie sie auch wohl in der besten Ehe nicht ausbleiben, so suche die Frau sich vor allen Dingen zu beherrschen und dem Gatten unterzuordnen. (…) Ja das Haus ist der
5 Frau eigentlicher Wirkungskreis, ihr von der Natur bestimmt, denn Frau und Mutter zu sein ist des Weibes naturgemäße Bestimmung.

5 *Diesen Bericht einer Fabrikarbeiterin druckte eine Zeitung im Jahre 1909:*
Wenn der Morgen grau heraufdämmert, so eilen wir (…) mit unseren kleinen Kindern in Scharen durch die Gassen, um die Kleinen tagsüber unterzubringen. (…) Sind die
5 Kinder versorgt, so laufen die Mütter hastig zur Fabrik, um an surrenden Maschinen ein Stück Brot zu verdienen. (…) Um ½ 12 Uhr mittags geht es im Laufschritt (…) nach Hause, um das berühmte Proletarieressen,
10 Kartoffeln und Hering, zu richten. (…) Um 1 Uhr geht es dann wieder im Trab in die Fabrik, wo wir müde und gehetzt bis halb 6 oder halb 7 schanzen. (…) Sobald wir gegessen haben und die Kinder zu Bett
15 gebracht sind, beginnt für uns Frauen die Quälerei von neuem. (…) Wir hasten an den Bach, um zu waschen. Gar manchmal wird es 12 Uhr und noch später, bis wir damit fertig sind.

1 Beschreibe die einzelnen Bilder der Postkarte (Q2). Welche Meinung zur Frauenbewegung wird ersichtlich?
2 Benenne die Widerstände, gegen die sich die Frauen durchsetzen mussten (VT, Q3–Q5).
3 Nenne die Ziele der Frauenbewegung (VT, Q5).
4 Informiere dich über den heutigen Weltfrauentag der Vereinten Nationen.

2 Fortschritt in Industrie und Wissenschaft

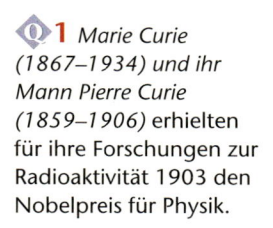

Q1 *Marie Curie (1867–1934) und ihr Mann Pierre Curie (1859–1906)* erhielten für ihre Forschungen zur Radioaktivität 1903 den Nobelpreis für Physik.

Kernphysik
Ein Teilbereich der Physik, der sich mit dem Aufbau der Atome befasst. Die Forschungen der Kernphysik führten von den Untersuchungen der Radioaktivität u. a. zur Entdeckung der Möglichkeit der Kernspaltung.

Aufbruch in Technik und Wissenschaft
Seit dem Ende des 19. Jahrhunderts veränderte sich die Welt rasant. Bahnbrechende Erfindungen und Entdeckungen in Technik, Naturwissenschaft und Medizin wurden in Europa und Amerika gemacht: 1885 bauten Gottfried Daimler und Carl Benz unabhängig voneinander die ersten Automobile, und die Gebrüder Wright starteten 1903 ihre ersten Flugversuche mit einem motorisierten Flugzeug.

Das Ehepaar Marie und Pierre Curie erhielt 1903 einen Nobelpreis für ihre Entdeckungen im Bereich der Atom- und Kernphysik, und Physiker wie Albert Einstein, Max Planck und Niels Bohr revolutionierten mit ihren Theorien unsere Vorstellungen der Atome und des Universums.

Zur gleichen Zeit wurden die Grundlagen der Medizin durch spektakuläre Entdeckungen neu gelegt. Mediziner wie Robert Koch und der Brite Alexander Fleming endeckten Bakterien als Erreger zahlreicher Krankheiten und entwickelten neue Heilmittel wie das Penicillin.

Arbeit im Akkord
In der Wirtschaft hießen die beiden großen Schlagworte Rationalisierung und Konzentration. Einzelne Firmen schlossen sich zu Großunternehmen zusammen und begannen ihre Produktion zu rationalisieren. Die Massenproduktion ermöglichte es, Waren billiger herzustellen und günstiger zu verkaufen. Allerdings gerieten so die kleinen und mittleren Betriebe und Geschäfte in finanzielle Schwierigkeiten, weil sie mit den preiswerteren Angeboten der großen Konkurrenten nicht mithalten konnten.

Als in der Automobilindustrie das Fließband eingeführt wurde, brach die Ära der modernen Massenfertigung an. In den USA gab es die Fließbandarbeit bereits seit 1914 – die Firma Ford in Detroit hatte damit begonnen. Bald wurden auch andere Industriezweige mit modernen Maschinen ausgestattet und rationalisiert. Die Arbeiter erhielten nun Akkordlohn, d. h. sie wurden nach geschaffter Stückzahl und nicht mehr nach Arbeitsstunden bezahlt.

Zeitalter des Automobils und der Luftfahrt
Für die Industriebetriebe war es zum einen wichtig, dass sie ihre Rohstoffe und Einzelteile schnell und reibungslos erhielten. Zum anderen mussten sie ihre Waren zum Verkauf auch in weiter entfernte Städte und Regionen liefern können. Deshalb wurden die Schienennetze der Bahn sowie die Autostraßen ausgebaut und der Mittellandkanal quer durch Deutschland gezogen. Daneben fuhren auch immer mehr Menschen privat mit dem Auto, sodass der Straßenverkehr zunahm.

Auch die Luftfahrt erlebte einen großen Aufschwung: 1926 wurde die Lufthansa gegründet, ein Jahr später überquerte der Amerikaner Charles Lindbergh als Erster den Atlantik im Alleinflug, und ab 1928 beförderten Zeppeline Passagiere nach Nord- und Südamerika. Auf den Weltmeeren verkehrten große Ozeandampfer wie die „Bremen" und ihr Schwesterschiff „Europa". Sie waren die schnellsten und modernsten Passagierschiffe ihrer Zeit.

Q 2 *Tempo, Tempo! Die neuen Arbeitsmethoden aus der Sicht eines Fabrikarbeiters (1924):*
Der Kalkulator hat's mir angetan. Der Mann, der die Zeit beherrscht. Der für uns die Minuten macht, die für den Betrieb zu Dividenden werden. Dieser kleine Mann mit
5 den funkelnden Brillengläsern, der immer im Hintergrund lebt, brütet unter seiner Glatze das Tempo des Arbeitsganges aus, die Geschwindigkeit des laufenden Bandes. (…)
10 Acht Stunden geht das so. Dreiundzwanzig Nieten in die Bleche – weiter – weiter, die Rotoren rollen in den Lötraum. Im Staub, Gestank und Getöse stehen wir. Männer hinter Frauen, Frauen hinter Männern. Alte,
15 Junge – Augen brennen, müde vor Erregung. Zähne malmen aufeinander. Fäuste packen fester die Hebel, das Werkzeug. Vor mir knallen die Stanzen. Neben mir singen die Schleifmaschinen. Und dort hinter der
20 Presse glaubt sich unbeobachtet – mein Kalkulator. (…)
Ein Groll fliegt von mir zu ihm gegen seine haarlose Hirndecke. Ich nehme mir vor, mich nicht mehr um ihn zu kümmern. Doch
25 er kommt immer wieder, bei der Arbeit, in der Pause. Sei es nun leiblich oder visionär: Er ist da. Ich esse ihn mit jedem Happen Brot auf. So viel ich auch seine Anwesenheit aus meinem Hirn zu radieren suche: Er ist
30 da mit Rechenschieber und Stoppuhr, bestimmt meine Existenz.

Q 4 *Werbeplakat der Lufthansa. Die Firmen Aero Lloyd und Junkers Luftverkehr schlossen sich 1926 zur Deutschen Lufthansa AG zusammen.*

Q 3 *Fließbandarbeit bei der Autofirma Hanomag in Hannover-Linden (Foto, um 1925)*

1 Informiere dich über die Entdeckung der Radioaktivität und beschreibe ihre Folgen.

2 Versetze dich in die Lage einer Arbeiterin bzw. eines Arbeiters am Fließband und erzähle von deinem Arbeitsplatz, der Fabrikhalle, deiner Tätigkeit und den Arbeitsbedingungen (Q2, Q3). Überlege auch, wie du dich wohl abends fühlst.

3 Zeige auf, wie sich das Verkehrswesen entwickelte (VT, Q5). Welche Möglichkeiten entstanden dadurch?

3 Auf dem Weg in die Massengesellschaft

Q 1 *Kinopaläste* wie hier das Berliner Union-Filmtheater wurden in den 1920er-Jahren zu Orten der Träume und des Vergnügens breiter Schichten der Bevölkerung (Foto, 1912).

Kommunikationstechnik umfasst die technischen Möglichkeiten, über elektrische Impulse beim Telefon und Radiowellen beim Rundfunk Sprache zu übermitteln. Als Mittel der Massenkommunikation erreichten Radiosendungen weite Teile der Bevölkerung und dienten oft zur staatlichen Propaganda.

Rundfunk, Kino, Illustrierte

Am 29. Oktober 1923 ging in Berlin die erste deutsche Radiostation auf Sendung. Unterhaltung mit Musik und Nachrichten standen im Mittelpunkt des Programms. Die Menschen waren von diesem neuen Medium begeistert. Gab es zunächst nur rund 500 angemeldete Radiogeräte in ganz Deutschland, waren es Ende der 1920er-Jahre bereits über zwei Millionen.

Zu den besonderen Freizeitangeboten gehörte das Kino. Der Film, seit 1919 mit eigenem Ton, war zu einem beliebten Vergnügen geworden. Tausende strömten abends in die neu gebauten Filmpaläste. In dieser Zeit wurden in Deutschland außerordentlich viele Filme produziert, die Weltniveau besaßen. Filme wie „Der blaue Engel" und „Metropolis" wurden zu Meilensteinen der Filmkunst und ihre Hauptdarsteller weltberühmt.

Fotos von den Filmstars erschienen in Zeitungen und Illustrierten, die zahlreich gekauft wurden. Aber auch Fachzeitschriften und Taschenromane waren sehr beliebt, vor allem bei jungen Angestellten und Sekretärinnen.

Auch das eigene Fotografieren wurde zu einem verbreiteten Hobby. Die Fotoindustrie hatte im Zuge der Massenproduktion neue und preisgünstige Apparate entwickelt, die handlich und leicht zu bedienen waren.

Sport

Für den Sport begeisterten sich ebenfalls Millionen Menschen. Massenzulauf hatten vor allem Boxkämpfe, Radrennen und Fußballspiele. 1927 wurde vor den Augen von zehntausenden Zuschauern das erste Autorennen auf dem Nürburgring ausgetragen, und 1928 nahm dann erstmals seit dem Krieg wieder eine deutsche Mannschaft an den Olympischen Spielen teil. Viele Menschen fieberten vor den Radiogeräten mit „ihren" Sportlern in Amsterdam mit.

Werbung und Konsum

In den Kaufhäusern und Geschäften bot sich den Menschen eine Fülle von preisgünstigen und neuartigen Waren: modische Kleidung, Kosmetikartikel, Modeschmuck, Zigaretten und vieles andere. Um die Kundschaft zum Kauf zu „verführen", warben die Hersteller wie auch die Kaufhäuser mit bunten Plakaten und Anzeigen für ihre Angebote.

Freizeit für alle

Das Aufblühen des Freizeitlebens in diesen Jahren war etwas völlig Neues: Für fast jeden war nun ein Kinobesuch, eine Illustrierte oder ein Kaufhausbummel erschwinglich. Auch ein Radiogerät leisteten sich immer mehr Familien. Und zu den großen Sportveranstaltungen kamen Tausende von Menschen in die Stadien. Es war eine Massenkultur entstanden.

Allerdings wurden die neuen Massenmedien bald von politischen Gruppen missbraucht. Vor allem die Nationalsozialisten verbreiteten ihre Propaganda über das Radio und auf Massenveranstaltungen.

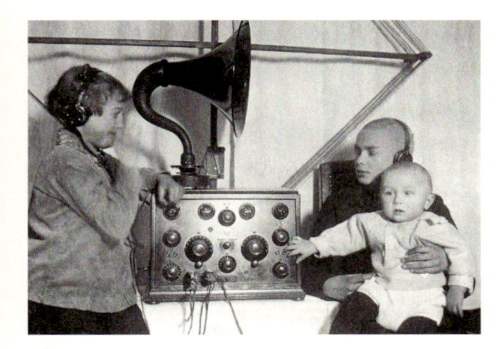

Q2 *Radio-Empfänger mit Kopfhörern,* ein frühes Modell von 1925

Q3 *Das Radio – zwei Meinungen (1924)*
a) Der Rundfunkkommissar Hans Bredow:
Man opferte Ruhe, Gesundheit und Zeit auf beschwerlichen Wegen zum geistigen Wohl – und jetzt kommt die Kunst und das Wissen ins Haus! Die jagende Unrast der Großstadt entweicht, das Haus wird zum Heim, auch für Kunstgenuss und Belehrung.

b) Der Berliner Regierungsrat und Schriftsteller Viktor Engelhardt:
Das letzte Bollwerk ist zerstört. Tausend und abertausend Familien, Hunderttausende von Männern und Frauen haben nicht mehr die Wahl zu weinen, zu lachen, wie es ihnen beliebt. Weinen und Lachen wird ihnen zugetragen, wird ihnen aufgezwungen (…). Der Rundfunk vernichtet die persönliche Kultur des geselligen Kreises. Er zwingt dort, wo er wirkt, alles in einen gemeinsamen Bann.

Q5 *Der Film „Metropolis"* von Fritz Lang aus dem Jahr 1927 war einer der frühesten und einflussreichsten Science-fiction-Filme der Filmgeschichte.

Q4 *Fußball wurde immer beliebter:* Tausende sahen die Spiele wie hier 1923 das Endrundenhalbfinale um die deutsche Fußballmeisterschaft zwischen Union-Oberschöneweide und Spielvereinigung Fürth.

1. Erläutere den Begriff „Massenkultur". Zeige auf, wie und in welchen Bereichen sich diese Kultur entwickelt hat (VT, Q1, Q3, Q4).
2. Das Kino hieß früher auch „Lichtspieltheater". Erkläre Gemeinsamkeiten und Unterschiede zum Theater, in dem Bühnenstücke aufgeführt werden (Q1).
3. Lies Q3. Wie bewerten Hans Bredow und Victor Engelhardt das Radio? Formuliere deine eigene Meinung dazu.

4 Die Großstadt

1 Der Potsdamer Platz in Berlin. Zur Regelung des Verkehrs wurde hier 1924 die erste Ampelanlage Deutschlands aufgestellt.

„Moloch Großstadt"
Die wachsenden und aufblühenden Großstädte wie Berlin, München, Leipzig oder Hamburg hatten Licht- und Schattenseiten. Denn die prachtvollen Einkaufsstraßen im Zentrum sowie die großbürgerlichen Wohngebiete und ruhigen Villenviertel machten nur einen kleinen Teil des Stadtgebietes aus. Viel größer waren die Arbeiterbezirke mit hohen, dunklen und feuchten Mietskasernen in der Nähe von verrußten und lauten Fabrikgeländen.

Die Menschen in diesen ärmeren Stadtteilen litten besonders unter den unhygienischen Wohnverhältnissen, der Enge und dem Fabrikqualm. Aber auch für die meisten anderen Städter waren der zunehmende Verkehr, die Menschenmassen auf den Straßen, der Lärm und die Hektik manchmal nur schwer zu ertragen – besonders in der Metropole Berlin, die 1920 bereits 4 Millionen Einwohner zählte.

Neues Bauen
Viele Architekten und Stadtplaner machten sich darüber Gedanken, wie man die Lebensbedingungen in den Städten verbessern könnte. Einer von ihnen war Martin Gropius, der eine ganz neue Art zu bauen entwickelte: schlichte Häuser und Wohnblocks mit Balkonen, langen Fensterfronten und hellen, praktisch eingerichteten Innenräumen. Gropius nannte diese Bauweise wie auch seine Hochschule in Dessau „Bauhaus". Der Bauhausstil wurde zum Grundmuster für zahlreiche öffentliche Gebäude und Wohnsiedlungen in München, Stuttgart, Hamburg und Berlin.

Auch der Staat ergriff städtebauliche Maßnahmen, indem er neue Schulen und Krankenhäuser bauen ließ sowie moderne Schwimmbäder und Sportplätze einrichtete. So sollten die Städte lebenswerter und freundlicher werden.

Moderne Kunst
Schon vor dem Ersten Weltkrieg reagierten die Künstler auf die Veränderungen ihrer Umgebung. Manche stellten begeistert das pulsierende Leben der Großstadt dar und versuchten, mit expressiven Mitteln den Lärm, die Hektik und die Aufregung des modernen Lebens wiederzugeben.

Andere wie der 1916 bei Verdun als Soldat gefallene Franz Marc gaben das rätselhafte Wesen der Natur in Bildern wieder, in denen Tiere und Pflanzen ungewohnte Farben und Formen annehmen. Um eine neue Kunst zu verwirklichen, rief Franz Marc zusammen mit Wassily Kandinsky 1911 in München den Künstlerkreis „Der Blaue Reiter" ins Leben, den sich auch Maler wie August Macke und Gabriele Münter anschlossen.

Dieser Expressionismus der Kunst in Deutschland war ein Ausdruck der Suche nach künstlerischen Antworten auf die Veränderungen der damaligen Zeit und wurde später im nationalsozialistischen Deutschland als „entartete Kunst" verboten.

Q2 Berlin, wie Zeitgenossen es sahen
a) Berlin in Bewegung (Bericht von 1930):
Diese unendlichen Menschenmassen, die sich in Berlin anhäufen, bringen einen ungeheuren Verkehr mit sich. (…) Berlin zählt allein 145 Stadtbahnhöfe und 70 U-Bahn-
5 höfe. Im Jahre 1928 wurden mit Stadt-, Ring- und Vorortverkehr der Reichsbahn 413 Millionen Menschen befördert, im Fernverkehr 19 Millionen. Die Untergrundbahn mit einer Länge von über 55 Kilo-
10 metern beförderte 265 Millionen Personen, die Straßenbahn mit 234 Kilometer Betriebsstrecke 900 Millionen (…), der Omnibus mit 620 Wagen und 242 Kilometer Betriebsstrecke 222 Millionen Fahrgäste.
15 Daneben gab es in Berlin Ende 1928 noch 83–414 Kraftfahrzeuge, davon 39–291 Personenkraftwagen und 14 476 Lastkraftwagen. (…) Die Zahl der Unfälle entspricht dem Tempo: 218 Tote, 11–755 Verletzte im
20 Jahre 1928.

b) Alfred Döblin in seinem Roman „Berlin Alexanderplatz" (1929):
Am Alexanderplatz rissen sie den Damm auf für die Untergrundbahn. Man geht auf Brettern. Die Elektrischen fahren über den Platz (…). Rechts und links sind Straßen. In
5 den Straßen steht Haus bei Haus. Die sind vom Keller bis zum Boden mit Menschen voll. Unten sind Läden. (…) Über den Läden und hinter den Läden aber sind Wohnungen, hinten kommen noch Höfe, Sei-
10 tengebäude, Quergebäude, Hinterhäuser, Gartenhäuser.

Q3 *Franz Marcs Bild „Schöpfung der Pferde" (1913) ist ein Beispiel für die Darstellung der Welt im Expressionismus.*

Q4 *Das Gebäude des Bauhauses von Martin Gropius in Dessau,* errichtet 1928, war das Zentrum des neuen Bauens in Deutschland.

1 Lies den ersten Abschnitt des VT sowie Q2. Betrachte auch das Bild Q1. Welchen Eindruck erhältst du von den Großstädten und besonders von Berlin?

2 Aus welchen Gründen wurde versucht, die Lebensbedingungen in den Großstädten zu verändern? Stelle die Maßnahmen dar, die zu diesem Zweck ergriffen wurden (VT).

3 Erläutere, was an den Gebäuden in Q4 neu und modern war.

201

5 Warum scheiterte die erste deutsche Demokratie?

Auf der Suche nach Gründen

Mit der nationalsozialistischen Machtübernahme am 30. Januar 1933 war die Weimarer Republik gescheitert. Vorausgegangen waren ihr Kaiserreich und Monarchie, abgelöst wurde sie nun von einer faschistischen Diktatur. Nicht einmal 15 Jahre hatte die erste deutsche Demokratie Bestand gehabt. In dieser kurzen Zeit verschliss die Republik 20 Regierungen mit einer Durchschnittsdauer von acht Monaten. Vier von ihnen überstanden nicht einmal die ersten hundert Tage. Zwölf Reichskanzler versuchten in insgesamt acht Koalitionsvarianten, die Geschicke der Republik zu lenken.

Allein diese Zahlen lassen erahnen, wie instabil und zerrüttet das politische Leben in den Weimarer Jahren war. Nicht zuletzt deshalb konnte die NS-Diktatur errichtet werden, durch die Millionen Menschen auf der Welt Krieg und Massenmord erlitten. Was waren die Gründe für das Scheitern, welche Fehler wurden gemacht? Das fragten sich Zeitgenossen und Historiker immer wieder und führten dabei bis heute verschiedene Ursachen an. Aus der Vielzahl von Büchern zu diesem Thema findest du im Standpunkte-Teil zwei unterschiedliche Positionen.

Q 1 „Stützen der Gesellschaft"?:
Viele Historiker sehen in der Ablehnung der republikanischen Staatsform durch breite Teile der Bevölkerung eine der Hauptursachen für das Scheitern der Weimarer Republik. Sie prägten deshalb das Schlagwort von der „Republik ohne Republikaner". Der Künstler George Grosz porträtierte in seinem Gemälde „Stützen der Gesellschaft" aus dem Jahr 1926 die gesellschaftlichen Kräfte, die in der Weimarer Republik großen Einfluss hatten. – Ordne die Figuren den Bereichen Kirche, Presse, Parlament, Justiz und Militär zu. Welche Grundhaltung der Gruppen zur Republik kommt auf dem Bild zum Ausdruck?

Standpunkte: Wie kam es zum Untergang der Weimarer Republik?

D1 Heinrich August Winkler (1993):
Seit Hindenburg 1925 erstmals in das höchste Staatsamt gewählt worden war, gab es keine Gewähr mehr dafür, dass der Reichspräsident sich im Ernstfall als Hüter des Geistes der Verfassung erweisen würde. Die Parlamentarische Demokratie zerbrach fünf Jahre später daran, dass sie das Gros der Machteliten gegen sich und die demokratischen Parteien nicht mehr entschieden hinter sich hatte. Die anschließende Radikalisierung war eine zwangsläufige Reaktion auf die wirtschaftliche Depression und die Verselbstständigung der Exekutivgewalt. (…)
Als Weimar in seine Endkrise eintrat, hatte die Sozialdemokratie einen ihrer Partner aus der parlamentarischen Gründungskoalition, den liberalen, (…) bereits verloren. Der andere Partner, das Zentrum, rückte immer mehr nach rechts und gab sich schließlich der Illusion hin, es sei seine Mission, die Nationalsozialisten in einer Koalition zu zähmen. Damit war die Isolierung der Sozialdemokraten komplett. Wenn es eine Hauptursache für das Scheitern Weimars gibt, dann liegt sie hier: Die Republik hatte ihren Rückhalt im Bürgertum weitgehend eingebüßt, und ohne hinreichend starke bürgerliche Partner konnte der gemäßigte Flügel der Arbeiterbewegung die Demokratie nicht retten.

D2 Eberhard Kolb (2002):
Gewiss war die erste deutsche Republik im Ergebnis der Gründungsphase mit einer fundamentalen Schwäche behaftet. In ihrer 1919 konstituierten konkreten Gestalt wurde die parlamentarische Demokratie nur von einer Minderheit der Bevölkerung wirklich akzeptiert und mit kämpferischem Elan verteidigt, breite Bevölkerungsschichten verharrten in Distanz, Skepsis und offener Ablehnung, bereits im Verlauf der Gründungsphase organisierten sich auf der politischen Rechten und der äußersten politischen Linken die antidemokratischen Kräfte zum Kampf gegen die Republik. Unter diesen Umständen muss es als ein kleines Wunder – und als eine beachtliche Leistung – gelten, dass es den republikanischen Politikern gelang, die Weimarer Demokratie durch die von komplexen innen- und außenpolitischen Gefährdungen erfüllten Anfangsjahre hindurchzuretten und schließlich einen bemerkenswerten Grad von politischer und wirtschaftlicher „Normalisierung" zu erreichen. (…)
Mit dem Übergang zum Präsidialsystem wurde eine Abwendung von der parlamentarischen Regierungsweise vollzogen und die Position gerade der republiktreuen und staatsbejahenden Kräfte empfindlich geschwächt, (…) sodass die extrem nationalistische und demokratiefeindliche NSDAP jenen Auftrieb erhielt, der sie zur Massenbewegung machte. Aber trotz aller Erfolge bei der Massenmobilisierung und an den Wahlurnen war die NSDAP nur deshalb schließlich siegreich, weil die alten Eliten in Großlandwirtschaft und Industrie, Militäraristokratie und Großbürgertum zur autoritären Abkehr von Weimar entschlossen waren und glaubten, die nationalsozialistische Massenbewegung für sich benutzen zu können.

Q2 „Der Reichstag wird eingesargt."
(Collage von John Heartfield, 1932)

1. Erkläre, was John Heartfield mit seiner Collage über die Wirkung des Notverordnungsartikels 48 aussagen will (Q2).
2. Stelle die in den beiden Texten (D1, D2) angesprochenen Gründe für den Untergang der Weimarer Republik dar.
3. Sammelt in der Klasse weitere Aspekte, die zum Scheitern der ersten deutschen Demokratie beigetragen haben könnten.

6 Frauen im nationalsozialistischen Deutschland

Q 1 *Unterschiedliche Frauenbilder*
links: Werbeplakat aus den 1920er-Jahren
rechts: Propagandapostkarte von 1943

Frauen in der Weimarer Zeit
Während der Weimarer Republik fielen überall in größeren Städten die „neuen Frauen" auf: Sie hatten einen „Bubikopf", trugen kurze Röcke und rauchten in der Öffentlichkeit – Zeichen für das gestiegene Selbstbewusstsein und den eigenständigen Lebensstil von meist jungen, unverheirateten Frauen. Neue Frauenberufe wie Stenotypistin, Telefonistin oder Sekretärin ermöglichten ihnen ein eigenes Einkommen.
Zwar galt der Typ der neuen Frau als Leitbild – etwa in der Werbung, auf Illustrierten, in Kinofilmen und Romanen. Für die Nationalsozialisten jedoch kam dieses Frauenbild einem Kulturverfall gleich.

NS-Idealbild der Frau …
Die Nationalsozialisten hatten klare Vorstellungen von der Rolle der Frau in Staat und Familie: Sie sollte eine treue Gattin und eine fürsorgliche Mutter sein, die sich ganz dem Haushalt und der Kindererziehung widmet.

Die NS-Propaganda bemühte sich, die Frauen von diesem Idealbild zu überzeugen und sie zum Verzicht auf Beruf oder Studium zu bewegen. Kinderreiche Frauen wurden sogar mit dem Orden des Mutterkreuzes geehrt. Sie sollten auf ihr Studium verzichten oder ihren Beruf aufgeben, um so die Arbeitslosigkeit zu senken.

… und die Wirklichkeit
Allenfalls als Kindergärtnerinnen, in Pflegediensten oder in landwirtschaftlichen Berufen wurden Frauen noch geduldet. Im Schulwesen wurden sie aus Leitungsposten verdrängt, ab 1936 durften Frauen weder Richterinnen noch Staats- oder Rechtsanwältinnen werden.
Als im Laufe des Krieges zunehmend Männer in der Produktion fehlten und nicht in gewünschter Weise durch Zwangsarbeiter ersetzt werden konnten, stieg notgedrungen die Zahl der erwerbstätigen Frauen an, die nun in untypischen „Männerberufen", z. B. in der Rüstungsindustrie, arbeiteten.

Q2 *Hitler zur Rolle der Frau:*
Analog der Erziehung des Knaben kann der völkische Staat auch die Erziehung des Mädchens von den gleichen Gesichtspunkten aus leiten. Auch dort ist das Hauptgewicht vor allem auf die körperliche Ausbildung zu legen, erst dann auch die Förderung der seelischen und zuletzt der geistigen Werte. Das Ziel der weiblichen Erziehung hat unverrückbar die kommende Mutter zu sein.

Q3 *Gerda Zorn erzählte 1980 zum Thema „Frauen unter dem Hakenkreuz":*
Nach ihrer Heirat musste meine Mutter ihre Sekretärinnenstelle aufgeben, weil es sogenannte Doppelverdiener nicht geben durfte. (…) Die Nazis machten eine Religion daraus, den Frauen die Rolle als Hausfrau und Mutter zuzuweisen. Meine Mutter hasste die „Drei-K-Rolle" [Kinder – Küche – Kirche]. Als geselliger Mensch sehnte sie sich nach Kontakten mit anderen Menschen. Da sie sich weder mit der Nazi-Ideologie noch mit der Nachbarschaft, die dieser Ideologie mehr oder weniger verfallen war, anfreunden konnte, blieben ihr nur Haushalt und Garten.

Q4 *Im „Völkischen Beobachter" vom 13. September 1936 schreibt Hitler über die Leistung von Frauen:*
Wenn heute eine weibliche Juristin noch so viel leistet und nebenan eine Mutter wohnt mit fünf, sechs, sieben Kindern, die alle gesund und gut erzogen sind, dann möchte ich sagen: Vom Standpunkt des ewigen Wertes unseres Volkes hat die Frau, die Kinder bekommen und erzogen hat und die unserem Volk damit das Leben in die Zukunft wiedergeschenkt hat, mehr geleistet, mehr getan!

Q5 *Mann sucht Frau. Inserat aus den „Münchener Neuesten Nachrichten":*
Zweiundfünfzig Jahre alter, rein arischer Arzt, Teilnehmer an der Schlacht bei Tannenberg, der auf dem Lande zu siedeln beabsichtigt, wünscht sich männlichen Nachwuchs durch eine standesamtliche Heirat mit einer gesunden Arierin, jungfräulich, jung, bescheiden, sparsame Hausfrau, gewöhnt an schwere Arbeit, breithüftig, flache Absätze, keine Ohrringe, möglichst ohne Eigentum.

Q6 *Frau sucht Mann. Heiratsannonce aus dem „Völkischen Beobachter":*
Deutsche Minne, BDM-Mädel, gottgläubig, aus bäuerlicher Sippe, artbewusst, kinderlieb, mit starken Hüften, möchte einem deutschen Jungmann Frohwalterin seines Stammhalters sein (niedere Absätze – kein Lippenstift). Nur Neigungsehe mit zackigem Uniformträger.

Q7 *Das „Mutterkreuz".* Das Ehrenkreuz in Bronze erhielten Frauen mit vier oder fünf Kindern und in Silber, wenn sie sechs oder sieben lebend geboren hatten. Eine Auszeichnung in Gold wurde Müttern mit acht oder mehr Nachkommen verliehen.

Q8 *NS-Plakat von 1944.* – Wie wird die Bedeutung der Frau in der Rüstungsindustrie gesehen?

---

1. Vergleiche mithilfe der Quellen und des VT das Frauenbild während der Weimarer Republik und im Dritten Reich.
2. Erkläre, inwiefern Q5 und Q6 das NS-Frauenbild widerspiegeln.
3. Begründe, warum die Nationalsozialisten von ihrer ursprünglichen Frauenpolitik abrückten (VT, Q8).

7 Freiheit und Widerstand – die Geschwister Scholl

1 Hans und Sophie Scholl mit Christoph Probst in München (Foto, 24. Juli 1942)

Jugendopposition im Dritten Reich
Nicht alle jungen Leute ließen sich von den Nationalsozialisten vereinnahmen. Vielmehr leistete ein kleiner Teil in vielfacher Form Widerstand gegen das NS-Regime. So traten manche Jugendliche nicht der Hitler-Jugend bei, sondern gehörten verbotenen christlichen oder sozialistischen Jugendorganisationen an. In Betrieben arbeiteten sie betont langsam, in der Schule widersprachen sie ihren Lehrern oder verweigerten den Hitlergruß. Einige Mutige protestierten sogar gegen den Arbeits- oder Wehrdienst oder verteilten Flugblätter.
Besonders deutliche Zeichen setzte die studentische Widerstandsgruppe „Weiße Rose", deren aktiver Kern aus den Studenten Sophie und Hans Scholl, Christoph Probst, Willi Graf und Alexander Schmorell sowie dem Philosophieprofessor Kurt Huber bestand.

„Nimmermehr!"
Anfänglich waren die Geschwister Scholl Anhänger des Nationalsozialismus. Hans engagierte sich in der Hitler-Jugend und nahm 1936 als Fähnleinführer am Reichsparteitag in Nürnberg teil. Doch bald widerten ihn die Massenaufmärsche, der Gruppenzwang und die hohlen Phrasen an und er trat der verbotenen „Jungenschaft" bei. Auch seine Schwester Sophie, vorher Mitglied des „Bundes Deutscher Mädel", ging diesen Weg. Auslöser für ihren Schritt waren die Predigten des Bischofs Galen, der gegen die Massentötung von Behinderten protestierte.
Während des Studiums in München beschlossen Hans und Sophie Scholl mit ihren Freunden, den Deutschen die Augen über die Hitler-Diktatur zu öffnen. Sie begannen Flugblätter zu verfassen, die sie in öffentlichen Gebäuden und in Hausfluren verteilten und an zufällig ausgewählte Personen verschickten. Damit setzten sich die Mitglieder der „Weißen Rose" großen Gefahren aus. Allein schon, wenn sie Papier, Briefumschläge und Briefmarken in erheblichen Mengen beschafften, riskierten sie, entdeckt und verhaftet zu werden.
Doch trotz der Gefahr wuchs der Kreis um die „Weiße Rose". So wurden Flugblätter bald auch in Frankfurt, Augsburg, Stuttgart, Freiburg, Salzburg, und Wien unter die Leute gebracht. In Hamburg entstand ein weiterer Zweig der „Weißen Rose", den Traute Lafrenz, Hans Scholls Freundin, zusammenhielt.

Entdeckt und verraten
Nach der deutschen Niederlage in Stalingrad bemalten Mitglieder der „Weißen Rose" an über 70 Stellen Hauswände mit den Parolen „Freiheit" und „Nieder mit Hitler". Kurz darauf erschien ihr sechstes Flugblatt. Hans und Sophie Scholl verteilten es am 18. Februar 1943 in der Universität vor den Hörsälen und auf Fensterbänken. Als sie einige Blätter über ein Geländer in den Lichthof warfen, beobachtete sie der Hausmeister.
Die Geschwister wurden verhaftet und am 22. Februar zusammen mit Christoph Probst zum Tode verurteilt und hingerichtet. Wenige Wochen später erlitten Alexander Schmorell, Willi Graf und Kurt Huber dasselbe Schicksal. Auch der Hamburger Zweig wurde von der Gestapo aufgedeckt.

Q 2 *Das erste Flugblatt der „Weißen Rose", das Hans Scholl und Alexander Schmorell im Juni 1942 entworfen haben:*
Nichts ist eines Kulturvolkes unwürdiger, als sich ohne Widerstand von einer verantwortungslosen und dunklen Trieben ergebenen Herrscherclique „regieren" zu lassen. Ist es
⁵ nicht so, dass sich jeder ehrliche Deutsche heute seiner Regierung schämt, und wer von uns ahnt das Ausmaß der Schmach, die über uns und unsere Kinder kommen wird, wenn einst der Schleier von unseren Augen
¹⁰ gefallen ist und die grauenvollsten und jegliches Maß unendlich überschreitenden Verbrechen ans Tageslicht treten?

Q 3 *Sechstes Flugblatt der „Weißen Rose", nach einem Entwurf von Kurt Huber mit Korrekturen von Hans Scholl und Alexander Schmorell vom Februar 1943:*
Es gärt im deutschen Volk: Wollen wir weiter einem Dilettanten das Schicksal unserer Armeen anvertrauen? Wollen wir den niedrigsten Machtinstinkten einer Partei-
⁵ clique den Rest unserer deutschen Jugend opfern? Nimmermehr! Der Tag der Abrechnung ist gekommen, der Abrechnung der deutschen Jugend mit der verabscheuungswürdigsten Tyrannis, die unser Volke erdul-
¹⁰ det hat. Im Namen des ganzen deutschen Volkes fordern wir vom Staat Adolf Hitlers die persönliche Freiheit, das kostbarste Gut der Deutschen zurück, um das er uns in der erbärmlichsten Weise betrogen.

Q 4 *Das Todesurteil des Volksgerichtshofs gegen Sophie Scholl, Hans Scholl und Christoph Probst vom 22. Februar 1943 (Auszug):*
Wer so, wie die Angeklagten getan haben, hochverräterisch die innere Front und damit im Kriege unsere Wehrkraft zersetzt und dadurch den Feind begünstigt (…), erhebt
⁵ den Dolch, um ihn in den Rücken der Front zu stoßen! (…)
Wenn solches Handeln anders als mit dem Tode bestraft würde, wäre der Anfang einer Entwicklungskette gebildet, deren
¹⁰ Ende einst – 1918 – war. Deshalb gab es für den Volksgerichtshof zum Schutze des kämpfenden Volkes und Reiches nur eine gerechte Strafe: die Todesstrafe.

Q 5 *Ludwig-Maximilians-Universität München* am Geschwister-Scholl-Platz. Hierin befindet sich die „DenkStätte Weiße Rose".

Q 6 *Sophie und Hans Scholl verteilen Flugblätter an der Universität.* Kurz darauf werden sie von der Gestapo verhaftet (Szenenfoto aus dem Film „Die Weiße Rose" von Michael Verhoeven aus dem Jahr 1982).

1 Sammle Gründe, weshalb die Mitglieder der „Weißen Rose" Widerstand gegen Hitler leisteten (VT, Q2, Q3).
2 Wie begründet der Volksgerichtshof das Todesurteil gegen die Geschwister Scholl und Christoph Probst (Q4)? Bewerte diese Begründung.
3 Diskutiert, welche Bedeutung das Handeln der „Weißen Rose" für uns heute hat.

Methodenglossar

Band 1

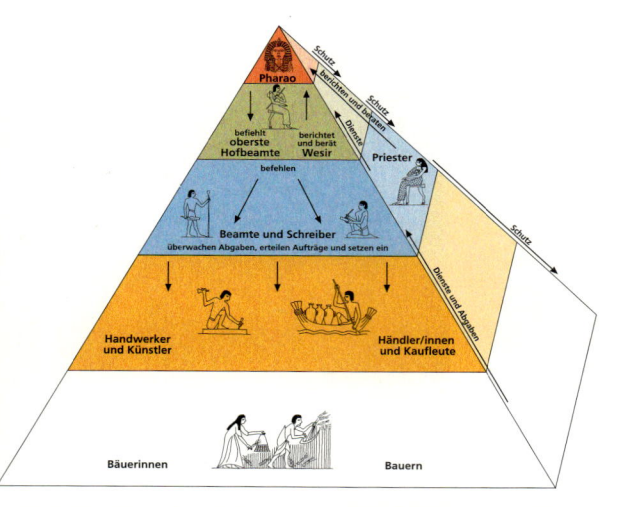

Vom Fund zur Rekonstruktion (S. 34)

1. Beschreibe den ursprünglichen Fund: Wie viel war von dem Gegenstand oder Gebäude erhalten und in welchem Zustand war der Fund?
2. Vergleiche die Rekonstruktion mit dem Fund. Was wurde originalgetreu wiedergegeben? An welchen Stellen hat der Archäologe etwas hinzugefügt?
3. Betrachte die Rekonstruktion kritisch: Was konnte der Archäologe wissen, wo musste er dagegen Vermutungen anstellen? Hat er vielleicht auch an manchen Stellen seine Fantasie spielen lassen?

Ein Schaubild verstehen (S. 50)

1. Stelle fest, welches Thema das Schaubild behandelt. Die Legende verrät es dir.
2. Untersuche, warum einzelne Teile des Schaubildes in verschiedenen Farben dargestellt sind.
3. An welchen Stellen werden Pfeile und Linien verwendet? Was sagen sie über die Beziehungen zwischen den Personen aus?
4. Warum eignet sich die gewählte Form des Schaubildes besonders gut, um das Thema darzustellen? Kannst du dir noch eine andere Form vorstellen?

Schriftliche Quellen auswerten (S. 82)

Fragen zum Text:
1. Worum geht es in dem Text? Welche Orte, Personen oder Gruppen werden genannt?
2. Gibt es Wörter oder Sätze, die du nicht verstehst? Schlage in einem Wörterbuch nach oder frage deine Lehrerin bzw. deinen Lehrer.
3. Unterteile den Text in einzelne Abschnitte und verfasse für jeden Abschnitt eine kurze Überschrift.

Fragen zum Verfasser:
4. Wer hat den Text verfasst?
5. Kannst du erkennen, an wen sich der Verfasser mit seinem Text wendet?
6. Schreibt der Verfasser über Dinge, die er selbst erlebt hat, oder woher hat er seine Kenntnisse?
7. Mit welcher Absicht mag der Verfasser den Text geschrieben haben?

Geschichtskarten lesen und auswerten (S. 112)

1. Über welches Thema gibt die Karte Auskunft? Beachte dafür die Überschrift und die Legende.
2. Welcher Raum wird gezeigt? Welche Orte werden hervorgehoben? Vergleiche mit dem Geografie-Atlas, um welches heutige Gebiet es sich handelt.
3. Über welche geschichtliche Zeit informiert die Karte? Bezieht sie sich auf ein bestimmtes Jahr, auf einen kurzen oder langen Zeitabschnitt? Werden unterschiedliche Zeitstufen dargestellt?
4. Beachte die Legende. Was bedeuten die Zeichen, Farben, Linien und Pfeile in der Karte?

Band 2

Bilder als Geschichtsquellen betrachten (S. 26)

1. Betrachte das Bild in Ruhe und mache dir erste Gedanken:
   – Was zeigt das Bild?
   – Was fällt dir auf?
   – Welche Teile des Bildes sind besonders interessant?
   – Was verstehst du nicht?
2. Beschreibe das Bild genau:
   – Um welche Art von Bild handelt es sich?
   – Was ist dargestellt? Welche Situation ist bzw. welche Situationen sind festgehalten?
   – Welche Farben und Formen tauchen in dem Bild besonders oft auf?
   – Welche Personen sind dargestellt? In welcher Situation befinden sie sich? Sind an ihnen besondere Eigenschaften/Merkmale zu erkennen?
3. Versuche, das Bild zu deuten. Vielleicht benötigst du hierfür zusätzliche Informationen:
   – Wer hat das Bild gemalt?
   – Was möchte der Künstler dem Betrachter mitteilen?
   – Warum hat der Maler gerade diese Personen und Ereignisse für sein Bild ausgewählt?
   – Ist die Darstellung naturgetreu?
   – Hat der Künstler in der Zeit gelebt, die er auf dem Bild dargestellt hat?

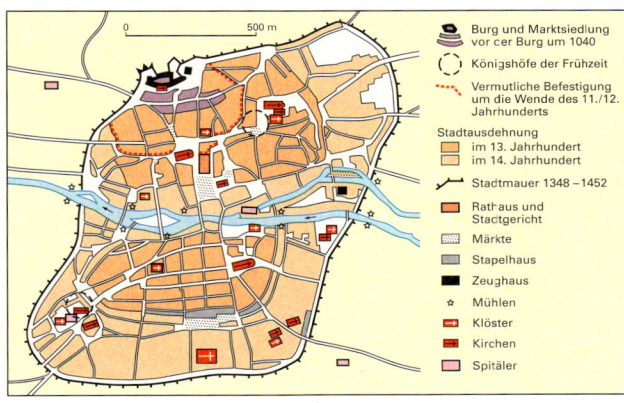

Stadtpläne erzählen aus der Geschichte (S. 58)

1. Wo liegt der älteste Siedlungskern?
2. Wie entwickelte sich die Stadt in den folgenden Jahrhunderten?
3. Welche besonderen Gebäude und Sehenswürdigkeiten erkennst du?
4. Wann wurden diese Gebäude gebaut und welche Funktion hatten sie?
5. Was sagen die Namen von Straßen, Plätzen und Vierteln über ihre (frühere) Bedeutung aus?
6. Wie verlief wohl das wirtschaftliche, kirchliche und gesellschaftliche Leben in der Stadt?

Eine Kurzbiografie schreiben (S. 106)

1. Sammle Informationen zu Taten, Ereignissen und Erlebnissen aus dem Leben der Person, die du beschreiben möchtest. Schreibe sie zunächst einzeln in Stichwörtern auf Notizblätter oder Karteikarten; hebe dabei Angaben zu Zeit, Ort und Geschehen hervor. Dann kannst du später deine Notizen leicht in eine bestimmte Reihenfolge bringen. Informationen zu deiner Person findest du in Lexika, Fachbüchern und im Internet.
2. Bringe die Blätter bzw. Karten in eine zeitliche Reihenfolge.
3. Formuliere nun aus den so geordneten Angaben zu Zeit, Ort und Geschehen sowie den dazu gehörenden Stichwörtern einen Text. Beachte, dass dein Text verdeutlichen sollte, warum deine Person berühmt bzw. bedeutend war.

Eine Pro-Contra-Diskussion führen (S. 128)

1. Wählt einen Diskussionsleiter/eine Diskussionsleiterin.
2. Bildet zwei Gruppen, die jeweils entgegengesetzte Meinungen vertreten.
3. Gebt den Gruppen Zeit, um ihre Argumente zu sammeln.
4. Stimmt darüber ab, wer für die eine Meinung ist und wer für die andere. Haltet das Ergebnis fest.
5. Hört euch die Argumente der beiden Gruppen an und stellt ihnen anschließend Fragen.
6. Stimmt noch einmal zu den gegensätzlichen Meinungen ab.
7. Wertet die Diskussion aus:
   – Welche Argumente waren überzeugend, welche nicht?
   – Hat sich das Abstimmungsergebnis verändert und wenn ja, warum?

Band 3

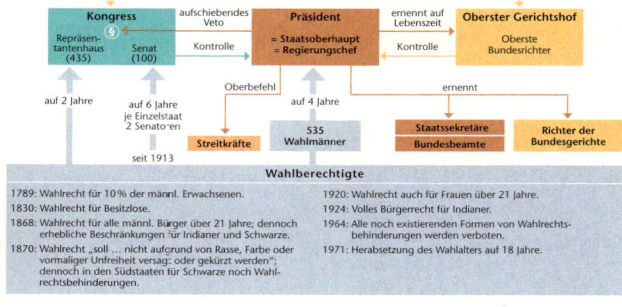

Legislative — Exekutive — Judikative

Kontrolle

Kongress — aufschiebendes Veto — **Präsident** — ernennt auf Lebenszeit — **Oberster Gerichtshof**

Repräsentantenhaus (435) — Kontrolle — = Staatsoberhaupt = Regierungschef — Kontrolle — Oberste Bundesrichter

Senat (100)

Oberbefehl — auf 4 Jahre — ernennt

auf 2 Jahre

auf 6 Jahre je Einzelstaat 2 Senatoren

Streitkräfte — 535 Wahlmänner — **Staatssekretäre Bundesbeamte** — **Richter der Bundesgerichte**

seit 1913

Wahlberechtigte

1789: Wahlrecht für 10% der männl. Erwachsenen.
1830: Wahlrecht für Besitzlose.
1868: Wahlrecht für alle männl. Bürger über 21 Jahre; dennoch erhebliche Beschränkungen für Indianer und Schwarze.
1870: Wahlrecht „soll … nicht aufgrund von Rasse, Farbe oder vormaliger Unfreiheit versagt oder gekürzt werden"; dennoch in den Südstaaten für Schwarze noch Wahlrechtsbehinderungen.
1920: Wahlrecht auch für Frauen über 21 Jahre.
1924: Volles Bürgerrecht für Indianer.
1964: Alle noch existierenden Formen von Wahlrechtsbehinderungen werden verboten.
1971: Herabsetzung des Wahlalters auf 18 Jahre.

Herrscherbilder zum Sprechen bringen (S. 16)

1. Betrachte das Bild und notiere deinen ersten Eindruck.
2. Untersuche das Bild genau:
   – Wie ist der Herrscher auf dem Bild platziert?
   – Wie ist seine Haltung?
   – Welche Herrschaftszeichen finden sich und was bedeuten sie?
   – Welche Farben sind verwendet und wie wirken sie?
3. Finde heraus, wer das Bild gemalt hat und wer der Auftraggeber war.
4. Betrachte das Bild kritisch: Welche Wirkung soll es beim Betrachter erzielen? Wie sieht sich der dargestellte Herrscher selbst?

Ein Verfassungsschema interpretieren (S. 86)

Das Schema nach Gruppen und Personen zerlegen
1. Wie ist das Schema gegliedert? Lassen sich verschiedene Blöcke, Farben und Symbole erkennen?
2. Wie sind die Blöcke miteinander verbunden? Welche Richtung und Bedeutung haben Pfeile und Linien?
3. Gibt es Begriffe, die du im Lexikon nachschlagen musst?

Verfassungsmerkmale Machtausübung, Gesetzgebung und Rechtsprechung
4. Wer darf Gesetze vorschlagen? Wer arbeitet sie aus? Wer erlässt sie?
5. Wer sorgt dafür, dass Regierung und Bürger sich an die Gesetze halten?
6. Wer regiert den Staat, d.h. übt Macht mithilfe der Gesetze aus?
7. Wer kann durch seinen Einspruch dafür sorgen, dass ein Gesetz vorläufig nicht in Kraft treten darf? Wer darf Gesetze sogar rückgängig machen?
8. Gibt es Grundrechte, die kein neues Gesetz verletzen darf?

Verfassungsmerkmal Wahl
9. Welche Ämter werden durch Wahl besetzt, welche nicht?
10. Wer darf wählen, wer nicht? Wer darf gewählt werden?

Verfassungsmerkmale Machtverteilung und Machtkontrolle
11. Welche Macht haben die verschiedenen Personen bzw. Gruppen im Staat? Wo ist besonders viel Macht konzentriert?
12. Wo sind „Sicherungen" in der Verfassung eingebaut, damit Einzelne ihre Macht nicht missbrauchen können (z.B. um eine Diktatur zu errichten)?

Karikaturen richtig deuten (S. 100)

1. Aus welcher Zeit stammt die Karikatur? Wer hat sie gezeichnet?
2. Welche Szene zeigt das Bild? Welche Gegenstände, Sachverhalte, Tiere oder Personen werden abgebildet?
3. Wo weicht der Künstler oder die Künstlerin von der Wirklichkeit ab? Was ist also übertrieben oder verzerrt dargestellt?
4. Welche Symbole erkennst du? Erkläre ihre Bedeutung.
5. Gegen wen richtet sich die Kritik? Wird zum Beispiel eine Person verspottet oder werden gesellschaftliche Verhältnisse kritisiert?
6. Versuche, die Aussage der Karikatur in einem Satz zusammenzufassen.
7. Überlege, welche Wirkung der Zeichner beim Betrachter erzielen wollte:
   Welches Publikum sollte angesprochen werden? Ergreift der Karikaturist für eine Person oder eine Sache Partei?
   Wie wirkt die Karikatur auf dich?

Historienmalerei – gemalte Geschichte? (S. 114)

Fragen zur Person des Malers und zur Person des Auftraggebers
1. Wer war der Maler des Bildes? Wann hat er gelebt?
2. Wer war der Auftraggeber? Welche Position hatte er inne?

Fragen zu den dargestellten Ereignissen und Personen
3. Was ist auf dem Gemälde zu sehen? Wie sind die Personen dargestellt?
4. Welche Personen oder Handlung stellt der Maler in den Mittelpunkt?
5. Hat der Maler das Dargestellte selbst gesehen oder haben ihm andere davon berichtet?

Fragen zur Wirkung
6. Wie setzt der Maler Farben oder den Wechsel von Licht und Schatten ein, um eine bestimmte Wirkung zu erzielen?
7. Welchen Eindruck wollte der Maler oder Auftraggeber dem Betrachter vermitteln?
8. Wie wirkt das Gemälde auf dich selber?

Politische Lieder interpretieren (S. 140)

1. Wann ist das Lied entstanden?
2. Wer hat den Text geschrieben, wer die Melodie?
3. Um welche Ereignisse und Personen geht es in dem Lied?
4. Was sagt der Titel des Liedes aus?
5. Wie klingt der Text, wie die Melodie – anklagend, ironisch, aufrührerisch oder spöttisch?
6. Wie wirkt das Lied insgesamt auf dich?
7. Was hat der Verfasser mit diesem Lied beabsichtigt?

Band 4

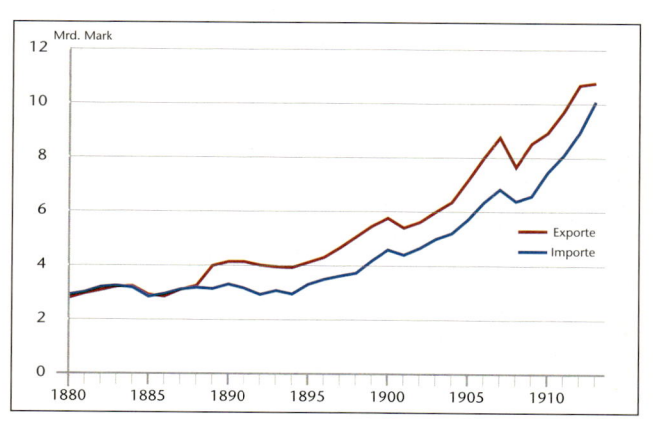

Statistiken auswerten
(S. 24)

1. Thema erfassen:
   – Um welchen Sachverhalt geht es? (Meistens steht es in der Überschrift oder in der Legende.)
   – Welchen Zeitraum umfassen die Zahlenangaben?
2. Inhalt und Darstellungsform beschreiben:
   – Wie wird das statistische Material dargestellt: als Tabelle oder Grafik, in absoluten Zahlen oder in Prozentangaben?
   – Sind die Zahlen übersichtlich zusammengestellt und vollständig (Maßstab, Datenmenge)?
3. Statistik auswerten:
   – Was sagen die angegebenen Daten genau aus?
   – Lassen sich Entwicklungen ablesen?
   – Gibt es Zusammenhänge mit anderen Informationen oder Materialien?
   – Inwiefern hat die Statistik neue Erkenntnisse hervorgebracht?
4. Statistik kritisch betrachten:
   – Beruhen die Zahlen auf Schätzungen oder auf genauen Zählungen?
   – Gibt es Zweifel am Wahrheitsgehalt der Aussagen?

Fotografien als Geschichtsquelle betrachten
(S. 88)

1. Betrachte das Foto genau und beschreibe die Einzelheiten.
2. Fasse zusammen, welche konkrete Situation der Fotograf auf dem Bild festgehalten hat.
3. Überlege, zu welchem Zweck das Foto aufgenommen wurde. Ist es ein Pressefoto oder eine private Aufnahme?
4. Beschreibe die Wirkung des Fotos. Welche Einzelheiten hat der Fotograf besonders hervorgehoben; welche Stimmung herrscht auf dem Bild?
5. Betrachte das Foto kritisch. Trifft der Fotograf eine bestimmte Aussage? Will er sachlich informieren oder eine bestimmte Wirkung beim Betrachter erzielen?

Politische Plakate analysieren
(S. 122)

Um Botschaft und Absicht eines politischen Plakates zu ergründen, ist es sinnvoll, dessen Wort- und Bildsprache zu analysieren:
1. Kläre die Hintergründe:
   – Von wem stammt das Plakat, an wen richtet es sich?
   – Wann und aus welchem Anlass ist es entstanden?
2. Beschreibe das Plakat genau:
   – Welche Personen, Gegenstände, Situationen sind abgebildet?
   – Wie lautet der Text des Plakates?
3. Untersuche die Gestaltungsmittel:
   – Wie sind die Personen dargestellt (Aussehen, Gesichtszüge, Körpersprache)?
   – Welche Symbole werden eingesetzt? Wofür stehen sie?
   – Welche Farben und Schriftzüge werden verwendet? Welche Wirkung wird damit erzielt?
   – Arbeitet das Plakat mit Argumenten, Gefühlen, Feindbildern?
4. Bewerte das Plakat:
   – In welcher Beziehung steht das Plakat zur damaligen politischen Situation?
   – Was will die Partei mit dem Plakat erreichen?
   – Was erfährt man durch das Plakat über die Partei und ihre Politik?

Historische Reden untersuchen
(S. 176)

Ob und wie eine historische Rede als Geschichtsquelle genutzt werden kann, hängt nicht zuletzt davon ab, welches Quellenmaterial zur Verfügung steht. Liegt die Rede in schriftlicher Form vor, können folgende Aspekte untersucht werden:
1. Geschichtlicher Hintergrund:
   – Wer hat die Rede wann und wo gehalten?
   – Was war der Anlass für die Rede? An wen richtet sie sich?
2. Inhalt:
   – Worum geht es in der Rede?
   – Was sind die wichtigsten Aussagen?
3. Sprache und Stil:
   – Wie ist die Rede gegliedert?
   – In welcher Reihenfolge werden die Argumente vorgetragen?
   – Welche sprachlichen Mittel werden verwendet? Welche Funktion haben sie?
   – Ist die Rede als Monolog oder als Dialog mit dem Publikum aufgebaut?

Liegt die Rede als Ton- bzw. Bilddokument vor, können folgende Ebenen zusätzlich in die Analyse miteinbezogen werden:
   – Gestik, Mimik und Stimme des Redners
   – Rhythmus des Vortrags (Tempo, Betonung, Pausen)
   – Reaktionen der Zuhörer

Am Ende der Untersuchung steht die Bewertung der Rede:
   – Welche Ziele verfolgt der Redner?
   – Wie lässt sich die Rede in die damalige politische Situation einordnen?

Lösungen der Seiten 8–13

(1) Absolutismus
(2) Gottesgnadentum
(3) (Hof-)Zeremoniell
(4) Versailles
(5) Merkantilismus
(6) Hegemonie
(7) Föderalismus
(8) Reichstag
(9) Dualismus
(10) Staatsform, in der zwar ein König regiert, seine Macht aber vom Parlament kontrolliert wird
(11) Bill of Rights
(12) Barock
(13) Aufklärung/Zeitalter der Vernunft
(14) Gewaltenteilung
(15) Legislative = gesetzgebende Gewalt, Exekutive = vollziehende Gewalt, Judikative = rechtsprechende Gewalt
(16) Volkssouveränität
(17) Unabhängigkeitserklärung der USA
(18) Verfassung der USA; jeder Mensch hat von Natur aus Rechte, die ihm nicht genommen werden können. Dazu zählen z. B. das Recht auf Freiheit, das Recht auf körperliche Unversehrtheit und das Recht auf die eigene Würde.
(19) Französische Revolution
(20) gewaltsamer und verfassungswidriger Sturz der Regierung
(21) Heiliges Römisches Reich Deutscher Nation
(22) Säkularisation
(23) Königreich
(24) Wiener Kongress
(25) Restauration
(26) Deutscher Bund
(27) Biedermeier/Biedermeierzeit
(28) Der Begriff bezeichnet das Streben einer Nation, eines Volks, nach einem eigenen, selbstständigen Staat, dem Nationalstaat.
(29) Liberalismus
(30) Nationalversammlung
(31) Frankfurter Paulskirche
(32) Ludwig/Louis XIV., der Sonnenkönig
(33) Maria Theresia und Friedrich II.
(34) Die Brüder Cosmas Damian und Egid Quirin Asam
(35) Johann Balthasar Neumann
(36) Johann Sebastian Bach
(37) Galileo Galilei/Isaac Newton
(38) Immanuel Kant
(39) Montesquieu
(40) Jean-Jacques Rousseau
(41) George Washington
(42) Ludwig XVI. und Marie Antoinette
(43) Napoleon I./Napoleon Bonaparte
(44) Maximilian I. Joseph von Bayern
(45) Montgelas
(46) Fürst Metternich
(47) Ludwig I.
(48) 1700
(49) 18. Jahrhundert
(50) 1689
(51) 17./18. Jahrhundert
(52) 17./18. Jahrhundert
(53) 1776
(54) 1789
(55) 1806
(56) 1814/15
(57) 1848/49

Verzeichnis der Namen, Sachen und Begriffe

Abkürzungen:
A = Abbildung/Übersicht, afrik. = afrikanisch, amerik. = amerikanisch, angebl. = angeblich, bayer. = bayerisch, bosn.-serb. = bosnisch-serbisch, brit. = britisch, bürgerl. = bürgerlich, christl. = christlich, dän. = dänisch, dt. = deutsch, elektr. = elektrisch, engl. = englisch, europ. = europäisch, evang. = evangelisch, EW = Erster Weltkrieg, frz. = französisch, geb. = geboren, hist. = historisch, ital. = italienisch, jüd. = jüdisch, K = Karte, kathol. = katholisch, milit. = militärisch, niger. = nigerianisch, NS = Nationalsozialisten/Nationalsozialismus, österr. = österreichisch, polit. = politisch, poln. = polnisch, preuß. = preußisch, russ. = russisch, schwed. = schwedisch, slaw. = slawisch, sowjet. = sowjetisch, sozialist. = sozialistisch, span. = spanisch, staatl. = staatlich, ZW = Zweiter Weltkrieg

Hinweise:
▷ Verweis auf ein Stichwort;
~ ersetzt das Grundwort bei Wiederholung
Historische Grundbegriffe, die im Mini-Lexikon A–Z des Buches erläutert werden, sowie die Seitenzahl des Fundortes sind **halbfett** gesetzt. Bei Herrschern und kirchlichen Amtsträgern werden in der Regel die Regierungs-/Amtsdaten, bei anderen Personen die Lebensdaten angegeben.

Aachen 18, 19
Abbe, Ernst (1840–1905), dt. Physiker u. Unternehmer 28, 34
Abernon, Viscount d' (1857–1941), brit. Politiker 113
AEG (Unternehmen) 18, 19
Afghanistan 72
Afrika 56–60, 61 (K), 62–69, 76
Ägypten 60, 84
Ajayi, Jacob (geb. 1929), niger. Historiker 61
Akkordarbeit/Akkordlohn 196
Algerien 60
Allgemeiner Deutscher Arbeiterverein (ADAV) 26, 27, 35
Allgemeiner Deutscher Frauenverein 194

Alliierte 84, 91, 96, 129, 179, 182, 190, 191
Alpenfront (EW) 84
Annexion 38, 158, 159
Antisemitismus 136, **137**, 155
Appeasement-Politik 159
Arbeiter- und Soldatenräte ▷ Räte/Sowjets
Arbeiterfamilien (Lebensverhältnisse) 22, 23 (A), 26, 28
Arbeiterpartei, erste dt. 15
Arbeiterverein 26
Arbeitslosenversicherung 114, 118
Arbeitslosigkeit 118, 119, 126, 150, 151
Architektur 200, 201
Atombombenabwurf (1945) 129 (A), 179
Attentat (20. Juli 1944) 172
Attentat von Sarajewo (1914) 78, 80–82, 100
Augsburg 20, 206
Auschwitz 164, **165**, 168, 187
Auschwitz-Erlass (1942) 168, 169
Auslandsinvestitionen 49 (A)
Außenhandel (1880–1913) 25 (A)
Außenpolitik, dt. 42, 43
Automobilindustrie 196

Balkan(kriege) 42, 57, 74, 75 (K), 76, 77, 100
BASF (Unternehmen) 18
Bauer, Andreas (1783–1860), dt. Unternehmer 30, 31
Bauernbefreiung 20, 21
Bauhaus-Stil 200, 201 (A)
Bayer (Unternehmen) 18
Bayern 20, 21, 40, 42, 102, 106, 107, 126
BDM 146, 147, 148, 206
Bebel, August (1840–1913), dt. Politiker u. Sozialdemokrat 26, 27, 35, 45, 47 (A), 70, 83, 194
Beck, Ludwig (1880–1944), Mitglied des 20. Juli, Generaloberst 172
Bekennende Kirche 173
Belgien 81, 100
Benda, Ernst (1925–2009), dt. Politiker u. Innenminister 188
Benz, Carl (1844–1929), dt. Ingenieur 196
Bergbau 20, 22
Bergleute/Bergarbeiter 22 (A), 23
Berlin 15, 18, 19, 51, 52, 116, 118, 119 (A), 126, 176, 177, 179, 185, 187, 200, 201

Bernstein, Eduard (1850–1932), dt. Politiker 47
Bethmann Hollweg, Theobald von (1856–1921), dt. Politiker u. Reichskanzler 85
Bismarck, Otto von (1815–1898), dt. Politiker u. Reichskanzler 26, 28, 36, 37, 38 (A), 39 (A), 40, 41, 42 (A), 43–45, 47, 50, 54, 60 (A), 64, 66, 70, 72, 76
Blitzkriege 162, 163 (K)
Bohr, Niels (1885–1962), dän. Physiker 196
Bolschewiki 90, **91**, 98, 99
Bonhoeffer, Dietrich (1906–1945), dt. evang. Theologe 173 (A)
Börsencrash (1929) 103, 118
Bosnien/Bosnien-Herzegowina 74, 75, 80
Bourgeoisie 32
Bredow, Hans (1879–1959), dt. Techniker u. Rundfunkkommissar 199
Briand, Aristide (1862–1932), frz. Außenminister 114 (A), 115
Brüning, Heinrich (1885–1970), dt. Politiker u. Reichskanzler 120
Buchenwald (KZ) 186 (A)
Bücherverbrennung (1933) 153 (A)
Bülow, Bernhard von (1849–1929), dt. Politiker 57
Bundesrat 40, 44, 45
Bundesstaaten 44, 45
Bündnissysteme 72 (K), 73, 77
Bürgerkrieg, amerik. 82
Bürgerkrieg, russ. 98, 99, 190

Caritas (kathol. Hilfswerk) 28
Chamberlain, Sir Joseph Austen (1863–1937), brit. Staatsmann u. Außenminister 59, 114 (A)
Chemieindustrie 18
China 32, 58, 62, 129
Clemenceau, Georges (1841–1929), frz. Ministerpräsident 63
Cramer-Klett (Nürnberger Unternehmen) 20
Curie, Marie (1867–1934), frz. Physikerin 196
Curie, Pierre (1859–1906), frz. Physiker 196

Dachau (KZ u. Gedenkstätte) 169–171
Daimler, Gottlieb (1834–1900), dt. Ingenieur 196
Dampfmaschine 17, 34, 52

215

Dänemark 38
Dawes-Plan 114
DDP (Deutsche Demokratische Partei) 109, 125
Deportation 129, 164–169, 191
Der Blaue Reiter (Künstlerkreis) 200
Deshalyt, E.I. (1921–1996), russ. Künstler 90
Deutsche Christen 173
Deutscher Bund 16, 26 (K), 38, 40
Deutscher Zollverein 14, 16
Deutsches Reich 40
Deutsch-Französischer Krieg (1870/71) 37–40, 46, 50, 51, 54
Deutsch-Ostafrika 56, 63–65, 76
Deutsch-Südwestafrika 57, 64, 66, 67, 76, 77
Diktatur des Proletariats 32, 33, 98
Dix, Otto (1891–1969), dt. Maler u. Grafiker 79, 116
DNVP (Deutschnationale Volkspartei) 109, 110, 114, 115, 125
Döblin, Alfred (1878–1957), dt. Schriftsteller 116, 201
Dolchstoßlegende 96, 110, 111
Dönitz, Karl (1891–1980), dt. Marineoffizier 187 (A)
Dreibund 42, 43 (K), 72, 73, 84
Drei-Kaiser-Bündnis 42, 43 (K)
Dritte Welt 69
Drittes Reich ▷ NS/Nationalsozialismus
Druckmaschinen 30, 31
Duisburg 18
Dunant, Henri (1828–1910), schweizer. Begründer des Roten Kreuzes 82, 83
DVP (Deutsche Volkspartei) 109, 120, 125
Dynamit (Sprengstoff) 82

Ebert, Friedrich (1871–1925), dt. Politiker u. Reichskanzler 102, 104, 110, 111 (A), 126
Edison, Thomas Alva (1847–1931), amerik. Ingenieur u. Erfinder 18
Eichmann, Adolf (1906–1962), dt. Nationalsozialist u. SS-Obersturmbannführer 187
Einstein, Albert (1879–1955), dt. Physiker 83, 196
Eisenbahnbau 16, 17, 34; ~netz 17 (K)
Eisenbahnstrecke Nürnberg–Fürth 14, 16, 17, 20
Eisner, Kurt (1867–1919), dt. Politiker u. erster bayer. Ministerpräsident 106 (A), 107, 126
Elektrizität 18, 52
Elsass/Elsass-Lothringen 38, 46, 50
Elser, Georg (1903–1945), dt. Widerstandskämpfer 173

Engels, Friedrich (1820–1895), dt. Philosoph u. polit. Ökonom 32 (A), 33 (A), 34
England ▷ Großbritannien
entartete Kunst 200
Entente cordiale (Bündnis Frankreich/Großbritannien 1904) 72, 100
Erdmann, Karl Dietrich (1910–1990), dt. Historiker 81
Erfindungen 30, 52, 53, 196
Ermächtigungsgesetz (1933) 139, 140, 142, 190
Erster Weltkrieg 57, 78–101, 103, 126, 132, 136, 190, 200
Erzberger, Matthias (1875–1921), dt. Politiker 110
Essen 18
Etienne, Eugène (1844–1921), frz. Politiker 59
Euthanasie 153, 155, 173
Expressionismus (Malerei) 200, 201

Fabrik(besitzer) 18, 20, 22, 194; ~ordnung 23
Falange 132, 190
Faschismus 129, 132, 133–135, 190
Film(produktion) 198, 199
Fischer, Fritz (1908–1999), dt. Historiker 81
Fleming, Alexander (1881–1955), brit. Bakteriologe 196
Fließbandarbeit 196, 197 (A)
Flottenpolitik, dt. 56, 60, 71, 76
Flucht/Flüchtlinge 182, 183 (K)
Ford (Automobilfirma Detroit) 196
Fotoindustrie 198
Franco, Francisco (1892–1975), span. General 133 (A), 190
Frankfurt am Main 206
Frankreich 36, 38, 42, 50, 54, 58, 59, 64, 72, 73, 76, 81, 100, 114, 162
Franz Ferdinand (1863–1914), österr. Thronfolger 80, 100
Frauenbewegung 194
Frauenbild (NS) 204, 205
Frauenrechte 194, 195
Frauenstimmrecht 194
Frauenwahlrecht 108, 115, 126, 194
Freikorps 108
Freistaat Bayern 106, 107 (A)
Freizeit(angebot) 198
Friedensbewegung, europ. 82
Friedenskonferenzen (Den Haag 1899/1907) 82
Friedensvertrag von Brest-Litowsk (1918) 91
Friedrich III. (1888), Dt. Kaiser u. König von Preußen 37 (A)
Führerkult 144, 145

Führerprinzip 132, 142
Funke, Hajo (geb. 1944), dt. Politikwissenschaftler 189

Galen, Clemens August Graf von (1878–1946), dt. kathol. Bischof 173 (A), 206
Geldverfall 112, 113 (A)
Gerlach, Hellmut von (1866–1935), dt. Journalist 125
Gesellenverein, kathol. 28, 34
Gesellschaft, klassenlose 32, 33
Gesetz zur Wiederherstellung des Berufsbeamtentums (1933) 142
Gestapo (Geheime Staatspolizei) 152, 165, 206
Gewalten(teilung) 45
Gewerbefreiheit 16, 20
Gewerkschaften 26, 127, 10, 115; ~, christl. 28
Ghettos 164
Giftgaseinsatz (EW) 86, 88 (A), 100
Gleichschaltung 142
Goebbels, Joseph (1897–1945), dt. Politiker u. Reichspropandaleiter 144, 145 (A), 156, 176 (A), 177, 178, 190
Goerdeler, Carl Friedrich (1884–1945), dt. Widerstandskämpfer 172
Goldene Zwanziger (Jahre) 116, 117
Gomulka, Wladyslaw (1905–1982), poln. Politiker u. Parteichef 183
Göring, Hermann (1893–1946), dt. Politiker u. Reichsmarschall 159 (A), 187 (A)
Gorki, Maxim (1868–1936), russ. Schriftsteller 99
Graf, Oskar Maria (1894–1967), dt. Schriftsteller 107
Graf, Willi (1918–1943), dt. Widerstandskämpfer 206
Grey, Sir Edward (1862–1933), brit. Außenminister 71
Gropius, Walter (1883–1969), dt. Architekt u. Gründer des Bauhauses 200, 201
Großbritannien 18, 34, 42, 58, 59, 72, 73, 76, 81, 91, 178, 190
Großstadt(leben) 37, 52, 53, 56, 116, 200, 201
Grosz, Georg (1893–1959), dt. Maler 116, 202
Grundherrschaft (Bayern) 20
Grundrechte 108
Grundrentenbank, staatl. 20
Grynszpan/Grünspan, Herschel (geb. 1921, Sterbejahr unbekannt), jüd. Attentäter 156
Guernica 133, 135

Haffner, Sebastian (1907–1999), dt. Journalist u. Autor 151

Hamburg 200, 206
Hannover 119 (A)
Heartfield, John (eigtl. Helmut Herzfeld, 1891–1968), dt. Collage-Künstler 203
Heeresreform, preuß. (1862) 39
Heine, Heinrich (1797–1856), dt. Dichter 27
Heinemann, Gustav (1899–1976), dt. Politiker u. Bundespräsident 39
Herero (afrik. Volksstamm) 57, 66, 67, 77
Herero-Aufstand 66, 67 (K)
Herrschaftssystem (NS) 143 (A)
Herwegh, Georg (1817–1875), dt. Dichter 27
Herzegowina 74, 75
Herzog, Roman (geb. 1934), dt. Politiker u. Bundespräsident 187
Heß, Rudolf (1894–1987), dt. Politiker 187 (A)
Himmler, Heinrich (1900–1945), dt. Politiker u. stellv. Reichspropagandaleiter 166, 168–170, 175, 190
Hindenburg, Paul von (1847–1934), dt. Reichspräsident 94, 110, 120 (A), 126, 138, 203
Hiroshima 129, 179
Hitler, Adolf (1889–1945), dt. Politiker u. Reichskanzler 112, 120, 124, 126, 127, 137–139, 142, 144 (A), 145, 150, 151, 153, 158, 159 (A), 160, 172, 173, 178–180, 190, 205
Hitler-Jugend 146–149
Hitler-Putsch (1923) 112, 124, 144
Hitler-Stalin-Pakt (1939) 159, 161, 162
Hoechst (Unternehmen) 18
Hoffmann, Johannes (1867–1930), dt. Politiker u. bayer. Ministerpräsident 106
Holocaust 164, 165
Holocaust-Mahnmal (Berlin) 187, 188 (A)
Höß, Rudolf (1900–1947), dt. Lagerkommandant in Auschwitz 166
Huber, Kurt (1893–1943), dt. Musikwissenschaftler u. Widerstandskämpfer 206, 207

Ideologie 136; ~ (NS) 146, 147, 191
Illustrierte ▷ Zeitungen/Zeitschriften
Imperialismus 56, 57, **58**, 59–77
Indien 62
Industrialisierung 14–35
Industrieland 52, 53
industrielle Revolution 18, 34
Inflation 103, **112**, 126, 127
Innere Mission (evang. Hilfswerk) 28, 34
Internationaler Frauentag (1911) 194
Irak 58, 84
Italien 42, 84, 96, 100, 129, 162, 178

Jagow, Gottlieb von (1863–1935), dt. Politiker u. Diplomat 75
Japan 58, 129, 178, 179, 190
Juchacz, Marie (1879–1956), dt. Politikerin 194
Juden(verfolgung) 48, 54, 128, 129, 136, 137, 140, 152–157, 164–167, 170, 189–191
Jugendopposition (NS) 175, 206
Jungvolk 146, 148, 150 (A)

Kaiserproklamation 36 (A), 38, 39 (A), 54
Kalkulator 197
Kamerun 60, 64
Kandinsky, Wassily (1866–1944), russ. Maler 200
Kanzelparagraph (1871) 47
Kapitulation 129, 178, **179**, 190, 191
Kapp, Wolfgang (1858–1922), dt. Politiker 110
Kapp-Putsch (1920) 110
Keil, Wilhelm (1870–1968), dt. Poiltiker 174
Keitel, Wilhelm (1882–1946), dt. Generalfeldmarschall 187 (A)
Kernphysik 196
Kinderarbeit 22, 26
Kino 198 (A)
Kipling, Rudyard (1865–1935), brit. Schriftsteller 62
Kirche, kathol. 46, 47, 173
Klasse 32
Klassenkampf 32, 33
Koblenz 51
Koch, Robert (1843–1910), dt. Bakteriologe 52, 196
Koehler, Robert (1850–1917), dt. Maler 27
Koenig & Bauer (Unternehmen) 30, 31
Koenig, Friedrich (1774–1833), dt. Buchdrucker u. Erfinder d. Schnellpresse 30, 31
Kohle(industrie) 22, 23
Kolb, Eberhard (geb. 1933), dt. Historiker 203
Kolchose 130, **131**
Kollektivierung 130
Köln 181
Kolonialismus/Kolonien 56–77, 84, 96
Kolonialwaren 68, 69
Kolping, Adolph (1813–1865), dt. Priester u. Vereinsgründer 28, 34
Kolpinghaus 28
Kommunikationstechnik 198
Kommunismus 98, 106
Kommunistisches Manifest 14, 32–34
Kongo-Konferenz (1884/85) 60
Königgrätz (Schlacht 1866) 38 (A)
Konsum 198

Konzentrationslager (KZ) 152, 156, 164, 165, 167 (K), 168–171, 173, 190, 191
Konzerne 18
Kopelew, Lew (1912–1997), russ. Schriftsteller 131
Korea 58
KPD (Kommunistische Partei Deutschlands) 108, 109, 120, 122, 124, 125, 139, 194
Krankenversicherung 15
Krauss, Georg (1826–1906), dt. Lokomotivenfabrikant 18
Krell, Max (1887–1962), dt. Schriftsteller 113
Kriegsfotografie 88, 89
Krupp (Unternehmen) 19, 53
Krupp, Alfred (1812–1887), dt. Industrieller 28, 34
Kuba 32
Kulturkampf 46
KZ ▷ Konzentrationslager

Lafrenz, Traute (geb. 1919), dt. Widerstandskämpferin 206
Landwirtschaft 20, 21
Lang, Fritz (1890–1976), österr. Filmregisseur 116, 199
Lassalle, Ferdinand (1825–1864), dt. Politiker 26, 34, 35
Lebensraumpolitik (NS) 136, 137, 158
Leibeigenschaft (Aufhebung) 16, 18
Leipzig 200
Lenin, Wladimir I. (1870–1924), russ. Revolutionär 79 (A), 90, 91, 92 (A), 98 (A), 100, 130, 190
Liebknecht, Karl (1871–1919), dt. Politiker 104, 105, 108 (A), 126
Liebknecht, Wilhelm (1826–1900), dt. Politiker 26, 35, 65
Lindbergh, Charles (1902–1974), amerik. Pilot 196
Linksradikale 110
List, Friedrich (1789–1846), dt. Volkswirtschaftler 17
Liverpool 16, 17
Livingstone, David (1813–1873), brit. Afrikaforscher u. Missionar 60
Lloyd, David George (1863–1945), brit. Premierminister 71, 161
Locarno-Konferenz 114
Lokomotiv(bau) 16
London 52
Lubbe, Marinus van der (1909–1934), niederländ. Arbeiter u. angebl. Reichstagsbrandstifter 138
Ludendorff, Erich (1865–1937), dt. General 110–112
Lüderitz, Adolf (1834–1886), dt. Kaufmann 66

Ludwig II. (1845–1886), bayer. König 40 (A), 41, 54, 106
Ludwig XIV. (1643–1715), frz. König 40, 50
Luftangriff 179–181
Luftfahrt 196, 197
Lufthansa (1926) 196, 197 (A)
Luxemburg, Rosa (1870–1919), dt. Politikerin 108 (A), 126

Machtergreifung 138
Macke, August (1887–1914), dt. Maler 200
Maffei (Münchener Unternehmen) 20
Manchester 16, 17
Mannesmann (Konzern) 19, 53
Marc, Franz (1880–1916), dt. Maler 200, 201
Marokkokrisen 57, 72, 77
Marsch auf Rom (1922) 132
Marshall-Inseln 64
Marx, Karl (1818–1883), dt. Philosoph 32 (A), 33 (A), 34
Massenarbeitslosigkeit ▷ Arbeitslosigkeit
Massenkultur, moderne 116, 117
Massenproduktion 196
Matrosenaufstand (Kiel 1918) 94, 104, 106
Matteotti, Giacomo (1885–1924), ital. Sozialist 134
Max Prinz von Baden (1867–1929), dt. Politiker 104
Medizin 52, 196
Menschenrechte 108
Menschewiki 90, 91
Metropole ▷ Großstadt
Mietskasernen (Wohnungen) 18, 22, 200
Militarismus 37, 41, 54, 55
Missionierung/Missionare 62, 76
Mobilmachung 80, 81, 100
Moderne Kunst 200, 201 (A)
Molotow, Wjatscheslaw M. (1890–1986), sowjet. Politiker 161
Moltke, Hellmuth Graf von (1800–1891), dt. Generalstabschef 37, 38 (A), 39 (A), 75
Moskau 90, 91
München 18, 20, 173, 200, 206, 207 (A)
Münchener Konferenz 159
Münchener Räterepublik 106, 107
Münter, Gabriele (1877–1962), dt. Malerin 200
Mussolini, Benito (1883–1945), ital. Politiker u. Ministerpräsident 129, 132 (A), 133, 134 (A), 159 (A), 162, 190
Mutterkreuz (NS-Orden) 204, 205 (A)

Nachkriegszeit (ZW) 184, 185
Nagasaki 129, 179
Namibia 66
Napola (Nationalpolitische Erziehungsanstalt) 147
Napoléon Bonaparte (1769–1821), frz. Kaiser 42, 50
Napoléon III. (1852–1870), frz. Kaiser 38
Nationalismus 50, 51, 54, 57; ~, slaw. 74, 75
Nationalsozialismus 103, 127–129, **139**, 190, 200, 202–207
Nationalsozialistische Diktatur 140
Naturwissenschaften 196, 197
Neapel 132
Neonazis 187, 189
Neue Sachlichkeit 116
New York 52, 53
Niederwalddenkmal (Bingen) 50 (A)
Niekisch, Ernst (1889–1967), dt. Historiker 143
Niemöller, Martin (1892–1984), dt. Theologe 173
Nikolaus II. (1868–1918), russ. Zar 83
Nobel, Alfred (1833–1896), schwed. Chemiker u. Industrieller 82
Nobelpreis 196
Norddeutscher Bund 36 (K), 38
Nordkorea 32
Normandie-Invasion (1944) 129, 179, 190, 191
Notverordnungen 120, 121
Novemberrevolution (1918) 102, 104, 110, 126
NPD (Nationaldemokratische Partei Deutschlands) 189
NS ▷ Nationalsozialismus
NSDAP (Nationalsozialistische Deutsche Arbeiterpartei) 112, 114, 115, 120, 122, 124, 125, 136, 138, 139, 141, 142, 156, 172, 190, 203
Nürburgring (Autorennen) 198
Nürnberg 20, 206
Nürnberger Gesetze/Rassegesetze (1935) 153, 168, 169
Nürnberger Prozesse (1946) 187, 188

OHL (Oberste Heeresleitung) 94, 110, 111
Oktoberrevolution 78, **90**, 91, 98, 100, 132
Olympische Spiele 158, 198
Ordnung, gesellschaftliche (Deutsches Reich) 48, 49
Orient-Dreibund (1887) 43 (K)
Osmanisches Reich 74, 84
Österreich 36, 38, 42, 54, 74, 75, 158, 159
Österreich-Ungarn 58, 76, 80, 81, 84, 94, 96, 190
Otto-Peters, Louise (1819–1895), dt. Schriftstellerin u. Begründerin d. bürgerl. Frauenbewegung 194 (A)

Palästina 190
Papen, Franz von (1879–1969), dt. Politiker u. Reichskanzler 103 (A), 138
Parteien, polit. 44, 45, 54
Passagierschiffe 196
Patriotismus 50, 51
Pazifismus 82, 83
Pearl Harbor 178
Persien 72
Personenkult (Stalin) 130, 131
Peters, Carl (1856–1918), dt. Afrikaforscher u. Kolonialpolitiker 64, 65
Petersburg 90, 91
Picasso, Pablo (1881–1973), span. Maler 135
Plakate, polit. 122 (A), 123 (A)
Planck, Max (1858–1947), dt. Physiker 196
Plantagen(besitzer) 58, 62
Polen 46, 96, 128, 159, 162, 182, 190
Portugal 58
Potsdamer Konferenz (1945) 182
Potsdamer Platz (Berlin) 53 (A), 200 (A)
Präsidialregierungen/Präsidialkabinette (1930–1933) 120, 121 (A), 138
Preußen 16, 18, 20, 37–44, 46, 47, 54
Preußisches Vereinsgesetz 194
Princip, Gavrilo (1894–1918), bosn.-serb. Nationalist 80, 100
Probst, Christoph (1919–1943), dt. Widerstandskämpfer 206 (A), 207
Proletariat/Proletarier 32, 33
Propaganda 138, **144**, 190, 204
Protektorat 72
Provisorische Regierung (Russland) 90, 92

Raeder, Erich (1876–1960), dt. Großadmiral 187 (A)
Rassenlehre 136, 148
Rassismus 62, 63
Räte 104, 106
Rath, Ernst Eduard von (1909–1938), dt. Diplomat 156
Rathenau, Walther (1867–1922), dt. Politiker u. Außenminister 110
Rationalisierung 196
Rauhes Haus (evang. Kindereinrichtung) 28
Realeinkommen 24, 25 (A)
Rechtsextremismus 187
Rechtsprechung 111 (A)
Rechtsradikale 110
Reichsarbeitsdienstgesetz (1935) 150
Reichsfeinde 46, 47, 54
Reichsgründung (1871) 36, 38, 39, 42, 54
Reichsparteitage (NS) 145 (A), 206
Reichspogromnacht 128, **156**, 157, 170, 190

Reichstag 37, 44, 45, 52, 54, 194
Reichstagsbrand (1933) 138; ~verordnung 139
Reichstagswahlen 44, 45, 47, 120, 122, 124, 125, 141 (A)
Reichswehr 108
Rentenkasse 28, 29
Reparationen 96, 97, **110**, 112, 114
Rhodes, Cecil (1853–1902), brit. Kolonialpionier u. Kaufmann 61, 63
Ribbentrop, Joachim von (1893–1947), dt. Politiker 187 (A)
Rio de Janeiro 53
Roheisenproduktion 59 (A)
Röhm, Ernst (1887–1934), dt. Nationalsozialist u. Leiter der SA 142
Röhm-Putsch (1934) 142, 170
Roma 129, 136, 152, 168, 169, 190
Röntgen, Conrad (1845–1923), dt. Physiker 52
Rotes Kreuz (Organisation) 83
Rückversicherungsvertrag (1887–1890) 42, 43 (K), 72
Ruhrgebiet 18, 103, 112, 114, 118, 158
Ruhrkampf (1923) 112, 127
Rundfunk/Radio 198, 199 (A)
Russland 42, 58, 59, 72, 73, 76, 81, 90, 91, 100
Rüstungsindustrie 86, 87 (A), 89 (A)

SA 112, **138**, 152, 156
Saargebiet 18
Sachsen 18
Salzburg 206
Sauckel, Fritz (1894–1946), dt. Nationalsozialist u. Gauleiter der NSDAP 187 (A)
Schauprozesse (Sowjetunion) 130
Scheidemann, Philipp (1865–1939), dt. Politiker 104, 105
Schirach, Baldur von (1907–1974), dt. Nationalsozialist Reichsjugendführer 187 (A)
Schlesien 18, 26, 27
Schlesischer Weberaufstand (1844) 26, 27
Schlieffen-Plan (1905) 84
Schmorell, Alexander (1917–1943), dt. Widerstandskämpfer 206, 207
Schneckenburger, Max (1819–1849), dt. Dichter 51
Scholl, Hans (1918–1943), dt. Widerstandskämpfer 173, 175, 190, 206 (A), 207 (A)
Scholl, Sophie (1921–1943), dt. Widerstandskämpferin 173 (A), 175, 190, 206 (A), 207 (A)
Schröder, Gerhard (geb. 1944), dt. Politiker u. Bundeskanzler 188
Schulbildung (NS) 146–149
Schutzgebiete, dt. 64, 76

Schutzzölle 52
Scott, William Belle (1811–1890), brit. Maler 15
Sedanfeier (1895) 51 (A)
Seeblockade (EW) 84, 86
Seeckt, Hans von (1866–1936), dt. Generaloberst 110
Sektor 19, 21
Selbstbestimmungsrecht der Völker 158, 159
Serbien 74, 75, 80, 81, 100
Shoa 164
Siemens (Unternehmen) 52
Siemens, Werner von (1816–1892), dt. Erfinder 18, 28, 29, 34
Sinti 129, 136, 152, 168, 169, 190
Sowjets (Räte) 90, **91**, 104
Sowjetunion (Gründung 1922) 79, 98, 99, 101, 129
Sozialdemokratie ▷ SPD
soziale Frage 26, 32
soziale Schicht 48, 49
Sozialgesetzgebung 15, **28**, 29, 46, 54
Sozialismus 98
Sozialistengesetz 26, 37, 46, 54, 70
Sozialistische Arbeiterpartei (1875) 35
Sozialpolitik (Weimarer Republik) 114, 115
Sozialversicherung 28, 29, 35
Spanien 58, 132, 133, 135
Spanischer Bürgerkrieg 133, 135
Spartakusbund 104, 108, 109
SPD (Sozialdemokratische Partei) 26, 28, 35, 46, 70, 71, 104, 105, 108, 109, 120, 123, 125, 126, 139
Spender, Stephen (1909–1995), engl. Schriftsteller 181
Spiegel, Paul (1937–2006), dt. Unternehmer u. Präsident d. Zentralrats d. Juden in Deutschland 189
Sport 198, 199 (A)
SS 142, 152, 156, 164, 190
Stahlindustrie 22
Stalin, Jossif W., eigtl. Josef Wissarionowitsch Dschugaschwili (1879–1953), sowjet. Staats- u. Parteichef 13, 131 (A), 190
Stalingrad (1943) 176, 178, 180, 206
Stalinismus 129, **130**, 190
Stanley, Henry Morton (1841–1904), brit. Afrikaforscher u. Journalist 60
Statistiken 24, 25
Stauffenberg, Claus Graf Schenk von (1907–1944), dt. Widerstandskämpfer 172, 175, 190
Stellungskrieg (EW) 84, 86, 100
Stephenson, George (1781–1848), brit. Ingenieur u. Eisenbahnpionier 16, 34

Stephenson, Robert (1803–1859), brit. Eisenbahningenieur 16, 34
Stieff, Helmuth (1901–1944 hingerichtet), dt. Generalmajor 143
Stöver, Willy (1864–1931), dt. Marinemaler 93
Straßenbahn, elektr. 15, 19 (A)
Streik 26, 27 (A), 28
Stresemann, Gustav (1878–1929), dt. Politiker, Reichskanzler u. Außenminister 114 (A), 115, 126
Stuttgart 110, 200, 206
Sudetenland 159
Südostasien 56–58, 76
Suezkanal 58 (A)
Suttner, Bertha von (1843–1914), dt. Pazifistin 82 (A), 100
Sybel, Heinrich von (1817–1895), dt. Historiker 45
Synagogen 156, 157 (A)

Taiwan 58
Technik (Entwicklung) 37, 52, 53, 55, 196, 197
Textilindustrie 17, 20
Thyssen (Unternehmen) 19, 53
Togo (Kolonie) 57, 60, 64, 76
Toller, Ernst (1883–1939), dt. Politiker u. Dichter 116
totaler Krieg 178
totalitär 146
Treitschke, Heinrich von (1834–1896), dt. Historiker 59
Triple-Entente 72
Trotzki, Leo, eigtl. Leo Davidowitsch Bronstein (1879–1940), sowjet. Politiker 99
Tschechoslowakei 159, 182
Tscheka (sowjet. Geheimpolizei) 98
Tucholsky, Kurt (1890–1935), dt. Journalist u. Schriftsteller 111

U-Boot-Krieg (EW) 84, 86, 91, 93 (A), 100
Umfrid, Otto (1857–1920), dt. evang. Pfarrer 83
Ungarn 182
USA 58, 66, 114, 129, 178, 190, Kriegseintritt d. ~ 78, 91, 93, 100
USPD (Unabhängige SPD) 104, 106, 109

Verdun 79, **84**
Verfassung (Deutsches Reich) 45 (A)
Vergangenheitsbewältigung (NS-Zeit) 186–189
Verhoeven, Michael (geb. 1938), dt. Filmregisseur 207
Verkehrswesen 34
Vernichtungslager 129, 164, 165, 167 (K) 190, 191

219

Verrichtungskrieg (Osten) 162, 190
Versailler Vertrag 79, **96**, 97 (K), 101, 102, 110, 126, 158
Vertreibung/Vertriebene 182, 183 (K)
Victoria (1819–1901), Königin von England 28, 70, 76
Vierzehn-Punkte-Programm (Wilson) 94, 96, 97, 158
Völkerbund 94, 96, 114, 115, 129, 159, 168, 169, 191
Völkerschlachtdenkmal (Leipzig) 50 (A)
Volksgemeinschaft (NS) 136
Volkssturm 178

Waffenstillstand (EW) 79, 94, 96, 100, 101
Wahlplakate 122, 123
Währungsreform (1923) 126
Wannsee-Konferenz (1942) 164, 166
Watt, James (1736–1819), brit. Ingenieur u. Erfinder 34
Wehrmacht 162, 163 (A), 190
Weimarer Koalition 102
Weimarer Nationalversammlung 108, 109 (A)
Weimarer Republik 102–107, **108**, 109–127, 194, 202–204
Weimarer Verfassung 105, 108, 109 (A), 121, 126, 194

Weiße Rose (Widerstandsgruppe) 173, 206, 207
Wels, Otto (1873–1939), dt. Politiker 139, 140
Weltwirtschaftskrise 103, **118**, 119, 120, 126, 127, 136, 150
Werbung 117 (A), 198
Werner, Anton von (1843–1915), dt. Maler 39
Westfront 84, 85 (A), 86 (A)
Wettrüsten 74, 75, 100
Wichern, Johann Hinrich (1808–1881), dt. evang. Pfarrer 28, 34
Widerstand 172, **173**, 174, 175
Wiener Kongress 42
Wilhelm I. (1797–1888), Dt. Kaiser 29, 36, 37 (A), 38 (A), 39 (A), 43, 50, 54, 76
Wilhelm II. (1880–1918), Dt. Kaiser 37 (A), 50, 64, 70–73, 76, 93, 94
Wilson, Thomas Woodrow (1856–1924), amerik. Präsident 91, 93, 94, 96, 97, 100, 158
Winkler, Heinrich August (geb. 1938), dt. Historiker 203
Wirth, Joseph (1879–1956), dt. Politiker 110
Wirtschaftspolitik (NS) 150, 151
Wright, Orville (1871–1948), amerik. Flugzeugbauer 196

Wright, Wilbur (1867–1912), amerik. Flugzeugbauer 196
Würzburg 30, 31, 179, 180 (A)

Young-Plan 114, 115 (A)

Zeitungen/Zeitschriften 198, 199
Zentrum (Partei) 46, 109, 123, 125, 140
Zeppelin (Luftschiff) 53, 196
Zeppelin, Graf Ferdinand von (1837–1917), dt. Unternehmer 53
Zetkin, Clara (1857–1933), dt. Politikerin u. Frauenrechtlerin 194 (A)
Zigeuner 168, **169**
Zollschranken (Abschaffung) 16
Zorn, Gerda (geb. 1920), dt. Journalistin 205
Zunftzwang (Abschaffung) 16
Zwangsumsiedlungen 182, 183
Zweibund 42, 43 (K)
Zweig, Stefan (1881–1942), österr. Schriftsteller 49, 110
Zweiter Weltkrieg 51, 128, **162**, 163 (K), 164–180, 181 (K), 182–191

Verzeichnis der Textquellen

Industrialisierung und Soziale Frage

S. 17: Q2b Wolfgang Lautemann, Manfred Schlenke (Hg.), Geschichte in Quellen, Bd. 5: Das bürgerliche Zeitalter 1815–1914, Bayerischer Schulbuchverlag, bearb. v. Günter Schönbrunn, München 1980, S. 115.

Q2b Friedrich List, Das nationale System der politischen Ökonomie, hg. v. Eugen Wendler, Nomos-Verlagsgesellschaft, Baden-Baden 2008

D2 zit. nach: Jürgen Kocka, Bernd Müller, Wirtschaft und Gesellschaft im Zeitalter der Industrialisierung, Bayerischer Schulbuchverlag, München 1984, S. 54 ff.

S. 19: Q3 Alfons Thun, Die Industrie am Niederrhein und ihre Arbeiter, Teil 1, Duncker & Humblot, Leipzig 1879, S. 173 f.

Q4 zit. nach: Henri Hauser, Les methodes allemandes d'expansion Economique, Colin, Paris 1915, S. 1 ff. (übers. v. Verf.)

Q6 Arthur Wilke, Die Elektrizität, Spamer, Leipzig 1893

S. 21: D1a Günther Franz, Quellen zur Geschichte des deutschen Bauernstandes in der Neuzeit, Wissenschaftliche Buchgesellschaft, Darmstadt 1963, S. 36

D1b Friedrich-Wilhelm Henning, Wirtschafts- und Sozialgeschichte, Band 2: Die Industrialisierung in Deutschland 1800 bis 1914, Schöningh, Paderborn 1973, S. 20

Q3 Wolfgang Lautemann, Manfred Schlenke (Hg.), Geschichte in Quellen, Bd. 5: Das bürgerliche Zeitalter 1815–1914, Bayerischer Schulbuchverlag, bearb. v. Günter Schönbrunn, München 1980, S. 779 f.

S. 23: Q2 Bernward Deneke (Hg.), Geschichte Bayerns im Industriezeitalter, Konrad Theiss Verlag, Stuttgart 1987, S. 115 f.

Q3 Aus einem Bericht von Heinrich Grunholzer von 1843, in: Herbert Pönicke (Hg.), Quellen zur Geschichte des 19. Jahrhunderts: Die wirtschaftliche und soziale Entwicklung Europas im 19. Jahrhundert, Schöningh, Paderborn 1954, S. 18 ff. (bearb. v. Verf.)

D1 zusammengestellt vom Verfasser aus zeitgenössischen Quellen

S. 25: D2 Rainer Gömmel, Realeinkommen in Deutschland, Zentralinst. 06, Sekt. Lateinamerika, Nürnberg 1979, S. 27 ff.

D3 Friedrich-Wilhelm Henning, Wirtschafts- und Sozialgeschichte, Band 2: Die Industrialisierung in Deutschland 1800 bis 1914, Schöningh, Paderborn 1973, S. 20

S. 27: Q2 Hans Schwab-Felisch/Gerhard Hauptmann: Die Weber. Vollständiger Text des Schauspiels. Dokumentation, Ullstein, Frankfurt/M., Berlin 1993, 33. Aufl., S. 153/154

Q4 Bodo Harenberg (Hg.), Chronik des Ruhrgebiets, Chronik-Verlag, Dortmund 1987, S. 172

Q5 Helmut Hirsch (Hg.), August Bebel, Kiepenheuer & Witsch, Köln/Berlin 1968, S. 352

S. 29: Q2 Werner von Siemens, Briefe, ausgewählt und hg. v. Friedrich Heintzenberg, Stuttgart 1953, zit. nach: Gerhard A. Ritter/Jürgen Kocka (Hg.), Deutsche Sozialgeschichte, Bd. II, Beck, München 1974, S. 148

Q3 Wolfgang Kleinknecht, Herbert Krieger, Die Neueste Zeit, Diesterweg, Frankfurt/M. 1965, S. 87

D1 Johann Henseler, Rainer Bölling: Das deutsche Kaiserreich 1871–1986, Ploetz, Freiburg 1986, S. 47

S. 31: Q2 Theodor Goebel, Friedrich Koenig und die Erfindung der Schnellpresse, Schnellpressenfabrik Koenig & Bauer, Würzburg 1956, S. 388 f.

Q3 Koenig & Bauer AG, Würzburg (Hg.), 1817–1992 175 Jahre, Würzburg 1992, S. 18

S. 33: Q2 Iring Fetscher (Hg.), Karl Marx/Friedrich Engels. Studienausgabe in 4 Bänden, Bd. 3, Fischer Bücherei, Frankfurt/M. 1966, S. 76 f.

Das Deutsche Kaiserreich

S. 39: Q2 Wolfgang Lautemann, Manfred Schlenke (Hg.), Geschichte in Quellen, Bd. 5: Das bürgerliche Zeitalter 1815–1914, Bayerischer Schulbuchverlag, bearb. v. Günter Schönbrunn, München 1980, S. 312.

Q3 Wolfgang Lautemann, Manfred Schlenke (Hg.), Geschichte in Quellen, Bd. 5: Das bürgerliche Zeitalter 1815–1914, Bayerischer Schulbuchverlag, bearb. v. Günter Schönbrunn, München 1980, S. 367 f.

Q4 zit. nach: Helmut Böhme (Hg.), Die Reichsgründung, Deutscher Taschenbuch-Verlag, München 1967, S. 273

S. 41: Q2 Wolfgang Lautemann, Manfred Schlenke (Hg.), Geschichte in Quellen, Bd. 5: Das bürgerliche Zeitalter 1815–1914, Bayerischer Schulbuchverlag, bearb. v. Günter Schönbrunn, München 1980, S. 366

Q3 Wolfgang Lautemann, Manfred Schlenke (Hg.), Geschichte in Quellen, Bd. 5: Das bürgerliche Zeitalter 1815–1914, Bayerischer Schulbuchverlag, bearb. v. Günter Schönbrunn, München 1980, S. 366

Q4 Johannes Hohlfeld (Hg.): Dokumente der Deutschen Politik und Geschichte von 1848 bis zur Gegenwart. Bd. I: Die Reichsgründung und das Zeitalter Bismarcks 1848–1890, Dokumenten-Verlag Wendler, Berlin o. J., S. 272 ff.

S. 43: Q4 Bernhard Schwertfeger (Hg.), Die diplomatischen Akten des Auswärtigen Amtes 1871–1914, Teil 1, Deutsche Verlagsgesellschaft für Politik und Geschichte, Berlin 1927, S. 317 ff.

S. 45: Q2 August Bebel, Die Sozialdemokratie im deutschen Reichstag, Bd. 1, Buchhandlung Vorwärts, Berlin 1909, S. 3 f.

Q3 Heinrich von Sybel, Das neue deutsche Reich, in: Heinrich v. Sybel, Vorträge und Aufsätze, Hofmann, Berlin 1875, S. 327

S. 47: Q2 Eduard Bernstein, Die Geschichte der Berliner Arbeiter-Bewegung, Teil 2, Buchhandlung Vorwärts, Berlin 1907, (unveränderter) Nachdruck, Auvermann, Glashütten 1972, S. 298

S. 49: Q2 zit. nach: Gerhard A. Ritter, Jürgen Kocka (Hg.), Deutsche Sozialgeschichte, Bd. II, Beck, München 1974, S. 259

Q3a) Stefan Zweig, Die Welt von gestern. Erinnerungen eines Europäers, Fischer-Bücherei, Frankfurt/M. 1970, S. 94 f.

Q3b) zit. nach: Reinhard Vogelsang, Bielefelds Weg ins Industriezeitalter, Gieselmann, Bielefeld 1986, S. 202

S. 51: Q2 Max Schneckenburger, „Die Wacht am Rhein", in: Oskar Ludwig Bernhard Wolff, Wolffs Poetischer Hausschatz des Deutschen Volkes, Wigand, Leipzig 1867 [24. neu bearb. und verb. Aufl.], S. 49

Q5 Hildegard von Spitzemberg, Das Tagebuch der Baronin Spitzemberg geb. Freiin von Varnbüler, Aufzeichnungen aus der Hofgesellschaft des Hohenzollernreiches, ausgewählt und hg. v. Rudolf Vierhaus, Deutsche Geschichtsquellen des 19. und 20. Jahrhunderts, Bd. 43, Vandenhoeck & Ruprecht, Göttingen 1960, S. 121

S. 53: Q2 zit. nach: Uwe Spiekermann, „Hereinspaziert in die Welt Ihrer Träume". Das Warenhaus als Ort des Konsums, in: Praxis Geschichte, 4/1998, Westermann, Braunschweig 1998, S. 38

Q4 zit nach: Karl Heinrich Höfele, Geist und Gesellschaft der Bismarckzeit, Musterschmidt, Göttingen 1967, S. 74 f.

Imperialismus – europäische Staaten und ihre Kolonien

S. 59: Q2 Peter Alter (Hg.), Imperialismus, Klett, Stuttgart 1989, S. 25 f.

Q3 zit. nach: Werner Grütter, Der Imperialismus von 1870 bis 1914, Schöningh, Paderborn 1982, S. 53 f.

Q4 Gottfried Guggenbühl, neu bearb. von Hans C. Huber, Quellen zur Allgemeinen Geschichte, Bd. IV, Schulthess, Zürich 1954, S. 303 ff.

D1b) zit. nach: Heinz Dieter Schmid (Hg.), Fragen an die Geschichte, Bd. 3, Hirschgraben, Frankfurt/M. 1981, S. 302

D1c) Wolfgang J. Mommsen, Das Zeitalter des Imperialismus (Fischer Weltgeschichte, Bd. 28), Fischer-Taschenbuch-Verlag, Frankfurt/M. 1969, S. 63

S. 61: Q2 Hendrik Witbooi, Afrika den Afrikanern! Aufzeichnungen eine Nama-Häuptlins aus der Zeit der deutschen Eroberung Südwestafrikas 1884 bis 1894, hg. v. W. Reinhard, Dietz, Berlin 1982, S. 132 f.

Q3 Peter Alter (Hg.), Der Imperialismus, Klett, Stuttgart 1989, S. 25 ff.

S. 63: Q2 zit. nach: Heinz Dieter Schmid (Hg.), Fragen an die Geschichte, Bd. 3, Hirschgraben, Frankfurt/M. 1981, S. 302

Q5 zit. nach: Klaus Wohlt, „Gloire à la plus grande France". Imperialismus – das französische Beispiel, in: Praxis Geschichte, 1/1993, Westermann, Braunschweig 1993, S. 22

S. 65: Q2 Carl Peters, Wie Deutsch-Ostafrika entstand, Voigtländer, Leipzig 1912, S. 27 ff.

Q3 Heinz Dieter Schmid (Hg.), Fragen an die Geschichte, Bd. 3, Hirschgraben, Frankfurt/M. 1981, S. 307

Q4 Heide Buhmann/Hanspeter Haescher, Das kleine dicke Liederbuch. Lieder und Tänze bis in unsere Zeit, Selbstverlag, Darmstadt 1981 (2. erw. Aufl.), S. 512

S. 67: Q2 zit. nach: Alldeutsche Blätter, Nr. 12 vom 19.3.1904, Alldeutscher Verband (bis 1939), Berlin 1904

Q3 Marie-Luise Baumhauer, Dieter Hein, Sylvia Kurze, Imperialismus. Materialien zum Lernfeld Dritte Welt, Beltz, Weinheim/Basel 1978, S. 36

S. 71: Q3 Dieter Fricke (Hg.), Dokumente zur deutschen Geschichte 1897/98 bis 1904, Röderberg-Verlag, Frankfurt/M. 1977, S. 54 f.

Q4 Johannes Lepsius u. a. (Hg.), Die Große Politik der Europäischen Kabinette 1871–1914, Bd. 24: Deutschland und Westmächte 1907–1908, Deutsche Verlagsgesellschaft für Politik und Geschichte, Berlin 1925, S. 99 f.

D1 Wolfgang Kleinknecht/Herbert Krieger (Hg.), Handbuch des Geschichtsunterrichts, Bd. 5: Die neueste Zeit 1850 bis 1945. Materialien für den Geschichtsunterricht, Diesterweg, Frankfurt/M. 1965, S. 119f.

S. 73: Q1 Friedrich Stieve, Deutschland und Europa 1890–1914, Verlag für Kulturpolitik, Berlin 1928, S. 180 ff.

Q2 nach: William Leonard Langer, The Diplomacy of Imperialism 1890–1902, Knopf, New York 1935, S. 437

S. 75: Q2 Franz Conrad v. Hötzendorf, Aus meiner Dienstzeit 1906–1918, Bd. 3: 1913 und das 1. Halbjahr 1914, Rikola-Verlag, Wien 1922, S. 12 f.

Q3 Wolfgang Kleinknecht, Herbert Krieger (Hg.), Handbuch des Geschichtsunterricht, Bd. 5: Die neueste Zeit 1850 bis 1945. Materialien für den Geschichtsunterricht, Diesterweg, Frankfurt/M. 1965, S. 140

Q4 Winfried Baumgart (Hg.), Die Julikrise und der Ausbruch des Ersten Weltkriegs 1914, Wissenschaftliche Buchgesellschaft, Darmstadt 1983, S. 30

D1 Nach: Reichsarchiv (Hg.), Kriegsrüstung und Kriegswirtschaft. Anlagenband. Mittler, Berlin 1930, S. 530

D2 Winfried Baumgart, Deutschland im Zeitalter des Imperialismus. Grundkräfte, Thesen und Strukturen. Kohlhammer, Stuttgart 1986 (5. Aufl.).

Der Erste Weltkrieg und die Nachkriegsordnung

S. 81: Q2a) Fritz Fischer, Griff nach der Weltmacht. Die Kriegszielpolitik des Kaiserlichen Deutschland 1914/1918, Droste Verlag, Düsseldorf 1967, S. 82

Q2b) Karl Dietrich Erdmann, „Hat Deutschland auch den ersten Weltkrieg entfesselt?", in Europa 1914 – Krieg oder Frieden, hg. v. Kultusminister des Landes Schleswig-Holstein, Kiel 1985, S. 45 ff.

S. 83: Q2 Heinrich Schulthess (Hg.), Europäischer Geschichtskalender, Nördlingen 1898, S. 326 ff.

Q3 Stenographische Berichte des Reichstages 1911, I, 7730

Q4 Otto Umfrid, An die Adresse von Genera Keim, in: Otto Umfrid u. a. (Hg.), Der Wehrverein. Eine Gefahr für das deutsche Volk, Langguth, Esslingen 1914, S. 15

Q6 Dokumente zur deutschen Geschichte 1914–1917, hg. v. Dieter Fricke, Röderberg, Frankfurt/M., 1977, S. 53

S. 85: Q2 Gunther Mai, Das Ende des Kaiserreiches, Deutscher Taschenbuch Verlag, München 1993, S. 201

Q3 Asmut Brückmann, Historisch-politische Weltkunde: Die europäische Expansion, Klett, Stuttgart 1993, S. 151

S. 87: Q2 Marianne Sporer, Ein Feldpostbrief ihres Onkels Friedrich Dietz (1895 bis 1916, gefallen) aus dem Ersten Weltkrieg, in: Heimatglocken Nr. 4, 20.04.2002, Beilage zur Passauer Neuen Presse

Q3 Kopiervorlage FT 2477: 1917 – Jahr der Entscheidung, Schülerarbeitsbogen 1, © Institut für Film und Bild, München

Q4 Familienarchiv des Autors

S. 92: Q3 Zit. nach: M. Hellmann (Hg.), Die russische Revolution 1917, Deutscher Taschenbuch-Verlag, München 1964, S. 152 f.

Q7 Herbert Michaelis, Ernst Schraepler (Hg.), Ursachen und Folgen, Bd. 1. Dokumenten-Verlag Wendler, Berlin o. J., S. 167 f.

S. 93: Q8a) Johannes Hohlfeld (Hg.), Dokumente der Deutschen Politik und Geschichte von 1848 bis zur Gegenwart, Bd. 2: Das Zeitalter Wilhelms II: 1890 bis 1918, Nr. 144c, Dokumenten-Verlag, Berlin 1951, S. 343 ff.

Q8b) Richard Hofstadter, Great Issues in American History, Bd. 2, New York 1961, S. 219 ff., übers. v. Joachim Rohlfes, übers. v. Joachim Rohlfes, Diethelm Düsteroh, Joachim Rohlfes, Politische Weltkunde II, Die Vereinigten Staaten von Amerika, Klett, Stuttgart 1980, S. 59

S. 95: Q2 Kopiervorlage FT 2477: 1917 – Jahr der Entscheidung, Schülerarbeitsbogen 1, © Institut für Film und Bild, München

D1 Hans Dollinger, Der Erste Weltkrieg, Desch, München 1965, S. 423

S. 97: Q2 Woodrow Wilson, Memoiren und Dokumente über den Vertrag zu Versailles anno 1919, Bd. 3, übers. v. Curt Thesing, Leipzig, P. List 1924

S. 99: Q2 Oskar Anweiler, Die russische Revolution 1905–1921, Klett, Stuttgart 1971, S. 48f.
Q3a) Richard Pipes, Die Russische Revolution, Bd. 2: Die Macht der Bolschewiki, Rowohlt, Berlin 1992, S. 800f.
Q3b) William Henry Chamberlin, Die Russische Revolution 1917–1921, 2. Bd., Europäische Verlags-Anstalt, Frankfurt/M. 1958, S. 464

Die Weimarer Republik

S. 105: Q2a) Gerhard A. Ritter, Susanne Miller (Hg.), Die deutsche Revolution 1918–19, Fischer Taschenbuch Verlag, Frankfurt/M. 1983, S. 77ff.
Q2b) Gerhard A. Ritter, Susanne Miller (Hg.), Die deutsche Revolution 1918–19, Fischer Taschenbuch Verlag, Frankfurt/M. 1983, S. 77ff.
Q3 Stenographische Berichte des Reichstages Bd. 427, S. 4728
S. 107: Q3 Oskar Maria Graf, Wir sind Gefangene. Ein Bekenntnis aus diesem Jahrzehnt, München 2005, S. 396–517
Q5 Der Rat der Soldaten, Arbeiter und Bauern; Der erste Vorsitzende: Kurt Eisner, Titelseite der „Münchner Neuesten Nachrichten" Nr. 564/08.11.1918, Morgenausgabe; aus: Rudolf Meier, Dr. Albrecht Weber (Hg.), Bayerische Quellen zur deutschen Geschichte Teil II: Vom Königreich zum Freistaat (1800–1958), Geschichtliche Quellenhefte Band 8, Diesterweg, Frankfurt/M. 1961, S. 271f.
S. 109: Q2 Gerhard A. Ritter, Susanne Miller (Hg.), Die deutsche Revolution 1918/19, Fischer Taschenbuch Verlag, Frankfurt/M. 1983, S. 184f.
Q3 Gerhard A. Ritter, Susanne Miller (Hg.), Die deutsche Revolution 1918/19, Fischer Taschenbuch, Frankfurt/M. 1983, S. 190f.
S. 111: D1 zit. nach: Harry Pross (Hg.), Die Zerstörung der deutschen Politik, Dokumente 1871–1933, Fischer Taschenbuch Verlag, Frankfurt/M. 1983, S. 145f.
Q3 Albrecht von Thaer, Generalstabsdienst an der Front und in der O.H.L. Vandenhoeck & Ruprecht, Göttingen 1958, S. 234f.
Q4 Herbert Michaelis, Ernst Schraepler (Hg.), Ursachen und Folgen. Vom deutschen Zusammenbruch 1918 und 1945 bis zur staatlichen Neuordnung Deutschlands in der Gegenwart, Band 3: Der Weg in die Weimarer Republik, Dokumenten Verlag Wendler, Berlin 1958, S. 226f.
S. 113: Q2 Max Krell, Das alles gab es einmal, Scheffler, Frankfurt 1961, S. 67

Q3 Edgar Vincent Viscount d'Abernon, Ein Botschafter der Zeitenwende. Memoiren, Bd. 2. Leipzig 1929, S. 337f.
S. 115: Q2 Günter Schönbrunn, Geschichte in Quellen, Weltkriege und Revolutionen 1914–1945, Bayerischer Schulbuch Verlag, München 1979, S. 216
Q3 Günter Schönbrunn, Geschichte in Quellen, Weltkriege und Revolutionen 1914–1945, Bayerischer Schulbuch Verlag, München 1979, S. 216
Q5 Günter Schönbrunn, Geschichte in Quellen, Bd. 6: Weltkriege und Revolutionen 1914–1945, Bayerischer Schulbuch Verlag, München 1979, S. 219.
S. 117: Q3 Heinrich August Winkler/Alexander Cammann (Hg.), Weimar. Ein Lesebuch zur deutschen Geschichte 1918 bis 1933, Beck, München 1997, S. 146f.
Q4 Ursula A. J. Becher, Geschichte des modernen Lebensstils. Essen–Wohnen–Freizeit, Beck, München 1990, S. 175f.
S. 119: D1 nach: Martin Broszat, Das dritte Reich. Ursprünge, Ereignisse, Wirkungen, Ploetz, Freiburg 1983, S. 99
Q3 Günther Prien, Mein Weg nach Scapa Flow, in: Christian Geißler (Hg.), Das dritte Reich mit seiner Vorgeschichte, Lesewerk zur Geschichte, Bd. 9, Langewiesche-Brandt, Ebenhausen bei München 1961, S. 55
Q5 Zeiten und Menschen, hg. v. Robert Hermann Tenbrock, Kurt Kluxen, Hans Erich, Bd. 4: Zeitgeschichte: von der Oktoberrevolution bis zur Gegenwart, bearb. v. Joachim Immisch, Schöningh, Paderborn 1983, S. 65
S. 121: D2 zit. nach: Horst Möller, Weimar. Die unvollendete Demokratie, Deutscher Taschenbuch Verlag, München 1985, S. 192
Q2 Interview mit Berte Sösemann vom 07.12.1983, in: Entdecken und Verstehen, Cornelsen, Berlin 1994, S. 41
S. 125: Q2 Wolfgang Michalka u. Gottfried Niedhart (Hg.), Deutsche Geschichte 1918–1933. Dokumente zur Innen- und Außenpolitik, Fischer Taschenbuch Verlag, Frankfurt/M. 1992, S. 186
D2 nach: Jürgen W. Falter, Hitlers Wähler, Beck, München 1991, S. 288

Totalitäre Diktaturen in Europa und der Zweite Weltkrieg

S. 131: Q2 Georg v. Rauch, Machtkämpfe und soziale Wandlung in der Sowjetunion seit 1923, Klett, Stuttgart 1979, S. 15f.
Q3 Lew Kopelew, Und schuf mir einen Götzen, Lehrjahre eines Kommunisten, aus dem Russ. von Heddy Pross-Weerth, Heinz-D. Mendel, Hoffmann und Campe, Hamburg 1979, S. 151f., (4, Z. 1–13)
S. 134: Q5 Benito Mussolini, Der Geist des Faschismus. Ein Quellenwerk, hg. von Horst Wagenführ, Beck, München 1943, S. 45.
Q6 Ernst Nolte, Der Faschismus. Von Mussolini zu Hitler, Desch, München 1968, S. 43f.
Q7 Ernst Nolte, Der Faschismus. Von Mussolini zu Hitler, Desch, München 1968, S. 261
S. 135: Q9 Hans-Christian Kirsch (Hg.), Der spanische Bürgerkrieg in Augenzeugenberichten, Rauch, Düsseldorf 1967, S. 268f.
S. 137: Q2 Adolf Hitler, Mein Kampf 1925/1927, München 1933, S. 420ff.
Q3 Adolf Hitler, Mein Kampf 1925/1927, München 1933, S. 420ff.
Q4 Adolf Hitler, Mein Kampf 1925/1927, München 1933, S. 739ff.
Q6 Nach: Léon Poliakov, Joseph Wulf, Das Dritte Reich und seine Denker, Arani, Berlin 1959, S. 424.
S. 140: Q5 Reichsgesetzblatt 1933, T1, S. 83
Q6a) Zit. nach: Dokumente der Deutschen Politik und Geschichte von 1848 bis zur Gegenwart. IV. Bd.: Die Zeit der nationalsozialistischen Diktatur 1933 bis 1945, Aufbau und Entwicklung 1933 bis 1938. Berlin u. München o.J., S. 29ff.
Q6b) zit. nach: Werner Conze, Der Nationalsozialismus 1919–1933, Klett, Stuttgart 1995, S. 72
Q6c) zit. nach: Vierteljahreshefte für Zeitgeschichte, Oldenburg Wissenschaftsverlag, München 1956, S. 306f.
S. 143: Q2 zit. nach: Regionales Pädagogisches Zentrum Rheinland-Pfalz, ergänzender Quellenband zum RPZ-Unterrichtsmodell 1/1983 „Der 30. Januar 1933, Mainzer Anzeiger vom 3. Mai 1933
Q3 Ernst Niekisch, Das Reich der niederen Dämonen, Rowohlt, Hamburg 1953, S. 131f.
Q4 Klaus-Jörg Ruhl, Brauner Alltag. 1933–1939 in Deutschland, Droste, Düsseldorf 1990, S. 35
S. 145: Q3a) Guido Knopp, Hitler – eine Bilanz, Goldmann, München 2005, S. 62f.
Q3b) Guido Knopp, Hitler – eine Bilanz, Goldmann, München 2005, S. 62f.
Q4 Hans-Ulrich Thamer, Beseitigung des Rechtsstaats, in: Bundeszentrale für politische Bildung, Informationen zur politischen Bildung, Heft 266/2004, Bonn 2004, S. 6f.

S. 148: Q4 Adolf Hitler, Rede in Reichenberg, 2. Dezember 1938, in: Völkischer Beobachter, 4. Dezember 1938
Q5 Aus der Familienchronik von Werner Brölsch, Mülheim 2003
Q6 Karl-Heinz Schnibbe, Jugendliche gegen Hitler, Die Hellmuth Hübener Gruppe in Hamburg 1941–42, Verlags-Gemeinschaft Berg, Berg am See 1991, S. 22f.
S. 149: Q8 Harald Focke/Uwe Reimer, Alltag unterm Hakenkreuz, Rowohlt, Reinbek bei Hamburg 1979, S. 90f.
Q9 Hans-Jochen Gamm, Der braune Kult, Rütten & Loening, Hamburg 1962, S. 39
Q10 Interview des Verfassers am 10. Februar 1998
S. 151: D1 Sebastian Haffner, Anmerkungen zu Hitler, Kindler, München 1978, S. 31
D2 Werner Bührer, Wirtschaft; in: Wolfgang Benz, Hermann Graml, Hermann Weiß (Hg.), Enzyklopädie des Nationalsozialismus, Klett-Cotta, Stuttgart 1997, S. 121
D3 von Redaktion zusammengestellt
Q2 Fritz Blaich (Hg.), Wirtschaft und Rüstung im „Dritten Reich", Schwann, Düsseldorf 1987, S. 65
S. 154: Q3 Hessisches Hauptstaatsarchiv Wiesbaden, Abt. 483 Nr. 01073, Bl. 160
Q5 Nationalsozialismus in Essen und Umgebung. Texte aus gesammelten Akten 1935/1936, Stadtarchiv Essen, o. S.
S. 155: Q7 zit. nach: Kurt Zentner, Illustrierte Geschichte des Dritten Reiches, Südwest Verlag, München 1965, S. 178
Q8 www.lpb.bwue.de/publikat/euthana/euthana32.htm, hier aus: „Euthanasie" im NS-Staat: Grafeneck im Jahr 1940, Landeszentrale für politische Bildung Baden-Württemberg (Hg.), Stuttgart 2000
Q10 Ernst Klee, Euthanasie im NS-Staat. Die „Vernichtung lebensunwerten Lebens", Fischer, Frankfurt/M. 1989, S. 335
S. 157: Q2 zitiert aus: „Reichskristallnacht" in Hannover. Begleitpublikation zur Ausstellung in Hannover mit Beiträgen von Marlis Buchholz, Klaus Mlynek, Herbert Obenaus, Waldemar R. Röhrbein, Friedrich Rogge, Helmut Zimmermann, Hannover 1978, S. 106f.
Q3 Rheinisch-Westfälische Zeitung, 10.11.1938
Q4 Deutschland-Berichte der Sozialdemokratischen Partei Deutschlands (Sopade) 1934–1940, hg. von Klaus Behnken, Nettelbeck, Salzhausen u. a. 1980, Bd. 5 (1938), S. 1204f., S. 1209
S. 160: Q4 Nach: Vierteljahrshefte für Zeitgeschichte, Oldenburg Wissenschaftsverlag, München 1954, S. 435

Q6 zit. nach: Günter Schönbrunn, Geschichte in Quellen, Bd. V: Weltkriege und Revolutionen 1914–1945, Bayerischer Schulbuch-Verlag, München 1961, S. 349
Q7 zit. nach: Günter Schönbrunn, Geschichte in Quellen, Bd. V: Weltkriege und Revolutionen 1914–1945, Bayerischer Schulbuch-Verlag, München 1961, S. 367ff.
S. 161: Q9 Nach: P. W. Fabry: Mutmaßungen über Hitler. Urteile von Zeitgenossen, Athenäum-Verlag, Königstein/Ts. 1979, S. 216f.
Q10 Nach: Elmar Krautkrämer (Hg.), Internationale Politik im 20. Jahrhundert, Bd. 1: 1919–1939, Diesterweg., Frankfurt/M. 1976, S. 157f.
S. 163: Q2 zit. nach: Der Prozess gegen die Hauptkriegsverbrecher vor dem Internationalen Militärgerichtshof, Dt. Ausg., Fotomechan. Nachdr. [d. Ausg.] Nürnberg, 1947–49, Delphin-Verlag, München, Zürich, Bd. 35, S. 81ff.
Q4 Wolfgang Michalka (Hg.), Deutsche Geschichte 1933–1945, Fischer Taschenbuch, Frankfurt/M 1993, S. 235
S. 166: Q4 Wolfgang Benz, Der Holocaust, Beck, München 1995, S. 10
Q5 zit. nach: Internationaler Militärgerichtshof, Bd. XXIX, S. 145
Q6 Ruth Klüger, Weiter leben. Eine Jugend. Wallstein-Verlag, Göttingen 1992, S. 107
Q7 Günter Schönbrunn, Wolfgang Lautemann, Geschichte in Quellen, Band 6: Weltkriege und Revolutionen, Bayerischer Schulbuchverlag, München 1970, S. 521f.
S. 169: D1 vom Autor zusammengestellt
Q2 zit. nach: Der Prozess gegen die Hauptkriegsverbrecher vor dem Internationalen Militärgerichtshof, Dt. Ausg., Fotomechan. Nachdr. [d. Ausg.] Nürnberg, 1947–49, Delphin-Verlag, München, Zürich, Bd. 35, S. 81ff.
Q3 Michail Krausnick, Abfahrt Karlsruhe, Verband der Sinti und Roma, Karlsruhe 1990.
S. 174: Q3 Jürgen Mittag, Wilhelm Keil (1870–1968). Sozialdemokratischer Parlamentarier zwischen Kaiserreich und Bundesrepublik, Droste, Düsseldorf 2001, S. 349.
Q4 Ursachen und Folgen. Eine Urkunden- und Dokumentensammlung zur Zeitgeschichte, hg. v. Herbert Michaelis, Bd. 19, Wendler, Berlin 1973, S. 527

Q6 Prof. Dr. Peter Steinbach, Dr. J. Tuchel, K. Bästlein, Der 20. Juli 1944 – Vermächtnis und Erinnerung. Katalog zur Sonderausstellung der Gedenkstätte Deutscher Widerstand Berlin, Berlin 2004, Material 19.1, 6/98/2
S. 175: Q7 Begleitmaterialien zur Ausstellung „Widerstand gegen den Nationalsozialismus", Gedenkstätte Deutscher Widerstand Berlin
Q8 Detlef Peukert, Die Edelweißpiraten, Protestbewegungen jugendlicher Arbeiter im Dritten Reich, Eine Dokumentation, Bund Verlag, Köln 1980, S. 124ff.
S. 177: Q2 Iring Fetscher, Joseph Goebbels im Berliner Sportpalast 1943: „Wollt ihr den totalen Krieg?", Europäische Verlags-Anstalt, Hamburg 1998, S. 94ff.
S. 180: Q5 zit. nach: Walter Kempowski, Das Echolot, Bd. 1, Knaus, München 1993, S. 34ff.
Q6 zit. nach: Günter Schönbrunn, Wolfgang Lautemann, Geschichte in Quellen, Band 6: Weltkriege und Revolutionen, Bayerischer Schulbuchverlag, München 1970, S. 542f.
Q7 zit. nach: Günter Schönbrunn, Wolfgang Lautemann, Geschichte in Quellen, Band 6: Weltkriege und Revolutionen, Bayerischer Schulbuchverlag, München 1970, S. 542f.
S. 181: Q8 Stephen Spender, Deutschland in Ruinen. Ein Bericht, Suhrkamp, Frankfurt/M. 1998, S. 36–39
S. 183: Q3 zit. nach: B. Nitschke, Die Polen gegenüber den Deutschen – Die Verantwortung der Deutschen für die Kriegsverbrechen, in: Zeszyty Historyczne (Histor. Hefte) Nr. 123, S. 18
Q4 Philipp Ther, Deutsche und polnische Vertriebene, Vandenhoeck und Ruprecht Göttingen 1998, S. 56
Q5 A. Harasko, Die Vertreibung der Sudetendeutschen, aus: Wolfgang Benz (Hg.), Die Vertreibung der Deutschen aus dem Osten, Fischer Taschenbuch Verlag, Frankfurt/M. 1995, S. 138
Q6 Günter Sagan, Flüchtlinge in Osthessen am Ende des 2. Weltkrieges, Hessisches Institut für Lehrerfortbildung, Fuldatal/ Kassel 1990, S. 24f.
S. 185: Q2 Walter Buller, Die zerbrochenen Ruinen waren unser Zuhause, aus: Rheinischer Merkur/Christ und die Welt, Nr. 13, 13. März 1989, Verlag Rheinischer Merkur GmbH, Bonn
Q3 Gabriele Jenk, Steine gegen Brot, Lübbe, Bergisch Gladbach 1988, S. 16

S. 188: Q4 zit. nach: Deutscher Bundestag, Presse- und Informationsamt (Hg.), Verjährung nationalsozialistischer Verbrechen. Dokumentation der parlamentarischen Bewältigung des Problems 1960 bis 1979, Teil 1, Bonn 1980, S. 165f.
Q5 Interviews in: Müssen wir uns heute noch schuldig fühlen?, stern Nr. 5/27.1. 2005, Gruner & Jahr, Hamburg, S. 44

S. 189: Q6 Interviews in: Müssen wir uns heute noch schuldig fühlen?, stern Nr. 5/27.1.2005, Gruner & Jahr, Hamburg, S. 44
Q7 Hajo Funke, Rechtsextremismus heute; in: Johannes Gienger u. a. (Hg.), Nationalsozialismus, Medialesson, Simmozheim 2003, o. S.
Q8 Was bleibt von der Vergangenheit? Die junge Generation im Dialog über den Holocaust, Stiftung für die Rechte Zukünftiger Generationen (Hg.), Links, Berlin 1999

Wiederholen – vertiefen – verknüpfen
S. 195: Q3 Auszug aus dem preußischen Vereinsgesetz von 1850
Q4 zit. nach: Franz Albrecht, Der Ratgeber für den Guten Ton, Herlet, Berlin o. J., S. 42 ff.
Q5 Der Textilarbeiter, Nr. 6, o. O., 1909

S. 197: Q2 Peter Longerich, Die erste Republik, Dokumente zur Geschichte des Weimarer Staates, Piper, München 1992
S. 199: Q3a) PeHans Bredow: Aus meinem Archiv. Probleme des Rundfunks. Vowinckel, Heidelberg 1950.
Q3b Viktor Engelhardt: An der Wende des Zeitalters: individualistische oder sozialistische Kultur? Arbeiterjugend-Verlag, Berlin 1925.
S. 201: Q2a) Klaus Strohmeyer (Hg.), Berlin in Bewegung. Literarischer Spaziergang 2: Die Stadt, Rowohlt, Reinbek 1987, S. 138f.
Q2b) Alfred Döblin, Berlin Alexanderplatz. Die Geschichte von Franz Biberkopf, Deutscher Taschenbuch Verlag, München 1970, S. 105f.
S. 203: D1 Heinrich August Winkler, Weimar 1918–1933. Die Geschichte der ersten Deutschen Demokratie. Beck, München 1993, S. 609f.
D2 Eberhard Kolb, Die Weimarer Republik, Bd. 16, Oldenbourg, München 1993, S. 144 ff.
S. 205: Q4 Adolf Hitler, Mein Kampf, München 1932, S. 459f.
Q5 Mitschrift des Verfassers bei einer Veranstaltung: „Frauen unter dem Hakenkreuz", Hamburg 1980

Q6 Völkischer Beobachter vom 13. September 1936
Q7 zit. nach: Wolfgang Hug (Hg.), Geschichtliche Weltkunde. Quellenbuch, Bd. 3, Diesterweg, Frankfurt 1983, S. 151
Q8 „Völkischer Beobachter" vom 12.8. 1934
S. 207: Q2 http://www.dhm.de/lemo/html/dokumente/weisserose/index.html; hier aus: Inge Scholl: Die Weiße Rose. Erw. Neuausg., Fischer, Frankfurt/M. 1982, S. 96–121
Q3 http://www.dhm.de/lemo/html/dokumente/weisserose6/index.html; hier aus: Inge Scholl: Die Weiße Rose. Erw. Neuausg., Fischer, Frankfurt/M. 1982, S. 96–121
Q4 Gedenkstätte Deutscher Widerstand Berlin, Material 16.1 11/95/4, Text Prof. Dr. Peter Steinbach, Redaktion: Johannes Tuchel

Verzeichnis der Bildquellen

Cover DB Museum im Verkehrsmuseum, Nürnberg; **14.2. unten** DB Museum im Verkehrsmuseum, Nürnberg; **14.3. unten** Picture-Alliance, Frankfurt/M; **15.oben** Bridgeman Art Library Ltd., Berlin; **15.1. unten** BPK, Berlin; **15.2. unten** AKG, Berlin; **15.3. unten** BPK, Berlin; **16.Q1** DB Museum im Verkehrsmuseum, Nürnberg; **18.Q1** Werkbild von Krauss-Maffei; **19.Q2** BPK, Berlin; **19.Q5** AKG, Berlin; **20.Q1** AKG, Berlin; **21.Q2** Stöckle, Wilhelm, Filderstadt; **21.Q4** AKG, Berlin; **22.Q1** Fotoarchiv Stiftung Ruhr Museum; **23.Q4** Ullstein Bild GmbH (Archiv Gerstenberg), Berlin; **26.Q1** BPK, Berlin; **27.Q6** AKG, Berlin; **28.Q1** BPK, Berlin; **29.Q3** BPK, Berlin; **30.Q1** Koenig & Bauer AG, Würzburg; **31.Q4** Koenig & Bauer AG, Würzburg; **32.Q1** DHM, Berlin; **33.Q3** Picture-Alliance, Frankfurt/M; **35** Koenig & Bauer AG, Würzburg; **36.1. unten** BPK, Berlin; **36.2. unten** BPK, Berlin; **36.3. unten** BPK, Berlin; **37.4. unten** AKG, Berlin; **37.5. unten** BPK, Berlin; **37.6. unten** Ullstein Bild GmbH, Berlin; **37.oben** BPK, Berlin; **38.Q1** BPK, Berlin; **39.Q5** BPK, Berlin; **40.Q1** AKG, Berlin; **41.Q5** BPK, Berlin; **42.Q1** AKG, Berlin; **43.Q2** BPK, Berlin; **43.Q3** BPK, Berlin; **44.Q1** AKG, Berlin; **45.Q5** BPK, Berlin; **46.Q1** Muzeum Okregowe w Torunie (Andrzej Skowronski), Torun; **47.Q3** AKG, Berlin; **47.Q4** AKG, Berlin; **48.Q1** BPK, Berlin; **49.Q4** AKG, Berlin; **49.Q5** Süddeutsche Zeitung Photo (Scherl), München; **50.Q1** DHM, Berlin; **51.Q3** Picture-Alliance (dpa), Frankfurt/M; **51.Q4** AKG, Berlin; **52.Q1** AKG, Berlin; **53.Q3** Ullstein Bild GmbH, Berlin; **53.Q5** BPK, Berlin; **55.Q1** Imago (Hoch Zwei/Angerer), Berlin; **55.Q2** Ullstein Bild GmbH, Berlin; **55.Q3** VISUM Foto GmbH (Heiko Specht), Hamburg; **56.1. unten** AKG, Berlin; **56.2. unten** AdsD/Friedrich-Ebert-Striftung; **;56.3. unten** Stöckle, Wilhelm, Filderstadt; **57.1. unten** Ullstein Bild GmbH, Berlin; **57.3. unten** AKG, Berlin; **57.oben** AKG, Berlin; **58.Q1** Ullstein Bild GmbH (Archiv Gerstenberg), Berlin; **60.Q1** AKG, Berlin; **61.Q4** Bridgeman Art Library Ltd., Berlin; **62.Q1** Bridgeman Art Library Ltd., Berlin; **63.Q3** mission 21 evangelisches missionswerk basel (Johannes Leimenstoll), Basel; **63.Q4** Stöckle, Wilhelm, Filderstadt; **64.D1** AdsD/Friedrich-Ebert-Striftung; **65.Q5** Ullstein Bild GmbH, Berlin; **66.Q1** AKG, Berlin; **65.Q6** AKG, Berlin; **66.Q1** Ullstein Bild GmbH, Berlin; **67.Q4** Ullstein Bild GmbH, Berlin; **68.D1** Museumsverein Wustrow, Wustrow (Wendland); **68.Q1 oben** AKG, Berlin; **68.Q1 unten** AKG, Berlin; **69.D2** Klett-Archiv (Siegfried Gommel), Stuttgart; **69.Q2** Klett-Archiv (Eck, Braunschweig), Stuttgart; **69.Q3** TransFair e.V., Köln - www.transfair.org; **70.Q1** Stöckle, Wilhelm, Filderstadt; **71.Q2** BPK, Berlin; **71.Q5** BPK, Berlin; **73.Q3** AKG, Berlin; **74.Q1** AKG, Berlin; **78.1. unten** AKG, Berlin; **78.2. unten** Corbis (Swim Ink), Düsseldorf; **78.3. unten** BPK, Berlin; **79.1. unten** Süddeutsche Zeitung Photo, München; **79.2. unten** AKG, Berlin; **79.3. unten** AKG, Berlin; **79.oben** BPK (Jörg P. Anders), Berlin/©VG Bild-Kunst, Bonn 2008; **80.Q1** AKG, Berlin; **81.Q3** Ullstein Bild GmbH (Archiv Gerstenberg), Berlin; **82.Q1 links** BPK, Berlin; **82.Q1 rechts** AKG, Berlin; **83.Q5** Ullstein Bild GmbH, Berlin; **84.Q1** BPK, Berlin; **85.Q4** Ullstein Bild GmbH, Berlin; **86.Q1** art archive (Imperial War Museum), London; **87.Q5** Niedersächsischen Landesarchiv, Staatsarchiv (Slg 66 Nr. 353), Osnabrück; **88.Q1** AKG, Berlin; **89.Q2 links** Ullstein Bild GmbH, Berlin; **89.Q3 rechts** Ullstein Bild GmbH, Berlin; **89.Q4** AKG, Berlin; **90.Q1** BPK, Berlin; **91.Q2** Corbis (Swim Ink), Düsseldorf; **92.Q4** Ullstein Bild GmbH (Granger Collection), Berlin; **92.Q5** David King Collection, London N1 2QP; **92.Q6** AKG, Berlin; **93.Q10** AKG (Adolph Treidler), Berlin; **93.Q9** Ullstein Bild GmbH (Bergen, Claus), Berlin; **94.Q1** Süddeutsche Zeitung Photo, München; **95.Q2** BPK, Berlin; **96.Q1** AKG, Berlin; **98.Q1** AKG, Berlin; **99.Q4** AKG, Berlin; **101.Q1** AKG, Berlin; **102.1. unten** AKG, Berlin; **102.2. unten** Bayerische Staatsbibliothek, München; **102.3. unten** AdsD/Friedrich-Ebert-Striftung; **102.4. unten** AKG, Berlin; **103.1. unten** Bundesarchiv (Plak 002-012-036, Graf. ohne Ang.), Koblenz; **103.2. unten** BPK, Berlin; **103.oben** AKG, Berlin; **104.Q1** AKG, Berlin; **105.Q4** AdsD/Friedrich-Ebert-Striftung; **106.Q1** Süddeutsche Zeitung Photo (Scherl), München; **106.Q2** Süddeutsche Zeitung Photo, München; **107.Q4** Bayerische Staatsbibliothek, München; **107.Q6** Stadtarchiv, München; **108.Q1 links** AKG, Berlin; **108.Q1 rechts** AKG, Berlin; **110.Q1** AKG, Berlin; **111.Q5** Fotoarchiv im AdsD der FES; **112.Q1** AKG, Berlin; **113.Q4** Bundesarchiv, Koblenz; **114.Q1** AKG, Berlin; **115.Q4** aus: „Anschläge, deutsche Plakate als Dokumente der Zeit von 1900–1980" Langewiesche-Brandt, Ebenhausen bei München; **116.Q1** Otto Dix, Großstadt, Kunstmuseum, Stuttgart/© VG Bild Kunst, Bonn 2009; **117.Q2 links** AKG, Berlin; **117.Q2 rechts** BPK, Berlin; **117.Q5** DHM, Berlin; **118.Q1** BPK, Berlin; **119.Q2** Ullstein Bild GmbH (Imagno), Berlin; **119.Q4** Rolf Ballhause, Privatarchiv, Plauen; **120.Q2** BPK, Berlin; **121.Q3** BPK, Berlin; **122.Q1** Ullstein Bild GmbH, Berlin; **122.Q2** BPK, Berlin; **123.Q3** BPK, Berlin; **123.Q4** Langewiesche-Brandt Verlag, Ebenhausen; **124.Q1** Karikatur von Jacobus Belsen, aus der SPD-Zeitschrift „Der wahre Jacob", 1931; **127.Q1** BPK, Berlin, VG Bild-Kunst 2005, Bonn 2005; **127.Q2** AKG Berlin, © VG Bild-Kunst, Bonn 2004; **127.Q3** Thomas Theodor Heine, BPK Berlin, © VG Bild-Kunst, Bonn 2009; **127.Q4** BPK, Berlin; **128.1. unten** AKG, Berlin; **128.2. unten** BPK, Berlin; **128.3. unten** Süddeutsche Zeitung Photo, München; **129.1. unten** AKG, Berlin; **129.2. unten** Keystone, Hamburg; **129.3. unten** Süddeutsche Zeitung Photo, München; **129.oben** Wikimedia Foundation Inc. (PD/Federal government of the United States), St. Petersburg FL; **130.Q1** Ullstein Bild GmbH (Nowosti), Berlin; **131.Q4** Ullstein Bild GmbH, Berlin; **132.Q1** AKG, Berlin; **133.Q2** The Associated Press GmbH (Denis Doyle), Frankfurt/M; **134.Q3** AKG, Berlin; **134.Q4** BPK, Berlin; **135.D8** AKG Berlin/©Succession Picasso/VG Bild-Kunst, Bonn 2010; **136.Q1** Bundesarchiv, Koblenz; **137.Q5** BPK, Berlin; **138.Q1** AKG, Berlin; **139.Q2** Süddeutsche Zeitung Photo, München; **139.Q3** Süddeutsche Zeitung Photo, München; **140.Q4** AKG, Berlin; **141.Q7** Ullstein Bild GmbH, Berlin; **142.Q1** DHM, Berlin; **144.Q1** aus: Deutschland erwacht. Werden, Kampf und Sieg der NSDAP, hg. v. Cigaretten-Bilderdienst, Altona-Bahrenfeld 1933; **;145.Q2** Süddeutsche Zeitung Photo, München; **145.Q5** Ullstein Bild GmbH (AKG Pressebild), Berlin; **146.Q1** DHM, Berlin; **147.Q2** DHM, Berlin; **147.Q3** Ullstein Bild GmbH, Berlin; **148.D1 links** Klett-Archiv, Stuttgart; **148.D1 rechts** Klett-Archiv, Stuttgart; **148.Q5** DHM, Berlin; **149.Q7** Ullstein Bild GmbH (SV-Bilderdienst), Berlin; **150.Q1** BPK, Berlin; **152.Q1** BPK, Berlin; **153.Q2** BPK (Joseph Shorer), Berlin; **154.Q4** Süddeutsche Zeitung Photo, München; **155.Q6** BPK, Berlin; **155.Q9** Bibliothek Münsterklinik, Zwiefalten; **156.Q1** BPK, Berlin; **157.Q5** Keystone, Hamburg; **158.Q1** BPK, Berlin; **159.Q2** AKG, Berlin; **160.Q3** AKG (Florian Profitlich), Berlin; **160.Q5** AKG, Berlin;

161.Q8 AKG, Berlin; **162.Q1** Süddeutsche Zeitung Photo, München; **163.Q3** BPK, Berlin; **164.Q1** AKG, Berlin; **165.Q2** BPK, Berlin; **166.Q3** Ullstein Bild GmbH, Berlin; **168.Q1** Bundesarchiv (R 165 Bild-244-42, o.Ang.), Koblenz; **169.Q4 links** Bundesarchiv, Koblenz; **169.Q4 Mitte** Bundesarchiv, Koblenz; **169.Q4 rechts** Bundesarchiv, Koblenz; **170.Q1** imago (HR Schulz), Berlin; **171** KZ-Gedenkstätte Dachau, Dachau; **171.Q2** Ullstein Bild GmbH, Berlin; **172.Q1** Süddeutsche Zeitung Photo, München; **173.Q2 1.** AKG, Berlin; **173.Q2 2.** Ullstein Bild GmbH, Berlin; **173.Q2 3.** Ullstein Bild GmbH, Berlin; **173.Q2 4.** Ullstein Bild GmbH, Berlin; **174.Q5** AKG, Berlin; **175.Q9 (oben)** Bundesarchiv, Koblenz; **175.Q9 (unten)** Bundesarchiv, Koblenz; **176.Q1** BPK (Bildarchiv Preußischer Kulturbesitz, Berlin), Berlin; **177.Q3** AKG, Berlin; **178.Q1** Keystone, Hamburg; **179.Q2** Süddeutsche Zeitung Photo, München; **180.Q3** Corbis (Bettmann), Düsseldorf; **180.Q5** Ullstein Bild GmbH, Berlin; **182.Q1** Süddeutsche Zeitung Photo, München; **182.Q2** AKG, Berlin; **184.Q1** Ullstein Bild GmbH, Berlin; **185.Q4** Süddeutsche Zeitung Photo, München; **186.Q1** Getty Images (Margaret Bourke-White), München; **187.Q2** AKG, Berlin; **188.Q3** Ullstein Bild GmbH, Berlin; **189.Q9** Picture-Alliance (Markus Wächter), Frankfurt/M; **194.Q1 links** BPK, Berlin; **194.Q1 rechts** AKG, Berlin; **195.Q2** Stöckle, Wilhelm, Filderstadt; **196.Q1** Keystone (Keystone o.A.), Hamburg; **197.Q4** BPK, Berlin; **197.Q5** AKG, Berlin; **198.Q1** Süddeutsche Zeitung Photo (Scherl), München; **199.Q2** AKG, Berlin; **199.Q4** Süddeutsche Zeitung Photo, München; **199.Q5** Cinetext GmbH, Frankfurt/M; **200.Q1** BPK, Berlin; **201.Q3** Picture-Alliance (akg), Frankfurt/M; **201.Q4** Picture-Alliance (Jens Wolf), Frankfurt/M; **202** George Grosz, Stützen der Gesellschaft, 1926, AKG, Berlin/© VG BildKunst, Bonn 2009; **203.Q2** VG Bild-Kunst, Bonn 2008, Akademie d. Künste; **204.Q1 links** Ullstein Bild GmbH, Berlin; **204.Q1 rechts** AKG, Berlin; **205.Q2** BPK, Berlin; **205.Q3** BPK, Berlin; **206.Q1** Interfoto, München; **207.Q5** Süddeutsche Zeitung Photo, München; **207.Q6** Cinetext GmbH, Frankfurt/M; **208.links** Pfahlbaumuseum, Schöbel, Unteruhlingen; **209.links** AKG, Berlin; **209.rechts** Klett-Archiv (Klaus-Ulrich Meier, Petersberg), Stuttgart; **210.links** Bridgeman Art Library Ltd. (Giraudon), Berlin; **210.rechts** Bridgeman Art Library Ltd., Berlin; **211.links** AKG, Berlin; **212.rechts** AKG, Berlin; **213.links** Ullstein Bild GmbH, Berlin; **213.Mitte** BPK, Berlin; **213.rechts** BPK (Bildarchiv Preußischer Kulturbesitz), Berlin